GWYDDONIAETH GYFUN

Cemeg

RoseMarie Gallagher / Paul Ingram

CBAC

Gwyddoniaeth Gyfun: Cemeg

Addasiad Cymraeg o *Co-ordinated Science: Chemistry*, 1989

Addaswyd i'r Gymraeg gan Ken a Sian Owen

Cyhoeddwyd gan
Gyd-bwyllgor Addysg Cymru
245 Rhodfa'r Gorllewin
Caerdydd CF5 2YX

mewn cydweithrediad â
Gwasg Prifysgol Rhydychen
Walton Street
Rhydychen OX2 6DP

Argraffiad Cymraeg cyntaf 1994

ISBN 0 905345 85 1

Cydnabyddir cymorth ariannol Ysgrifennydd Gwladol Cymru tuag at gyhoeddi'r llyfr hwn

Cyhoeddwyd dan nawdd Cynllun Adnoddau
Cyd-bwyllgor Addysg Cymru

Cysodwyd gan Cloud Nine/Film Studio
Argraffwyd gan gwmni Zenith Cyf., Stad Ddiwydiannol Gellihirion, Trefforest, Pontypridd, Morgannwg Ganol

Cydnabyddiaethau

Hoffai'r cyhoeddwyr ddiolch i'r canlynol am eu caniatâd i atgynhyrchu ffotograffau:

Aga, t.66 (de uchaf); Airco Industrial Gases, t.100; Alcan Aluminium, t.144; Alfa Romeo, t.71 (chwith uchaf); Heather Angel, tt.98 (de isaf), 112 (canol de); Associated Press, t.37 (de uchaf); Barnaby's Picture Library, tt.35 (de isaf), 72 (canol de), 86 (de isaf), 113 (de uchaf);/M G Webb 131 (chwith uchaf), 138 (de uchaf), 139 (canol de);/Bill Coward 140 (de isaf), 141 (canol chwith), 152 (de uchaf), 154 (canol chwith), 180 (chwith isaf), 184 (de uchaf); BBC Hulton Picture Library, tt.26 (isaf), 30 (isaf), 54, 174 (isaf); Biophoto Associates, t.6 (canol isaf a de); Black and Decker, t.76 (de isaf); BOC Cyf., tt.33 (canol de), 101 (de uchaf, canol de, de isaf); G B Bremner, t.105 (canol de); Paul Brierley, tt.48 (canol), 51 (canol); Britain on View/Barry Hicks, t.40 (de isaf); Alcan Prydain, tt.145 (de uchaf), 149 (de isaf); Nwy Prydain, t.167 (chwith uchaf, canol uchaf); Arolwg Daearegol Prydain, t.180 (canol isaf); BP, tt.103 (canol de), 193 (de uchaf), 196 (de uchaf), 196 (chwith uchaf); Dur Prydain, t.86 (de uchaf); Vernon Brooke, t.30 (canol); Camera Press, tt.27, 152 (isaf); J Allan Cash, tt.130 (chwith isaf), 142 (canol), 147, (de uchaf), 148 (canol), 148 (de isaf), 186 (de isaf), 194 (de isaf); Bwrdd Cynhyrchu Trydan Canolog, t.77 (canol de); Chubb, t.182 (de isaf); De Beers, tt.24 (canol), 51 (de uchaf), 180 (de uchaf); Deckers, t.171 (canol chwith); Amgueddfa ac Oriel Gelf Derby, t.24 (de isaf); Distillers M G, t.182 (canol de); Dominic Photography/C Ashmore, t.9 (de uchaf); Ysbyty Dudley Road Birmingham, t.35 (canol de); Electrolux, t.91 (canol de); Esso, tt.192 (de isaf), 197 (de isaf); Everready Ltd, t.137; *Farmers Weekly*, t.161 (chwith isaf); Ford Motor Company, t.153; Cyfeillion y Ddaear, t.171 (de uchaf); Garrard And Company, t.138 (isaf); Amgueddfa Ddaearegol, t.139 (chwith uchaf, de, a chanol); GeoScience Features, tt.170 (canol isaf), 188 (de isaf); Sally a Richard Greenhill, tt.167 (de uchaf), 174 (de uchaf); Greenpeace, t.113 (chwith uchaf); Griffin & George, t.18 (de isaf); H J Heinz, t.149 (de uchaf); Michael Holford, t.180 (de isaf); Holt Studios, tt.155 (de uchaf), 160 (chwith isaf), 161 (de isaf), 184 (chwith uchaf, canol uchaf, de uchaf); Hunting Films, t.26 (de uchaf); Hutchinson Picture Library/Michael Macintyre, t.102 (de uchaf); ICI, tt.88 (de uchaf), 123 (de isaf), 157 (uchaf), 172 (de uchaf), 177 (chwith uchaf); ICI Agricultural Division, tt.95, 127, 154 (canol de), 158 (de uchaf), 159 (de uchaf), 161 (de uchaf, canol de); ICI Mond Division, tt.9 (canol de), 32 (isaf); ICI Plant Protection Division, t.162 (de uchaf); Ind Coope, t.195 (canol de); Institute of Metals, t.50 (de uchaf); Jonquiere Analytical Centre, t.144 (chwith uchaf); Frank Lane, t.109 (de uchaf); Langfords, t.83 (de isaf); Brigâd Dân Llundain, t.71 (de uchaf); Lyons Bakery Ltd, t.181 (canol de); Cyngor Datblygu Milton Keynes, t.188 (chwith isaf); NASA Science Photo Library, t.144 (de isaf); NHPA/Stephen Dalton, t.123 (canol de); Oxford Scientific Films/Ronald Tomas, t.160 (canol isaf); OSF/Stephen Dalton, t.184 (de isaf); Permutit, t.110 (de uchaf); Pictor International, t.163 (canol); Prestige Group, t.130 (de); Reed International Cyf., t.171; Rowenta, t.110 (canol de); Bathdy Brenhinol, t.136; RSPB/Michael Richards, t.113 (canol de); Safeway, t.141 (canol de); Science Photo Library/Hank Morgan, t.35 (de uchaf); SPL/Seul, t.36 (de isaf); SPL/Sinclair Stammers, t.64 (de isaf); SPL/Dr Jeremy Burgess, tt.154 (canol); 184 (canol de); SPL/Alan Hart-Davis, t.160 (de isaf); SPL/Geko UK, t.163 (canol); SPL/Eric Grave, t.166 (canol isaf); SPL/Martin Dohrn, t.166 (chwith isaf); SPL/David Parker, t.198 (canol de); Shell UK Ltd, tt.189 (canol de), 196 (canol a de isaf), 198 (de uchaf); Smokeless Fuel Advisory, t.187 (de uchaf); Supersport/Eileen Langley, t.166 (de isaf); Charles Tait, t.188 (de uchaf); Awdurdod Dŵr Tafwys, tt.106 (de uchaf), 107 (de isaf), 196 (canol uchaf); Thermit Welding, t.134 (de isaf); The Sulphur Institute, t.167 (de isaf); Tower Ltd., tt.130, 199 (canol de); Tropix Picture Library, tt.160 (de uchaf), 189 (canol chwith); Unigate, t.142 (chwith uchaf); Prifysgol Leeds, t.171 (canol de); Prifysgol Reading/Dr Michael Hudson, t.170 (chwith isaf); Victoria Wine Company, t.195 (de uchaf); C James Webb, tt.6 (canol uchaf), 105 (de uchaf); Zefa Picture Library, t.11 (canol de); Zefa/Stockmarket, t.12 (canol de); /25 (de uchaf); Zefa/K Benser, t.32 (de uchaf); /65 (de uchaf); Zefa/Keystone, t.70 (canol de); Zefa/H Lutticke, t.86 (canol); Zefa/Rossenbach, t.98 (canol de); Zefa/Orion Press, t.102 (de isaf); Zefa/J King, t.104 (de isaf); Zefa/R Nicholas, t.106 (de isaf); Zefa/W Rihse, t.108 (de uchaf); Zefa/G Heilman, t.112 (de isaf); Zefa/Damm, t.183 (canol); Zefa/Mosler, t.146 (de uchaf); Zefa/VWS, t.147 (canol de).

Ffotograffau ychwanegol gan Chris Honeywell/OUP ©.

Diagramau ychwanegol gan Illustra Graphics Ltd.

Cartŵn gan Peter Joyce.

Cyflwyniad

Beth yw gwyddoniaeth?
Mae gwyddoniaeth yn ymwneud â gofyn cwestiynau. Gallwch ofyn cwestiynau am unrhyw beth – rydych yn gofyn cwestiynau *gwyddonol* pan fyddwch yn weddol sicr y gallwch ymddiried yn yr atebion y byddwch yn eu cael.

Beth yw cemeg?
Cemeg yw'r wyddor sy'n gofyn cwestiynau am ddeunyddiau, y gwahaniaethau rhyngddynt, sut maent yn adweithio â'i gilydd a sut mae gwres neu ffurfiau eraill o egni yn effeithio arnynt. Beth yw dŵr? Beth sy'n digwydd wrth i hydrogen losgi? Sut mae gwneud plastigion? Pam mae rhai asidau'n beryglus iawn, ac asidau eraill (fel sudd oren) yn ddiniwed? Mae gan gemegwyr ddiddordeb yn yr holl gwestiynau hyn.

Cynnwys y llyfr hwn
Cafodd llawer o arbrofion eu cynnal i gael yr atebion i gwestiynau fel hyn. Bydd y llyfr hwn yn rhoi rhywfaint o'r atebion. Mae'n egluro mor eglur â phosibl y ffeithiau am gemeg y bydd angen i chi eu gwybod wrth astudio ar gyfer arholiadau Cemeg neu Wyddoniaeth yng Nghyfnod Allweddol 4.

Sut i ddefnyddio'r llyfr hwn
Cafodd popeth yn y llyfr hwn ei drefnu i'ch helpu i ganfod pethau'n gyflym ac yn hawdd. Dyma pam mae wedi'i osod mewn unedau dau dudalen. Mae pob uned yn edrych ar destun rydych chi'n debygol o'i astudio. Dyma sut y gallwch ganfod a defnyddio'r wybodaeth:

Defnyddiwch dudalen y cynnwys
Wrth chwilio am wybodaeth ar destun mawr, chwiliwch yn rhestr y cynnwys ar y ddau dudalen nesaf. Ond os na allwch weld y testun yno:

Defnyddiwch y mynegai
I ddod o hyd i rywbeth llai, chwiliwch am y gair mwyaf tebygol yn y mynegai. Mae'r mynegai yn nodi rhif y tudalen lle bydd yr wybodaeth am y gair hwnnw.

Defnyddiwch y cwestiynau
Mae gofyn cwestiynau a'u hateb yn ffordd dda iawn o ddysgu. I'ch helpu i ddysgu, mae cwestiynau ar ddiwedd pob testun. Ar ddiwedd pob pennod, gallwch eich profi eich hun trwy ddefnyddio'r cwestiynau sydd ar lefel arholiad. Mae'r atebion i'r cwestiynau rhifiadol yng nghefn y llyfr.

Mae cemeg yn bwysig
Mae cemeg yn bwnc pwysig a chyffrous. Gobeithio y bydd y llyfr hwn yn helpu eich astudiaethau, y byddwch yn mwynhau ei ddefnyddio ac, erbyn diwedd eich cwrs, y byddwch yn cytuno â ni!

R. Gallagher
P. Ingram

Cynnwys

1.1 Mae popeth yn cynnwys gronynnau

Mae popeth o'ch cwmpas wedi'i wneud o ddarnau bach iawn, iawn neu **ronynnau**. Gronynnau sy'n gwneud eich corff. A'ch desg hefyd, a'ch cadair, a'r llyfr hwn.

Mae ceiniog yn cynnwys tua 34 000 000 000 000 000 000 000 gronyn.

Mae diferyn bach o law yn cynnwys tua 1 000 000 000 000 000 000 000 gronyn.

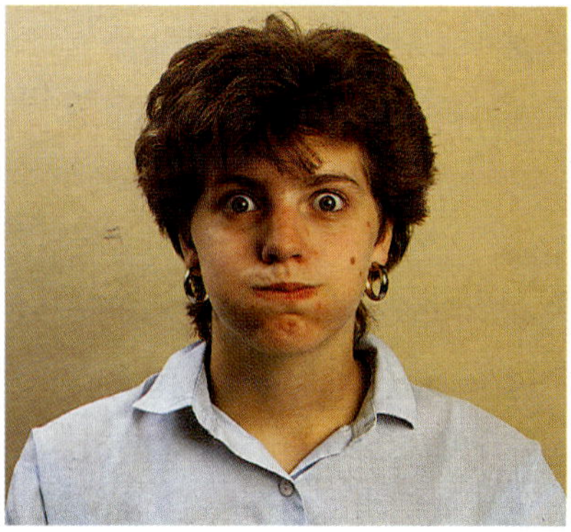

Wrth anadlu'n ddwfn, rydych yn anadlu tua 40 000 000 000 000 000 000 000 gronyn o'r aer.

Mae'r gronynnau hyn mor fach fel ei bod yn amhosibl cael gafael ar un yn unig ohonynt, ac edrych arno. Ond, mae peiriant i'w gael sy'n ddigon cryf i dynnu lluniau o *grwpiau* o ronynnau. Ei enw yw **microsgop electron sganio**. Dyma luniau o nodwydd wedi eu tynnu â'r peiriant hwn.

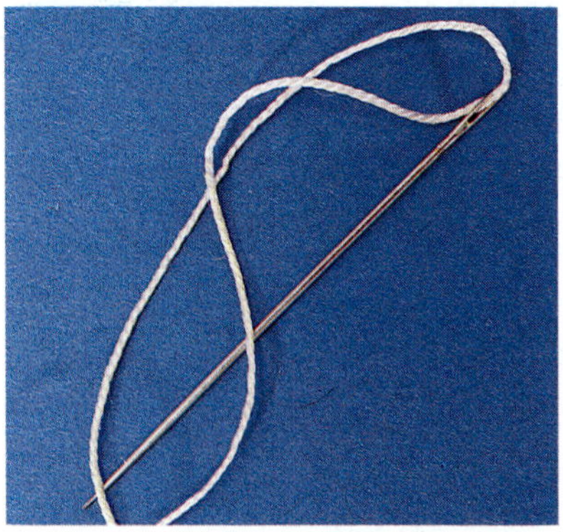

Mae'r llun hwn yn dangos y nodwydd fel y byddech chi'n ei gweld.

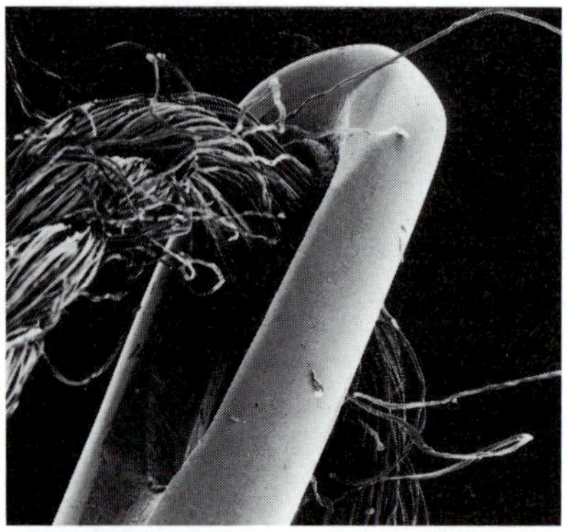

Dyma grai y nodwydd, wedi'i chwyddhau tua 130 gwaith. Fe welwch fod yr arwyneb yn eithaf garw.

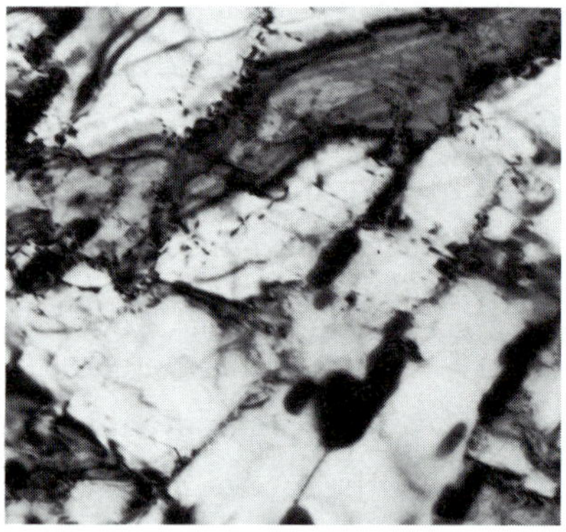

Dyma ran o'r crai, wedi'i chwyddhau 60 000 gwaith. Mae'r llun yn dangos ei fod yn cynnwys clystyrau o ronynnau.

Mae'r microsgop electron sganio yn gryf iawn, ond eto nid yw'n ddigon cryf i ddangos un gronyn unigol. Mae pob siâp yn y llun olaf yn cynnwys miliynau o ronynnau llai. Nid oes microsgop electron sganio yn labordy eich ysgol. Ond, hyd yn oed heb un, mae'n bosibl i chi weld tystiolaeth bod pethau wedi'u gwneud o ronynnau. Mae enghreifftiau i'w cael ar y tudalen nesaf.

Grisial yn toddi

Pan roddir grisial o botasiwm manganad(VII) mewn bicer o ddŵr, mae'r dŵr yn troi'n borffor yn raddol.

Esboniad Mae'r grisial a'r dŵr yn cynnwys gronynnau. Mae'r lliw yn lledaenu oherwydd bod gronynnau porffor yn gadael y grisial ac yn cymysgu â gronynnau dŵr.

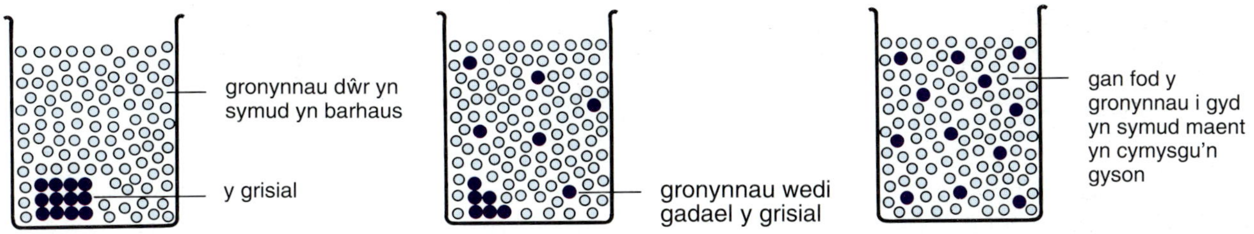

Trylediad yw'r enw ar symudiad gwahanol ronynnau ymysg ei gilydd fel eu bod yn cymysgu'n gyson.

Cynt ac wedyn: tryledіad bromin mewn aer.

Dau nwy yn cymysgu

Does gan aer ddim lliw. Mae anwedd bromin yn frowngoch o ran lliw ac yn drymach nag aer. Pan roddir llond jar o aer wyneb i waered ar jar o anwedd bromin, mae'r lliw browngoch yn treiddio i fyny iddo. Ar ôl ychydig funudau, mae'r nwy yn y ddau jar yn edrych yr un fath.

Esboniad Gronynnau mân yn symud yw aer a bromin. Mae'r rhain yn gwrthdaro â'i gilydd ac yn bownsio i bob cyfeiriad, fel eu bod yn cymysgu'n gyson. Dyma enghraifft arall o dryledіad.

Mwg yn symud

Gallwn astudio mwg trwy ddal peth ohono mewn blwch gwydr bach, anfon golau trwyddo o'r ochr, ac edrych arno trwy ficrosgop. Mae'r sbeciau mwg i'w gweld fel smotiau disglair sy'n dawnsio'n herciog. Nid ydynt byth yn llonydd.

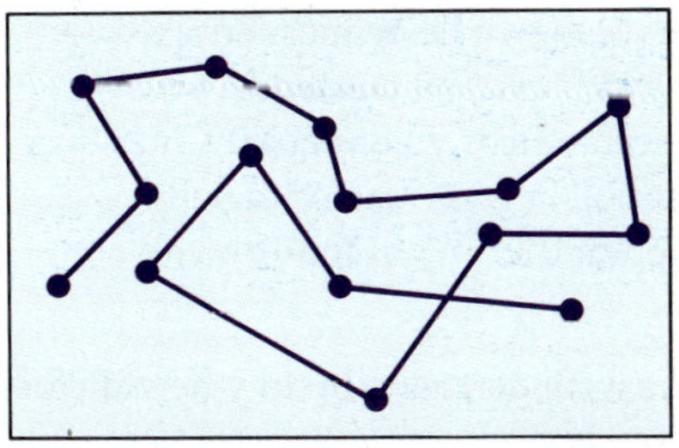

Mae hwn yn dangos llwybr un sbecyn o fwg. Mae'n newid cyfeiriad oherwydd bod gronynnau aer yn ei daro.

Esboniad Mae'r sbeciau mwg yn symud oherwydd bod y gronynnau aer yn eu taro wrth symud. Mae'r gronynnau aer eu hunain yn anweledig dan y microsgop oherwydd eu bod yn fach iawn. Yr un ffordd, mae paill yn dawnsio ar wyneb dŵr, oherwydd bod gronynnau mân symudol o ddŵr yn ei daro. Po gynhesaf y dŵr, cyflymaf y bydd y paill yn symud. Gwyddonydd o'r enw Robert Brown oedd y cyntaf i ddarganfod symudiad mwg a phaill tua 150 o flynyddoedd yn ôl. Felly rydym yn ei alw yn **fudiant Brownaidd**.

Cwestiynau

1 Pam mae'r lliw porffor yn lledaenu pan roddir grisial o botasiwm manganad(VII) mewn dŵr?

2 Beth yw tryledіad? Esboniwch sut mae anwedd bromin yn tryledu i'r aer.

3 Beth yw mudiant Brownaidd? Gwnewch fraslun o symudiad gronyn yn ystod mudiant Brownaidd.

4 Weithiau ar ddiwrnod heulog, gallwch weld llwch yn dawnsio yn yr aer. Esboniwch pam mae'r llwch yn symud.

1.2 Solidau, hylifau a nwyon

Mae'n hawdd gweld y gwahaniaeth rhwng solid, hylif a nwy:

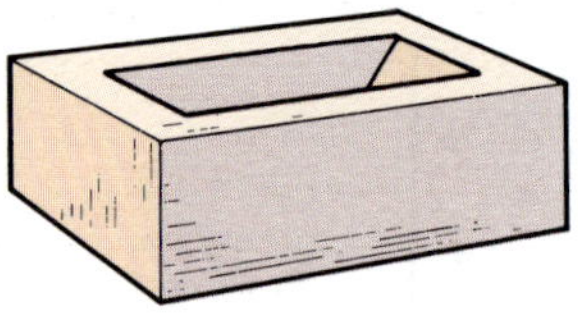

Mae gan solid siâp pendant a chyfaint pendant.

Mae hylif yn llifo'n rhwydd. Mae ganddo gyfaint pendant ond heb siâp pendant. Mae ei siâp yn dibynnu ar y cynhwysydd.

Nid oes gan nwy gyfaint na siâp pendant. Mae'n llenwi ei gynhwysydd yn llwyr. Mae'n llawer ysgafnach na'r un cyfaint o solid neu hylif.

Dŵr: solid, hylif a nwy

Gall dŵr fod yn solid (iâ), hylif (dŵr) a nwy (anwedd dŵr neu ager). Gellir newid ei gyflwr drwy wresogi neu oeri:

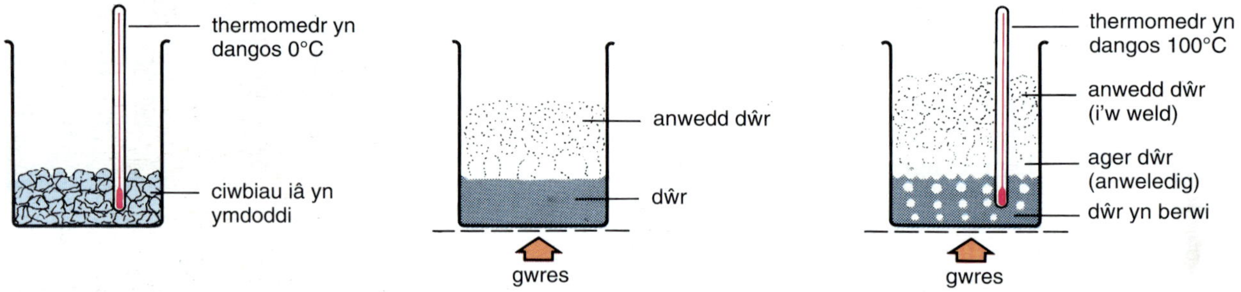

1 Mae **iâ** yn araf droi'n **ddŵr** wrth ei roi mewn lle cynnes. Enw'r newid hwn yw **ymdoddi**. Mae'r thermomedr yn dangos 0°C nes bod yr holl iâ wedi ymdoddi, felly gelwir 0°C yn **ymdoddbwynt**.

2 Wrth i'r dŵr gael ei wresogi bydd ei dymheredd yn codi, a bydd peth ohono'n newid yn **anwedd dŵr**. Enw'r newid hwn yw **anweddiad**. Po boethaf y bydd y dŵr yn mynd, cyflymaf y bydd yn anweddu.

3 Cyn hir bydd swigod yn ymddangos. Mae'r dŵr yn **berwi**. Mae anwedd dŵr yn ffurfio'n gyflymach. Fe'i gelwir yn **ager** nawr. Mae'r thermomedr yn dangos 100°C nes bod yr holl ddŵr wedi newid yn ager. 100°C yw **berwbwynt** dŵr.

Ac wrth oeri ager, bydd y newid croes yn digwydd:

Fe welwch fod:
cyddwyso yn groes i anweddu;
rhewi yn groes i ymdoddi;
rhewbwynt dŵr yr un fath ag ymdoddbwynt iâ, sef 0°C.

Gall pethau eraill newid eu cyflwr hefyd

Nid dŵr yn unig sy'n gallu newid ei gyflwr – gall hyd yn oed haearn a diemwnt ymdoddi a berwi. Mae rhai ymdoddbwyntiau a berwbwyntiau yn y tabl hwn. Sylwch mor wahanol ydynt:

Sylwedd	Ymdoddbwynt/°C	Berwbwynt/°C
Ocsigen	–219	–183
Ethanol	–15	78
Sodiwm	98	890
Sylffwr	119	445
Haearn	1540	2900
Diemwnt	3550	4832

Yn y ddrama hon, carbon deuocsid oedd y 'niwl', yn sychdarthu o dalpiau ar y llwyfan.

Bydd rhai sylweddau yn newid yn syth o solid i nwy, heb droi'n hylif, wrth eu gwresogi. Gelwir y newid hwn yn **sychdarthiad**. Mae carbon deuocsid ac ïodin yn gwneud hyn.

Defnyddio ymdoddbwynt a berwbwynt

Nid oes dau sylwedd yn rhannu'r un ymdoddbwynt a berwbwynt. Bydd ymdoddbwynt a berwbwynt sylwedd yn newid os caiff ei gymysgu ag ychydig bach o sylwedd arall. Felly, gall ymdoddbwyntiau a berwbwyntiau roi cliwiau defnyddiol:

1 gellir eu defnyddio i **adnabod** sylwedd
2 gellir eu defnyddio i ddweud a yw sylwedd yn **bur**. (Does dim wedi'i gymysgu â sylwedd pur.)

Er enghraifft:

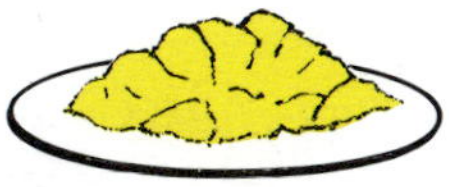

Mae'r sylwedd hwn yn ymdoddi ar 119°C ac yn berwi ar 445°C. Allwch chi ei adnabod? (Gwelwch y tabl.)

Daeth y dŵr hwn o'r môr. Mae'n rhewi ar tua –2°C ac yn berwi ar tua 101°C. A yw'n bur?

Mae halen yn gostwng rhewbwynt dŵr, felly bydd yn gwneud i iâ ymdoddi. Mae'r lori'n taenu halen ar ffyrdd rhewllyd i'w gwneud yn ddiogel.

Nid yw sylwedd yn bur os oes pethau eraill yn gymysg ag ef. Gelwir y rhain yn **amhureddau**. Mae dŵr môr yn cynnwys llawer o amhureddau, halen yn bennaf. **Mae amhuredd yn gostwng rhewbwynt sylwedd ac yn codi ei ferwbwynt.**

Cwestiynau

1 Ysgrifennwch ddwy o briodweddau solid, dwy ar gyfer hylif a dwy ar gyfer nwy.
2 Pa air sy'n golygu yr un fath â rhewi?
3 Pa air sy'n golygu croes i ferwi?
4 Mae tymheredd ystafell yn 20°C. Pa sylwedd yn y tabl uchod sydd:
   a yn hylif ar dymheredd ystafell?
   b yn nwy ar dymheredd ystafell?
5 Pa un sydd â'r rhewbwynt isaf, ocsigen ynteu ethanol?
6 Rhowch ddwy ffordd y gall ymdoddbwyntiau a berwbwyntiau fod yn ddefnyddiol.
7 Beth yw ystyr *adnabod sylwedd*?
8 Beth yw sylwedd pur?
9 Mae sampl o ethanol yn berwi ar 81°C. Beth allwch chi ei ddweud amdano?

1.3 Y gronynnau mewn solidau, hylifau a nwyon

Fe welsoch ar dudalen 9 fod sylwedd yn gallu newid o solid i hylif i nwy. Mae *gronynnau* unigol y sylwedd yr un fath ym mhob cyflwr. Eu *trefn* sy'n wahanol:

Cyflwr	Trefn y gronynnau	Diagram o'r gronynnau
Solid 	Mae'r gronynnau mewn solid wedi'u pacio'n dynn mewn patrwm sefydlog. Mae grymoedd cryf yn eu dal ynghyd, fel na allant symud o'u safleoedd. Dirgryniadau bach yn ôl a blaen yw'r unig symudiadau.	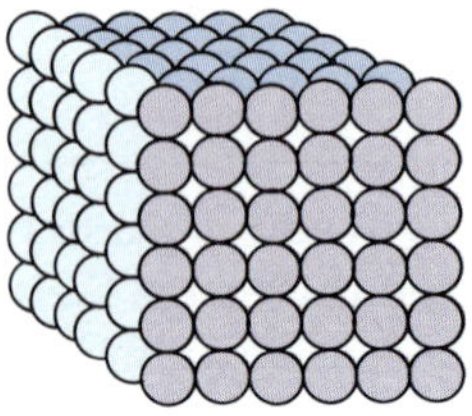
Hylif 	Gall y gronynnau mewn hylif symud a llithro heibio i'w gilydd. Maent yn dal yn agos at ei gilydd ond nid mewn patrwm sefydlog. Mae'r grymoedd sy'n eu dal ynghyd yn wannach nag mewn solid.	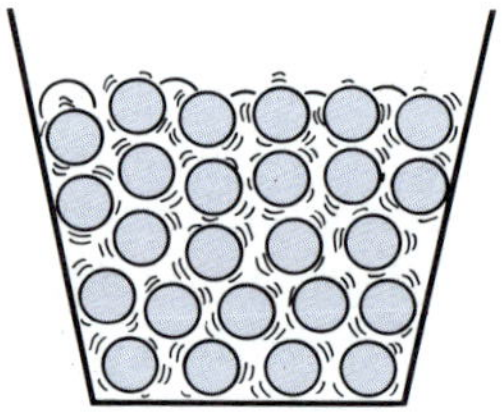
Nwy 	Mae'r gronynnau mewn nwy ymhell ar wahân, ac yn symud yn gyflym iawn. Does bron dim grymoedd yn eu dal nhw ynghyd. Maent yn gwrthdaro â'i gilydd ac yn bownsio i bob cyfeiriad.	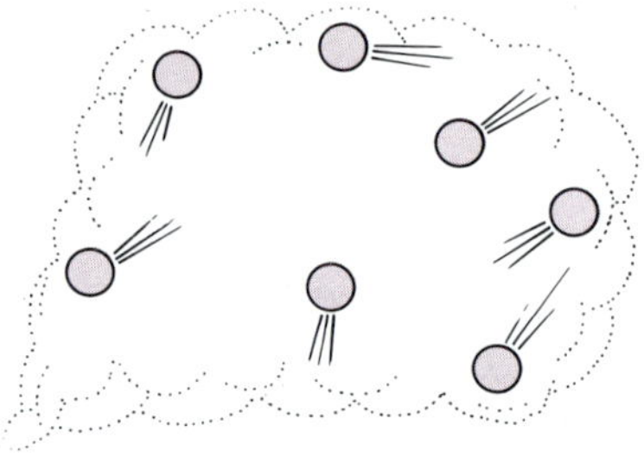

Newid cyflwr

Ymdoddi Wrth wresogi solid, bydd ei ronynnau'n cael mwy o egni ac yn dirgrynu mwy. Mae hyn yn gwneud i'r solid **ehangu**. Ar yr ymdoddbwynt mae'r gronynnau'n dirgrynu cymaint nes eu bod yn torri'n rhydd o'u safleoedd. Mae'r solid yn troi'n hylif.

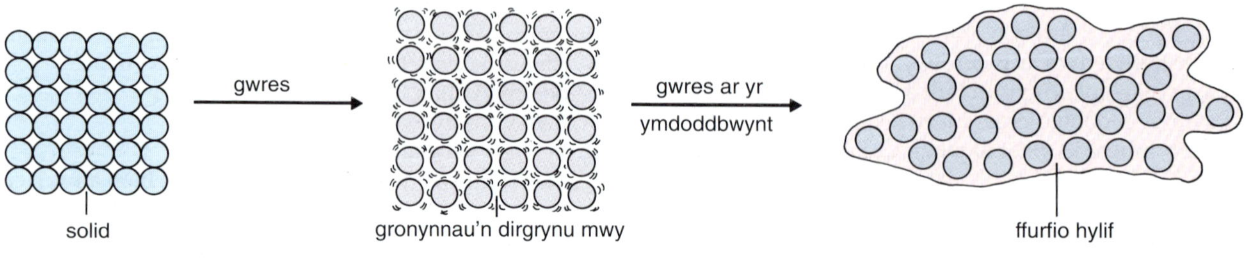

Berwi Wrth wresogi hylif, bydd ei ronynnau'n cael mwy o egni ac yn symud yn gyflymach. Maent yn gwrthdaro â'i gilydd yn amlach ac yn bownsio ymhellach ar wahân. Mae hyn yn gwneud i'r hylif ehangu. Ar y berwbwynt, mae'r gronynnau'n cael digon o egni i oresgyn y grymoedd sy'n eu dal ynghyd. Maent yn torri'n rhydd oddi wrth yr hylif ac yn ffurfio nwy.

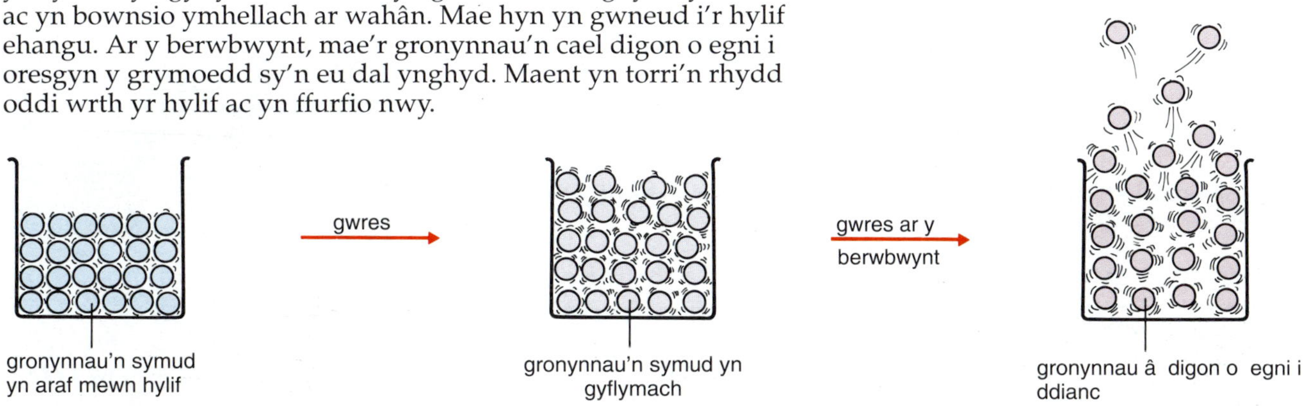

Anweddu Mae gan rai gronynnau mewn hylif fwy o egni nag eraill. Hyd yn oed pan fydd hylif lawer yn is na'r berwbwynt, bydd gan *rai* gronynnau ddigon o egni i ddianc a ffurfio nwy. **Anweddiad** yw'r enw ar hyn. Dyna pam mae pyllau o law yn sychu yn yr heulwen.

Cyddwyso ac ymsolido Pan fydd nwy yn cael ei oeri, bydd y gronynnau'n colli egni. Byddant yn symud yn fwy a mwy araf. Wrth wrthdaro â'i gilydd, nid oes ganddynt ddigon o egni i fownsio ar wahân. Byddant yn aros yn agos at ei gilydd a bydd hylif yn ymffurfio. Pan fydd yr hylif yn oeri, bydd y gronynnau yn arafu hyd yn oed yn fwy. Yn y diwedd byddant yn peidio â symud, heblaw am ddirgryniadau bach, a bydd solid yn ymffurfio.

Cywasgu nwy

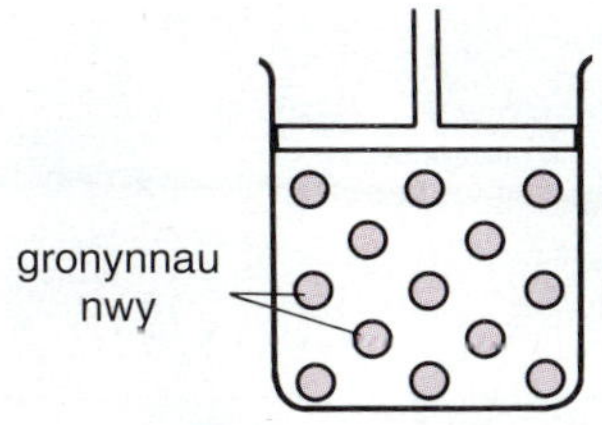

Mae llawer o le rhwng y gronynnau mewn nwy. Gallwch orfodi'r gronynnau'n nes...

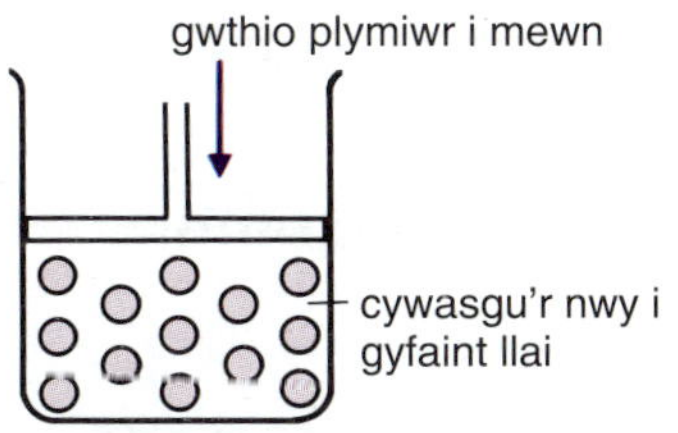

...trwy wthio'r plymiwr i mewn. Mae'r nwy yn cael ei wasgu neu ei **gywasgu** i gyfaint llai.

Os rhoddir digon o rym ar y plymiwr, bydd y gronynnau'n mynd mor agos at ei gilydd fel bod y nwy yn troi'n hylif. Ond ni ellir cywasgu hylifau a solidau oherwydd bod eu gronynnau yn agos at ei gilydd yn barod.

Mae'r deifwyr yn cario aer wedi'i gywasgu er mwyn gallu anadlu dan y dŵr.

Cwestiynau

1 Gan ddefnyddio'r syniad o ronynnau, esboniwch pam:
- **a** mae'n hawdd tywallt hylif
- **b** y bydd nwy yn llenwi unrhyw gynhwysydd
- **c** mae solid yn ehangu wrth ei wresogi

2 Lluniwch ddiagram i ddangos beth sy'n digwydd i'r gronynnau mewn hylif pan fydd yn berwi.

3 Esboniwch pam y gellir cywasgu nwy i gyfaint llai, ond nid solid.

1.4 Golwg manylach ar nwyon

Wrth chwythu aer i falŵn mae'r gronynnau nwy yn rhoi gwasgedd ar y balŵn ac yn gwneud iddo chwyddo. Po fwyaf y byddwch yn chwythu, mwyaf fydd y gwasgedd.

Wrth chwythu balŵn, rydych yn ei lenwi â gronynnau aer sy'n symud yn gyflym. Mae'r gronynnau'n taro yn erbyn ochrau'r balŵn a rhoi **gwasgedd** arno. Y gwasgedd sy'n cadw'r balŵn yn fawr ac yn grwn. Yr un ffordd, mae *pob* nwy yn rhoi gwasgedd. Mae'r gwasgedd yn dibynnu ar **dymheredd** y nwy a'r **cyfaint** y mae'n ei lenwi, fel y dangosir isod.

Sut mae gwasgedd nwy yn newid gyda thymheredd

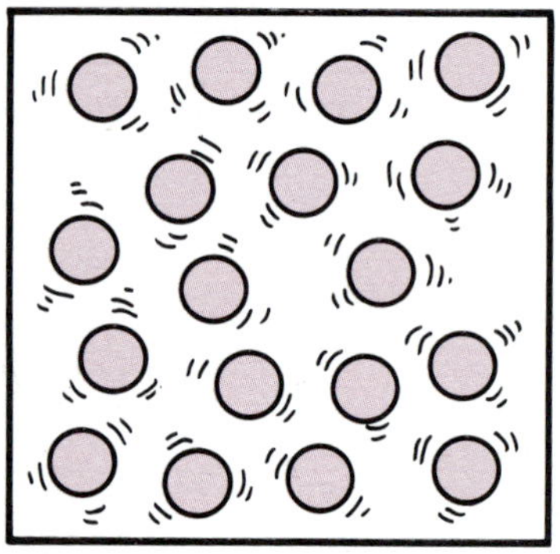

Mae gronynnau'r nwy hwn yn symud yn gyflym. Maent yn taro yn erbyn muriau'r cynhwysydd ac yn rhoi gwasgedd arnynt.

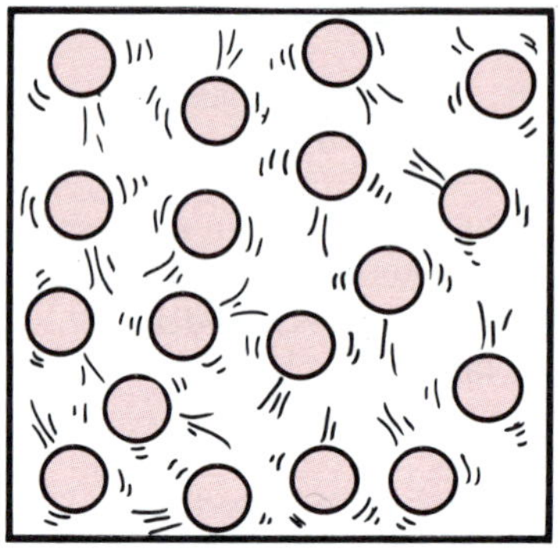

Nawr mae'r nwy yn cael ei wresogi. Mae'r gronynnau'n cymryd egni gwres ac yn symud yn gyflymach fyth. Maent yn taro'r muriau yn amlach ac â mwy o rym. Felly mae gwasgedd y nwy yn cynyddu.

Mae'r un peth yn digwydd gyda phob nwy:
Os yw cyfaint nwy yn gyson, bydd ei wasgedd yn cynyddu gyda thymheredd.

Mewn sosban frys, mae anwedd dŵr yn cael ei wresogi ymhell dros 100°C. Felly bydd ar wasgedd uchel iawn. Mae'n beryglus agor sosban frys heb adael iddi oeri yn gyntaf.

Sut mae gwasgedd nwy yn newid gyda chyfaint

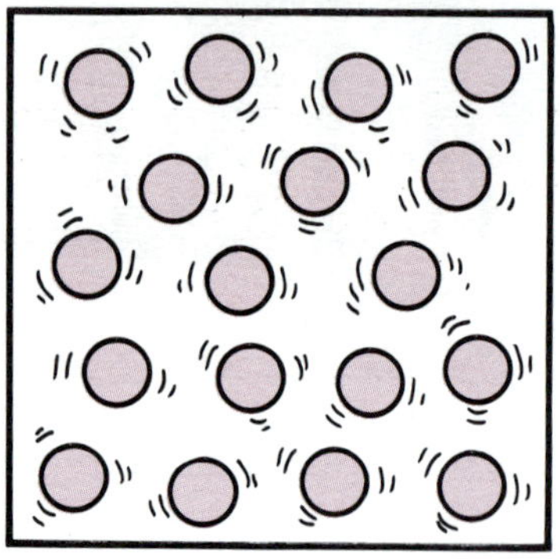

Dyma'r un nwy eto. Mae ei wasgedd yn cael ei greu wrth i'r gronynnau wrthdaro â muriau'r cynhwysydd.

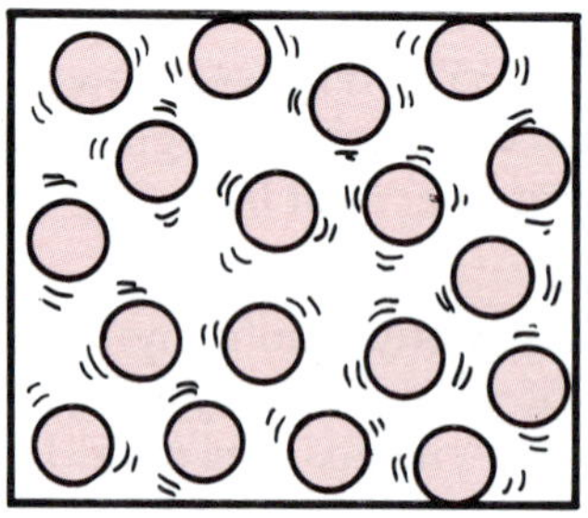

Y tro hwn mae'r nwy yn cael ei wasgu i gyfaint llai. Nawr mae'r gronynnau'n taro'r muriau yn amlach. Felly mae gwasgedd y nwy yn uwch.

Mae'r un peth yn wir am bob nwy:
Os yw nwy yn cael ei wasgu i gyfaint llai, bydd ei wasgedd yn cynyddu.

Sut mae cyfaint nwy yn newid gyda thymheredd

Gadewch i ni weld beth sy'n digwydd os yw gwasgedd y nwy yn gyson, ond y tymheredd yn cael ei newid:

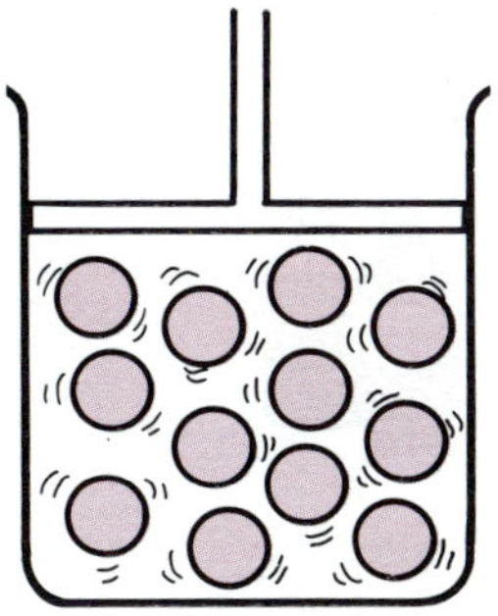

Mae'r plymiwr yn y cynhwysydd hwn yn symud i mewn ac allan. Wrth i'r nwy gael ei wresogi ...

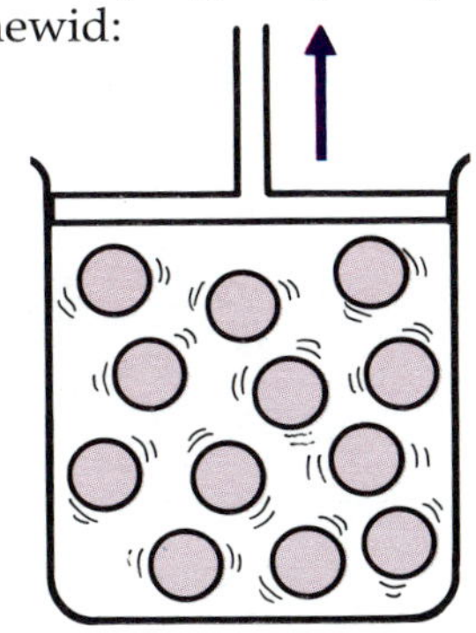

...mae'r plymiwr yn symud allan, fel bod gwasgedd y nwy yn aros yn gyson. Nawr mae'r nwy yn llenwi cyfaint mwy.

Mae hyn yn dangos:
Os yw gwasgedd nwy yn gyson, bydd ei gyfaint yn cynyddu gyda thymheredd.

Trylediad nwyon

Fe welsoch ar dudalen 7 fod nwyon yn **tryledu**. Mae gan ronyn o nwy amonia tua hanner màs gronyn o nwy hydrogen clorid. Felly pa un fydd yn tryledu gyflymaf? Cawn weld:

1. Rhoddir gwlân cotwm wedi'i drochi mewn toddiant amonia yn un pen i diwb hir. Mae'n rhyddhau nwy amonia.
2. Yr un pryd yn union, rhoddir gwlân cotwm wedi'i drochi mewn asid hydroclorig ym mhen arall y tiwb. Mae'n rhyddhau nwy hydrogen clorid.
3. Mae'r nwyon yn tryledu ar hyd y tiwb. Mae mwg gwyn yn ymffurfio lle mae'r ddau yn cwrdd.

Mae'r mwg gwyn yn ffurfio'n nes at ben de'r tiwb. Felly mae'r gronynnau amonia wedi teithio'n bellach na'r gronynnau hydrogen clorid yn yr un amser.
Po ysgafnaf y gronynnau nwy, cyflymaf y bydd y nwy yn tryledu.

A! Dom da! Gronynnau nwy yn tryledu trwy'r aer sy'n achosi 'arogleuon'. Maent yn toddi mewn gwlybaniaeth yn leinin eich trwyn. Yna bydd celloedd yn y leinin yn anfon neges i'ch ymennydd.

Cwestiynau

1. Beth sy'n achosi'r gwasgedd mewn nwy?
2. Pam mae balŵn yn byrstio os byddwch yn dal i chwythu?
3. Mae nwy mewn cynhwysydd wedi'i selio. Sut bydd y gwasgedd yn newid os caiff y cynhwysydd ei oeri? Esboniwch eich ateb.
4. Mae nwy yn llifo o un cynhwysydd i un mwy. Beth sy'n digwydd i'w wasgedd? Lluniwch ddiagramau i esbonio.
5. O'r holl nwyon, hydrogen sy'n tryledu gyflymaf. Beth mae hyn yn ei ddweud wrthych chi?

1.5 Cymysgedd

Mae llawer o bethau nad ydynt yn sylweddau pur; maent yn **gymysgeddau**. Mae cymysgedd yn cynnwys mwy nag un sylwedd. Dyma rai enghreifftiau:

Cymysgedd o ddŵr a charbon deuocsid (hylif + nwy)

Cymysgedd o ddŵr, caffein a sylweddau eraill (hylifau + solidau)

Cymysgedd o gopor a nicel (solid + solid)

Cymysgedd o ddŵr ac asid ethanoig (hylif + hylif)

Toddiannau

Yn aml, mae'n anodd dweud bod rhywbeth yn gymysgedd. Mae siwgr mewn dŵr yn un enghraifft: mae'r cymysgedd yn glir ac ni allwch weld y siwgr. Gelwir cymysgedd fel hyn yn **doddiant**.
Mae'r siwgr yn **hydawdd** mewn dŵr, felly mae wedi **toddi**. Gelwir y siwgr yn **doddyn** a'r dŵr yn **doddydd**:

toddyn + toddydd → toddiant

Pan fydd siwgr yn toddi mewn dŵr, bydd ei ronynnau'n gwahanu ac yn lledaenu ymhlith y gronynnau dŵr. Mae'r gronynnau unigol yn rhy fach i'w gweld, felly mae'r toddiant yn ymddangos yn glir:

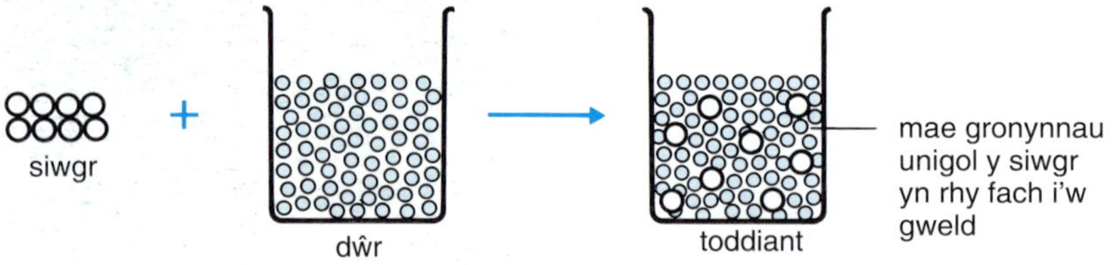

Cymysgedd o siwgr a dŵr.

Daliannau

Weithiau mae'n hawdd adnabod cymysgedd. Edrychwch ar lun y sialc mewn dŵr ar y dde, er enghraifft. Mae sbeciau gwyn yn y dŵr oherwydd nad yw'r sialc wedi toddi – mae'n **anhydawdd** mewn dŵr. Gelwir cymysgedd fel hyn yn **ddaliant**.
Mewn daliant, nid yw gronynnau'r solid yn gwahanu i gyd. Yn hytrach, maent yn aros mewn clystyrau sy'n ddigon mawr i'w gweld.

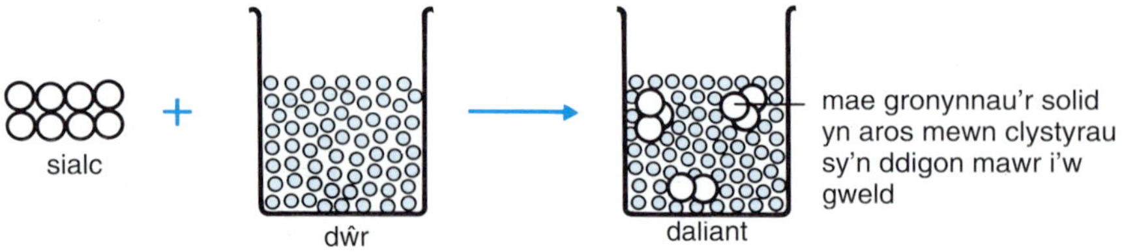

Cymysgedd o sialc a dŵr.

Os yw'r clystyrau o ronynnau yn drwm, maent yn suddo i'r gwaelod ac yn ffurfio **gwaddod**.

Cymysgu hylifau

Wrth ychwanegu alcohol at ddŵr, mae'r ddau hylif yn cymysgu'n llwyr, gan ffurfio toddiant clir. Dywedwn eu bod yn **gymysgadwy**. Ond wrth ychwanegu olew coginio at ddŵr, nid yw'r ddau hylif yn cymysgu'n iawn. Maent yn **anghymysgadwy**:

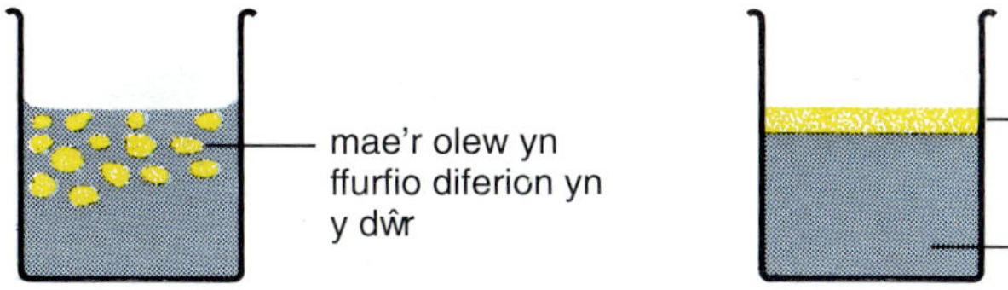

Wrth *ysgwyd* olew coginio gyda dŵr, mae'r olew yn ffurfio diferion mân yn y dŵr, ac mae'r cymysgedd yn edrych yn llaethog. Gelwir y math hwn o gymysgedd yn **emwlsiwn**. Dyma rai cyffredin:

llaeth – diferion o fraster menyn mewn dŵr
paent emwlsiwn – diferion o olew lliw mewn dŵr
blaslyn Ffrengig – diferion o olew olewydd mewn finegr

Wrth ei ysgwyd yn dda, mae emwlsiwn o olew mewn finegr yn ymffurfio.

Toddyddion eraill

Os dŵr yw'r toddydd, gelwir y toddiant yn **doddiant dyfrllyd**. Dŵr yw'r toddydd mwyaf cyffredin, ond defnyddir llawer o rai eraill mewn diwydiant ac o amgylch y tŷ. Mae eu hangen i doddi sylweddau sy'n anhydawdd mewn dŵr. Dyma rai enghreifftiau:

Toddydd	**Mae'n toddi**
Gwirod gwyn	Paent glòs
Propanon	Saim, paent ewinedd
Tetracloromethan	Saim
Tricloroethan	Y sylwedd gwyn mewn hylif cywiro
Ethanol	Glud, inc argraffu, y sylweddau sy'n rhoi arogl da mewn persawr

Mae'r holl sylweddau uchod yn anweddu'n hawdd ar dymheredd ystafell – maent yn **anweddol**. Mae hyn yn golygu bod glud, paent a hylif cywiro yn sychu'n hawdd. Mae persawr yn teimlo'n oer oherwydd bod ethanol yn oeri'r croen wrth iddo anweddu.

Defnyddir ethanol fel toddydd ar gyfer persawr. Mae'n hylif anweddol. Pam mae hynny'n fantais?

Cwestiynau

1 Ysgrifennwch un frawddeg i esbonio pob term:
daliant gwaddod toddiant dyfrllyd

2 Beth yw'r gwahaniaeth rhwng toddiant a daliant?

3 Esboniwch ystyr y geiriau hyn:
anhydawdd anghymysgadwy

4 Ai toddiant, daliant ynteu emwlsiwn yw'r rhain?
a lemonêd **b** hufen dwbl
c pâst dannedd **ch** siampŵ
d cawl cyw iâr **dd** hylif gwyn i lanhau'r bath

5 Enwch 3 thoddydd arall heblaw dŵr, a rhowch un defnydd ar gyfer pob un.

1.6 Hydoddedd

Toddiant dirlawn

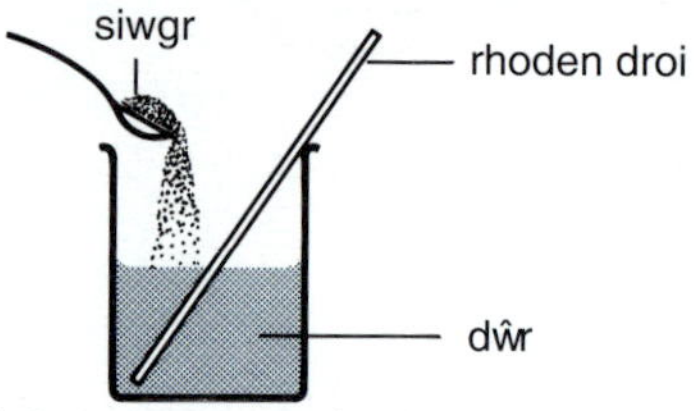

Mae siwgr yn hydawdd mewn dŵr oer.
Mae ei droi yn helpu i'w doddi...

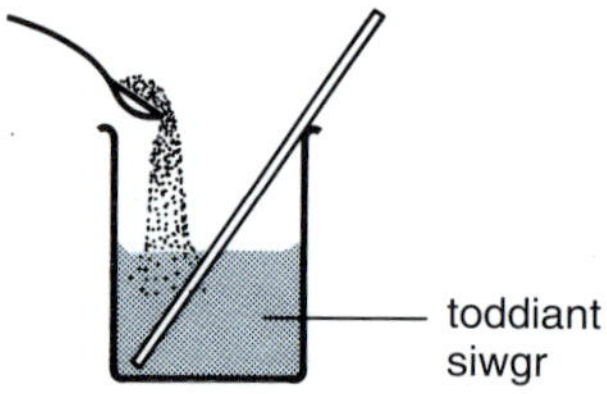

ond os byddwch yn dal i ychwanegu siwgr at y toddiant...

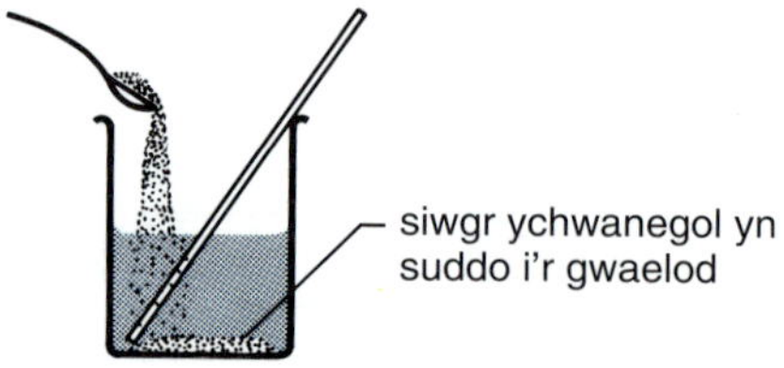

yn y pen draw ni fydd rhagor yn toddi.
Mae'r toddiant yn **ddirlawn**.

Bydd mwy o siwgr yn toddi mewn dŵr poeth nag mewn dŵr oer.
Dyma'r un toddiant siwgr ar dri gwahanol dymheredd:

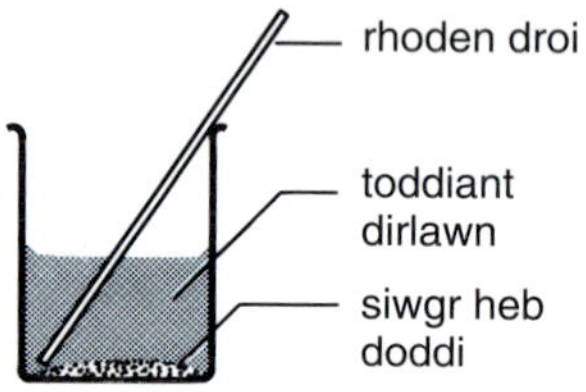

Ar 20°C
Mae'r toddiant hwn yn ddirlawn. Mae'r grisialau heb doddi ar y gwaelod yn dangos hynny.

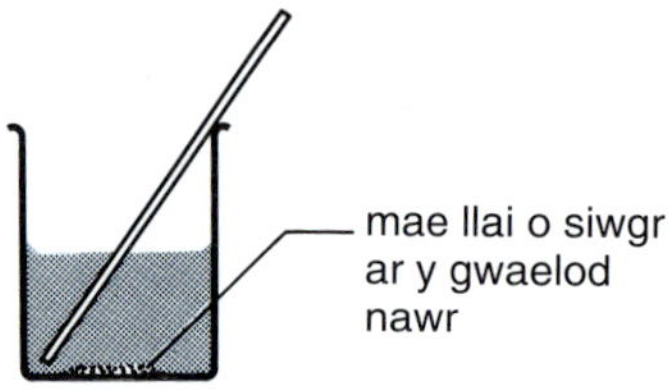

Ar 50°C
Mae rhagor o siwgr wedi toddi, ond mae'r toddiant yn dal yn ddirlawn.

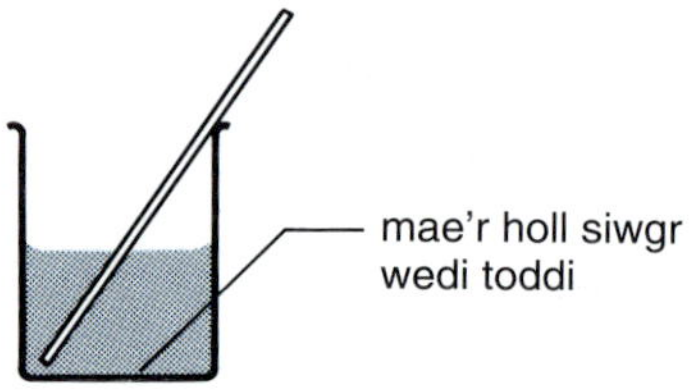

Ar 80°C
Nawr *prin* fod y toddiant yn ddirlawn. Os ychwanegir rhagor o siwgr, ni fydd yn toddi. Bydd yn suddo i'r gwaelod.

Os gwresogir y toddiant olaf i 100°C, ni fydd yn ddirlawn bellach. Bydd yn gallu toddi rhagor o siwgr. Felly fe welwch fod dirlawnder yn dibynnu ar dymheredd:
Toddiant dirlawn yw un sy'n methu toddi mwy o doddyn ar dymheredd arbennig.

Hydoddedd

Mae rhai toddion yn fwy hydawdd mewn dŵr nag eraill. Cymharwch y rhain:

Gall 15 gram o hwn doddi mewn 100 gram o ddŵr ar 50°C.

Gall 39 gram o hwn doddi mewn 100 gram o ddŵr ar 50°C.

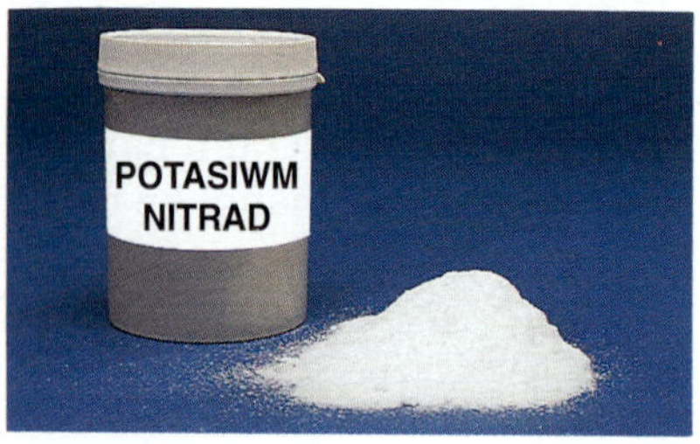

Gall 80 gram o hwn doddi mewn 100 gram o ddŵr ar 50°C.

Ar gyfer pob toddyn, mae'r swm a ddangosir yn rhoi toddiant dirlawn ar 50°C, ac fe'i gelwir yn **hydoddedd** y toddyn.
Hydoddedd toddyn mewn dŵr, ar dymheredd arbennig, yw'r mwyafswm sy'n gallu toddi mewn 100 gram o ddŵr ar y tymheredd hwnnw.
Felly hydoddedd sodiwm clorid mewn dŵr ar 50°C yw 39 gram.

Cyfrifo hydoddedd

Enghraifft Mae 12 gram o botasiwm sylffad yn toddi mewn 75 gram o ddŵr ar 60°C. Beth yw ei hydoddedd mewn dŵr ar y tymheredd hwnnw?

Mae angen i chi ddarganfod faint sy'n toddi mewn *100 gram* o ddŵr:
mewn 75 gram o ddŵr, mae 12 gram yn toddi, felly
mewn 1 gram o ddŵr, mae $\frac{12}{75}$ gram yn toddi, ac
mewn 100 gram o ddŵr, mae $\frac{12}{75}$ x 100 gram yn toddi. $\frac{12 \times 100}{75} = 16$
Hydoddedd potasiwm sylffad mewn dŵr ar 60°C yw **16 gram.**

Cromliniau hydoddedd

Mae'r tabl isod yn dangos bod hydoddedd copor(II) sylffad mewn dŵr yn cynyddu gyda thymheredd. Mae'r un peth yn wir am y rhan fwyaf o solidau.

Tymheredd/°C	0	10	20	30	40	50	60	70
Hydoddedd copor(II) sylffad/g	14	17	21	24	29	34	40	47

Gellir defnyddio'r tabl i blotio graff fel yr un ar y dde. Fe'i gelwir yn **gromlin hydoddedd**. Gallwch ei ddefnyddio i ganfod hydoddedd copor(II) sylffad ar unrhyw dymheredd o 0°C i 70°C. Er enghraifft:
ar 15°C ei hydoddedd yw 19 gram
ar 55°C ei hydoddedd yw 37 gram.

Cromlin hydoddedd copor(II) sylffad

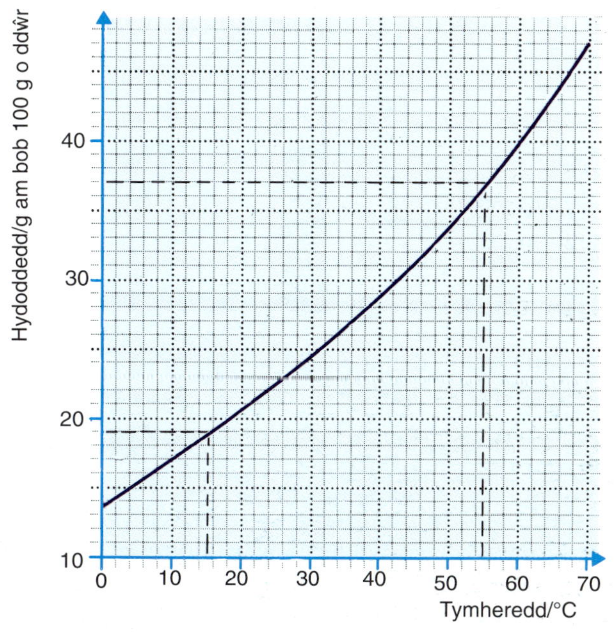

Hydoddedd nwyon

Yn wahanol i'r rhan fwyaf o solidau, mae nwyon yn mynd yn *llai* hydawdd mewn dŵr wrth i'r tymheredd godi. Er enghraifft:

Tymheredd/°C	0	20	40
Hydoddedd ocsigen/g	0.007	0.004	0.003

Yn ffodus, mae cyn lleied â hyn o ocsigen wedi toddi yn ddigon ar gyfer pysgod a bywyd arall yn y dŵr.

Cwestiynau

1 Beth yw toddiant dirlawn?
2 Hydoddedd sodiwm clorid mewn dŵr ar 100°C yw 40 g. Esboniwch ystyr hyn.
3 Canfyddwch hydoddedd X ac Y mewn dŵr ar 60°C, os ar y tymheredd hwnnw:
mae 4 g o X yn toddi mewn 25 g o ddŵr
mae 21 g o Y yn toddi mewn 50 g o ddŵr.
4 Defnyddiwch y graff uchod i ateb y rhain:
a Beth yw hydoddedd copor(II) sylffad mewn dŵr ar: 46°C? 68°C?
b Faint o gopor(II) sylffad a fydd yn toddi mewn 100 g o ddŵr ar: 36°C? 26°C?
c Beth fyddech chi'n ei weld wrth i doddiant dirlawn o gopor(II) sylffad oeri o 36°C i 26°C?

1.7 Gwahanu cymysgeddau (I)

Yn aml, dim ond un sylwedd mewn cymysgedd sydd ei angen, felly rhaid ei **wahanu** oddi wrth y cymysgedd. Dyma rai ffyrdd o wneud hynny.

Sut i wahanu solid oddi wrth hylif

Trwy hidlo Gellir gwahanu sialc oddi wrth ddŵr trwy hidlo'r daliant trwy bapur hidlo. Mae'r sialc yn cael ei ddal yn y papur hidlo ond mae'r dŵr yn llifo trwyddo. Gelwir y sialc yn **weddill**. Gelwir y dŵr yn **hidlif**.
Gellir gwahanu daliannau eraill yr un modd.

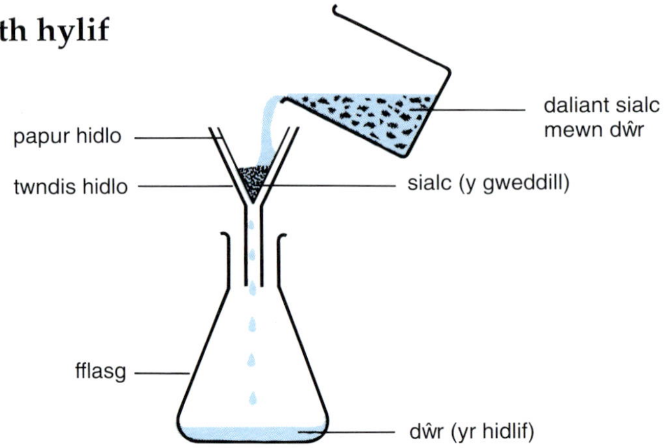

Trwy allgyrchu Defnyddir allgyrchydd i wahanu symiau *bach* o ddaliant. Mewn allgyrchydd, mae tiwbiau prawf yn llawn o ddaliant yn cael eu troelli'n gyflym iawn, fel bod y solid yn cael ei daflu i'r gwaelod:

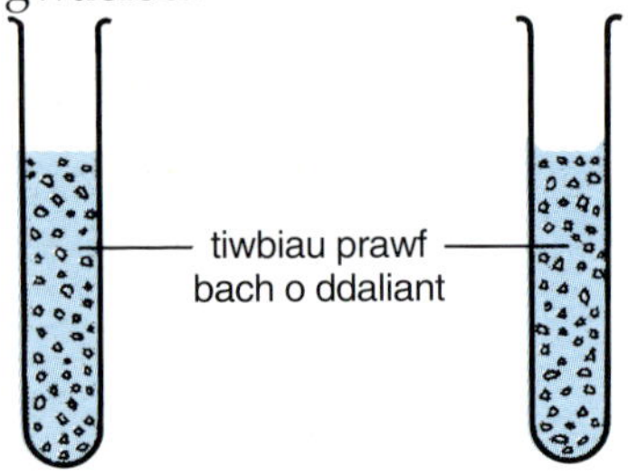

Cyn allgyrchu, mae'r solid yn gymysg trwy'r hylif i gyd.

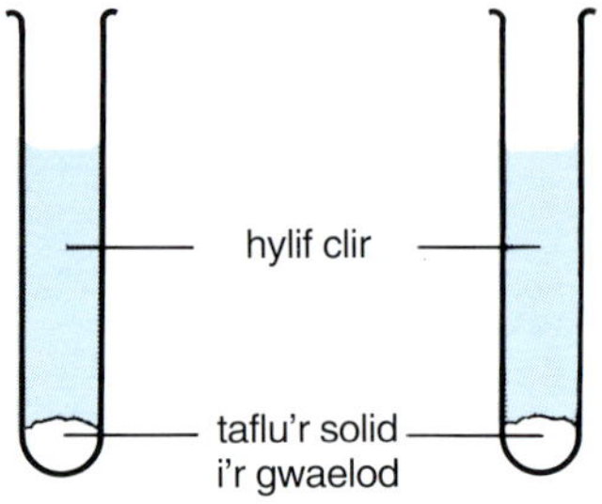

Ar ôl allgyrchu, mae'r holl solid wedi ymgasglu ar y gwaelod.

Allgyrchydd.

Gellir **arllwys** (tywallt) yr hylif o'r tiwbiau prawf, neu ei dynnu gan ddefnyddio pibed fach. Bydd y solid ar ôl.

Trwy anweddu'r toddiant Os yw'r cymysgedd yn *doddiant*, ni ellir gwahanu'r solid trwy hidlo nac allgyrchu. Mae hyn oherwydd ei fod wedi lledaenu trwy'r toddydd mewn gronynnau mân. Felly, mae'r toddiant yn cael ei wresogi fel bod y toddydd yn anweddu, gan adael y solid ar ôl. Ceir halen o'i doddiant gan ddefnyddio'r dull hwn:

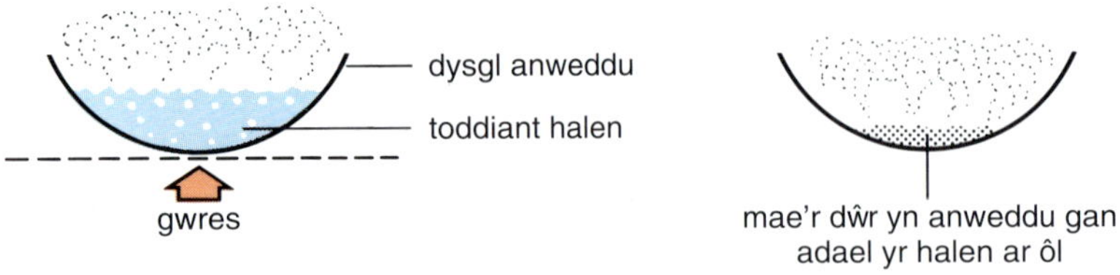

Anweddu'r dŵr o doddiant halen.

Trwy risialu Gallwch wahanu llawer o solidau oddi wrth eu toddiant trwy adael iddyn nhw ffurfio grisialau. Mae copor(II) sylffad yn enghraifft:

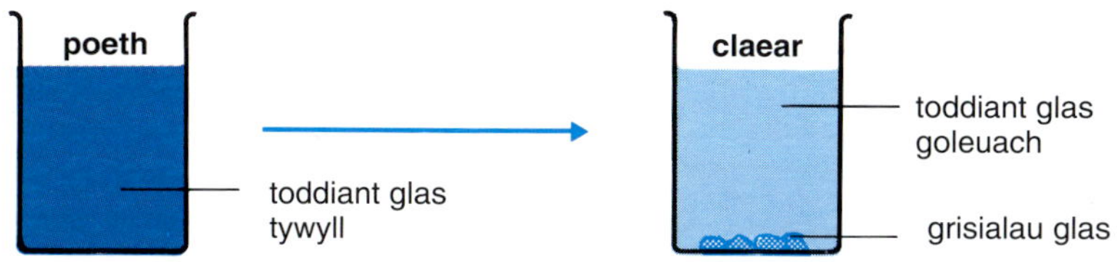

Dyma doddiant dirlawn o gopor(II) sylffad mewn dŵr ar 70°C. Os yw'n oeri i 20°C... mae grisialau yn dechrau ymddangos, oherwydd bod y cyfansoddyn yn *llai hydawdd ar* 20°C nag ar 70°C.

Grisialiad yw enw'r broses. Gallwch ei gwneud fel hyn:

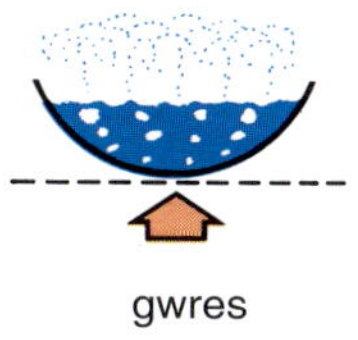

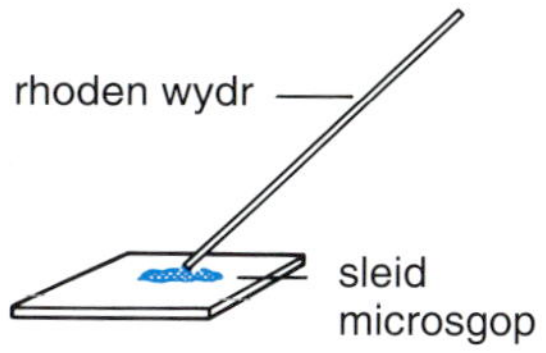

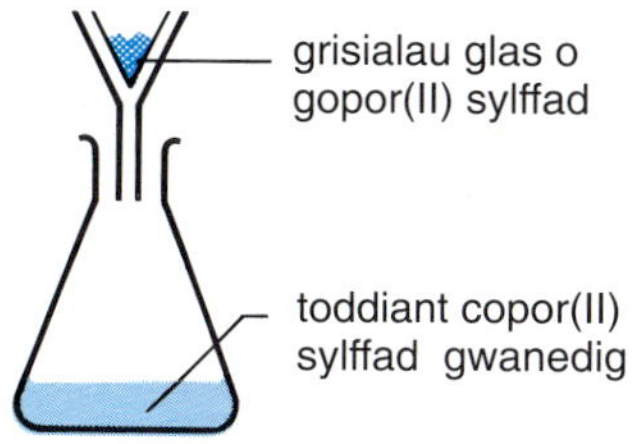

1 Mae toddiant copor(II) sylffad yn cael ei wresogi i gael gwared ar rywfaint o ddŵr. Wrth i'r dŵr anweddu, mae'r toddiant yn mynd yn fwy crynodedig.

2 Gellir profi'r toddiant i weld a yw'n ddigon crynodedig trwy roi un diferyn ar sleid microsgop. Dylai grisialau ymffurfio'n gyflym ar y gwydr oer.

3 Yna rhaid gadael i'r toddiant oeri a grisialu. Bydd angen tynnu'r grisialau ohono trwy hidlo, yna eu golchi â dŵr a'u sychu â phapur hidlo.

Sut i wahanu cymysgedd o ddau solid

Trwy doddi un ohonynt Gellir gwahanu cymysgedd o halen a thywod fel hyn:

1 Ychwanegu dŵr at y cymysgedd, a'i droi. Mae'r halen yn toddi.
2 Yna hidlo'r cymysgedd. Mae'r tywod yn cael ei ddal yn y papur hidlo, ond mae'r toddiant halen yn llifo trwodd.
3 Golchi'r tywod â dŵr a'i sychu mewn popty.
4 Mae'r toddiant halen yn anweddu nes ei fod yn sych.

Mae'r dull hwn yn gweithio oherwydd bod yr halen yn hydawdd mewn dŵr a'r tywod ddim yn hydawdd. *Ni* allech ddefnyddio dŵr i wahanu halen a siwgr, oherwydd ei fod yn toddi'r ddau ohonynt. Gellid defnyddio ethanol yn lle hynny, oherwydd ei fod yn toddi siwgr ond nid halen. Mae ethanol yn hyfflam, felly dylid ei anweddu o'r toddiant siwgr dros faddon dŵr, fel yr un ar y dde.

Anweddu ethanol o doddiant siwgr, dros faddon dŵr.

Cwestiynau

1 Beth yw: hidlif? gweddill?
2 Disgrifiwch ddwy ffordd o wahanu'r solid oddi wrth yr hylif mewn daliant.
3 *Ni* ellir gwahanu siwgr oddi wrth doddiant siwgr trwy hidlo. Esboniwch pam.
4 Beth sy'n digwydd wrth i doddiant anweddu?
5 Disgrifiwch sut y byddech yn grisialu potasiwm nitrad o'i doddiant dyfrllyd.
6 Sut byddech chi'n gwahanu halen a siwgr? Soniwch am unrhyw gamau diogelwch arbennig y byddech yn eu dilyn.

1.8 Gwahanu cymysgeddau (II)

Sut i wahanu toddydd oddi wrth doddiant

Trwy ddistylliad syml Dyma ffordd o gael toddydd pur o doddiant. Dyma'r offer ar y dde. Gellid ei ddefnyddio i gael dŵr pur o ddŵr halen, er enghraifft. Dyma sy'n digwydd:

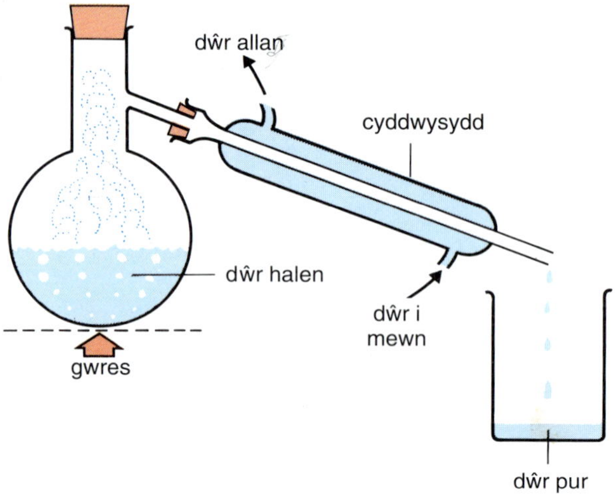

1 Gwresogi'r toddiant mewn fflasg. Mae'n berwi, ac mae ager yn codi i'r cyddwysydd. Mae'r halen ar ôl.
2 Mae'r cyddwysydd yn oer, felly mae'r ager yn cyddwyso'n ddŵr ynddo.
3 Mae'r dŵr yn diferu i'r bicer. Mae'n hollol bur. Fe'i gelwir yn **ddŵr distyll**. Gellid defnyddio'r dull hwn hefyd i gael dŵr pur o ddŵr y môr, neu o inc.

Sut i wahanu dau hylif

Defnyddio twndis gwahanu Os yw dau hylif yn **anghymysgadwy**, gellir eu gwahanu gyda thwndis gwahanu. Er enghraifft, pan roddir cymysgedd o olew a dŵr mewn twndis, mae'r olew yn arnofio ar yr wyneb, fel y dangosir ar y dde. Wrth agor y tap, mae'r dŵr yn llifo ohono. Rhaid cau'r tap pan fydd yr holl ddŵr wedi mynd.

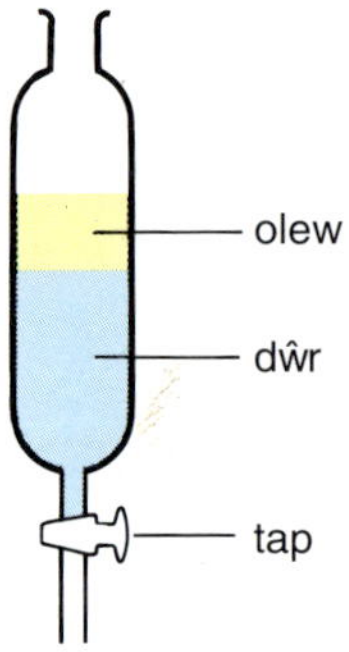

Trwy ddistylliad ffracsiynol Os yw'r ddau hylif yn **gymysgadwy**, rhaid eu gwahanu trwy ddistylliad ffracsiynol. Dangosir yr offer isod. Gellir ei ddefnyddio i wahanu cymysgedd o ethanol a dŵr, er enghraifft. Dyma'r camau:

1 Gwresogi'r cymysgedd. Tua 78°C, mae'r ethanol yn dechrau berwi. Mae rhywfaint o ddŵr yn anweddu hefyd, felly mae cymysgedd o anwedd ethanol ac anwedd dŵr yn codi i'r golofn.
2 Mae'r anweddau yn cyddwyso ar y gleiniau gwydr yn y golofn, a'u poethi.
3 Pan fydd y gleiniau'n cyrraedd tua 78°C, ni fydd anwedd ethanol yn cyddwyso arnynt. Dim ond yr anwedd dŵr a fydd yn cyddwyso. Bydd y dŵr yn diferu yn ôl i'r fflasg, a'r anwedd ethanol yn cael ei anfon i'r cyddwysydd.
4 Mae'n cyddwyso yno. Mae hylif ethanol yn diferu i'r bicer.
5 Yn y diwedd, mae darlleniad y thermomedr yn codi dros 78°C. Dyma arwydd bod yr holl ethanol wedi cael ei wahanu, felly gellir rhoi'r gorau i'r gwresogi.

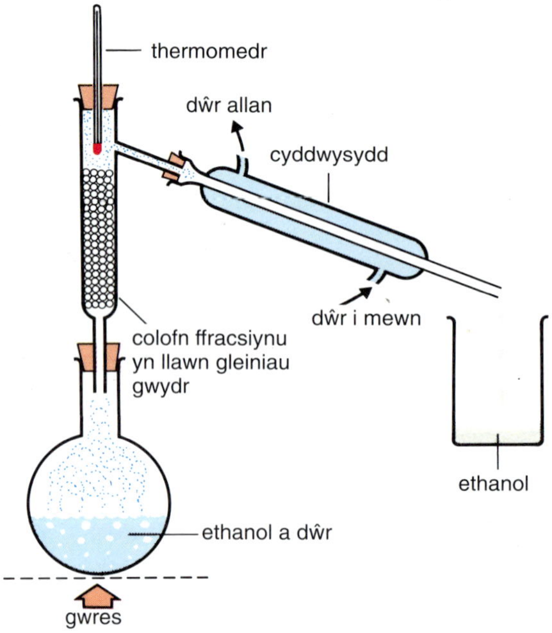

Sut i wahanu cymysgedd o sylweddau lliw

Cromatograffaeth papur Gellir defnyddio'r dull hwn i wahanu cymysgedd o sylweddau lliw. Er enghraifft, bydd yn gwahanu'r sylweddau lliw mewn inc du:

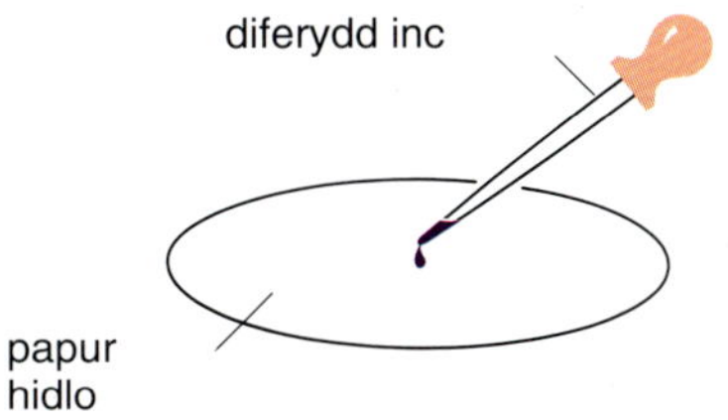

1 Rhoi diferyn bach o inc du ar ganol darn o bapur hidlo, a gadael iddo sychu. Ychwanegu tri neu bedwar diferyn arall yn yr un lle.

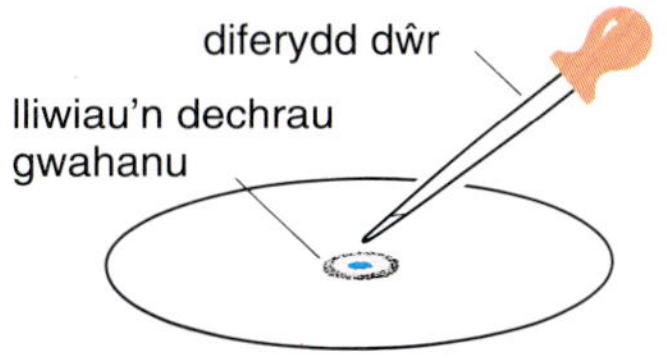

2 Yna rhoi dŵr ar y smotyn, un diferyn ar y tro. Mae'r inc yn lledaenu'n araf yn gylchoedd lliw.

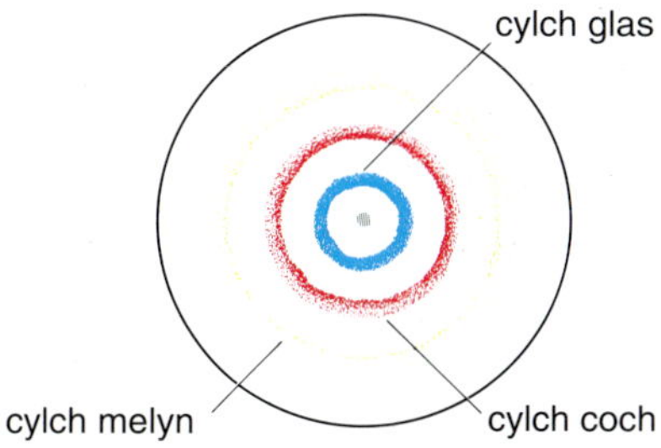

3 Os bydd yna dri chylch, melyn, coch a glas, bydd hyn yn golygu bod yr inc yn cynnwys tri sylwedd, lliw melyn, coch a glas.

Cromatogram yw'r enw ar y papur hidlo â'i gylchoedd lliw. Yn yr enghraifft uchod, mae'r cylch allanol yn felyn. Mae hyn yn dangos mai'r sylwedd melyn yw'r mwyaf hydawdd mewn dŵr. Wrth i'r dŵr ddiferu ar y smotyn inc, y sylwedd melyn sy'n cael ei doddi hawsaf, a'i gario bellaf. Allwch chi ddweud pa sylwedd yw'r lleiaf hydawdd?
Defnyddir cromatograffaeth papur yn aml i **adnabod** y sylweddau mewn cymysgedd. Er enghraifft, mae'n debyg bod cymysgedd X yn cynnwys y sylweddau A, B, C ac Ch, sydd i gyd yn hydawdd mewn propanon. Gellir gwirio'r cymysgedd fel hyn:

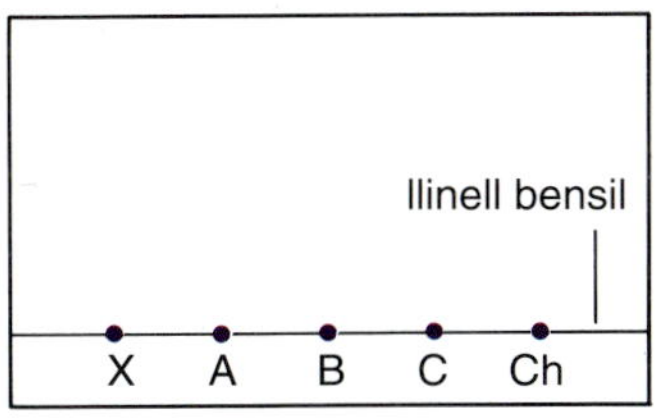

1 Toddi ychydig o X, A, B, C ac Ch mewn ychydig bach o bropanon. Rhoi smotyn o bob sylwedd ar linell, ar ddarn o bapur hidlo, a'i labelu.

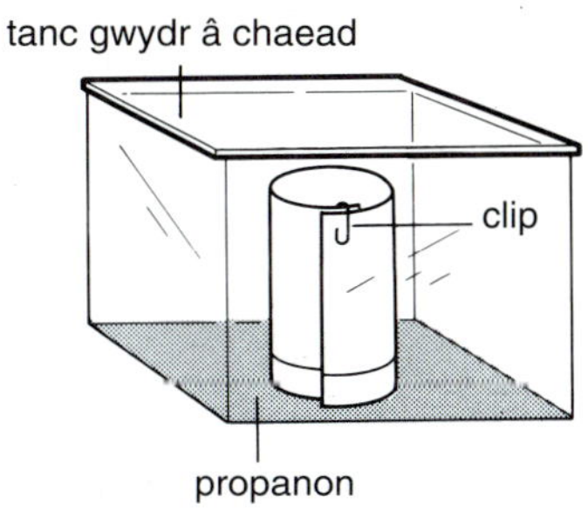

2 Rhoi'r papur i sefyll mewn ychydig o bropanon, mewn tanc gwydr dan gaead. Mae'r toddydd yn dringo i fyny'r papur; pan fydd bron â chyrraedd y brig, mae'r cromatogram yn barod.

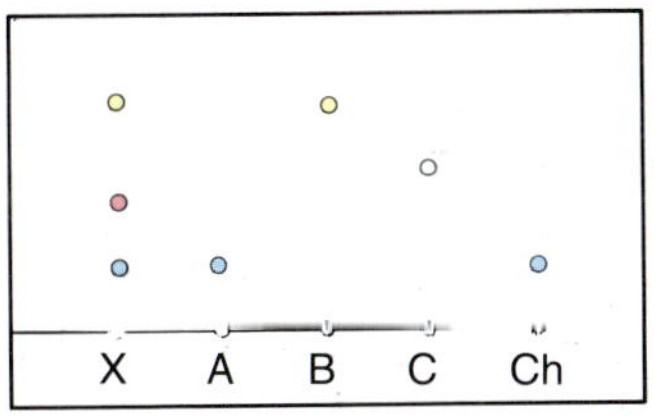

3 Mae X wedi gwahanu'n dri smotyn. Mae dau ohonynt yr un uchder ag A a B, felly rhaid bod X yn cynnwys sylweddau A a B. Ydy hwn yn cynnwys C ac Ch hefyd?

Cwestiynau

1 Sut byddech chi'n cael dŵr pur o inc? Lluniwch yr offer y byddech yn ei ddefnyddio, ac esboniwch sut mae'r dull yn gweithio.
2 Sut mae cyddwysyddion yn cael eu henw? Pam mae angen anfon dŵr oer trwyddyn nhw?
3 Mae dŵr a thyrpant yn anghymysgadwy. Sut byddech chi'n gwahanu cymysgedd o'r ddau?
4 Esboniwch sut mae distylliad ffracsiynol yn gweithio.
5 Yn y cromatogram uchod, sut gallwch chi ddweud nad yw X yn cynnwys sylwedd C?

Cwestiynau ar Bennod 1

1 Rhoddwyd grisial mawr o botasiwm manganad (VII) yng ngwaelod bicer o ddŵr oer a'i adael am rai oriau.

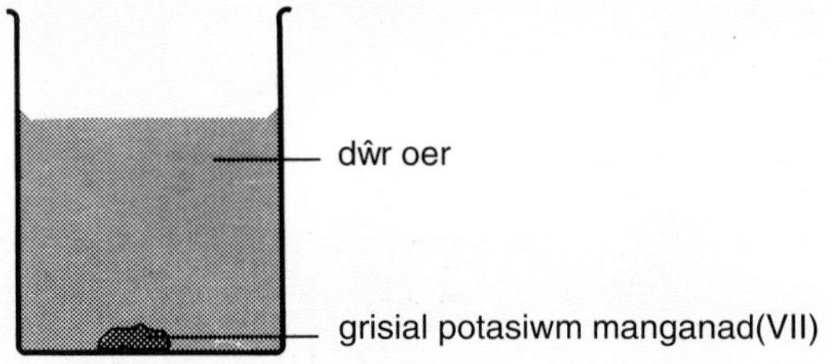

a Disgrifiwch beth fyddai i'w weld ar ôl pum munud.
b Disgrifiwch beth fyddai i'w weld ar ôl rhai oriau.
c Esboniwch eich ateb gan ddefnyddio'r syniad o ronynnau.
ch Enwch y DDWY broses a ddigwyddodd yn ystod yr arbrawf.

2 Disgrifiwch drefn gronynnau mewn solid, hylif a nwy.

3 Lluniwch ddiagramau i ddangos beth sy'n digwydd i'r gronynnau pan fydd:
a dŵr yn rhewi'n iâ
b ager yn cyddwyso'n ddŵr.

4 Mae'r graff isod yn gromlin wresogi ar gyfer sylwedd pur. Mae'n dangos sut mae'r tymheredd yn codi gydag amser, pan fydd y solid yn cael ei wresogi nes iddo ymdoddi, ac yna'r hylif yn cael ei wresogi nes iddo ferwi.

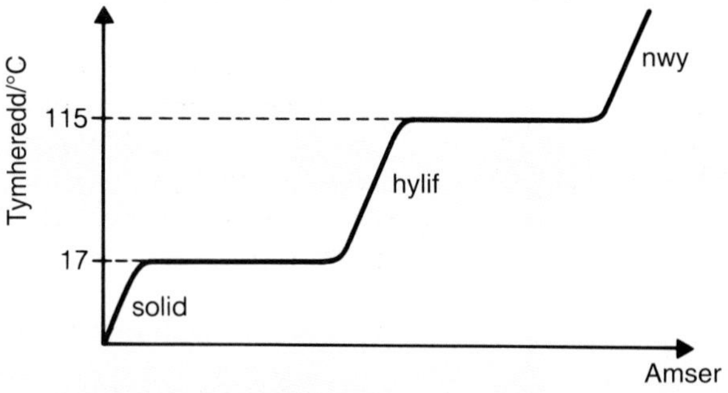

a Beth yw ymdoddbwynt y sylwedd?
b Beth yw ei ferwbwynt?
c Beth sy'n digwydd i'r tymheredd wrth i'r sylwedd newid cyflwr?
ch Sut gallwch chi ddweud nad dŵr yw'r sylwedd?

5 Gwnewch fraslun o'r gromlin wresogi ar gyfer dŵr pur, rhwng –10°C a 110°C. Nodwch y tymereddau lle mae dŵr yn newid cyflwr, a nodi ei gyflwr ar gyfer pob rhan o'r graff sydd ar oledd.

6 Mae cromlin oeri yn dangos sut mae tymheredd sylwedd yn newid dros gyfnod o amser, wrth iddo oeri o fod yn nwy i fod yn solid. Dyma gromlin oeri un sylwedd:

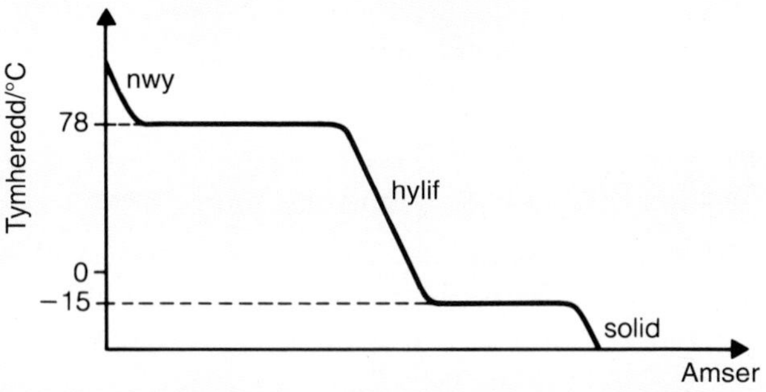

a Beth yw cyflwr y sylwedd ar dymheredd ystafell (20°C)?
b Defnyddiwch y rhestr o ymdoddbwyntiau a berwbwyntiau ar dudalen 9 i adnabod y sylwedd.

7 Mae'r graff yn dangos cromliniau hydoddedd copor(II) sylffad (A) a sodiwm clorid (B), y ddwy wedi'u plotio ar yr un echelin.

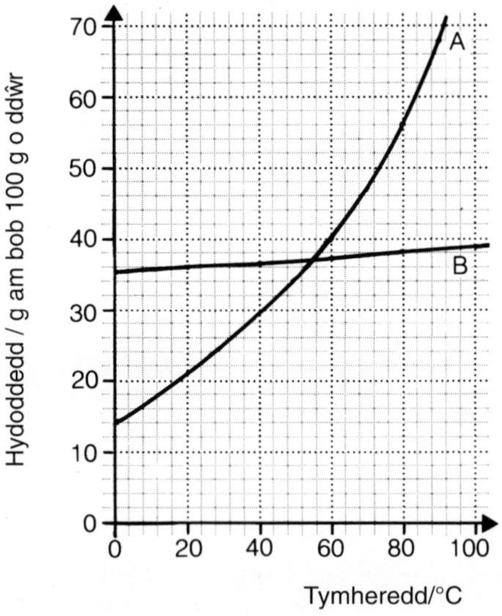

a Beth yw hydoddedd pob sylwedd ar:
i 40°C? ii 60°C?
b Pa sylwedd yw'r mwyaf hydawdd ar:
i 30°C? ii 70°C?
c Ar ba dymheredd y mae gan y ddau sylwedd yr un hydoddedd?
ch Ar ba dymheredd y byddai 45 g o gopor(II) sylffad yn toddi mewn 100 g o ddŵr?
d A fyddai'n bosibl toddi 50 g o sodiwm clorid mewn 100 g o ddŵr?

8 Edrychwch eto ar y cromliniau hydoddedd yng nghwestiwn 7.

a Os yw toddiant dirlawn o gopor(II) sylffad mewn 100 g o ddŵr yn oeri o 80°C i 20°C, faint o gopor(II) sylffad fydd yn grisialu o'r toddiant?
b Os yw toddiant dirlawn o sodiwm clorid mewn 100 g o ddŵr yn oeri o 80°C i 20°C, faint o sodiwm clorid fydd yn grisialu o'r toddiant?
c I gael sodiwm clorid o'i doddiant mewn dŵr, rhaid anweddu'r toddiant yn sych, yn hytrach na gadael iddo risialu. Pam?

9 Mae'r graff isod yn dangos sut mae hydoddedd calsiwm hydrocsid yn amrywio gyda thymheredd.

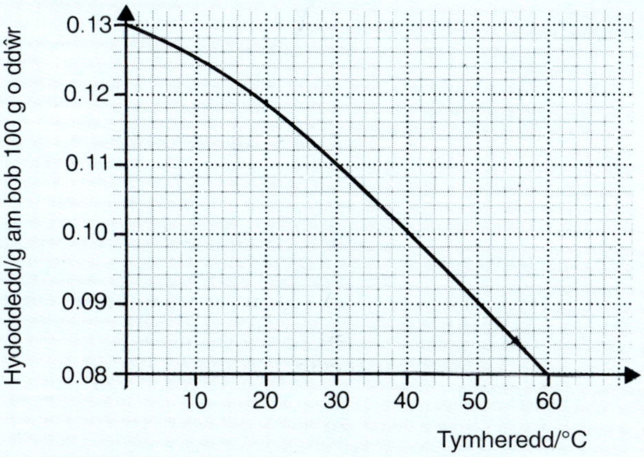

a Beth sy'n anghyffredin am hydoddedd calsiwm hydrocsid?
b Beth yw ei hydoddedd ar 50°C?
c Beth fyddai i'w weld petai toddiant dirlawn o galsiwm hydrocsid yn cael ei wresogi'n araf hyd at ei ferwbwynt?

10 Mae'r tabl isod yn dangos hydoddedd rhai *nwyon* mewn dŵr ar wahanol dymereddau.
Mae'r hydoddedd mewn g am bob 100 g o ddŵr.

Nwy	**Tymheredd/°C** 0	20	40
Amonia	90	53	31
Hydrogen clorid	82	72	63
Ocsigen	0.007	0.004	0.003
Nitrogen	0.003	0.002	0.001

a Beth yw hydoddedd y rhain mewn dŵr ar 40°C:
i amonia? **ii** ocsigen?
b Pa ddau o'r nwyon sydd ond ychydig yn hydawdd mewn dŵr?
c A yw'r nwyon yn mynd yn fwy ynteu'n llai hydawdd wrth i'r tymheredd godi?
ch Sut gellid cynyddu hydoddedd nwy mewn dŵr ar dymheredd arbennig? (Meddyliwch am ddiodydd pop.)

11 Disgrifiwch y berthynas sydd rhwng:
a cyfaint nwy a gwasgedd
b cyfaint nwy a thymheredd
c gwasgedd nwy a thymheredd

12

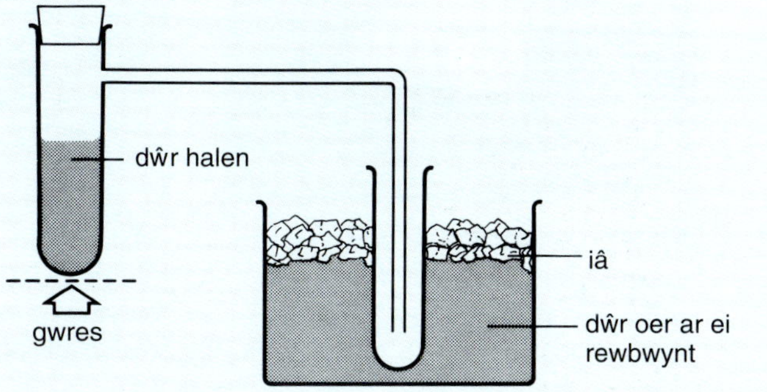

Gellir defnyddio'r offer uchod i gael dŵr pur o ddŵr halen.
a Beth yw pwrpas y dŵr oer ar ei rewbwynt?
b Pam mae'n rhaid i'r fraich wydr o'r tiwb cyntaf gyrraedd gwaelod yr ail diwb?
c Esboniwch sut mae'r dull yn gweithio.
ch Beth yw enw'r dull hwn o wahanu?

13 Rhaid gwahanu cymysgedd o halen a siwgr, gan ddefnyddio'r toddydd ethanol.
a Pa un o'r ddau sylwedd sy'n hydawdd mewn ethanol?
b Lluniwch ddiagram i ddangos sut byddech chi'n gwahanu'r halen.
c Sut gallech chi gael grisialau siwgr o'r toddiant siwgr, *heb* golli'r ethanol yn y broses?
ch Lluniwch ddiagram o'r offer ar gyfer **c**.

14 Rhoddwyd wyth sylwedd lliw ar ddarn o bapur hidlo, yna'i roi i sefyll mewn tanc gwydr yn cynnwys ychydig o bropanon, a chau'r caead. Roedd tri o'r sylweddau yn lliwiau sylfaenol, coch, glas a melyn. Lliwurau oedd y lleill, wedi'u labelu'n A, B, C, Ch, D. Dyma'r cromatogram a gafwyd:

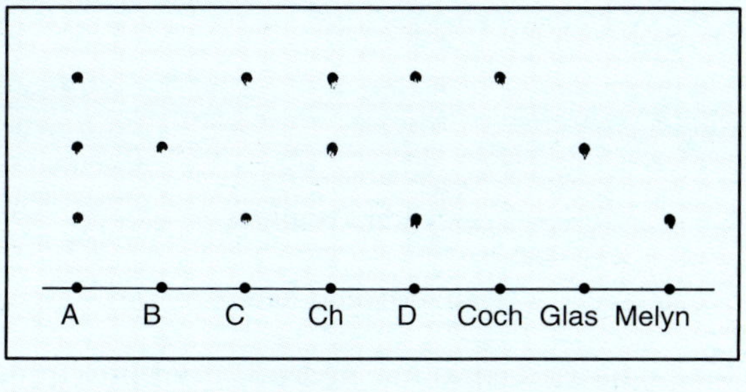

a Pa liwur sydd ond yn cynnwys un lliw sylfaenol?
b Pa liwur sy'n cynnwys y tri lliw sylfaenol?
c Pa liw sylfaenol yw'r mwyaf hydawdd mewn propanon?

2.1 Atomau, elfennau a chyfansoddion

Atomau

Mae'r darnau hyn o sodiwm yn cynnwys biliynau o ronynnau mân o'r enw **atomau sodiwm**.

Math o garbon yw diemwnt. Mae'r diemwntiau hyn yn cynnwys biliynau o **atomau carbon**, sy'n wahanol i atomau sodiwm.

Mae mercwri yn cynnwys **atomau mercwri**, sy'n wahanol i atomau sodiwm ac atomau carbon.

Mae atomau unigol yn llawer rhy fach i'w gweld, hyd yn oed â'r microsgop mwyaf pwerus. Er enghraifft, byddai pedwar biliwn atom sodiwm yn sefyll ochr yn ochr ar yr atalnod llawn ar ddiwedd y frawddeg hon. Ond, er gwaethaf eu maint bychan, mae gwyddonwyr wedi llwyddo i ddarganfod llawer iawn am atomau. Maen nhw wedi canfod bod pob atom yn cynnwys **niwclews**, a chwmwl o ronynnau o'r enw **electronau** sy'n gwibio'n ddi-baid o amgylch y niwclews. Mae'r darlun ar y dde yn dangos sut byddai atom sodiwm yn edrych, wedi'i chwyddhau'n fawr.
(Mae mwy o wybodaeth am y niwclews a'r electronau ar dudalen 26.)

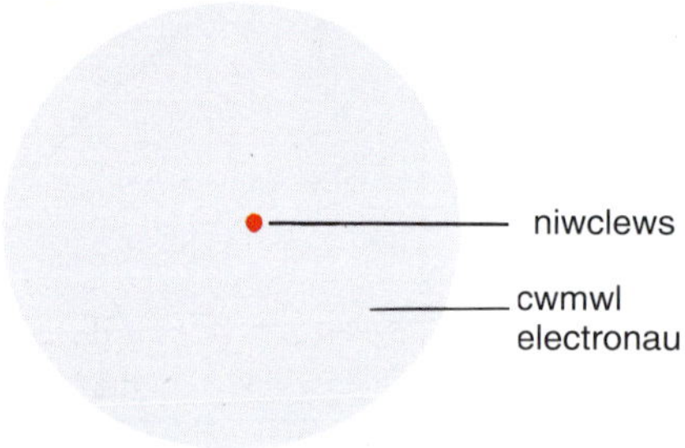

Elfennau

Mae sodiwm yn cynnwys atomau sodiwm yn unig, felly mae'n **elfen**. **Sylwedd sy'n cynnwys dim ond un math o atom yw elfen.**
Mae diemwnt (carbon) a mercwri hefyd yn elfennau.
Rydym yn gwybod am 105 gwahanol elfen. O'r rhain, daeth 90 o gramen y Ddaear a'r atmosffer, a chafodd 15 eu gwneud yn artiffisial gan wyddonwyr.
Mae gan bob elfen enw a symbol. Dyma rai ohonynt:

Elfen	Symbol	Elfen	Symbol
Alwminiwm	Al	Bromin	Br
Copor	Cu	Carbon	C
Haearn	Fe	Clorin	Cl
Plwm	Pb	Hydrogen	H
Magnesiwm	Mg	Nitrogen	N
Mercwri	Hg	Ocsigen	O
Potasiwm	K	Ffosfforws	P
Arian	Ag	Sylffwr	S
Sodiwm	Na	Silicon	Si

Mae'n hawdd cofio mai symbol <u>al</u>wminiwm yw Al, ac mai symbol <u>c</u>arbon yw C. Ond mae rhai symbolau yn fwy anodd eu cofio, oherwydd bod eu henwau'n dod o'r Lladin. Er enghraifft: symbol potasiwm yw K, o'i enw Lladin <u>k</u>alium. Na yw symbol sodiwm, o'i enw Lladin <u>na</u>trium.

Mae pobl yn gwybod am rai elfennau, fel copor, ers miloedd o flynyddoedd. Ond cafodd y rhan fwyaf eu darganfod yn y 400 mlynedd diwethaf. Dyma Henry Brand, yr alcemydd Almaenig, wrth iddo ddarganfod ffosfforws ym 1659. Ei echdynnu o droeth a wnaeth, ar ddamwain, wrth chwilio am elicsir bywyd. Er rhyfeddod iddo, roedd yn tywynnu yn y tywyllwch.

Y metelau Mae'r elfennau yn y rhestr ar dudalen 24 mewn dwy golofn am reswm da. Mae'r rhai ar y chwith yn **fetelau**, tra bo'r rhai ar y dde yn **anfetelau**.
Mae dros 80 o'r elfennau yn fetelau. Er eu bod i gyd yn edrych yn wahanol, mae sawl priodwedd yn gyffredin iddynt. Dyma rai ohonynt:

1 Mae trydan a gwres yn gallu teithio trwyddynt yn hawdd – maent yn **dargludo** trydan a gwres yn dda.
2 Maent i gyd yn solid ar dymheredd ystafell, heblaw mercwri, ac mae ymdoddbwyntiau uchel gan y rhan fwyaf.
3 Gellir curo'r rhan fwyaf ohonynt yn wahanol siapiau (maent yn **hydrin**) a'u tynnu'n wifrau (maent yn **hydwyth**).

Yr anfetelau Dim ond tuag un mewn pump o'r elfennau sy'n anfetelau. Maent yn wahanol iawn i fetelau:

1 Maent yn dargludo trydan a gwres yn wael. (Mae carbon yn eithriad.)
2 Mae ganddynt ymdoddbwyntiau isel fel arfer (mae 11 ohonynt yn nwyon ac un yn hylif ar dymheredd ystafell).
3 Pan fydd anfetelau solid yn cael eu curo, byddant yn torri – maent yn **frau**.

Nerfau fel dur? Mae 16 elfen (gan gynnwys haearn, ond yn bennaf ocsigen, carbon, nitrogen, calsiwm a ffosfforws) yn cyfuno i wneud cannoedd o gyfansoddion yn y corff dynol.

Cyfansoddion

Gall elfennau gyfuno â'i gilydd i ffurfio **cyfansoddion.**
Mae cyfansoddyn yn cynnwys atomau o wahanol elfennau wedi uno â'i gilydd. Er mai ond 105 elfen sy'n bodoli, mae miliynau o gyfansoddion. Dyma dri o'r rhai mwyaf cyffredin:

Enw'r cyfansoddyn	**Elfennau ynddo**	**Sut mae'r atomau wedi uno**
Dŵr	Hydrogen ac ocsigen	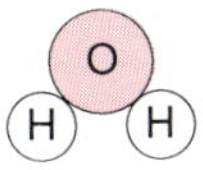
Carbon deuocsid	Carbon ac ocsigen	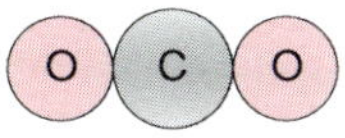
Ethanol	Carbon, hydrogen ac ocsigen	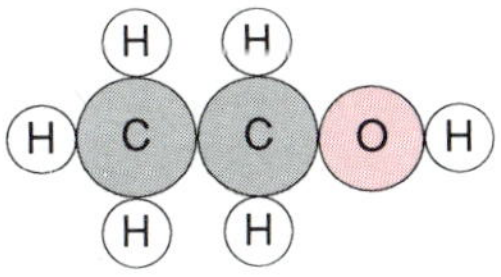

Symbolau ar gyfer cyfansoddion Gelwir y symbol ar gyfer cyfansoddyn yn **fformwla**. Mae'n cynnwys symbolau'r elfennau. Fformwla dŵr yw $\mathbf{H_2O}$ ac ethanol yw $\mathbf{C_2H_5OH}$. Allwch chi weld pam? Allwch chi ddyfalu fformwla carbon deuocsid? (Gwiriwch eich ateb ar dudalen 60.)

Cwestiynau

1 Beth yw atom?
2 Beth yw enw rhan ganol yr atom?
3 Esboniwch beth yw elfen.
4 Esboniwch ystyr y geiriau hyn:
hydrin hydwyth brau
5 Ysgrifennwch dair o briodweddau anfetelau.
6 Beth yw: **a** cyfansoddyn? **b** fformwla?
7 Beth yw H_2O? Beth yw ystyr y $_2$ yma?
8 Fformwla cyfansoddyn arbennig yw NaOH. Pa elfennau sydd ynddo?

2.2 Rhagor am yr atom

Proton, niwtron ac electron

Ar dudalen 24 fe welsoch fod pob atom yn cynnwys **niwclews** a chwmwl o **electronau** sy'n symud o amgylch y niwclews. Mae'r niwclews ei hun yn glwstwr o ddau fath o ronynnau, **protonau** a **niwtronau**.
Mae'r holl ronynnau mewn atom yn ysgafn iawn. Rhaid mesur eu màs mewn **unedau màs atomig**, yn hytrach nag mewn gramau.
Mae gan brotonau ac electronau **wefr drydanol** hefyd:

Gronyn mewn atom	Màs	Gwefr
Proton ●	1 uned	Gwefr bositif (+1)
Niwtron ●	1 uned	Dim
Electron •	Bron dim	Gwefr negatif (–1)

Mae'r niwclews yn fach iawn o'i gymharu â gweddill yr atom. Petai'r atom o faint stadiwm pêl-droed, byddai'r niwclews (ar ganol y cae) yr un maint â physen!

Trefn y gronynnau

Mae sodiwm yn enghraifft dda. Mae ganddo **11** proton, **11** electron a **12** niwtron. Dyma eu trefn:

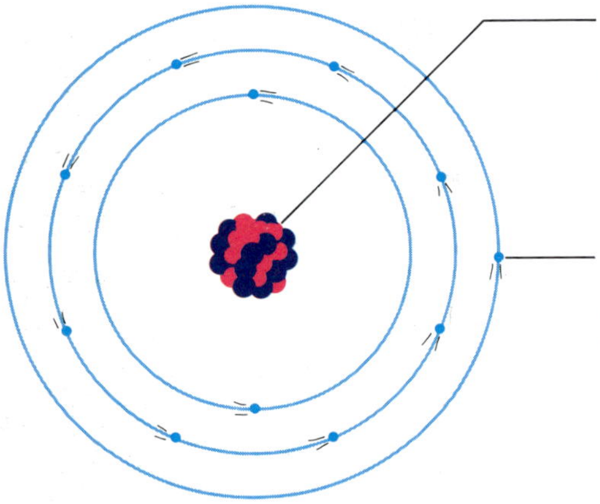

Plisgyn electron yw'r enw ar wahanol lefelau'r electronau. Dim ond nifer arbennig o electronau y gall pob plisgyn ei ddal.

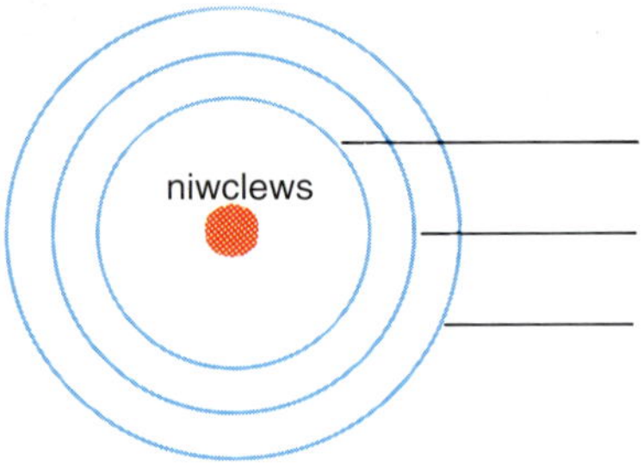

Sylwch ar drefn yr electronau yn yr atom sodiwm:
2 yn y plisgyn cyntaf (mae'n llawn)
8 yn yr ail blisgyn (eto'n llawn)
1 yn y trydydd plisgyn (nid yw'n llawn)
Yn aml gelwir yr atom yn **Na(2,8,1)**. Allwch chi weld pam?
(2,8,1) yw trefn yr electronau neu'r **ffurfwedd electronig**.

Niels Bohr, gwyddonydd o Ddenmarc, oedd y cyntaf i gyflwyno'r syniad am blisg electronig. Bu farw ym 1962.

Rhif atomig a rhif màs

Rhif atomig Edrychwch eto ar yr atom sodiwm ar y tudalen gyferbyn. Mae ganddo **11** proton. Gellir defnyddio'r ffaith hon i'w adnabod, gan mai *dim ond* atom sodiwm sydd ag 11 proton. Mae gan bob math arall o atom nifer gwahanol o brotonau.
Felly, mae nifer y protonau mewn atom yn rhif pwysig. Mae ganddo enw arbennig. Fe'i gelwir yn **rhif atomig.**
Rhif atomig = nifer y protonau mewn atom.
Rhif atomig sodiwm yw 11.

Mae gan yr atom sodiwm **11** electron hefyd. Felly mae ganddo'r un nifer o brotonau ac electronau. Mae'r un peth yn wir am bob math o atom:
Mae gan bob atom yr un nifer o brotonau ac electronau.
Oherwydd hyn, nid oes gan atomau wefr. Mae'r wefr ar yr electronau yn dileu'r wefr ar y protonau. Gallwch wirio hyn ar gyfer atom sodiwm, ar y dde.

Gwefr ar atom sodiwm:

●●●● 11 proton
●●●● Mae gan bob un wefr o +1
●●● Cyfanswm gwefr +11

•••• 11 electron
•••• Mae gan bob un wefr o –1
••• Cyfanswm gwefr –11

Adio'r gwefrau: +11
–11
0

Yr ateb yw sero.
Nid oes gan yr atom wefr.

Rhif màs Prin fod gan yr electronau mewn atom unrhyw fàs o gwbl. Felly protonau a niwtronau sy'n rhoi màs atom bron i gyd. Am y rheswm hwn, gelwir nifer y protonau a'r niwtronau mewn atom yn **rhif màs.**
Rhif màs = nifer y protonau + niwtronau mewn atom.
Mae gan atom sodiwm 11 proton a 12 niwtron, felly rhif màs sodiwm yw 23.

Gan mai nifer y protonau'n unig yw'r rhif atomig, yna:
rhif màs – rhif atomig = nifer y niwtronau.
Felly, ar gyfer atom sodiwm, nifer y niwtronau = (23 – 11) = 12.

Gan mlynedd yn ôl, doedd neb yn gwybod fawr ddim am yr atom. Er enghraifft, dim ond ym 1932 y cafodd y niwtron ei ddarganfod, gan y gwyddonydd hwn o Loegr, Syr James Chadwick.

Llaw fer ar gyfer atom

Gellir disgrifio atom sodiwm mewn ffordd fer, gan ddefnyddio:
symbol sodiwm (Na)
ei rif atomig (11)
ei rif màs (23)

Ysgrifennir yr wybodaeth fel hyn: $^{23}_{11}\mathbf{Na}$.

Gallwch ddweud o hyn fod gan atom sodiwm 11 proton, 11 electron a 12 niwtron (23 – 11 = 12). Bydd cemegwyr yn aml yn disgrifio atomau yn y dull hwn. Mae'r wybodaeth bob amser yn yr un drefn:

rhif màs
Symbol
rhif atomig

Cwestiynau

1 Enwch y gronynnau sy'n gwneud atom.
2 Pa ronyn sydd â:
  a gwefr bositif? **b** dim gwefr?
  c bron dim màs?
3 Lluniwch fraslun o atom sodiwm.
4 Beth yw ystyr *ffurfwedd electronig*?
5 Ysgrifennwch ystyr y termau hyn:
  a rhif atomig **b** rhif màs
6 Enwch bob un o'r atomau hyn, a dywedwch faint o brotonau, electronau a niwtronau sydd ynddynt:
  $^{12}_{6}C$ $^{16}_{8}O$ $^{24}_{12}Mg$ $^{27}_{13}Al$ $^{64}_{29}Cu$

2.3 Gwahanol atomau

Beth sy'n gwneud dau atom yn wahanol?

Fe welsoch ar dudalen 26 fod gan atomau sodiwm 11 proton. Dyma sy'n eu gwneud yn wahanol i bob atom arall. *Dim ond* atomau sodiwm sydd ag 11 proton, a *rhaid* i unrhyw atom sydd ag 11 proton fod yn atom sodiwm.
Yr un ffordd, rhaid i atom sydd â 6 phroton fod yn atom carbon, ac atom â 7 proton fod yn atom nitrogen:
Gallwch adnabod atom o nifer y protonau sydd ganddo.

Yr ugain elfen gyntaf Mae 105 elfen i gyd. O'r rhain, hydrogen sydd â'r atomau lleiaf, gydag ond 1 proton yr un. Mae gan atomau heliwm 2 broton yr un, atomau lithiwm 3 phroton yr un, ac ymlaen at atomau hahniwm, sydd â 105 proton yr un. Isod mae rhestr o'r ugain elfen gyntaf, wedi'u trefnu yn ôl nifer eu protonau:

Elfen	Symbol	Nifer y protonau (rhif atomig)	Nifer yr electronau	Nifer y niwtronau	Nifer y protonau + niwtronau (rhif màs)
Hydrogen	H	1	1	0	1
Heliwm	He	2	2	2	4
Lithiwm	Li	3	3	4	7
Beryliwm	Be	4	4	5	9
Boron	B	5	5	6	11
Carbon	C	6	6	6	12
Nitrogen	N	7	7	7	14
Ocsigen	O	8	8	8	16
Fflworin	F	9	9	10	19
Neon	Ne	10	10	10	20
Sodiwm	Na	11	11	12	23
Magnesiwm	Mg	12	12	12	24
Alwminiwm	Al	13	13	14	27
Silicon	Si	14	14	14	28
Ffosfforws	P	15	15	16	31
Sylffwr	S	16	16	16	32
Clorin	Cl	17	17	18	35
Argon	Ar	18	18	22	40
Potasiwm	K	19	19	20	39
Calsiwm	Ca	20	20	20	40

Darlunio'r gwahanol atomau

Mae'n hawdd darlunio'r gwahanol atomau, os cofiwch chi'r rheolau hyn:

1 y protonau a'r niwtronau sy'n ffurfio'r niwclews yn y canol
2 mae'r electronau mewn plisg electron o amgylch y niwclews
3 gall y plisgyn electron cyntaf ddal uchafswm o 2 electron, gall yr ail ddal 8, a gall y trydydd ddal 8 hefyd.

Yn y darluniau isod, **p** = proton, **e** = electron ac **n** = niwtron.

Atom hydrogen 1p, 1e	**Atom lithiwm** 3p, 3e, 4n	**Atom magnesiwm** 12p, 12e, 12n
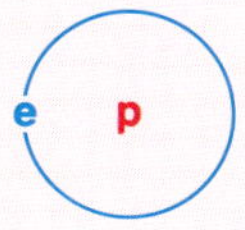	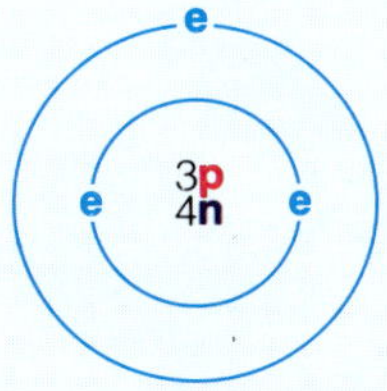	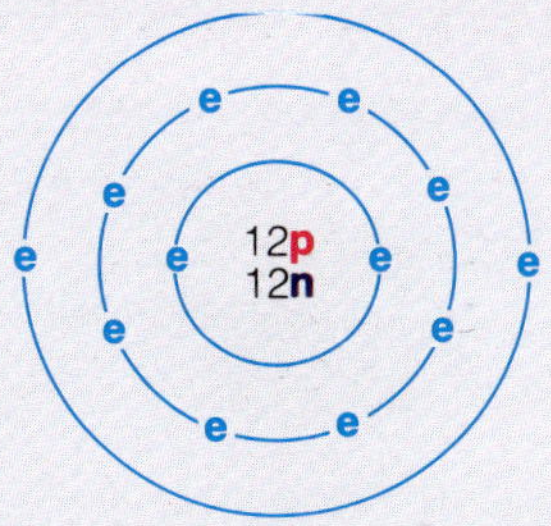
Sylwch nad oes ganddo unrhyw niwtronau. Felly ei rif atomig yw 1 *a'i* rif màs yw 1. Fe'i disgrifir fel $^{1}_{1}H$.	Mae ganddo dri electron. Dim ond dau electron sy'n gallu mynd i'r plisgyn cyntaf, felly defnyddir ail blisgyn. Disgrifir yr atom fel $^{7}_{3}Li$. Allwch chi esbonio pam?	Dim ond deg electron sy'n gallu mynd i'r ddau blisgyn cyntaf. Rhaid i'r ddau electron sy'n weddill fynd i drydydd plisgyn. Disgrifir yr atom fel $^{24}_{12}Mg$. Allwch chi esbonio pam?

Isotopau

Nid yw atomau elfen yn union yr un fath bob tro:

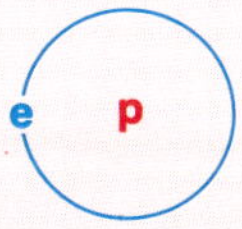		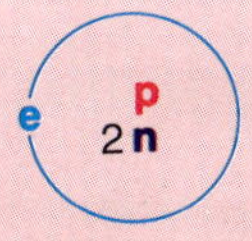
Mae'r rhan fwyaf o atomau hydrogen fel hyn, $^{1}_{1}H$. Mae'n atom hydrogen cyffredin heb niwtron.	Ond mae rhai fel hyn. Mae ganddo un niwtron. **Deuteriwm** yw ei enw, $^{2}_{1}H$.	Ac mae rhai fel hyn. Mae ganddo ddau niwtron. **Tritiwm** yw ei enw, $^{3}_{1}H$.

Mae pob un o'r tri atom yn perthyn i'r elfen hydrogen, *oherwydd bod ganddynt i gyd 1 proton*. Fe'u gelwir yn **isotopau** hydrogen.

Atomau o'r un elfen yw isotopau, gyda'r un nifer o brotonau ond gwahanol nifer o niwtronau.

Mae gan y rhan fwyaf o elfennau fwy nag un isotop. Er enghraifft, mae gan garbon dri: $^{12}_{6}C$, $^{13}_{6}C$ a $^{14}_{6}C$. Mae gan glorin ddau: $^{35}_{17}Cl$ a $^{37}_{17}Cl$.

Cwestiynau

1 Pa elfen sydd ag atomau â:
a 5 proton? **b** 15 proton? **c** 20 proton?

2 Gellir disgrifio atom hydrogen fel $^{1}_{1}H$.
Defnyddiwch yr un dull i ddisgrifio atomau'r holl elfennau a restrir ar dudalen 28.

3 Gwnewch fraslun o: **a** atom lithiwm **b** atom carbon **c** atom neon
Rhowch ffurfwedd electronig pob un.

4 Beth yw isotop? Enwch isotopau hydrogen ac ysgrifennwch eu symbolau.

2.4 Tabl yr Elfennau

Trefnu'r elfennau yn grwpiau

Dangosir dau grŵp o elfennau isod. Mae ffurfwedd electronig yr atomau wedi ei roi ar gyfer pob elfen.
Mae rhywbeth yn gyffredin rhwng y tair elfen ym mhob grŵp:

Grŵp I Mae gan atomau'r elfennau hyn 1 electron yn y plisgyn allanol.	**Grŵp II** Mae gan atomau'r elfennau hyn 2 electron yn y plisgyn allanol.
Lithiwm Li (2,1) 	Beryliwm Be (2,2) 
Sodiwm Na (2,8,1) 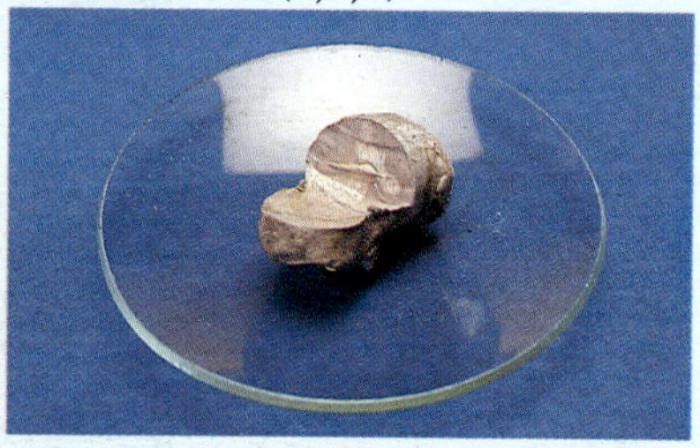	Magnesiwm Mg (2,8,2) 
Potasiwm K (2,8,8,1) 	Calsiwm Ca (2,8,8,2) 

Gan ddefnyddio'r syniad hwn, mae gwyddonwyr wedi rhannu'r holl elfennau yn grwpiau. Dyma sut mae'r trefniant yn gweithio. Yn gyntaf, caiff yr elfennau eu rhestru yn nhrefn rhif atomig cynyddol. Hydrogen a ddaw gyntaf, gan fod ei rif atomig yn 1. Nesaf, rhaid rhannu'r rhestr fel hyn:
Mae'r elfennau gydag atomau ag 1 electron yn y plisgyn allanol yn cael eu tynnu o'r rhestr, yn eu trefn, a'u galw'n **Grŵp I**.
Mae'r elfennau gydag atomau â 2 electron yn y plisgyn allanol yn cael eu tynnu a'u galw'n **Grŵp II**.
Mae **Grŵp III, Grŵp IV** ac ati yn cael eu ffurfio yr un ffordd. Yn olaf, trefnir y grwpiau ochr yn ochr i roi **Tabl yr Elfennau**. Dangosir hwn gyferbyn, ac yn fanwl ar dudalen 202.

Y cemegydd o Rwsia, Mendeleev, a luniodd fersiwn gyntaf Tabl yr Elfennau ym 1869.

Tabl yr Elfennau

	Grŵp I	II	Y metelau trosiannol										Grŵp III	IV	V	VI	VII	O
1				$^{1}_{1}$H hydrogen														$^{4}_{2}$He heliwm
2	$^{7}_{3}$Li lithiwm	$^{9}_{4}$Be beryliwm											$^{11}_{5}$B boron	$^{12}_{6}$C carbon	$^{14}_{7}$N nitrogen	$^{16}_{8}$O ocsigen	$^{19}_{9}$F fflworin	$^{20}_{10}$Ne neon
3	$^{23}_{11}$Na sodiwm	$^{24}_{12}$Mg magnesiwm											$^{27}_{13}$Al alwminiwm	$^{28}_{14}$Si silicon	$^{31}_{15}$P ffosfforws	$^{32}_{16}$S sylffwr	$^{35.5}_{17}$Cl clorin	$^{40}_{18}$Ar argon
4	$^{39}_{19}$K potasiwm	$^{40}_{20}$Ca calsiwm	$^{45}_{21}$Sc scandiwm	$^{48}_{22}$Ti titaniwm	$^{51}_{23}$V vanadiwm	$^{52}_{24}$Cr cromiwm	$^{55}_{25}$Mn manganis	$^{56}_{26}$Fe haearn	$^{59}_{27}$Co cobalt	$^{59}_{28}$Ni nicel	$^{64}_{29}$Cu copor	$^{65}_{30}$Zn zinc	$^{70}_{31}$Ga galiwm	$^{73}_{32}$Ge germaniwm	$^{75}_{33}$As arsenig	$^{79}_{34}$Se seleniwm	$^{80}_{35}$Br bromin	$^{84}_{36}$Kr krypton
5	$^{85}_{37}$Rb rwbidiwm	$^{88}_{38}$Sr strontiwm	$^{89}_{39}$Y ytriwm	$^{91}_{40}$Zr zirconiwm	$^{93}_{41}$Nb niobiwm	$^{96}_{42}$Mo molybdenwm	$^{98}_{43}$Tc technetiwm	$^{101}_{44}$Ru rwtheniwm	$^{103}_{45}$Rh rhodiwm	$^{106}_{46}$Pd paladiwm	$^{108}_{47}$Ag arian	$^{112}_{48}$Cd cadmiwm	$^{115}_{49}$In indiwm	$^{119}_{50}$Sn tun	$^{122}_{51}$Sb antimoni	$^{128}_{52}$Te telwriwm	$^{127}_{53}$I ïodin	$^{131}_{54}$Xe xenon
6	$^{133}_{55}$Cs cesiwm	$^{137}_{56}$Ba bariwm	$^{139}_{57}$La lanthanwm	$^{78.5}_{72}$Hf haffniwm	$^{181}_{73}$Ta tantalwm	$^{184}_{74}$W twngsten	$^{186}_{75}$Re rheniwm	$^{190}_{76}$Os osmiwm	$^{192}_{77}$Ir iridiwm	$^{195}_{78}$Pt platiniwm	$^{197}_{79}$Au aur	$^{201}_{80}$Hg mercwri	$^{204}_{81}$Tl thaliwm	$^{207}_{82}$Pb plwm	$^{209}_{83}$Bi bismwth	$^{210}_{84}$Po poloniwm	$^{210}_{85}$At astatin	$^{222}_{86}$Rn radon
7	$^{223}_{87}$Fr ffranciwm	$^{226}_{88}$Ra radiwm	$^{227}_{89}$Ac actiniwm															

$^{140}_{58}$Ce ceriwm	$^{141}_{59}$Pr praseodymiwm	$^{144}_{60}$Nd neodymiwm	$^{147}_{61}$Pm promethiwm	$^{150}_{62}$Sm samariwm	$^{152}_{63}$Eu ewropiwm	$^{157}_{64}$Gd gadoliniwm	$^{159}_{65}$Tb terbiwm	$^{162}_{66}$Dy dysprosiwm	$^{165}_{67}$Ho holmiwm	$^{167}_{68}$Er erbiwm	$^{169}_{69}$Tm thwliwm	$^{173}_{70}$Yb yterbiwm	$^{175}_{71}$Lu lwtetiwm
$^{232}_{90}$Th thoriwm	$^{231}_{91}$Pa protoactiniwm	$^{238}_{92}$U uraniwm	$^{237}_{93}$Np neptwniwm	$^{242}_{94}$Pu plwtoniwm	$^{243}_{95}$Am americiwm	$^{247}_{96}$Cm curiwm	$^{247}_{97}$Bk berkeliwm	$^{251}_{98}$Cf califforniwm	$^{254}_{99}$Es einsteiniwm	$^{253}_{100}$Fm ffermiwm	$^{256}_{101}$Md mendelefiwm	$^{254}_{102}$No nobeliwm	$^{257}_{103}$Lw lawrensiwm

Y grwpiau Mae wyth grŵp o elfennau yn y tabl, ynghyd â bloc o **fetelau trosiannol**. Mae'r wyth grŵp wedi'u lliwio uchod. Edrychwch ar Grŵp IV. Mae'n cynnwys yr elfennau carbon (C), silicon (Si), germaniwm (Ge), tun (Sn), a phlwm (Pb). Mae gan eu hatomau i gyd 4 electron yn eu plisgyn allanol. Mae gan atomau elfennau Grŵp V i gyd 5 electron yn eu plisgyn allanol, ac yn y blaen. Edrychwch nawr ar y grŵp olaf, Grŵp O. Mae gan eu hatomau *blisgyn allanol llawn*. Mae gan rai o'r grwpiau enwau arbennig:
Gelwir Grŵp I yn aml yn **fetelau alcali**
Grŵp II yw'r **metelau mwynol alcalïaidd**
Grŵp VII yw'r **halogenau**
Grŵp O yw'r **nwyon nobl**.
Edrychwch ar y llinell igam-ogam trwy'r grwpiau. Mae'n gwahanu'r **metelau** oddi wrth yr **anfetelau**. Mae'r metelau ar y chwith.

Y cyfnodau Y rhesi llorwedd yn y tabl yw'r **cyfnodau**. Mae Cyfnod 2 yn cynnwys lithiwm (Li), beryliwm (Be), boron (B), carbon (C), nitrogen (N), ocsigen (O), fflworin (F), a neon (Ne).

Y metelau trosiannol Mae gan atomau'r rhain drefniant electronig mwy cymhleth. Sylwch fod y grŵp yn cynnwys llawer o fetelau cyffredin, fel haearn (Fe), nicel (Ni), a chopor (Cu).

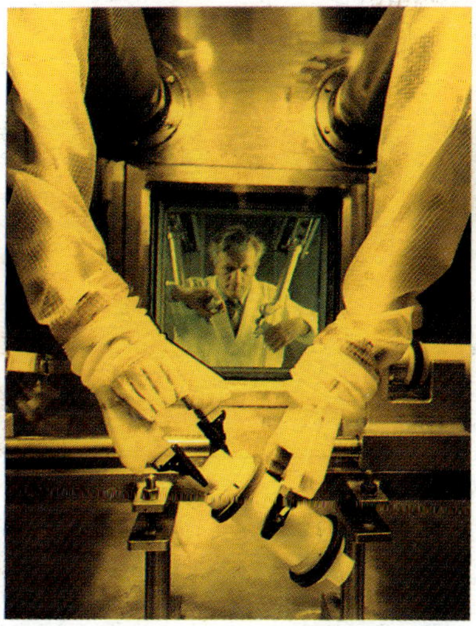

Mae rhai o'r elfennau yn Nhabl yr Elfennau yn beryglus, oherwydd eu bod yn ymbelydrol. Rhaid defnyddio offer diogelwch arbennig i'w trafod.

Cwestiynau

1 Esboniwch pam mae beryliwm, magnesiwm a chalsiwm i gyd yng Ngrŵp II Tabl yr Elfennau.
2 Copïwch a chwblhewch:
   a Yng Ngrŵp IV, mae gan yr atomau 4...
   b Yng Ngrŵp ..., mae gan yr atomau 6...
   c Yng Ngrŵp O, mae gan yr atomau ...
3 Beth yw enwau'r rhesi yn y Tabl?
4 Defnyddiwch y tabl mwy ar dudalen 202 i'ch helpu i enwi'r elfennau yn: **a** Grŵp V **b** Cyfnod 1 **c** Cyfnod 3.
5 Beth yw'r enw arbennig ar yr elfennau yn:
   a Grŵp I? **b** Grŵp VII? **c** Grŵp O?
6 Lluniwch fraslun mawr o Dabl yr Elfennau a nodwch enwau a symbolau'r ugain elfen gyntaf. Defnyddiwch y tabl ar dudalen 202 i'ch helpu.

2.5 Rhai grwpiau yn Nhabl yr Elfennau

Teuluoedd o elfennau

Ar y ddau dudalen diwethaf gwelsoch fod yr elfennau wedi'u trefnu mewn gwahanol grwpiau, yn Nhabl yr Elfennau.
Weithiau gelwir grŵp o elfennau yn **deulu**. Mae hyn oherwydd bod yr elfennau mewn grŵp yn debyg i'w gilydd. Weithiau maent yn edrych yn debyg, ac fel arfer yn ymddwyn yr un ffordd.
Nesaf, fe edrychwn ni ar rai elfennau mewn gwahanol grwpiau, i weld sut maent yn debyg i'w gilydd, a pham.

Pawb o'r un teulu. Allwch chi weld tebygrwydd? Fel pobl, mae elfennau hefyd yn perthyn i deuluoedd, a elwir yn **grwpiau** fel arfer. Mae'r elfennau mewn grŵp yn debyg i'w gilydd.

Grŵp I – y metelau alcali

Y tair elfen gyntaf yng Ngrŵp I yw lithiwm, sodiwm a photasiwm.
Mae'r tair:

- yn fetelau
- mor ysgafn fel eu bod yn arnofio ar ddŵr
- yn lliw arian ac yn llachar ar ôl cael eu torri (ond yn pylu'n sydyn)
- ag ymdoddbwynt a berwbwynt isel, o'u cymharu â metelau eraill.

Maent hefyd yn adweithio mewn ffyrdd tebyg. Er enghraifft:

Maent yn adweithio'n ffyrnig â dŵr. Mae lithiwm yn arnofio, a nwy yn tasgu o'i gwmpas.
Mae sodiwm yn ymdoddi wrth wibio ar draws y dŵr, ac mae nwy yn sïo'n gyflym.
Mae potasiwm yn ymdoddi'n syth, a'r nwy sy'n cael ei ffurfio yn mynd ar dân.

Maent yn llosgi'n gyflym mewn clorin, gyda fflam ddisglair. Potasiwm sy'n llosgi gyflymaf, a sodiwm ar ôl hynny. Ar ôl iddynt losgi, mae'r tri yn gadael solid gwyn.

Gallwch weld felly bod gan y metelau hyn yng Ngrŵp 1 briodweddau tebyg. Dywedwn mai lithiwm yw'r **lleiaf adweithiol** ohonynt – hwn sy'n adweithio arafaf. Potasiwm yw'r **mwyaf adweithiol** o'r tri.

Pam mae ganddynt briodweddau tebyg Yn elfennau Grŵp I, mae gan yr holl atomau 1 electron yn eu plisgyn allanol. Dyna pam mae'r elfennau'n ymddwyn mewn ffordd debyg.
Bydd elfennau'n ymddwyn mewn ffordd debyg os oes gan eu hatomau yr un faint o electronau yn eu plisgyn allanol.

Rhybudd mewn ffatri. Pam na ddylid defnyddio dŵr?

Grŵp VII – yr halogenau

Clorin, bromin ac ïodin yw'r tri halogen cyntaf.

Mae'r tri yn anfetelau.

Mae lliw gan y tri (nwy gwyrdd yw clorin, bromin yn hylif coch, ïodin yn solid du).

Mae'r tri yn wenwynig.

Mae'r rhain hefyd yn adweithio mewn ffordd debyg. Er enghraifft, gyda haearn:

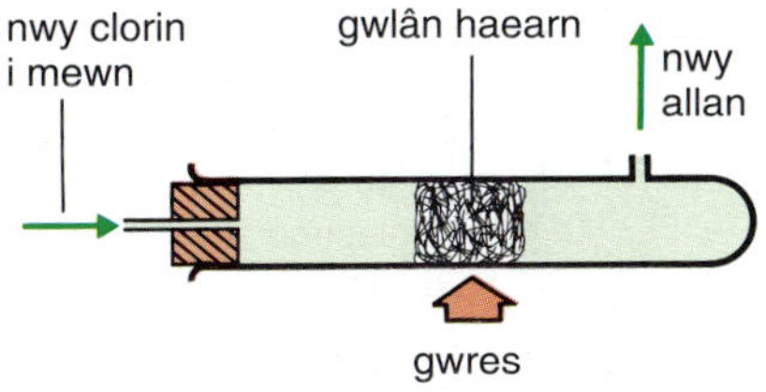

Mae gwlân haearn poeth yn tywynnu'n ddisglair wrth i glorin ei gyrraedd. Mae mwg brown yn ffurfio, a bydd solid brown ar ôl.

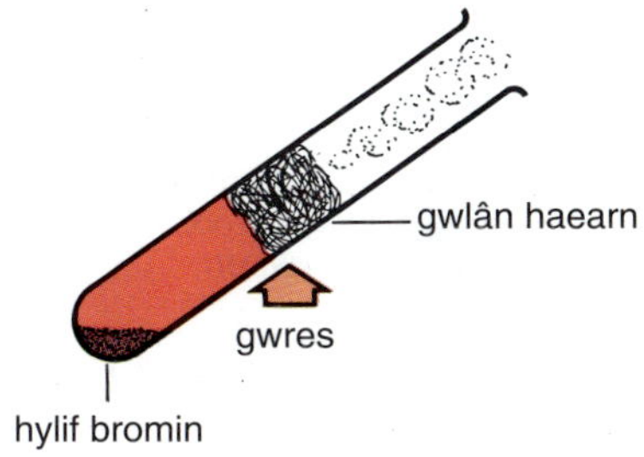

Mae'r haearn yn tywynnu'n llai disglair gyda bromin. Mae mwg brown a solid brown yn cael eu ffurfio.

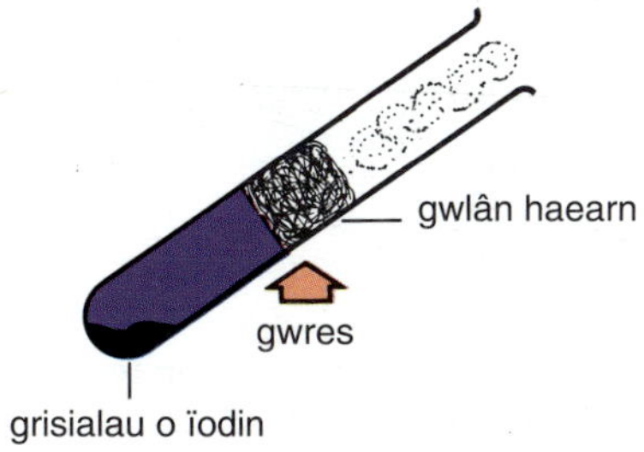

Gydag ïodin, mae'r haearn yn tywynnu'n llai disglair byth. Ond unwaith eto, mae mwg brown a solid brown yn cael eu ffurfio.

Clorin yw'r mwyaf adweithiol o'r halogenau – mae'n adweithio hawsaf â haearn. Ïodin yw'r lleiaf adweithiol o'r tri.

Pam mae ganddynt briodweddau tebyg Mae gan yr elfennau hyn briodweddau tebyg oherwydd bod gan eu hatomau i gyd 7 electron yn y plisgyn allanol.

Grŵp O – y nwyon nobl

Y tri cyntaf o'r rhain yw heliwm, neon ac argon. Maent:

yn anfetelau

yn nwyon (i gyd i'w cael mewn aer)

yn ddi-liw

Y peth trawiadol yw pa mor *anadweithiol* ydyn nhw: ni fyddant yn adweithio gydag unrhyw beth fel arfer. (Yn wir, tan 1962 roedd pobl yn credu bod yr holl elfennau yng Ngrŵp O yn hollol anadweithiol. Yna gwelodd gwyddonwyr y gellid gorfodi rhai ohonynt i adweithio'n wan â rhai sylweddau. Mae'r ymchwil yn parhau.)

Pam mae ganddynt briodweddau tebyg Mae gan yr elfennau hyn briodweddau tebyg oherwydd bod gan eu hatomau blisgyn allanol yn llawn electronau. Dyna pam mae'r elfennau'n anadweithiol:
Mae'r nwyon nobl yn anadweithiol oherwydd bod gan eu hatomau blisgyn allanol sy'n llawn electronau.

Defnyddir nifer o'r nwyon nobl ar gyfer goleuo. Er enghraifft, defnyddir xenon mewn lampau goleudai, fel hon. Mae'n rhoi golau glas hyfryd.

Cwestiynau

1 Esboniwch pam mae gan lithiwm, sodiwm a photasiwm briodweddau tebyg.

2 Dylid cynnal y tri arbrawf ar y tudalen hwn mewn cwpwrdd gwyntyllu. Pam?

3 Enwch dair elfen *na* soniwyd amdanynt ar y ddau dudalen hyn, a ddylai ymddwyn mewn ffordd debyg.

4 Mae elfennau Grŵp O yn anadweithiol. Esboniwch ystyr hynny, yn eich geiriau eich hun.

2.6 Ymbelydredd

Mae adweithiau cemegol yn dibynnu ar yr *electronau* ym mhlisg allanol atomau. Ond mae rhai atomau yn ymddwyn mewn ffordd anarferol. Nid eu helectronau sy'n gyfrifol am hynny, fel y gwelwn isod.

Atomau carbon ymbelydrol

Mae gan garbon dri isotop, $^{12}_{6}C$, $^{13}_{6}C$ ac $^{14}_{6}C$. Yn aml, fe'u gelwir yn garbon-12, carbon-13 a charbon-14:

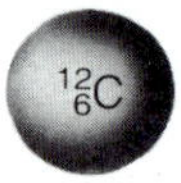

6 phroton
6 electron
6 niwtron

Atom carbon-12. Mae'r rhan fwyaf o atomau carbon fel hyn.

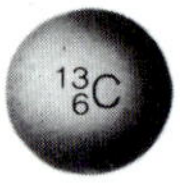

6 phroton
6 electron
7 niwtron

Atom carbon-13. Mae tuag 1% o atomau carbon fel hyn.

6 phroton
6 electron
8 niwtron

Atom carbon-14. Dim ond ychydig o atomau carbon sydd fel hyn.

Atom carbon-14 yw'r un sy'n ymddwyn yn rhyfedd. Mae ei niwclews yn **ansefydlog**, oherwydd y niwtronau ychwanegol. Ymhen amser, bydd pob atom carbon-14 yn taflu gronyn o'i niwclews, a throi'n atom *nitrogen*. Enw'r broses hon yw **dadfeilio**. Dywedwn fod carbon-14 yn **ymbelydrol**. Wrth ddadfeilio, bydd yn rhyddhau **pelydriad** o'i niwclews.

Fel carbon, mae gan nifer o elfennau eraill isotopau ymbelydrol neu **radioisotopau**, sy'n digwydd yn naturiol. Bydd radioisotopau eraill yn cael eu gwneud mewn labordai neu orsafoedd pŵer niwclear. Wrth i radioisotopau ddadfeilio, maent yn rhyddhau pelydriad bob tro.

Pelydriad

Mae tri gwahanol fath o belydriad:

1 **Gronynnau alffa**. Mae'r rhain yn cynnwys dau broton a dau niwtron, fel niwclews heliwm. Maent yn gwibio o atomau ar fuanedd uchel, ond yn arafu'n sydyn mewn aer. Bydd papur a chroen yn eu hatal.

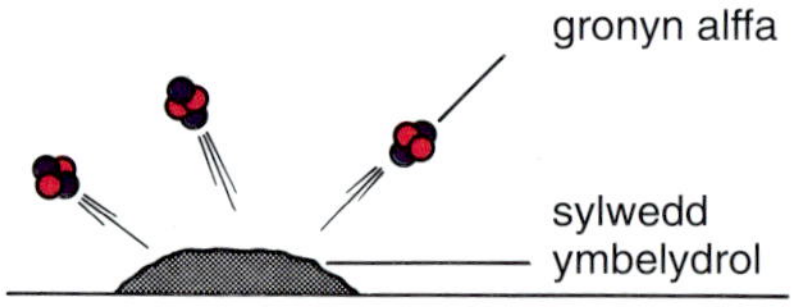

2 **Gronynnau beta**. Mae'r rhain yn ronynnau cyflym. Maent yn ymffurfio wrth i niwtronau chwalu i roi protonau ac electronau. Gallant deithio 20 neu 30 cm mewn aer. Gallant deithio trwy haenau tenau o fetel. Gallant fynd trwy eich croen hefyd.

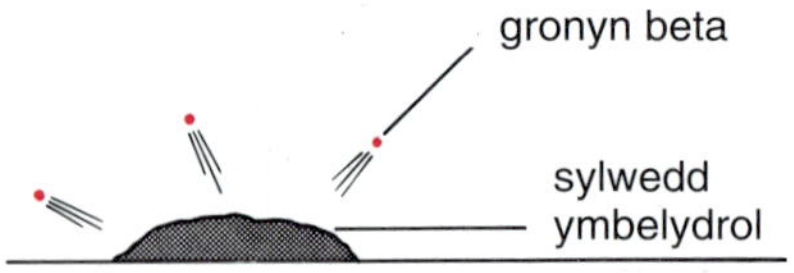

3 **Pelydrau gama**. Pelydrau egni uchel yw'r rhain. Gallant deithio sawl metr mewn aer, a thrwy fetel trwchus – heblaw plwm, sy'n eu hatal yn weddol hawdd. Gallant dreiddio'n ddwfn i'ch corff.

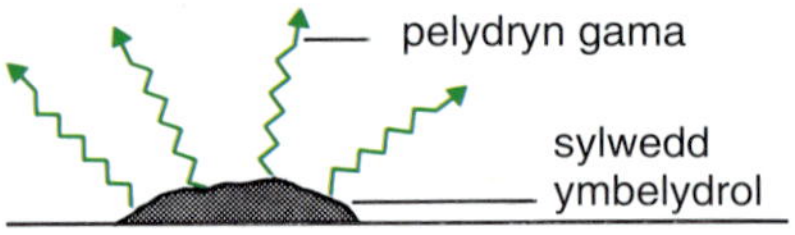

Mae pelydriad yn beryglus Mae'n beryglus gafael mewn sylweddau ymbelydrol, neu fynd yn rhy agos atynt heb amddiffyniad. Ni fydd ychydig *bach* iawn o belydriad yn eich niweidio. Ond gall dognau bach arwain at lewcemia a chanserau eraill. Bydd dognau mawr yn achosi salwch pelydriad – byddwch yn chwydu, yn teimlo'n flinedig, ac yn colli'ch chwant bwyd. Bydd eich deintgig yn gwaedu, byddwch yn colli eich gwallt, ac yn y pen draw byddwch yn marw. Mae dognau uchel iawn yn llosgi croen yn ddu ac yn lladd o fewn munudau.Ond, gall pelydriad fod o gymorth hefyd, fel y gwelwch cyn bo hir.

Sut mae canfod pelydriad

Mae yna offer arbennig ar gyfer canfod pelydriad. **Rhifydd Geiger** yw enw un o'r rhain. Mae'r pelydriad yn achosi signalau trydan yn y rhifydd. Yna caiff y signalau eu rhifo'n drydanol.

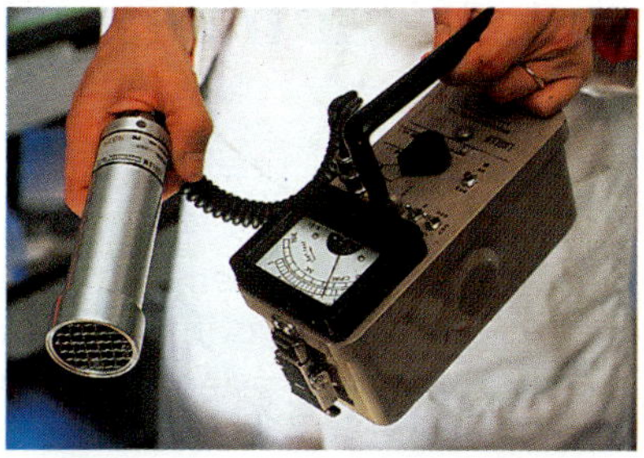

Defnyddio rhifydd Geiger i chwilio am ymbelydredd.

Hanner oes

Mae atomau carbon-14 yn dadfeilio'n araf iawn.
Cymerwch eich bod yn dechrau gyda 100 atom o garbon-14.
Ar ôl 5700 mlynedd, bydd eu hanner ar ôl (50).
Ar ôl 5700 mlynedd arall, bydd hanner y 50 ar ôl (25).
Gelwir 5700 yn **hanner oes** carbon-14.
Hanner oes yw'r amser y mae'n ei gymryd i hanner yr atomau ymbelydrol mewn sampl ddadfeilio.
Bydd rhai atomau ymbelydrol yn dadfeilio'n llawer cyflymach na charbon-14.
Dim ond 3 munud yw hanner oes poloniwm-84!

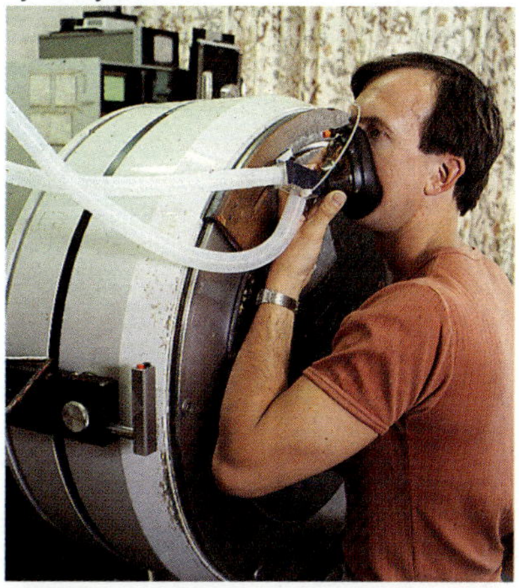

Profi'r ysgyfaint â krypton-81.

Defnyddio pelydriad

Olinydd Bydd olew yn aml yn cael ei gludo am bellteroedd mewn pibellau dan y ddaear. Gall peirianwyr ofalu nad oes olew yn gollwng o'r pibellau trwy ychwanegu sylwedd ymbelydrol at yr olew. Bydd peth ohono'n gollwng gyda'r olew o'r bibell, i'r ddaear. Yna gellir defnyddio rhifydd Geiger i ddod o hyd i'r twll. **Olinydd** yw'r enw ar sylwedd ymbelydrol a ddefnyddir fel hyn. Mae olinyddion yn ddefnyddiol iawn mewn meddygaeth. Er enghraifft, defnyddir y nwy ymbelydrol **krypton-81** i edrych ar yr ysgyfaint. Mae swm bach yn cael ei fewnanadlu. Mae'n dadfeilio yn yr ysgyfaint a gall y meddyg 'wylio' y pelydriad ar sgrîn deledu, ar ffurf smotiau disglair. Bydd rhannau tywyll i'w gweld lle nad yw'r ysgyfaint yn gweithio'n iawn.

Trin canser Pelydrau gama yw'r math peryclaf o belydriad, oherwydd gallant fynd yn ddwfn i'r corff. Maent yn lladd celloedd a gallant achosi canser. Ond gall paladr *gwan* o belydrau gama *wella* canser oherwydd ei fod yn lladd celloedd canser yn haws na chelloedd iach.
Cobalt-60 yw ffynhonnell arferol pelydrau gama i drin canser.

Dyddio carbon Mae popeth byw yn cynnwys atomau carbon. Bydd planhigion yn eu cael o garbon deuocsid yn yr aer, yna bydd anifeiliaid yn bwyta'r planhigion. Bydd yr atomau carbon bob amser yn cynnwys rhywfaint o atomau carbon-14.
Pan fydd planhigyn neu anifail yn marw, ni fydd yn cymryd mwy o atomau carbon. Bydd yr atomau carbon-14 ynddo yn dadfeilio'n araf, a bydd llai a llai ohonynt dros amser. Trwy fesur eu pelydriad, gellir cyfrifo oedran y gweddillion meirw.

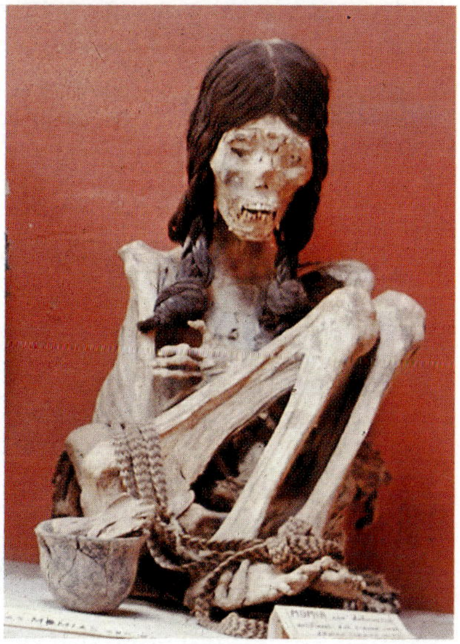

Yn ôl dyddio carbon mae'r mwmi hwn o Chile tua 1100 mlwydd oed.

Dyddio carbon yw enw'r dull hwn. Cafodd ei ddefnyddio i ganfod oedran hen esgyrn, amdo claddu ac eirch pren, a oedd i gyd yn arfer bod yn bethau byw.

Cwestiynau

1 Pa isotop carbon sy'n ymbelydrol?
Pam mae hwn yn ymbelydrol, ond y ddau isotop arall ddim?

2 Enwch y gwahanol fathau o belydriad, a disgrifiwch bob un ohonynt.

3 Beth yw rhifydd Geiger?

4 27 munud yw hanner oes plwm-214.
Esboniwch hyn yn eich geiriau eich hun.

5 Esboniwch pam y gellid defnyddio dyddio carbon i ganfod oedran hen esgid ledr.

2.7 Pŵer o'r niwclews

Ymholltiad niwclear

Fe welsoch ar dudalen 34 fod atom ymbelydrol yn dadfeilio i ffurfio atom arall, trwy ryddhau pelydriad.
Gellir gwneud i rai atomau ymbelydrol mawr ymddwyn mewn ffordd wahanol. Er enghraifft, mae atom uraniwm-235 yn hollti'n *ddau* atom gwahanol pan fydd niwtron yn ei daro.
Ymholltiad niwclear yw'r term am hollti atom.
Mae ymholltiad atom uraniwm-235 yn cynhyrchu atom krypton, atom bariwm a **3** niwtron, yn ogystal â phelydrau gama.

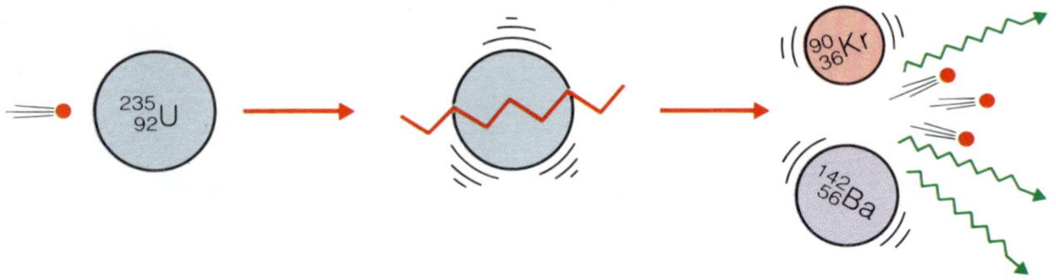

Mae'n rhyddhau swm enfawr o egni gwres hefyd.
Mae atomau krypton a bariwm yn ymbelydrol, a byddant yn dadfeilio ymhen amser.

Adwaith cadwynol

Edrychwch beth sy'n digwydd wrth i un atom mewn grŵp o atomau uraniwm-235 gael ei daro gan niwtron:

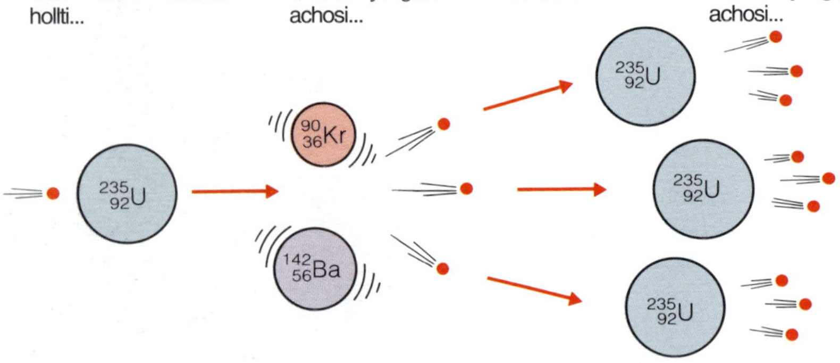

Gelwir adwaith sy'n 'tyfu' fel hyn yn **adwaith cadwynol**. Mae'r enghraifft hon yn gyflym iawn. Mewn rhan fechan o eiliad, cynhyrchir symiau enfawr o wres a phelydriad.

Y bom atomig

Yr adwaith cadwynol uchod yw sail y **bom atomig**. Mewn bom atomig, mae'r adwaith cadwynol yn cynyddu nes colli rheolaeth. Yna mae'r bom yn ffrwydro, gan ryddhau gwres aruthrol, ton sioc ffyrnig a phelydriad marwol. Mae'r ddaear yn cael ei llosgi am filltiroedd, yr aer yn cael ei wenwyno, a phethau byw yn marw.

Bom atomig yn ffrwydro.

Ni fydd holl effaith bom atomig i'w theimlo mewn diwrnod, na hyd yn oed wythnos. Mae cynhyrchion y ffrwydrad yn ymbelydrol, ac mae gan rai ohonynt hanner oes hir. Byddant yn glanio ar y tir ac yn dadfeilio'n araf, gan achosi salwch pelydriad, canser a marwolaeth. Cafodd bom atomig cyntaf y byd ei ollwng ar Hiroshima, yn Japan, ym mis Awst 1945. Mae'n debyg ei fod yn cynnwys tua 10 kilogram o uraniwm. Lladdodd 80 000 o bobl o fewn diwrnod, a bu farw 60 000 arall o fewn blwyddyn. Heddiw, mae gan rai gwledydd fomiau sydd 5000 gwaith yn fwy pwerus!

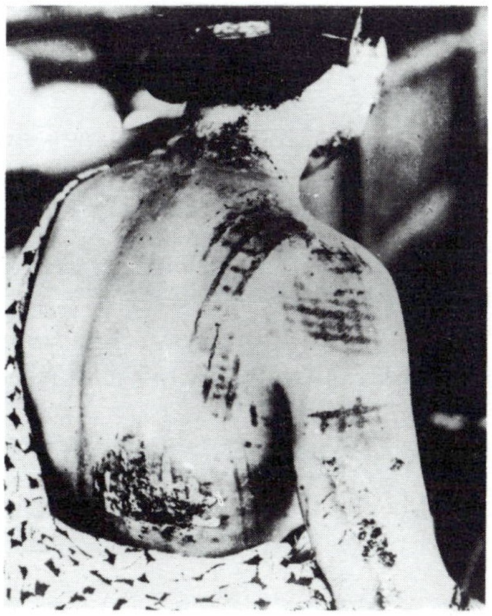

Gwraig ar ôl Hiroshima. Cafodd ei chroen ei losgi trwy batrwm siec ei gwisg.

Pŵer niwclear

Mae yna hefyd ffordd heddychlon o ddefnyddio'r adwaith cadwynol ar dudalen 36. Mewn rhai **gorsafoedd pŵer niwclear** fe'i defnyddir i greu trydan. Mae'r adwaith cadwynol yn digwydd mewn tanc o'r enw **adweithydd**, a'r tro hwn mae'n cael ei reoli'n dda. Gall boron amsugno niwtronau, felly rhoddir rhodenni boron dros yr adweithydd fel **rhodenni rheoli**. Gellir eu gostwng iddo i arafu'r adwaith, a'u codi eto i'w gyflymu.

Y tro hwn, y gwres a ddaw o'r adwaith yw'r peth pwysig. Defnyddir y gwres i newid dŵr yn ager. Mae'r ager yn troi tyrbinau, a'r rhain yn gyrru generaduron. Trydan yw'r canlyniad.

Yr orsaf bŵer niwclear yn Oldbury, Swydd Gaerloyw.

Un ffordd o storio gwastraff niwclear. Mae'r cynnyrch ymbelydrol yn cael ei gymysgu â choncrit a'i selio mewn drymiau dur. Yma mae drwm arall yn cyrraedd y stôr.

Mae dur a choncrit trwchus o amgylch yr adweithydd, i sicrhau nad oes pelydriad yn gallu dianc.

Mae cynhyrchion yr ymholltiad yn ymbelydrol, fel y gwelsom cynt. Maent yn cael eu storio mewn dŵr am rai misoedd, nes iddynt ddadfeilio ychydig. Yna byddant yn cael eu selio mewn tanciau a'u claddu yn y môr neu'n ddwfn yn y ddaear. Mae dros 35 o orsafoedd pŵer niwclear ym Mhrydain, sy'n cyflenwi tua $\frac{1}{5}$ o'n trydan. Cymerir gofal mawr i sicrhau nad ydynt yn beryglus. Er hynny, byddai'n well gan lawer o bobl fod hebddynt, oherwydd eu bod yn ofni y byddant yn gollwng, neu'n ffrwydro hyd yn oed.

Cwestiynau

1 Lluniwch ddiagram i ddangos beth sy'n digwydd wrth i un atom o uraniwm-235 gael ei daro gan niwtron.

2 Gwnewch restr o'r holl bethau sy'n cael eu rhyddhau yn ystod ymholltiad atom uraniwm-235. Pa rai sy'n niweidiol?

3 Esboniwch pam mae'r adwaith cadwynol ar y tudalen gyferbyn yn gallu cynyddu mor gyflym.

4 Esboniwch sut mae ymholltiad uraniwm-235 yn cael ei ddefnyddio i wneud trydan.

5 Pam mae boron yn ddefnyddiol mewn gorsaf bŵer niwclear?

Cwestiynau ar Bennod 2

1 Trowch i dudalen 28 a dysgwch enwau a symbolau'r ugain elfen gyntaf, yn eu trefn. Yna caewch y llyfr ac ysgrifennwch nhw.

2 **a** Nodwch un gwahaniaeth rhwng elfen a chyfansoddyn.
b Rhoddir fformwlâu rhai cyfansoddion isod. Ysgrifennwch enwau'r elfennau y maent yn eu cynnwys.
CO_2 $CaCl_2$ H_2S $PbCO_3$ KOH HgO

3 Mae hydrogen, deuteriwm a thritiwm yn isotopau. Dyma adeiledd y tri:

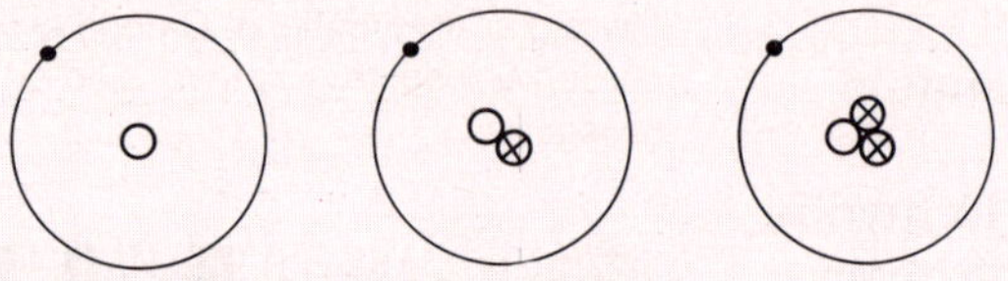

a Copïwch a chwblhewch yr allwedd hon:
mae ● yn cynrychioli ....
mae ○ yn cynrychioli ....
mae ⊗ yn cynrychioli ....
b Beth yw rhifau màs hydrogen, deuteriwm a thritiwm?
c Copïwch a chwblhewch y frawddeg hon:
Mae isotopau elfen bob tro'n cynnwys yr un nifer o .... a .... ond nifer gwahanol o ....
ch Rhif màs cyfartalog hydrogen sy'n digwydd yn naturiol yw 1.008. Pa isotop sydd â'r gyfran uchaf mewn hydrogen sy'n digwydd yn naturiol?

4 Copïwch a chwblhewch y tabl canlynol ar gyfer isotopau rhai elfennau cyffredin:

Isotop	Enw'r elfen	Rhif atomig	Rhif màs	Nifer y p	e	n
$^{16}_{8}O$	ocsigen	8	16	8	8	8
$^{18}_{8}O$						
$^{12}_{6}C$						
$^{13}_{6}C$						
$^{25}_{12}Mg$						
$^{26}_{12}Mg$						

5 Am bob un o'r chwe elfen alwminiwm (Al), boron (B), nitrogen (N), ocsigen (O), ffosfforws (P), sylffwr (S), ysgrifennwch:
a i ba gyfnod yn Nhabl yr Elfennau y mae'n perthyn
b rhif y grŵp yn Nhabl yr Elfennau
c ei rif atomig
ch nifer yr electronau mewn un atom
d ei ffurfwedd electronig
dd nifer yr electronau yn y plisgyn allanol mewn un atom
Pa rai o'r elfennau uchod fydd â phriodweddau tebyg yn eich barn chi? Pam?

6 Mae'r datganiadau isod yn sôn am fetelau ac anfetelau. Dywedwch a yw pob un yn gywir ynteu'n anghywir. (Os anghywir, rhowch reswm.)
a Mae pob metel yn dargludo trydan.
b Mae pob metel yn solid ar dymheredd ystafell.
c Mae anfetelau yn dargludo gwres yn dda ond yn dargludo trydan yn wael.
ch Mae llawer o anfetelau yn nwyon ar dymheredd ystafell.
d Mae'r rhan fwyaf o fetelau yn frau ac yn torri wrth gael eu curo.
dd Mae'r rhan fwyaf o anfetelau yn hydwyth.
e Mae tua phedair gwaith cymaint o fetelau ag sydd o anfetelau.

7 **a** Gwnewch gopi mwy o'r amlinelliad hwn o Dabl yr Elfennau:

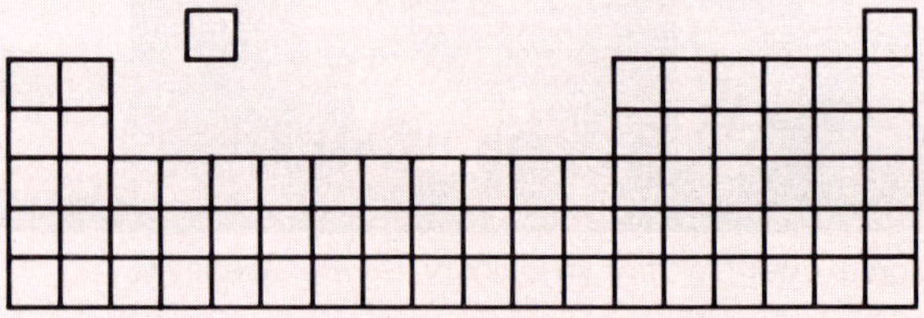

b Ysgrifennwch rifau'r grwpiau a'r cyfnodau.
c Rhowch linell igam-ogam i ddangos sut mae'r metelau'n cael eu gwahanu oddi wrth yr anfetelau, yn y tabl.
ch Nawr rhowch y llythrennau A i H yn eu llefydd cywir yn y tabl, yn ôl y disgrifiadau hyn:

A	yr elfen ysgafnaf
B	unrhyw nwy nobl
C	yr elfen â rhif atomig 5
Ch	yr elfen â 6 electron yn ei atomau
D	unrhyw elfen â 6 electron yn y plisgyn allanol
Dd	y metel alcali mwyaf adweithiol
E	y metel alcali lleiaf adweithiol
F	yr halogen mwyaf adweithiol
Ff	metel Grŵp III
G	metel mwynol alcalïaidd
Ng	metel trosiannol
H	Anfetel o Grŵp V

8 Mae'r tabl hwn yn rhoi data ar gyfer rhai elfennau:

Enw	Symbol	Y.bt °C	B.bt °C	Dargludedd trydanol
Alwminiwm	Al	660	2450	da
Bromin	Br	–7	58	gwael
Calsiwm	Ca	850	1490	da
Clorin	Cl	–101	–35	gwael
Copor	Cu	1083	2600	da
Heliwm	He	–270	–269	gwael
Haearn	Fe	1540	2900	da
Plwm	Pb	327	1750	da
Magnesiwm	Mg	650	1110	da
Mercwri	Hg	–39	357	da
Nitrogen	N	–210	–196	gwael
Ocsigen	O	–219	–183	gwael
Ffosfforws	P	44	280	gwael
Potasiwm	K	64	760	da
Sodiwm	Na	98	890	da
Sylffwr	S	119	445	gwael
Tun	Sn	230	2600	da
Zinc	Zn	419	906	da

Defnyddiwch y tabl i ateb y cwestiynau hyn.

a Beth yw ymdoddbwynt haearn?
b Pa elfen sy'n ymdoddi ar –7°C?
c Pa elfen sy'n berwi ar 280°C?
ch Pa elfen sydd â berwbwynt 1°C yn unig yn uwch na'i ymdoddbwynt?
d Dros ba ystod tymheredd y mae sylffwr yn hylif?
dd Pa elfen sydd â'r:
  i ymdoddbwynt uchaf?
  ii ymdoddbwynt isaf?
e Rhannwch yr elfennau yn ddau grŵp, un yn fetelau a'r llall yn anfetelau.
f Rhestrwch y *metelau* yn nhrefn ymdoddbwynt cynyddol.
ff Pa fetel sy'n hylif ar dymheredd ystafell (20°C)?
g Pa anfetel sy'n hylif ar dymheredd ystafell?
ng Rhestrwch yr elfennau sy'n nwyon ar dymheredd ystafell. A oes rhywbeth yn arbennig am yr elfennau yn y rhestr hon?

9 Cyn i Dabl yr Elfennau gael ei ddatblygu, darganfu gwyddonydd o'r enw Döbreiner setiau o dair elfen â phriodweddau tebyg. Galwodd y rhain yn **driadau**. Mae rhai o'r triadau hyn i'w gweld fel aelodau o'r un grŵp, yn Nhabl yr Elfennau modern. Cwblhewch y triadau canlynol trwy osod yr elfen goll yn y canol:
clorin (Cl), ..., ïodin (I);
lithiwm (Li), ..., potasiwm (K)
calsiwm (Ca), ..., bariwm (Ba).

10 Cyfrannodd llawer o wyddonwyr at ddatblygiad Tabl yr Elfennau modern. Un o'r rhain oedd y cemegydd o Rwsia, Mendeleev. Ym 1869 gosododd yr elfennau yr oedd pobl yn gwybod amdanynt ar y pryd mewn tabl digon tebyg i'r un a ddefnyddir heddiw. Sylweddolodd y dylid gadael bylchau ar gyfer elfennau oedd heb eu darganfod eto. Yn wir, aeth ati i ragfynegi priodweddau nifer o'r elfennau hynny. Mae rwbidiwm yn fetel alcali sy'n gorwedd o dan botasiwm yng Ngrŵp I. Dyma rywfaint o ddata am Grŵp I:

Elfen	Rhif atomig	Y.bt °C	B.bt °C	Adweithedd cemegol
Lithiwm	3	180	1330	eithaf adweithiol
Sodiwm	11	98	890	adweithiol
Potasiwm	19	64	760	adweithiol iawn
Rwbidiwm	37	?	?	?
Cesiwm	55	29	690	adweithio'n ffyrnig iawn

a Gan ddefnyddio'ch gwybodaeth am Dabl yr Elfennau, rhagfynegwch y data coll ar gyfer rwbidiwm.
b Mewn atom rwbidiwm:
  i sawl plisgyn electron sydd?
  ii faint o electronau sydd?
  iii faint o electronau plisgyn allanol sydd?

11 a Beth yw *hanner oes* isotop ymbelydrol?
b Mae'r graff canlynol yn dangos dadfeiliad isotop ymbelydrol, dros bedwar munud:
  i Beth yw hanner oes yr isotop hwn?
  ii Gyda beth y gellid canfod yr ymbelydredd hwn?
  iii Faint o atomau fydd yna ar ôl 5 munud?
  iv Os yw'r dadfeilio'n digwydd mewn cynhwysydd wedi'i selio mae nwy heliwm yn ymgasglu yn y cynhwysydd. Enwch un math o belydriad sy'n digwydd yn y dadfeiliad.

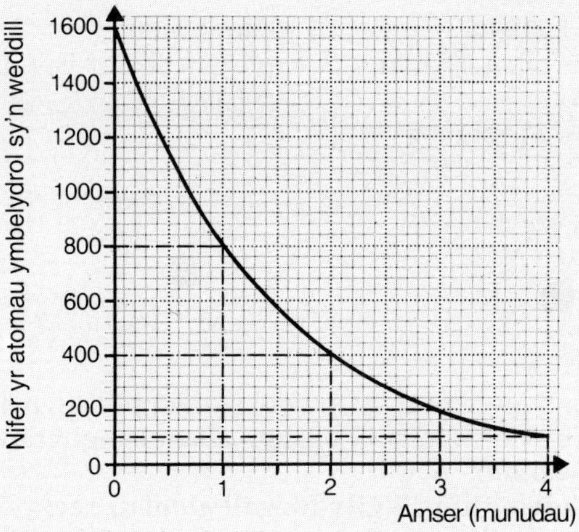

3.1 Pam mae cyfansoddion yn cael eu ffurfio

Mae'r rhan fwyaf o elfennau yn ffurfio cyfansoddion

Fe welsoch ar dudalen 32 fod sodiwm yn adweithio â chlorin:

Pan wresogir sodiwm a'i roi mewn jar o glorin, mae'n llosgi gyda fflam loyw.

Y canlyniad yw solid gwyn. Mae'n rhaid ei grafu oddi ar ochrau'r jar.

Sodiwm clorid yw'r solid gwyn. Mae'n cael ei ffurfio wrth i atomau o sodiwm a chlorin uno â'i gilydd, felly mae'n **gyfansoddyn**. Gellir disgrifio'r adwaith fel hyn:

sodiwm + clorin → sodiwm clorid

Mae'r + yn golygu *yn adweithio â*, a'r → yn golygu *i ffurfio*.
Mae'r rhan fwyaf o elfennau yn adweithio i ffurfio cyfansoddion.
Er enghraifft:

lithiwm + clorin → lithiwm clorid
hydrogen + clorin → hydrogen clorid

Nid yw'r nwyon nobl yn ffurfio cyfansoddion fel arfer

Mae'r nwyon nobl yn wahanol i elfennau eraill oherwydd nad ydynt fel arfer yn ffurfio cyfansoddion, fel y gwelsom ar dudalen 33. Am y rheswm hwn, dywedwn fod eu hatomau yn **anadweithiol** neu'n **sefydlog**. Maent yn sefydlog oherwydd bod eu plisgyn allanol yn *llawn*:
Mae plisgyn allanol llawn yn gwneud atom yn sefydlog.

Atom heliwm, plisgyn allanol llawn: *sefydlog*

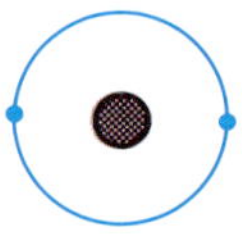

Atom neon, plisgyn allanol llawn: *sefydlog*

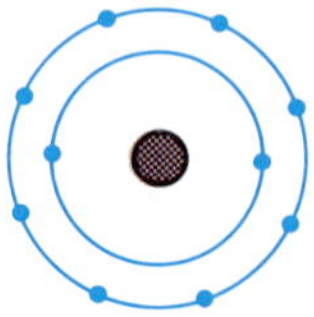

Atom argon, plisgyn allanol llawn: *sefydlog*

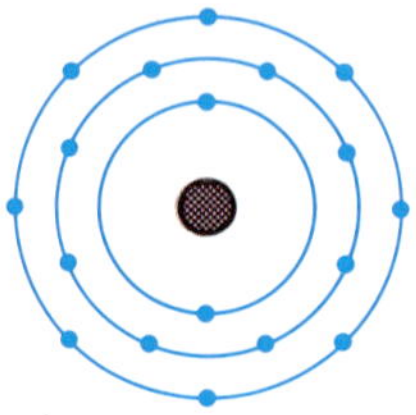

Dim ond atomau nwyon nobl sydd â phlisgyn allanol llawn. Mae gan atomau pob elfen arall blisgyn allanol anghyflawn. Dyna pam maent yn adweithio:
Trwy adweithio â'i gilydd, gall atomau gael plisg allanol llawn ac felly droi'n sefydlog.

Gan fod heliwm yn anadweithiol, a hefyd yn ysgafn iawn, mae'n ddelfrydol ar gyfer llenwi balwnau fel y rhain.

Colli neu ennill electronau

Gall atomau rhai elfennau gael plisgyn llawn trwy *golli* neu *ennill* electronau, wrth adweithio ag atomau eraill:

Colli electronau Mae atom sodiwm yn enghraifft dda. Dim ond 1 electron sydd yn ei blisgyn allanol. Gall gael plisgyn allanol llawn trwy golli'r electron hwn i atom arall. Y canlyniad yw **ïon sodiwm**:

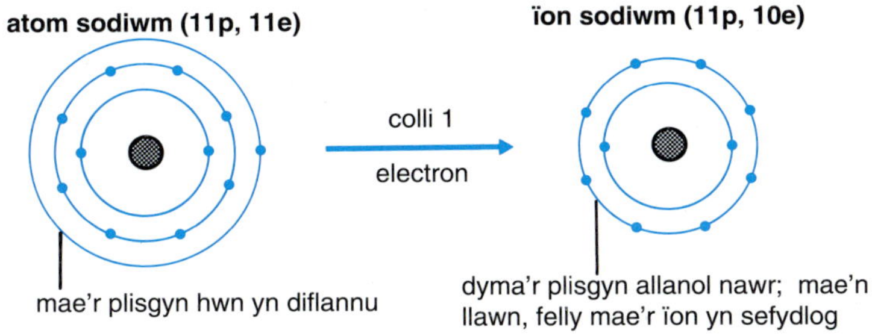

Gwefr yr ïon sodiwm:	
y wefr ar 11 proton yw	+11
y wefr ar 10 electron yw	−10
cyfanswm gwefr	+ 1

Mae gan yr ïon sodiwm 11 proton ond dim ond 10 electron, felly mae ganddo wefr o **+1**, fel y gwelwch o'r blwch ar y llaw dde.

Symbol sodiwm yw Na, felly mae'r ïon sodiwm yn cael ei alw'n **Na^+**. Mae'r $^+$ yn golygu *gwefr bositif*. Mae Na^+ yn **ïon positif**.

Ennill electronau Mae gan atom clorin 7 electron yn ei blisgyn allanol. Gall gael plisgyn llawn trwy dderbyn 1 electron oddi wrth atom arall. Mae'n troi'n **ïon clorid**:

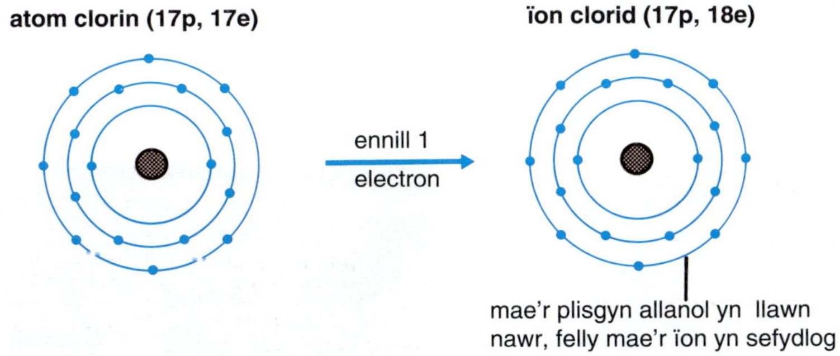

Gwefr yr ïon clorin:	
y wefr ar 17 proton yw	+17
y wefr ar 18 electron yw	−18
cyfanswm y wefr	−1

Mae gan yr ïon clorid wefr o **−1**, felly mae'n **ïon negatif**. Ei symbol yw **Cl^-**.

Ïonau Mae unrhyw atom yn troi'n ïon os yw'n colli neu'n ennill electronau.
Gronyn â gwefr yw ïon. Mae ganddo wefr oherwydd ei fod yn cynnwys nifer anghyfartal o brotonau ac electronau.

Cwestiynau

1 Rhowch air arall am *anadweithiol*.
2 Pam mae nwyon nobl yn anadweithiol?
3 Pam mae pob atom arall yn adweithiol?
4 Lluniwch ddiagram i ddangos sut gall atom sodiwm gael plisgyn allanol llawn.
5 Esboniwch pam mae gan ïon sodiwm wefr o +1.
6 Lluniwch ddiagram i ddangos sut y gall atom clorin gael plisgyn allanol llawn.
7 Ysgrifennwch symbol ïon clorid. Pam mae gan yr ïon hwn wefr o −1?
8 Esboniwch beth yw ïon, yn eich geiriau eich hun.
9 Pam *nad* yw atomau nwyon nobl yn ffurfio ïonau?

3.2 Y bond ïonig

Yr adwaith rhwng sodiwm a chlorin

Fel y gwelsoch ar y tudalen blaenorol, mae atom sodiwm yn gallu colli un electron, ac atom clorin yn ennill un, i gael plisgyn allanol llawn. Felly, pan fydd atom sodiwm ac atom clorin yn adweithio â'i gilydd, mae'r atom sodiwm yn colli ei electron *i'r atom clorin*, a ffurfir dau ïon. Yma, mae • yn dangos electronau sodiwm ac x yn dangos electronau clorin, ond cofiwch fod pob electron yn union yr un fath:

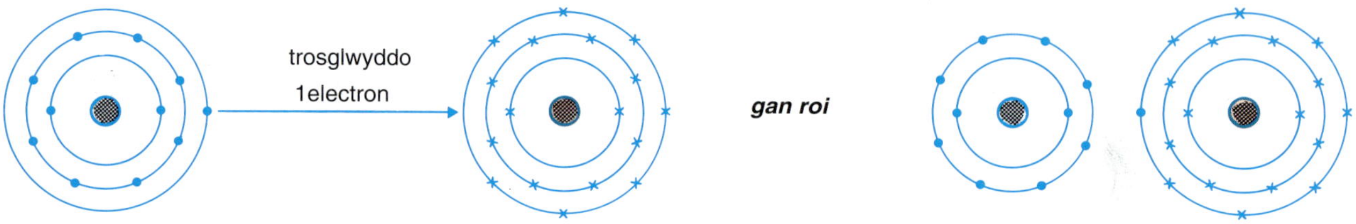

ïonau sefydlog â phlisgyn llawn

Mae gan y ddau ïon wefrau croes, felly maent yn atynnu ei gilydd. Mae grym atyniad cryf rhyngddynt. Yr enw arno yw **bond ïonig** (neu **fond electrofalent**).

Sut mae sodiwm clorid solid yn ymffurfio

Wrth i sodiwm adweithio â chlorin, bydd biliynau o ïonau sodiwm a chlorid yn ymffurfio, ac yn cael eu hatynnu at ei gilydd. Ond nid yw'r ïonau yn aros mewn parau. Yn hytrach, maent yn clystyru, fel bod pob ïon yn cael ei amgylchynu gan chwe ïon â gwefrau croes. Bondiau ïonig cryf sy'n eu dal yn eu lle. (Mae pob ïon yn ffurfio chwe bond.)

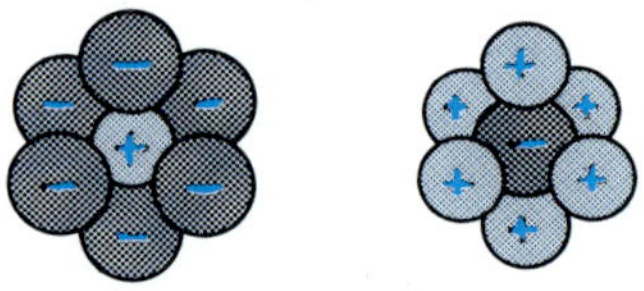

Mae'r patrwm yn tyfu nes ffurfio adeiledd enfawr o ïonau. Mae'n cynnwys nifer cyfartal o ïonau sodiwm ac ïonau clorid. Cyfansoddyn o'r enw **sodiwm clorid**, neu **halen**, yw'r adeiledd enfawr hwn.

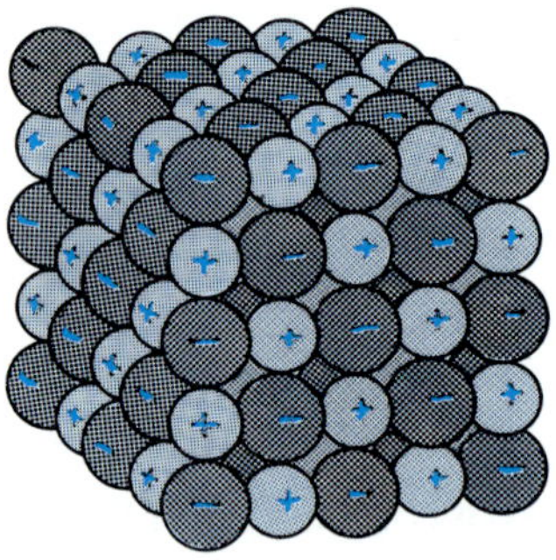

Oherwydd bod sodiwm clorid wedi'i wneud o ïonau, mae'n cael ei alw'n **gyfansoddyn ïonig**. Mae'n cynnwys un ïon Na^+ am bob ïon Cl^-, felly ei fformwla yw **NaCl**.

Mae'r gwefrau yn yr adeiledd yn adio i roi sero:

y wefr ar bob ïon sodiwm yw	+1
y wefr ar bob ïon clorid yw	−1
cyfanswm y wefr	0

Felly nid oes gan y cyfansoddyn wefr gyffredinol.

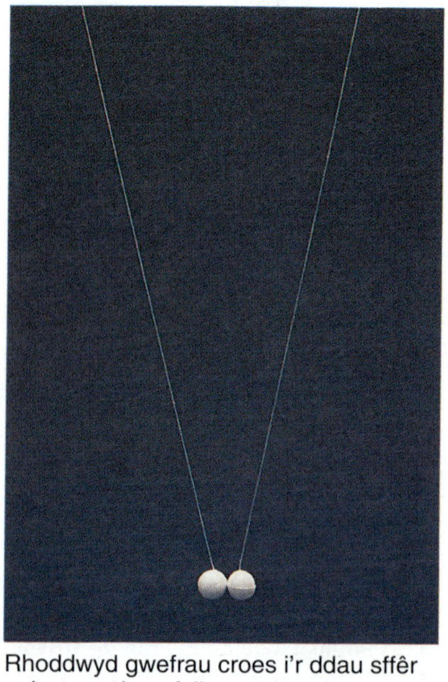

Rhoddwyd gwefrau croes i'r ddau sffêr polystyren hyn, felly maent yn atynnu ei gilydd. Mae'r un peth yn digwydd gydag ïonau â gwefrau croes.

Cyfansoddion ïonig eraill

Metel yw sodiwm, ac **anfetel** yw clorin. Maent yn adweithio â'i gilydd i ffurfio **cyfansoddyn ïonig**. Gall metelau eraill adweithio ag anfetelau i ffurfio cyfansoddion ïonig. Dyma ddwy enghraifft arall.

Magnesiwm ac ocsigen Mae gan atom magnesiwm 2 electron allanol ac mae gan ocsigen 6. Mae magnesiwm yn llosgi'n ffyrnig mewn ocsigen. Yn ystod yr adwaith, mae pob atom magnesiwm yn colli ei 2 electron allanol i atom ocsigen. Ffurfir ïonau magnesiwm ac ïonau ocsid:

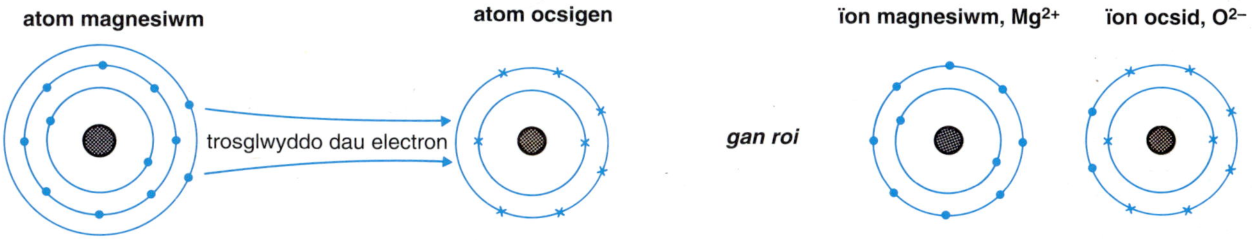

Mae'r ïonau yn atynnu ei gilydd, oherwydd eu gwefrau croes. Fel yr ïonau ar y tudalen diwethaf, maent yn uno ac yn ffurfio adeiledd ïonig enfawr. **Magnesiwm ocsid** yw'r cyfansoddyn sy'n cael ei ffurfio. Mae magnesiwm ocsid yn cynnwys un ïon magnesiwm ar gyfer pob ïon ocsid, felly ei fformwla yw **MgO**. Nid oes gan y cyfansoddyn wefr:

y wefr ar bob ïon magnesiwm yw	2+
y wefr ar bob ïon ocsid yw	2–
cyfanswm gwefr	0

Magnesiwm a chlorin I gael plisgyn allanol llawn, rhaid i atom magnesiwm golli 2 electron, a rhaid i atom clorin ennill 1 electron. Felly, pan fydd magnesiwm yn llosgi mewn clorin, bydd pob atom magnesiwm yn adweithio â *dau* atom clorin, i ffurfio **magnesiwm clorid**:

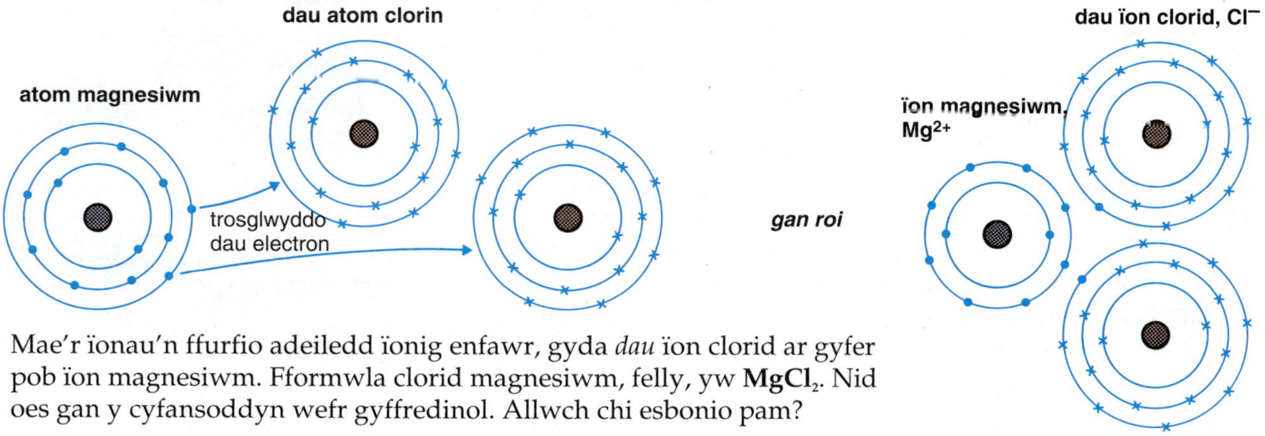

Mae'r ïonau'n ffurfio adeiledd ïonig enfawr, gyda *dau* ïon clorid ar gyfer pob ïon magnesiwm. Fformwla clorid magnesiwm, felly, yw **$MgCl_2$**. Nid oes gan y cyfansoddyn wefr gyffredinol. Allwch chi esbonio pam?

Cwestiwn

1 Lluniwch ddiagram i ddangos beth sy'n digwydd wrth i atom sodiwm adweithio ag atom clorin.
2 Beth yw bond ïonig? Beth yw'r enw arall arno?
3 Brasluniwch adeiledd sodiwm clorid, ac esboniwch pam mai NaCl yw ei fformwla.
4 Esboniwch pam:
- **a** mae gan ïon magnesiwn wefr o 2+
- **b** mae'r ïonau mewn magnesiwm ocsid yn aros gyda'i gilydd
- **c** nad oes gan magnesiwm clorid wefr gyffredinol
- **ch** mai $MgCl_2$ yw fformwla magnesiwm clorid.

3.3 Rhai ïonau eraill

Ïonau'r ugain elfen gyntaf

Yn ystod adweithiau, nid yw pob elfen yn ffurfio ïonau. Yn wir, o'r ugain elfen gyntaf yn Nhabl yr Elfennau, dim ond 11 sy'n ffurfio ïonau yn hawdd. Mae'r ïonau hyn i'w gweld isod, a'u henwau.

Grŵp	I	II		III	IV	V	VI	VII	O
			H^+ hydrogen						dim
	Li^+ lithiwm	Be^{2+} beryliwm		dim	dim	dim	O^{2-} ocsid	F^- fflworid	dim
	Na^+ sodiwm	Mg^{2+} magnesiwm		Al^{3+} alwminiwm	dim	dim	S^{2-} sylffid	Cl^- clorid	dim
	K^+ potasiwm	Ca^{2+} calsiwm	metelau trosiannol						

Sylwch fod hydrogen a'r metelau yn ffurfio **ïonau positif**, sydd â'r un enwau â'r atomau. Mae'r anfetelau yn ffurfio **ïonau negatif** ac mae eu henwau yn gorffen gydag *-id*.
Nid yw'r elfennau yng Ngrwpiau IV a V yn ffurfio ïonau fel arfer, oherwydd byddai'n rhaid i'w hatomau ennill neu golli llawer o electronau, ac mae angen gormod o egni i hynny. Nid yw'r elfennau yng Ngrŵp O yn ffurfio ïonau oherwydd bod plisgyn llawn gan eu hatomau yn barod.

Mae halwynau baddon yn cynnwys ïonau Na^+ a CO_3^{2-}; mae halwynau Epsom yn cynnwys ïonau Mg^{2+} a SO_4^{2-}. Allwch chi roi enwau a fformwlâu'r tri chyfansoddyn a welwch yma?

Enwau a fformwlâu eu cyfansoddion

Yr enwau I enwi cyfansoddyn ïonig, rydym yn gosod enwau'r ïonau gyda'i gilydd, yr un positif yn gyntaf:

Ïonau mewn cyfansoddyn	Enw'r cyfansoddyn
K^+ a F^-	Potasiwm fflworid
Ca^{2+} a S^{2-}	Calsiwm sylffid

Y fformwlâu Gallwn ganfod fformwlâu cyfansoddion ïonig trwy ddilyn y camau hyn:

1 Ysgrifennwch enw'r cyfansoddyn ïonig.
2 Ysgrifennwch y symbolau ar gyfer ei ïonau.
3 Ni ddylai'r cyfansoddyn ei hun gael gwefr, felly ceisiwch gael yr ïonau yn **hafal**, fel bod y gwefrau positif a negatif yn adio i sero.
4 Ysgrifennwch y fformwla heb y gwefrau.

Enghraifft 1

1 Lithiwm fflworid.
2 Yr ïonau yw Li^+ a F^-.
3 Mae angen un Li^+ am bob F^-, i wneud cyfanswm y wefr yn sero.
4 Y fformwla yw LiF.

Enghraifft 2

1 Sodiwm sylffid.
2 Yr ïonau yw Na^+ a S^{2-}.
3 Mae angen dau ïon Na^+ am bob ïon S^{2-}, i wneud cyfanswm y wefr yn sero: Na^+ Na^+ S^{2-}.
4 Y fformwla yw Na_2S. (Beth yw ystyr y $_2$?)

Ïonau metelau trosiannol

Mae rhai metelau trosiannol yn ffurfio un math o ïon yn unig:

dim ond ïonau Ag^{+} y bydd arian yn ei ffurfio

dim ond ïonau Zn^{2+} y bydd zinc yn ei ffurfio

ond gall y rhan fwyaf ohonynt ffurfio mwy nag un math. Er enghraifft, gall copor a haearn ffurfio dau:

Ïon	Enw	Enghraifft o gyfansoddyn
Cu^{+}	ïon copor(I)	copor(I) ocsid, Cu_2O
Cu^{2+}	ïon copor(II)	copor(II) ocsid, CuO
Fe^{2+}	ïon haearn(II)	haearn(II) clorid, $FeCl_2$
Fe^{3+}	ïon haearn (III)	haearn(III) clorid, $FeCl_3$

Mae'r (II) mewn enw yn dangos bod gan yr ïon wefr o 2+. Beth yw ystyr yr (I) a'r (III)?

Ïonau cyfansawdd

Hyd yma, cafodd yr holl ïonau eu ffurfio o atomau unigol. Ond gellir ffurfio ïonau o grwpiau o atomau wedi uno hefyd. Gelwir y rhain yn **ïonau cyfansawdd**, ac mae'r rhai mwyaf cyffredin i'w gweld ar y dde. Cofiwch mai dim ond un ïon yw pob un, er bod mwy nag un atom ynddo. Gellir canfod fformwlâu eu cyfansoddion fel o'r blaen. Mae rhai enghreifftiau isod.

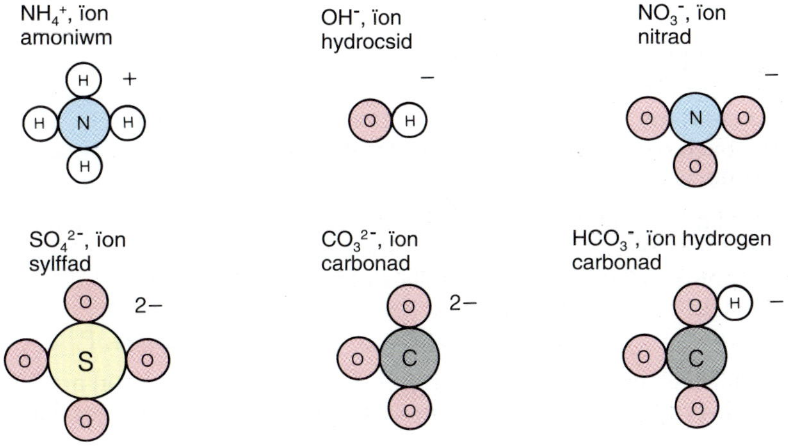

Enghraifft 3

1 Sodiwm carbonad.
2 Yr ïonau yw Na^{+} a CO_3^{2-}.
3 Mae angen dau Na^{+}, i gyfateb i'r wefr ar un CO_3^{2-}.
4 Y fformwla yw Na_2CO_3.

Enghraifft 4

1 Calsiwm nitrad.
2 Yr ïonau yw Ca^{2+} ac NO_3^{-}.
3 Mae angen dau NO_3^{-}, i gyfateb i'r wefr ar un Ca^{2+}.
4 Y fformwla yw $Ca(NO_3)_2$. Sylwch fod angen cromfach o amgylch yr NO_3, cyn i'r $_2$ gael ei gynnwys.

Cwestiynau

1 Esboniwch pam mae gan ïon calsiwm wefr o 2+.
2 Pam mae'r wefr ar ïon alwminiwm yn 3+?
3 Ysgrifennwch symbolau'r ïonau mewn:
 a potasiwm clorid **b** calsiwm sylffid
 c lithiwm sylffid **ch** magnesiwm fflworid
4 Nawr cyfrifwch fformwla pob cyfansoddyn yng nghwestiwn 3.
5 Cyfrifwch fformwla pob cyfansoddyn:
 a copor(II) clorid **b** haearn(III) ocsid
6 Ysgrifennwch enw ar gyfer pob cyfansoddyn: $CuCl$, FeS, Na_2SO_4, $Mg(NO_3)_2$, NH_4NO_3, $Ca(HCO_3)_2$
7 Cyfrifwch fformwla :
 a sodiwm sylffad **b** potasiwm hydrocsid
 c arian nitrad **ch** amoniwm nitrad

3.4 Y bond cofalent

Rhannu electronau

Pan fydd dau atom anfetel yn adweithio â'i gilydd, *mae'n rhaid i'r ddau ohonynt ennill electronau*, i gael plisgyn llawn. Dim ond trwy rannu electronau rhyngddynt y gallant wneud hyn. Dim ond electronau allanol y mae'r atomau yn gallu eu rhannu, felly dim ond yr electronau allanol sydd yn y diagramau isod.

Hydrogen Dim ond un electron sydd gan atom hydrogen. Gall ei blisgyn gynnal dau electron, felly nid yw'n llawn. Pan fydd dau atom hydrogen yn mynd yn ddigon agos at ei gilydd, bydd eu plisg yn gorgyffwrdd ac yna gallant rannu electronau:

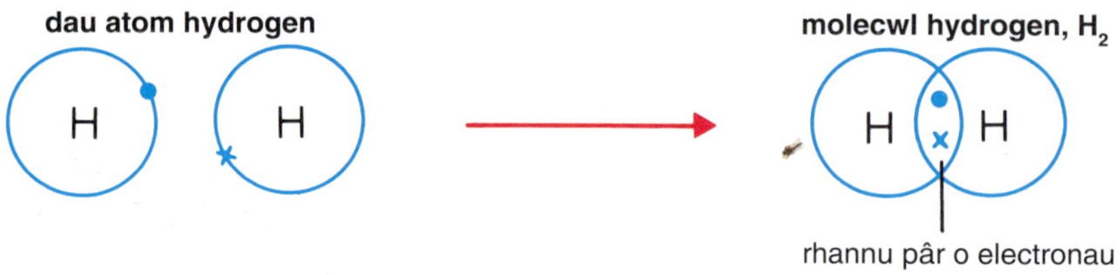

Model o folecwl hydrogen. Gellir dangos y molecwl fel H-H. Mae'r llinell yn cynrychioli bond sengl.

Oherwydd bod yr atomau'n rhannu electronau, mae grym atyniad cryf rhyngddynt, sy'n eu dal ynghyd. Yr enw ar y grym hwn yw **bond cofalent**. Mae'r atomau wedi bondio a ffurfio **molecwl**. **Grŵp bach o atomau sy'n cael eu dal ynghyd gan fondiau cofalent yw molecwl.**

Molecylau o hydrogen yw nwy hydrogen, ac am y rheswm hwn fe'i gelwir yn sylwedd **molecylaidd**. Ei fformwla yw $\mathbf{H_2}$.
Mae nifer o anfetelau eraill yn folecylaidd. Er enghraifft:

clorin, Cl_2	ïodin, I_2	ocsigen, O_2
nitrogen, N_2	sylffwr, S_8	ffosfforws, P_4

Yn H_2 mae'r $_2$ yn dangos nifer yr atomau hydrogen ym mhob molecwl. Oherwydd bod ganddo ddau atom ym mhob molecwl, gelwir hydrogen yn **ddeuatomig**.

Clorin Mae angen i atom clorin gael rhan mewn un electron arall, i gael plisgyn llawn. Felly mae dau atom clorin yn bondio'n gofalent fel hyn:

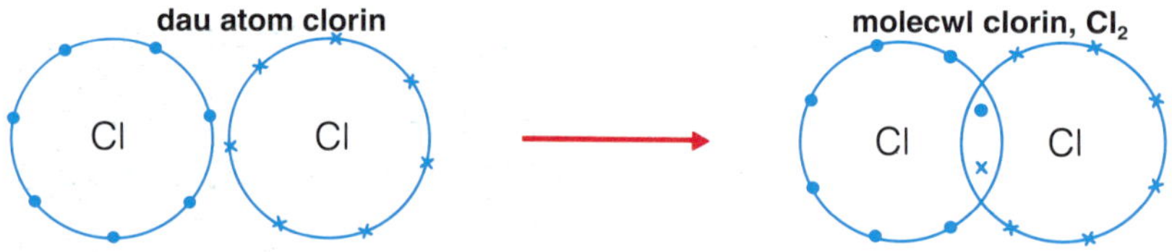

Model o folecwl clorin.

Ocsigen Fformwla ocsigen yw O_2, felly rhaid fod pob molecwl yn cynnwys dau atom. Dim ond chwe electron allanol sydd gan bob atom ocsigen; mae angen rhan mewn dau arall i gael plisgyn llawn:

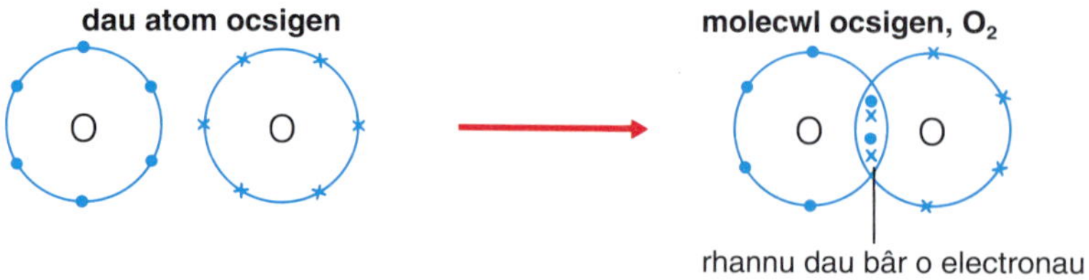

Model o folecwl ocsigen. Gellir dangos y molecwl fel O=O. Mae'r llinellau'n cynrychioli bond dwbl.

Gan fod yr atomau ocsigen yn rhannu dau bâr o electronau, gelwir y bond rhyngddynt yn **fond cofalent dwbl**, neu yn syml **bond dwbl**.

Cyfansoddion cofalent

Gyferbyn, gwelsoch fod nifer o elfennau anfetel yn bodoli fel molecylau. Mae nifer enfawr o gyfansoddion hefyd yn bodoli fel molecylau. Mewn cyfansoddyn molecylaidd, mae atomau o *wahanol* elfennau yn rhannu electronau. Gelwir y cyfansoddion hyn yn aml yn **gyfansoddion cofalent** oherwydd eu bondiau cofalent. Mae dŵr, amonia a methan i gyd yn gyfansoddion cofalent.

Dŵr Fformwla dŵr yw H_2O. Ym mhob molecwl, mae atom ocsigen yn rhannu electronau gyda dau atom hydrogen, a bydd plisgyn llawn gan bob un:

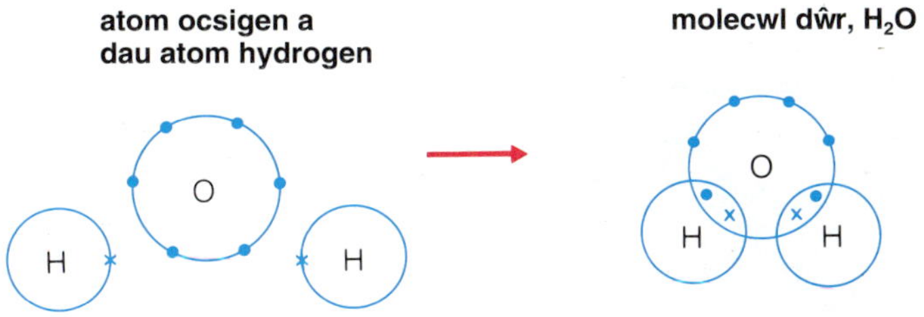

Model o folecwl dŵr.

Amonia Ei fformwla yw NH_3. Mae pob atom hydrogen yn rhannu electronau gyda thri atom hydrogen, a bydd plisgyn llawn gan bob un:

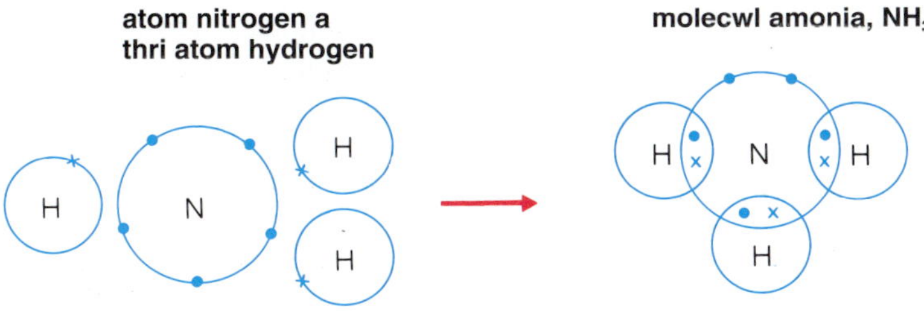

Model o folecwl amonia.

Methan Ei fformwla yw CH_4. Mae pob atom carbon yn rhannu electronau gyda phedwar atom hydrogen, a bydd plisgyn llawn gan bob un:

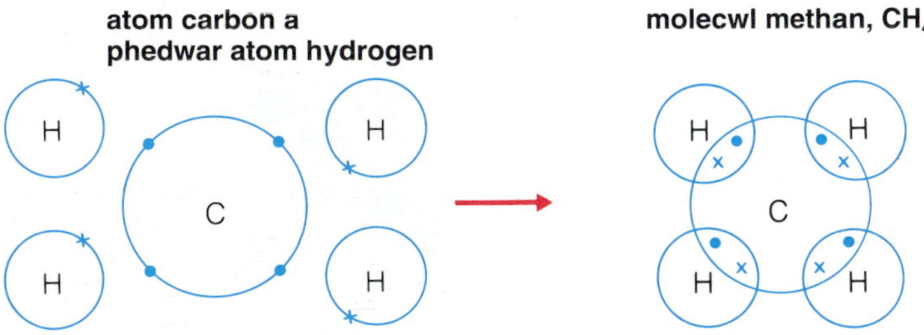

Model o folecwl methan.

Cwestiynau

1 Beth yw enw'r bond rhwng atomau sy'n rhannu electronau?
2 Beth yw molecwl?
3 Rhowch bum enghraifft o elfennau molecylaidd.
4 Lluniwch ddiagram i ddangos y bondio mewn:
   a clorin **b** ocsigen
5 Gelwir y bond rhwng dau atom ocsigen yn fond dwbl. Pam?
6 Dangoswch y bondio mewn molecwl o:
   a dŵr **b** methan
7 Mae hydrogen clorid (HCl) hefyd yn folecylaidd. Lluniwch ddiagram i ddangos y bondio ynddo.

3.5 Solidau ïonig a molecylaidd

Ar dudalen 10 fe welsoch fod solidau wedi eu gwneud o ronynnau wedi'u pacio'n agos at ei gilydd, mewn patrwm rheolaidd. Os yw'r gronynnau'n **ïonau**, gelwir y solidau yn **solidau ïonig**. Os ydynt yn **folecylau**, gelwir y solidau yn solidau **molecylaidd** neu **gofalent**. Mae gan y ddau fath o solidau briodweddau eithaf gwahanol, fel y gwelwch isod.

Rhai solidau ïonig yn y labordy:

sodiwm clorid
sodiwm hydrocsid
copor(II) sylffad
haearn(II) clorid
arian nitrad

Solidau ïonig

Un o'r solidau ïonig mwyaf cyffredin yw sodiwm clorid – sef halen cyffredin. Rydych eisoes yn gwybod llawer am ei adeiledd:

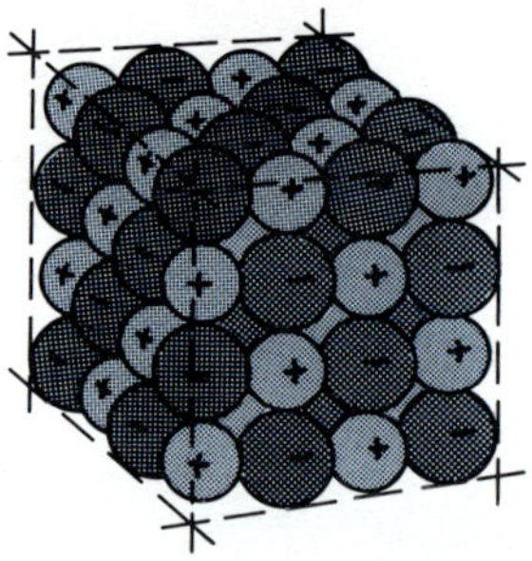

Mae sodiwm clorid wedi'i wneud o ïonau sodiwm a chlorid, wedi'u gosod mewn patrwm cyson. Gelwir y trefniant hwn yn **ddellten**. Mae'r ïonau yn cael eu dal ynghyd gan **fondiau ïonig** cryf.

Mae'r patrwm yn cael ei ailadrodd filiynau o weithiau. Y canlyniad yw darn o solid ag ymylon unionsyth a wynebau gwastad, o'r enw **grisial**. Dyma risial o sodiwm clorid, wedi'i chwyddhau 35 gwaith.

Mae'r grisialau'n ymddangos yn wyn a disglair. Mae bocs o halen yn cynnwys miliynau ohonynt.

Mae sodiwm clorid yn nodweddiadol o solidau ïonig. Ym *mhob* solid ïonig, mae'r ïonau wedi'u gosod mewn patrwm cyson, ac yn cael eu dal ynghyd gan fondiau ïonig cryf. Mae hyn yn golygu bod pob solid ïonig yn **risialog**. Gall y grisialau fod yn eithaf mawr, neu mor fach fel bod angen microsgop i'w gweld yn iawn.

Eu priodweddau Mae gan solidau ïonig y priodweddau hyn:

1 Mae ganddynt ymdoddbwynt a berwbwynt uchel. Er enghraifft –
mae sodiwm clorid yn ymdoddi ar 808°C ac yn berwi ar 1465°C
mae sodiwm hydrocsid yn ymdoddi ar 319°C ac yn berwi ar 1390°C.
Y rheswm yw fod y bondiau ïonig yn gryf iawn, felly mae angen llawer o egni gwres i dorri'r ddellten a ffurfio hylif. Mae hyn yn esbonio pam mae pob sylwedd ïonig yn solid ar dymheredd ystafell.
2 Maent yn hydawdd mewn dŵr fel arfer.
3 Maent yn anhydawdd mewn llawer o doddyddion eraill, er enghraifft mewn tetracloromethan a phetrol.
4 Ni fyddant yn dargludo trydan pan fyddant yn solid. Llif o wefrau symudol yw trydan. Er bod yr ïonau *wedi'u* gwefru, ni allant symud oherwydd bod y bondiau ïonig yn eu dal yn gadarn yn eu lle. (Byddwch yn dysgu mwy am hyn ym Mhennod 6.)
5 Maent yn dargludo trydan ar ôl ymdoddi neu ar ôl cael eu toddi. Mae hyn oherwydd bod yr ïonau yn rhydd i symud bryd hynny.

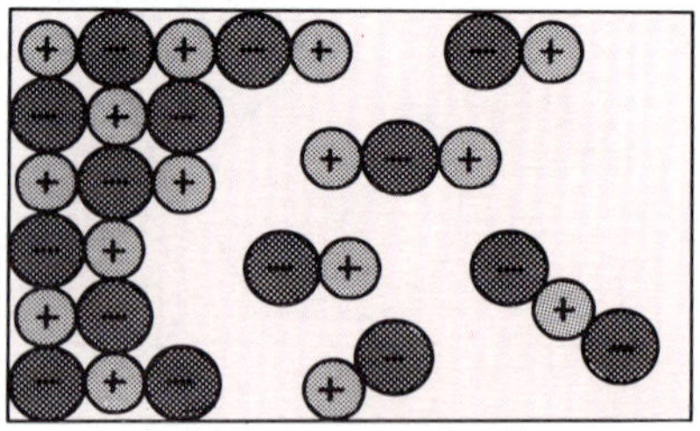

Solid ïonig yn ymdoddi.

Solidau molecylaidd

Mae ïodin yn enghraifft dda o solid molecylaidd. Mae pob molecwl ïodin yn cynnwys dau atom, sy'n cael eu dal ynghyd gan fond cofalent cryf.

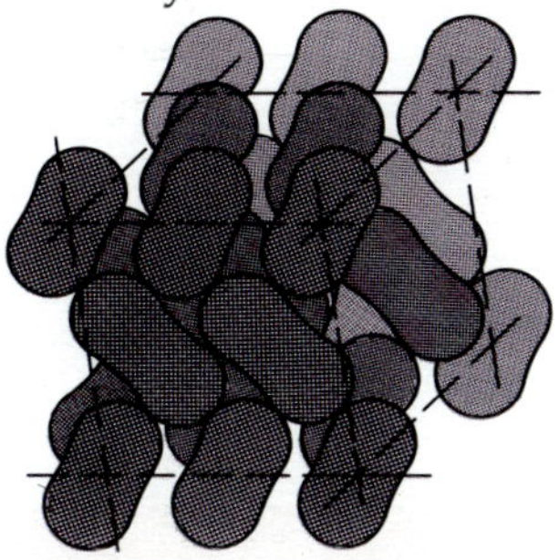

Yma mae ⚭ yn cynrychioli molecwl ïodin. Mae'r molecylau wedi'u pacio mewn patrwm cyson, a'u dal ynghyd gan rymoedd gwan.

Mae'r patrwm yn cael ei ailadrodd filiynau o weithiau, a grisial yw'r canlyniad. Dyma un grisial ïodin wedi'i chwyddhau 15 gwaith.

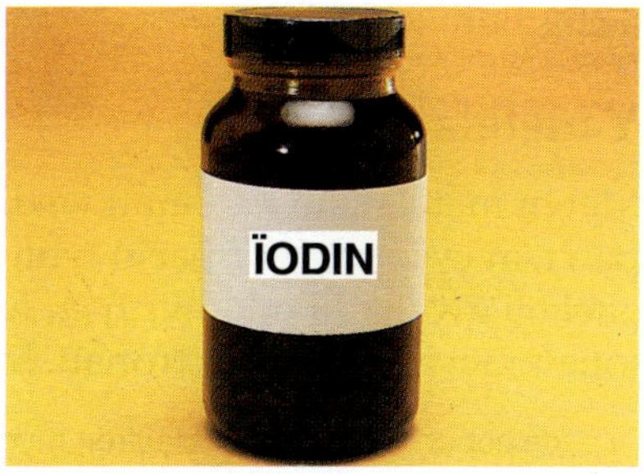

Mae grisialau ïodin yn llwyd-ddu a disglair. Mae'r jar hwn yn cynnwys miliynau ohonynt.

Mae ïodin yn nodweddiadol o solidau molecylaidd. Ym *mhob* solid molecylaidd, mae'r molecylau'n cael eu dal mewn patrwm cyson; felly mae'r solidau yn risialog. Mae'r grymoedd sy'n dal y molecylau ynghyd yn wan.

Eu priodweddau Dyma briodweddau solidau molecylaidd:

1 Mae ganddynt ymdoddbwynt a berwbwynt isel – llawer is na solidau ïonig. Yn wir, mae llawer o sylweddau molecylaidd yn ymdoddi, a hyd yn oed yn berwi, *dan* dymheredd ystafell. Felly maent yn hylifau neu'n nwyon ar dymheredd ystafell. Dyma rai enghreifftiau:

Sylwedd	Ymdoddbwynt/°C	Berwbwynt/°C
ocsigen	−219	−183
clorin	−101	−35
dŵr	0	100
napthalen	80	218

Y rheswm am y gwerthoedd isel hyn yw mai dim ond grymoedd gwan sy'n dal y molecylau ynghyd, felly nid oes angen llawer o egni gwres i'w gwahanu.

2 Yn wahanol i solidau ïonig, mae solidau molecylaidd yn anhydawdd mewn dŵr fel arfer.

3 Yn wahanol i solidau ïonig, maent yn hydawdd mewn tetracloromethan a phetrol.

4 Nid ydynt yn dargludo trydan. Nid oes gwefr ar y molecylau, felly ni all sylweddau molecylaidd ddargludo, hyd yn oed os ydynt wedi ymdoddi.

Rhai sylweddau molecylaidd a'u cyflwr ar dymheredd ystafell:

Solidau	ïodin
	sylffwr
	napthalen
Hylifau	bromin
	dŵr
	ethanol
Nwyon	ocsigen
	nitrogen
	carbon deuocsid

Cwestiynau

1 Beth yw:
a solid ïonig? **b** solid molecylaidd?
Rhowch dair enghraifft o bob un.

2 Rhowch enw arall am solidau molecylaidd.

3 Esboniwch sut mae grisial o sodiwm clorid yn cael ei ffurfio.
Allwch chi feddwl am reswm pam mae ei wynebau'n wastad?

4 Pam mae gan solidau ïonig ymdoddbwynt uchel?

5 Rhestrwch bedair o briodweddau solidau cofalent.

6 Esboniwch pam mae llawer o sylweddau molecylaidd yn nwyon neu'n hylifau ar dymheredd ystafell, a rhowch bedair enghraifft.

7 Gallwch brynu solid arogl da i'r tŷ mewn siopau. Ai ïonig ynteu cofalent yw'r sylweddau hyn, yn eich tyb chi? Pam?

3.6 Y metelau a charbon

Roedd y ddau dudalen diwethaf yn ymdrin â solidau ïonig a solidau molecylaidd. Nawr dyma fathau eraill o solidau: y metelau a charbon.

Y metelau

Mewn metel, mae'r atomau wedi'u pacio'n dynn at ei gilydd mewn patrwm cyson. Mae'r pacio tynn yn achosi i'r electronau allanol gael eu gwahanu oddi wrth eu hatomau, a'r canlyniad yw dellten o ïonau mewn môr o electronau. Mae copor yn enghraifft dda:

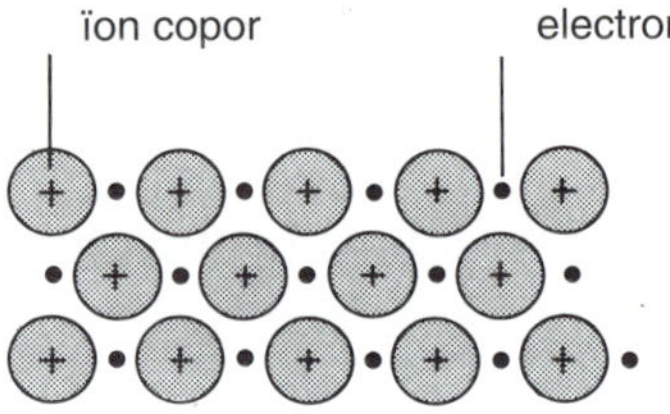

Mae'r ïonau copor yn cael eu dal ynghyd gan eu hatyniad at yr electronau sydd rhyngddynt. (Mae gwefrau croes yn atynnu.)

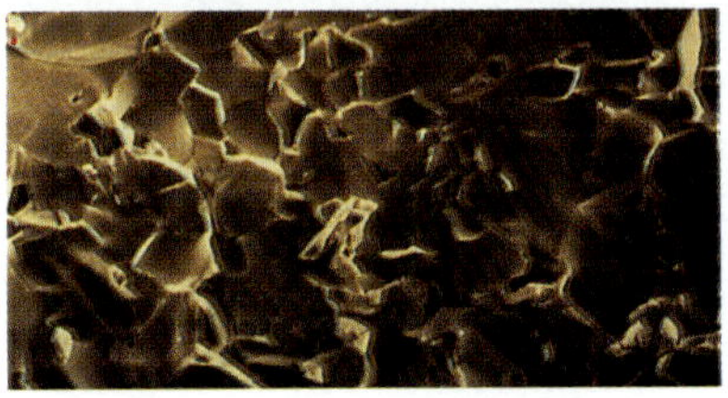

Mae trefn gyson yr ïonau yn rhoi grisialau o gopor. Dyma lun o ymylon y grisialau hyn ar wyneb copor, wedi'i chwyddhau 100 gwaith.

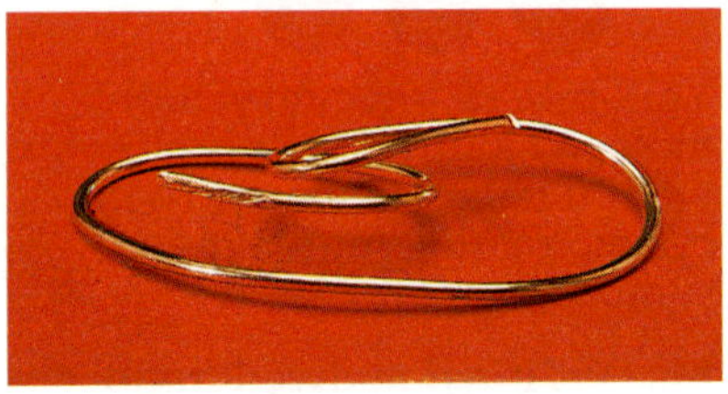

Mae darn o wifren gopor yn cynnwys miliynau o risialau mân wedi uno.

Eu priodweddau Mae'r priodweddau hyn gan fetelau:

1 Maent yn dargludo trydan yn dda, oherwydd gall yr electronau rhydd symud trwy'r ddellten, gan gario gwefr.
2 Maent yn dda am ddargludo gwres. Mae hyn oherwydd bod yr electronau rhydd yn gallu amsugno egni gwres, sy'n gwneud iddynt symud yn gyflymach. Mae rhywfaint o'r egni gwres yn mynd i'w cymdogion, wrth iddynt wrthdaro. Fel hyn, mae'r egni gwres yn cael ei drosglwyddo trwy'r ddellten.
3 Gellir curo'r rhan fwyaf o fetelau yn wahanol siapiau (maent yn **hydrin**) neu eu tynnu'n wifrau (maent yn **hydwyth**). Mae hyn oherwydd bod yr haenau o ïonau yn gallu llithro dros ei gilydd.
4 Mae ganddynt ymdoddbwynt uchel fel arfer, oherwydd bod angen llawer o egni gwres i dorri'r ddellten. Er enghraifft, mae copor yn ymdoddi ar 1083°C. Mae rhai eithriadau: mae gan fetelau Grŵp I ymdoddbwynt eithaf isel (mae sodiwm yn ymdoddi ar 98°C) ac mae mercwri yn hylif ar dymheredd ystafell.

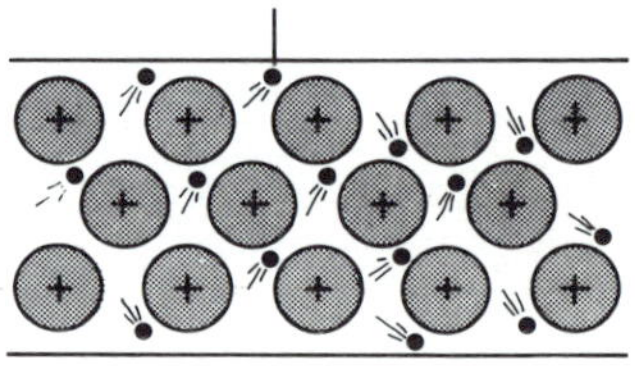

Carbon

Mae carbon i'w gael mewn dwy ffurf solid, **diemwnt** a **graffit**. Mae'r rhain yn wahanol iawn, er mai dim ond atomau carbon sydd yn y ddau. Mae diemwnt pur yn solid caled, di-liw, sy'n disgleirio yn y golau, tra bo graffit yn solid llwyd tywyll, seimllyd gyda sglein pŵl. Pan fydd gan elfen fwy nag un ffurf, mae'n dangos **alotropaeth**. Gelwir y gwahanol ffurfiau yn **alotropau**. Felly mae diemwnt a graffit yn alotropau o garbon.

Diemwnt a graffit, alotropau carbon.

Diemwnt Adeiledd enfawr o atomau carbon yw diemwnt:

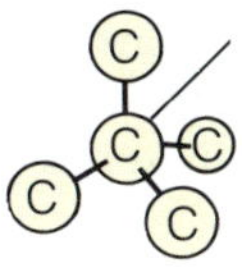

Mae atom carbon yn ffurfio bondiau cofalent gyda *phedwar* arall, fel yn y llun. Yna mae pob atom allanol yn bondio â thri arall, ac yn y blaen.

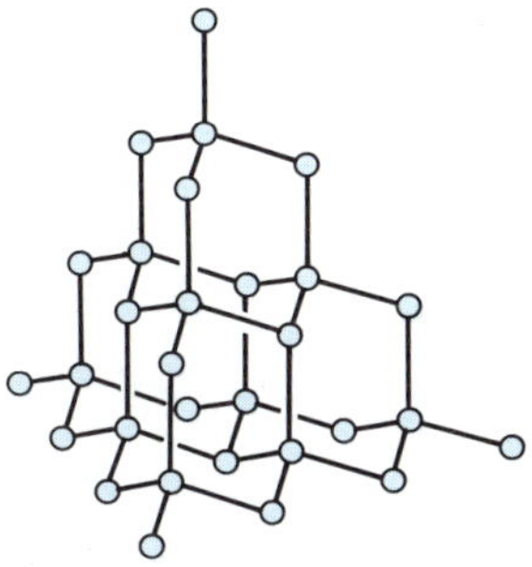

Yn y diwedd bydd miliynau o atomau carbon wedi bondio â'i gilydd, mewn adeiledd cofalent enfawr. Dyma ran ohono.

Y canlyniad yw un grisial o ddiemwnt.

Dyma rai o briodweddau diemwnt:

1 Mae'n galed iawn – y sylwedd caletaf y gwyddom amdano. Mae hyn oherwydd bod pedwar bond cryf yn dal pob atom yn ei le. Am yr un rheswm, mae ganddo ymdoddbwynt uchel iawn (3550°C).

2 Ni all ddargludo trydan, oherwydd nad oes ïonau nac electronau rhydd ynddo i gario gwefr.

Mae nifer o *gyfansoddion* sydd ag adeiledd cofalent enfawr fel un y diemwnt. **Silica** neu **dywod** yw un ohonynt. Fel diemwnt, mae'n galed, gydag ymdoddbwynt uchel, ac nid yw'n dargludo trydan.

Graffit Haenau gwastad o atomau carbon yw graffit:

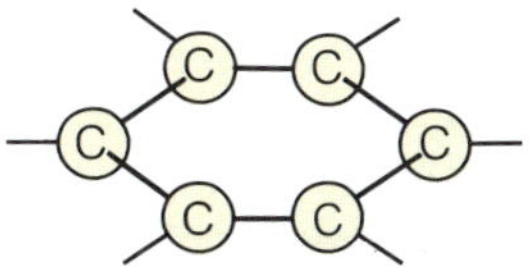

Mae pob atom carbon yn ffurfio bondiau cofalent gyda *thri* arall. Mae hyn yn rhoi cylchoedd o chwe atom sy'n uno i wneud haenau gwastad.

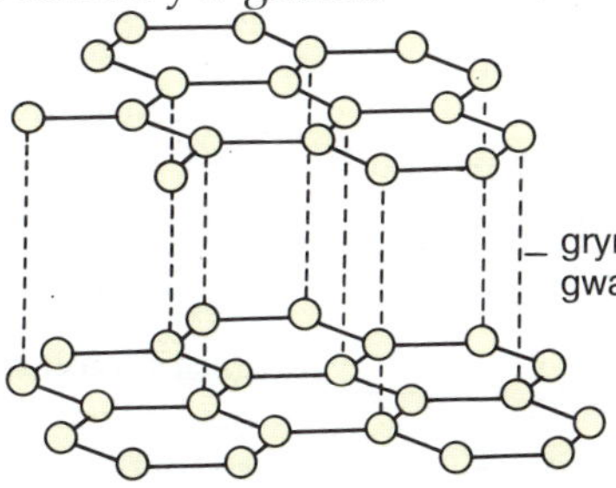

Mae'r haenau o atomau yn gorwedd ar ben ei gilydd, a grymoedd gwan yn eu dal ynghyd.

Dyma olwg o'r ochr ar ddarn o graffit. Gellir gweld yr adeiledd haenog hyd yn oed gyda chwyddhad isel.

Dyma rai o briodweddau graffit:

1 Mae'n feddal a llithrig. Mae hyn oherwydd bod y llenni o atomau yn gallu llithro dros ei gilydd yn hawdd.

2 Mae'n dargludo trydan yn dda. Mae hyn oherwydd bod gan bob atom bedwar electron allanol, ond yn ffurfio tri bond yn unig. Mae'r pedwerydd electron yn rhydd i symud trwy'r graffit, gan gario gwefr.

Cwestiynau

1 Disgrifiwch adeiledd metel.

2 Copïwch a chwblhewch: Mae metelau yn .... oherwydd bod yr ïonau wedi'u trefnu mewn patrwm ......

3 Pam mae metelau yn gallu dargludo trydan? A fyddech chi'n disgwyl i fetel wedi ymdoddi ddargludo trydan? Pam?

4 Beth yw alotropau? Rhowch enghraifft.

5 Lluniwch ddiagram i ddangos sut mae'r atomau carbon yn bondio mewn: **a** diemwnt **b** graffit

6 Pam mae diemwntiau mor galed?

7 Pam mae graffit yn feddal a llithrig?

Cwestiynau ar Bennod 3

1 Mae'r tabl isod yn dangos adeiledd nifer o ronynnau:

Gronyn	Electronau	Protonau	Niwtronau
A	12	12	12
B	12	12	14
C	10	12	12
Ch	10	8	8
D	9	9	10

a Pa dri gronyn sy'n atomau niwtral?
b Pa ronyn sy'n ïon negatif? Beth yw gwefr yr ïon hwn?
c Pa ronyn sy'n ïon positif? Beth yw gwefr yr ïon hwn?
ch Pa ddau ronyn sy'n isotopau?
d Defnyddiwch y tabl ar dudalen 28 i adnabod gronynnau A i D.

2 Dyma gwestiwn am y bond ïonig sy'n ymffurfio rhwng y metel lithiwm (rhif atomig 3) a'r anfetel fflworin (rhif atomig 9).
a Faint o electronau sydd mewn atom lithiwm? Lluniwch ddiagram i ddangos adeiledd ei electronau. (Gallwch ddangos y niwclews fel cylch tywyll yn y canol.)
b Sut mae atom metel yn cael plisgyn allanol llawn o electronau?
c Darluniwch adeiledd ïon lithiwm, ac ysgrifennwch symbol ar gyfer yr ïon.
ch Faint o electronau sydd mewn atom fflworin? Lluniwch ddiagram i ddangos adeiledd ei electronau.
d Sut mae atom anfetel yn troi'n ïon negatif?
dd Darluniwch adeiledd ïon fflworid, ac ysgrifennwch symbol ar gyfer yr ïon.
e Lluniwch ddiagram i ddangos beth sy'n digwydd wrth i atom lithiwm adweithio ag atom fflworin.
f Darluniwch drefn yr ïonau yn y cyfansoddyn sy'n ymffurfio wrth i lithiwm a fflworin adweithio â'i gilydd.
ff Ysgrifennwch enw a fformwla ar gyfer y cyfansoddyn yn rhan **f**.

3 Na^+ O_2 Al CH_4 N I^-
a O'r rhestr uchod, dewiswch y rhain:
i dau atom
ii dau folecwl
iii dau ïon
b Beth yw ystyr y symbolau canlynol?
i Na^+
ii I^-
c Enwch y cyfansoddyn a wneir o ïonau Na^+ ac I^-, ac ysgrifennwch ei fformwla.

4 **a** Ffurfwedd electronig atom neon yw (2,8). Beth sy'n arbennig am blisgyn allanol atom neon?
b Ffurfwedd electronig atom calsiwm yw (2,8,8,2). Beth sy'n rhaid digwydd i atom calsiwm er mwyn iddo gael adeiledd nwy nobl?
c Lluniwch ddiagram o atom ocsigen, gan ddangos ei wyth proton (p), wyth niwtron (n), ac wyth electron (e).
ch Beth sy'n digwydd i electronau plisgyn allanol atom calsiwm wrth iddo adweithio gydag atom ocsigen?
d Enwch y cyfansoddyn a ffurfir wrth i galsiwm ac ocsigen adweithio â'i gilydd. Pa fath o fondio fydd yma?
dd Ysgrifennwch fformwla ar gyfer y cyfansoddyn yn **d**.

5 **a** Ysgrifennwch fformwla ar gyfer pob un o'r canlynol:
i ïon nitrad
ii ïon sylffad
iii ïon carbonad
iv ïon hydrocsid
b Mae'r metel strontiwm yn ffurfio ïonau â'r symbol Sr^{2+}. Ysgrifennwch y fformwla ar gyfer pob un o'r canlynol:
i strontiwm ocsid
ii strontiwm clorid
iii strontiwm nitrad
iv strontiwm sylffad

6 Gall molecwl o nwy arbennig gael ei gynrychioli gan y diagram ar y dde.

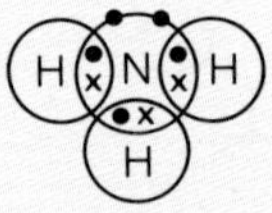

a Beth yw'r nwy? Beth yw ei fformwla?
b Pa fath o fondio sy'n dal yr atomau ynghyd?
c Enwch gyfansoddyn arall gyda'r math hwn o fondio.
ch Beth mae'r symbolau • ac x yn eu cynrychioli?

7 Lluniwch ddiagramau i ddangos sut mae'r electronau'n cael eu rhannu yn y molecylau canlynol:
a fflworin, F_2
b dŵr, H_2O
c methan, CH_4
ch tricloromethan, $CHCl_3$
d ocsigen, O_2
dd hydrogen sylffid, H_2S
Darluniwch siapiau molecylau **a**, **b** a **d**.

8 **a** Dangosir molecwl ocsigen fel O=O. Beth yw ystyr y llinell ddwbl? Faint o electronau o bob atom sydd â rhan yn y bondio?
b Gellir darlunio molecwl carbon deuocsid (CO_2) fel O=C=O. Lluniwch ddiagram i ddangos sut mae'r electronau'n cael eu rhannu yn y molecwl.

9 Mae nitrogen yng Ngrŵp V Tabl yr Elfennau, a'i rif atomig yw 7. Mae'n bodoli fel molecylau, pob un yn cynnwys dau atom.
a Ysgrifennwch fformwla nitrogen.
b Pa fath o fondio y byddech yn ei ddisgwyl rhwng y ddau atom?
c Sawl electron sydd ym mhlisgyn allanol atom nitrogen?
ch Sawl electron y mae'n rhaid i bob atom gael rhan ohono er mwyn cael plisgyn llawn o 8 electron?
d Gwnewch ddiagram i ddangos y bondio mewn molecwl nitrogen. Dim ond electronau y plisgyn allanol y dylid eu dangos. (Gall fod o gymorth i chi edrych yn ôl ar y bondio mewn molecwl ocsigen, ar dudalen 46.)
dd Gelwir y bond mewn molecwl nitrogen yn **fond triphlyg.** Allwch chi esbonio pam?
e Mae nitrogen (N_2), ocsigen (O_2), clorin (Cl_2) a hydrogen (H_2) i gyd yn bodoli fel molecylau deuatomig. Beth yw ystyr *deuatomig*?

10 Trefnwch y sylweddau canlynol yn dri grŵp, yn ôl eu hadeiledd:
Grŵp A – adeiledd ïonig enfawr
Grŵp B – adeiledd cofalent enfawr
Grŵp C – adeiledd molecylaidd

methan	sylffwr	sodiwm clorid
silica	ocsigen	napthalen
ïodin	graffit	dŵr
diemwnt	ethanol	copor(II) sylffad
iâ	amonia	potasiwm hydrocsid
nitrogen	bromin	hydrogen clorid
ffosfforws	ager	sylffwr deuocsid

11 Mae'r tabl hwn yn rhoi gwybodaeth am rai o briodweddau y sylweddau A i E.

Sylwedd	Y.bt °C	Dargludedd trydanol solid	Dargludedd trydanol hylif	Hydoddedd mewn dŵr
A	–112	gwael	gwael	anhydawdd
B	680	gwael	da	hydawdd
C	–70	gwael	gwael	anhydawdd
Ch	1495	da	da	anhydawdd
D	610	gwael	da	hydawdd
Dd	1610	gwael	gwael	anhydawdd
E	660	da	da	anhydawdd

a Pa rai o'r sylweddau hyn sy'n fetelau? Rhowch resymau am eich dewis.
b Pa rai o'r sylweddau sy'n gyfansoddion ïonig? Rhowch resymau am eich dewis.
c Mae gan ddau o'r sylweddau ymdoddbwynt isel iawn o'u cymharu â'r gweddill. Esboniwch pam *na* allai'r rhain fod yn gyfansoddion ïonig?
ch Mae dau o'r sylweddau yn folecylaidd. Pa rai yw'r rhain?
d Pa sylwedd sy'n adeiledd cofalent enfawr?
dd Pa sylwedd y byddech yn disgwyl iddo fod yn galed iawn?
e Pa sylweddau y byddech yn disgwyl iddynt fod yn hydawdd mewn tetracloromethan?

12 Mae silicon i'w gael yn union o dan garbon yng Ngrŵp IV Tabl yr Elfennau. Mae'r tabl isod yn rhestru ymdoddbwynt a berwbwynt silicon, carbon (diemwnt), a'u hocsidau.

Sylwedd	Symbol neu fformwla	Y.bt. °C	B.bt. °C
Carbon	C	3730	4530
Silicon	Si	1410	2400
Carbon deuocsid	CO_2	yn sychdarthu ar –78°C	
Silicon deuocsid	SiO_2	1610	2230

a Beth yw cyflwr y ddwy *elfen* ar dymheredd ystafell (20°C)?
b A yw adeiledd carbon (diemwnt) yn gofalent enfawr ynteu'n folecylaidd?
c Pa fath o adeiledd fyddech chi'n disgwyl ei weld gan silicon? Rhowch resymau.
ch Ym mha gyflwr y mae'r ddau ocsid ar dymheredd ystafell?
d Pa fath o adeiledd sydd gan garbon deuocsid?
dd A oes gan silicon deuocsid yr un adeiledd â charbon deuocsid? Beth yw'r dystiolaeth o blaid eich ateb?

13 Mae hydrogen bromid yn gyfansoddyn o'r ddwy elfen hydrogen a bromin. Mae ganddo ymdoddbwynt o –87°C a berwbwynt o –67°C. Mae bromin yn un o'r halogenau (Grŵp VII Tabl yr Elfennau).
a A yw hydrogen bromid yn solid, yn hylif ynteu'n nwy ar dymheredd ystafell (20°C)?
b A yw'n cynnwys molecylau, ynteu a oes ganddo adeiledd enfawr? Sut gallwch chi ddweud?
c Pa fath o fond sy'n cael ei ffurfio rhwng yr atomau hydrogen a bromin mewn hydrogen bromid? Dangoswch hyn mewn diagram.
ch Ysgrifennwch fformwla hydrogen bromid.
d Enwch ddau gyfansoddyn arall a fyddai â bondio tebyg i hydrogen bromid.
dd Ysgrifennwch fformwlâu y ddau gyfansoddyn.

14 **a** Defnyddiwch adeileddau diemwnt a graffit i esbonio pam:
i y defnyddir graffit mewn pensiliau
ii y defnyddir diemwnt mewn offer torri
b Rhowch ddau reswm pam:
i y defnyddir copor ar gyfer gwifro trydanol
ii y defnyddir dur ar gyfer rheiddiaduron yn y cartref
c Defnyddir ethanol fel toddydd mewn persawr oherwydd ei fod yn anweddu'n hawdd. Beth mae hyn yn ei ddweud wrthych am ei fondio?

4.1 Masau atomau

Màs atomig cymharol

Cafodd y sbectromedr màs ei ddyfeisio gan Aston, gwyddonydd o Loegr, ym 1919.

Prin fod gan un atom bwysau o gwbl. Er enghraifft, dim ond tua 0.000 000 000 000 000 000 000 002 gram yw màs un atom o hydrogen. Mae rhifau bach iawn fel hyn yn anodd iawn eu defnyddio, felly roedd yn rhaid i wyddonwyr ganfod ffordd haws o ddangos màs atom. Dyma wnaethon nhw:

Yn gyntaf, dewis atom carbon fel yr atom safonol.

Nesaf, galw ei fàs yn union 12 uned. (Mae ganddo 6 proton a 6 niwtron, a chafodd yr electronau eu hanwybyddu.)
Yna, aethant ati i gymharu'r holl atomau eraill â'r atom safonol hwn, gan ddefnyddio peiriant o'r enw sbectromedr màs, a chanfod gwerthoedd ar gyfer eu masau, fel hyn:

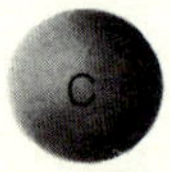 Dyma'r atom safonol, $^{12}_{6}C$. Union 12 yw ei fàs.	 Mae'r atom magnesiwm hwn ddwywaith cyn drymed â'r atom safonol, felly rhaid bod ei fàs yn 24.	 Mae gan yr atom hydrogen hwn $\frac{1}{12}$ o fàs atom sylfaenol, felly rhaid bod ei fàs yn 1.

Y term am fàs atom a geir trwy ei gymharu â'r atom $^{12}_{6}C$ yw **màs atomig cymharol**, neu **MAC** yn fyr.
MAC hydrogen felly yw 1 a MAC magnesiwm yw 24.

MACau ac isotopau Nid yw pob atom o elfen yn union yr un fath. Er enghraifft, pan edrychodd gwyddonwyr ar glorin yn y sbectromedr màs, fe welsant fod dau fath o atom clorin i'w cael:

Mae'r atomau hyn yn **isotopau** o glorin. (Mae ganddynt wahanol fasau oherwydd bod gan un ddau niwtron yn fwy na'r llall.) O bob pedwar atom clorin fe welwyd bod màs tri ohonynt yn 35 a màs y llall yn 37. Gyda'r wybodaeth hon, cyfrifwyd bod màs *cyfartalog* atom clorin yn 35.5. Mae gan y rhan fwyaf o elfennau fwy nag un isotop, a rhaid ystyried y rhain wrth chwilio am y MACau:
MAC elfen yw màs cyfartalog ei isotopau o'i gymharu ag atom o $^{12}_{6}C$.

Ar gyfer y rhan fwyaf o elfennau, mae'r MACau yn agos iawn at rifau cyfain. Fel arfer byddant yn cael eu gwneud yn rhifau cyfain, i wneud y cyfrifiadau'n haws.

I gyfrifo màs cyfartalog atom clorin, rhaid canfod cyfanswm màs y pedwar atom:

$$3 \times 35 = 105$$
$$1 \times 37 = 37$$
$$142$$

$$\text{Y màs cyfartalog} = \frac{142}{4} = 35.5$$

MACau rhai elfennau cyffredin

Dyma restr ohonynt:

Elfen	Symbol	MAC	Elfen	Symbol	MAC
Hydrogen	H	1	Clorin	Cl	35.5
Carbon	C	12	Potasiwm	K	39
Nitrogen	N	14	Calsiwm	Ca	40
Ocsigen	O	16	Haearn	Fe	56
Sodiwm	Na	23	Copor	Cu	64
Magnesiwm	Mg	24	Zinc	Zn	65
Sylffwr	S	32	Ïodin	I	127

Cyfrifo màs ïon:

Màs atom sodiwm = 23 felly
màs ïon sodiwm = 23

gan mai dim ond atom sodiwm heb un electron yw ïon sodiwm, a phrin fod gan electron unrhyw fàs o gwbl.
Mae màs ïon yr un fath â màs yr atom y cafodd ei wneud ohono.

Màs fformwla

Gan ddefnyddio rhestr o'r MACau, mae'n hawdd cyfrifo màs unrhyw folecwl neu grŵp o ïonau. Gwiriwch yr enghreifftiau hyn gan ddefnyddio'r wybodaeth uchod:

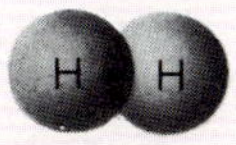

Mae nwy hydrogen yn cynnwys molecylau. Mae pob molecwl yn cynnwys 2 atom hydrogen, felly ei fàs yw 2.
(2 x 1 = 2)

Fformwla dŵr yw H_2O. Mae molecwl dŵr yn cynnwys 2 atom hydrogen ac 1 atom ocsigen, felly ei fàs yw 18.
(2 x 1 + 16 = 18)

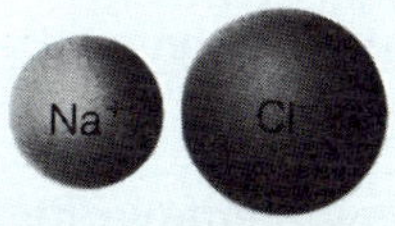

Mae sodiwm clorid (NaCl) yn cynnwys ïon sodiwm am bob ïon clorin. Màs 'uned' o sodiwm clorid yw 58.5.
(23 + 35.5 = 58.5)

Màs fformwla yw'r enw ar fàs sylwedd o'i gyfrifo fel hyn, oherwydd gellir ei gael trwy adio masau'r atomau yn y fformwla. Os yw'r sylwedd wedi'i wneud o folecylau, gellir galw ei fàs yn **fàs molecylaidd cymharol**, neu **MMC**.
Felly MMC hydrogen yw 2 ac MMC dŵr yw 18.
Dyma ragor o enghreifftiau:

Sylwedd	Fformwla	Atomau yn y fformwla	MAC atomau	Màs fformwla
Nitrogen	N_2	2N	N = 14	2 x 14 = **28**
Amonia	NH_3	1N 3H	N = 14 H = 1	1 x 14 = 14 3 x 1 = 3 Cyfanswm = 17
Magnesiwm nitrad	$Mg(NO_3)_2$	1Mg 2N 6O	Mg = 14 N = 14 O = 16	1 x 24 = 24 2 x 14 = 28 6 x 16 = 96 Cyfanswm = **148**

Cwestiynau

1 Beth yw màs atomig cymharol elfen?
2 Beth yw MAC yr ïon ïodid, I^-?
3 Dangoswch fod màs fformwla clorin (Cl_2) yn 71.
4 Beth yw MMC bwtan, C_4H_{10}?
5 Cyfrifwch fàs fformwla:
 a ocsigen, O_2 **b** ïodin, I_2
 c methan, CH_4 **ch** ethanol, C_2H_5OH
 d amoniwm sylffad $(NH_4)_2SO_4$

4.2 Y môl

Beth yw môl?

Ar y ddau dudalen diwethaf buoch yn darllen am fasau atomig cymharol a masau fformwla. Nid rhifau diflas yn unig yw'r rhain – maent yn bwysig iawn i gemegydd:

Trwy gyfrifo MAC neu fàs fformwla sylwedd, ac yna bwyso'r nifer hwnnw o gramau o'r sylwedd, gallwch ddweud faint o atomau neu folecylau sydd ynddo.

Mae hyn yn ddefnyddiol iawn, gan fod atomau a molecylau unigol yn llawer rhy fach i'w rhifo.

Er enghraifft, MAC carbon yw 12. Mae'r llun ar y dde yn dangos 12 gram o garbon. Mae'r twmpath yn cynnwys 602 000 000 000 000 000 000 000 atom o garbon.

Gelwir y swm enfawr hwn o atomau yn un **môl** o atomau. Mae'n cael ei alw'n **rhif Avogadro**, ar ôl Avogadro, gwyddonydd o'r Eidal a oedd yn byw dros ganrif yn ôl.
Fel arfer byddwn yn ei ysgrifennu mewn ffordd fyrrach fel **6.02×10^{23}**. (Mae'r 10^{23} yn dangos bod yn rhaid i chi symud y pwynt degol 23 cam i'r dde i gael y rhif llawn.)
Nawr edrychwch ar y rhain:

Mae sodiwm yn cynnwys atomau sodiwm unigol. Y MAC yw **23**. 	Mae ïodin yn cynnwys molecylau ïodin. Ei fformwla yw I_2. Ei fàs fformwla yw **254**. 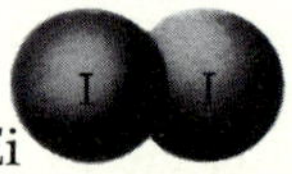	Mae dŵr yn cynnwys molecylau dŵr. Ei fformwla yw H_2O. Ei fàs fformwla yw **18**. 
 Dyma **23 gram** o sodiwm. Mae'n cynnwys 6.02×10^{23} atom sodiwm, neu **1 môl** o atomau sodiwm.	 Dyma **254 gram** o ïodin. Mae'n cynnwys 6.02×10^{23} o folecylau ïodin, neu **1 môl** o folecylau ïodin.	 Mae'r bicer yn cynnwys **18 gram** o ddŵr neu 6.02×10^{23} o folecylau dŵr neu **1 môl** o folecylau dŵr.

O edrych ar yr enghreifftiau, gallwch weld hyn:
Mae un môl o sylwedd yn 6.02×10^{23} gronyn o'r sylwedd. Fe'i ceir trwy bwyso'r MAC neu'r màs fformwla, mewn gramau.

Canfod màs môl

Gallwch ganfod màs 1 môl o unrhyw sylwedd, trwy ddilyn y camau hyn:
1 Ysgrifennwch symbol neu fformwla'r sylwedd.
2 Chwiliwch am y MAC neu'r màs fformwla.
3 Mynegwch y màs hwnnw mewn gramau.

Ceir rhagor o enghreifftiau yn y tabl hwn:

Sylwedd	**Symbol neu fformwla**	**MAC**	**Màs fformwla**	**Màs 1 môl**
Heliwm	He	He = 4	4	**4 gram**
Ocsigen	O_2	O = 16	2 x 16 = 32	**32 gram**
Ethanol	C_2H_5OH	C = 12 H = 1 O = 16	2 x 12 = 24 6 x 1 = 6 1 x 16 = 16 46	**46 gram**

Rhai cyfrifiadau ar y môl

Enghraifft 1 Cyfrifwch fàs:
(a) 0.5 môl o atomau bromin
(b) 0.5 môl o folecylau bromin

(a) MAC bromin yw 80, felly mae gan 1 môl o *atomau* bromin fàs o 80 gram. Felly mae gan 0.5 môl o *atomau* bromin fàs o 0.5 x 80 gram, neu 40 gram.
(b) Mae *molecwl* bromin yn cynnwys 2 atom, felly ei fàs fformwla yw 160.
Felly mae gan 0.5 môl o *folecylau* bromin fàs o 0.5 x 160 gram, neu 80 gram.

Màs fformwla
neu MMC = 160

Felly, i ganfod màs nifer arbennig o folau:
màs = màs 1 môl x nifer y molau

Enghraifft 2 Sawl môl o folecylau ocsigen sydd mewn 64 gram o ocsigen, O_2?
Màs fformwla nwy ocsigen yw 32, felly mae 32 gram ohono yn 1 môl.

Màs fformwla
neu MMC = 32

Felly mae 64 gram yn $\frac{64}{32}$ môl, neu 2 fôl.

Felly, i ganfod nifer y molau mewn màs arbennig:

$$\textbf{nifer y molau} = \frac{\textbf{màs}}{\textbf{màs 1 môl}}$$

Cwestiynau

1 Faint o atomau sydd mewn 1 môl o atomau?
2 Faint o folecylau sydd mewn 1 môl o folecylau?
3 Beth yw'r enw a roddir i'r rhif 6.02 x 10^{23}?
4 Cyfrifwch fàs 1 môl o:
a atomau hydrogen **b** atomau ïodin
c atomau clorin **ch** molecylau clorin
5 Cyfrifwch fàs 2 fôl o:
a atomau ocsigen **b** molecylau ocsigen
6 Cyfrifwch fàs 3 môl o ethanol, C_2H_5OH.
7 Sawl môl o folecylau sydd mewn:
a 18 gram o hydrogen, H_2?
b 54 gram o ddŵr?

4.3 Cyfansoddion a thoddiannau

Y canran o elfen mewn cyfansoddyn

Cyfansoddyn o garbon a hydrogen yw methan, gyda'r fformwla CH_4. Màs atom carbon yw 12, a màs pob atom hydrogen yw 1, felly ei fàs fformwla yw 16.

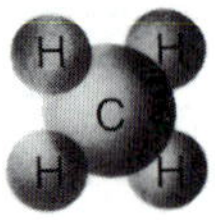

MACau:
C = 12, H = 1
Màs fformwla = 16

Gallwch ganfod pa ffracsiwn o gyfanswm y màs sy'n garbon, a pha ffracsiwn sy'n hydrogen, fel hyn:

Màs carbon fel ffracsiwn o gyfanswm y màs

$$= \frac{\text{màs carbon}}{\text{cyfanswm y màs}} = \frac{12}{16} \text{ neu } \frac{3}{4}$$

Màs hydrogen fel ffracsiwn o gyfanswm y màs

$$= \frac{\text{màs hydrogen}}{\text{cyfanswm y màs}} = \frac{4}{16} \text{ neu } \frac{1}{4}$$

Fel arfer, ysgrifennir y ffracsiynau hyn fel canran. I newid ffracsiwn yn ganran, y cyfan y mae'n rhaid ei wneud yw lluosi â 100:

$\frac{3}{4} \times 100 = \frac{300}{4} = 75$ y cant neu 75% $\frac{1}{4} \times 100 = \frac{100}{4} = 25\%$

Felly, mae 75% o fàs methan yn garbon, a 25% yn hydrogen. Gallwn ddweud bod **cyfansoddiad yn ôl canran** methan yn 75% carbon, 25% hydrogen.

Y gwyddonydd enwog John Dalton a disgybl yn casglu methan o bwll. Mae methan i'w gael mewn ffynhonnau olew a ffynhonnau nwy naturiol hefyd. O ba le bynnag y daw, yr un yw ei gyfansoddiad bob tro.

Cyfrifiadau ar gyfansoddiad

Dyma sut i gyfrifo'r canran o elfen mewn cyfansoddyn:

1 Ysgrifennwch fformwla'r cyfansoddyn.
2 Gan ddefnyddio rhestr o'r MACau, cyfrifwch ei fàs fformwla.
3 Ysgrifennwch fàs yr elfen rydych ei hangen, fel ffracsiwn o'r cyfanswm.
4 Lluoswch y ffracsiwn â 100, i roi %.

Enghraifft Mae gwrteithiau yn cynnwys nitrogen. Mae'n rhaid i blanhigion ei gael i'w helpu i dyfu. Un gwrtaith pwysig yw amoniwm nitrad, NH_4NO_3. Beth yw canran y nitrogen ynddo?

Màs fformwla y cyfansoddyn yw 80, fel y gwelwch ar y dde.
Yr elfen bwysig i ni yw nitrogen.

Màs nitrogen yn y fformwla $= 28$

Màs nitrogen fel ffracsiwn o'r cyfanswm $= \frac{28}{80}$

Màs nitrogen fel canran o'r cyfanswm $= \frac{28}{80} \times 100 =$ **35%**

Canfod y màs fformwla ar gyfer amoniwm nitrad:

Y MACau yw: N=14, H=1, O=16.
Mae'r fformwla yn cynnwys 2N, 4H a 3O, felly'r màs fformwla yw:

2N	=	2 x 14	=	28
4H	=	4 x 1	=	4
3O	=	3 x 16	=	48
		Cyfanswm	=	80

Crynodiad toddiant

Dyma dri thoddiant o gopor(II) sylffad mewn dŵr.
Yr un cyfaint sydd gan y tri, 1 dm^3. (Mae **1 dm^3** yn **1 litr**, neu **1000 cm^3**.)

Dim ond 2.5 gram o gopor(II) sylffad a gafodd ei doddi i wneud y toddiant hwn. Mae'n **wanedig**.

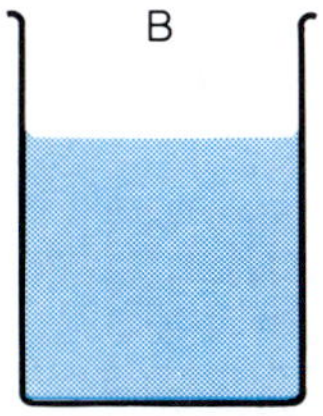

Mae hwn yn cynnwys 25 gram o'r cyfansoddyn. Mae'n fwy **crynodedig** nag A.

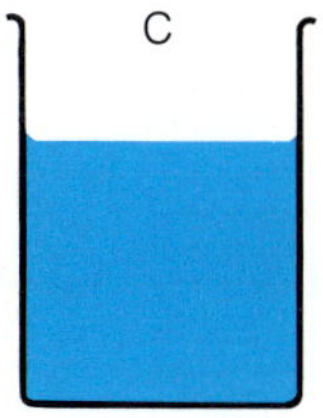

Mae hwn yn cynnwys 250 gram o'r cyfansoddyn, felly mae'n fwy crynodedig nag A na B.

Mae gan bob toddiant uchod **grynodiad** gwahanol.
Crynodiad toddiant yw faint o doddyn, mewn gramau neu folau, sy'n toddi mewn 1 dm^3 o doddiant.

Crynodiad y toddiannau copor(II) sylffad mewn gramau yw:
A – 2.5 gram y dm^3
B – 25 gram y dm^3
C – 250 gram y dm^3

Cyfrifo'r crynodiad mewn molau

Rhaid cyfrifo màs fformwla copor(II) sylffad yn gyntaf.
250 yw'r ateb, fel y gwelwch ar y dde. Felly mae gan 1 môl o'r cyfansoddyn fàs o 250 gram.

Fformwla copor(II) sylffad yw $CuSO_4.5H_2O$. Mae'r fformwla yn cynnwys 1 Cu, 1 S, 9 O, a 10 H, felly y màs fformwla yw:

1 Cu	= 1	x 64	= 64
1 S	= 1	x 32	= 32
9 O	= 9	x 16	= 144
10 H	= 10	x 1	= 10
Cyfanswm			= 250

Toddiant A Yma mae 2.5 gram o'r cyfansoddyn mewn 1 dm^3 o doddiant.

2.5 gram = $\frac{2.5}{250}$ môl = 0.01 môl

felly ei grynodiad yw **0.01 môl y dm^3**.
Yn aml gelwir *môl y dm^3* yn M, felly gallwn ysgrifennu crynodiad toddiant A fel **0.01 M**.

Toddiant C Mae 250 gram o'r cyfansoddyn mewn 1 dm^3 o doddiant.
250 gram = 1 môl
felly ei grynodiad yw **1 môl y dm^3**, neu **1 M** yn fyr.
Byddwn yn aml yn galw toddiant sy'n cynnwys 1 môl o doddyn am bob dm^3 yn **doddiant molar**, felly mae C yn doddiant molar.

Cwestiynau

1 Pa ganran o sylffwr sydd mewn sylffwr deuocsid, SO_2? Y MACau yw: S = 32, O = 16. Pa ganran o ocsigen sydd ynddo?
2 Cyfrifwch y canran o hydrogen ac ocsigen mewn amoniwm nitrad, NH_4NO_3.
3 Cyfrifwch ganran yr hydrogen mewn dŵr, H_2O.
4 Cyfrifwch grynodiad toddiant B uchod mewn molau y dm^3.
5 Màs fformwla sodiwm hydrocsid yw 40. Faint o gramau o sodiwm hydrocsid sydd:
 a mewn 1 litr o doddiant molar?
 b mewn 500 cm^3 o doddiant 1 M?

4.4 Fformwlâu cyfansoddion

Yr wybodaeth mewn fformwla

Fformwla carbon deuocsid yw $\mathbf{CO_2}$. Mae rhai o'i folecylau ar y dde. Gallwch weld bod:

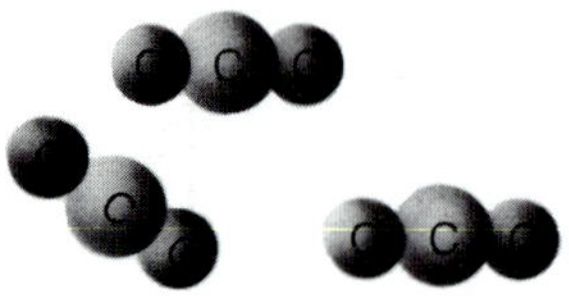

MACau: C = 12, O = 16

1 atom carbon	yn cyfuno â	2 atom ocsigen.	Mae'n dilyn bod
1 môl o atomau carbon	yn cyfuno â	2 fôl o atomau ocsigen.	

Gellir newid molau yn gramau, gan ddefnyddio MACau. Felly gallwn ysgrifennu:

Mae 12 g o garbon	yn cyfuno â	32 g o ocsigen

Mae hyn yn golygu bod 6 g o garbon yn cyfuno ag 16 g o ocsigen, ac ati. Felly, o fformwla cyfansoddyn, gallwch ddweud:

(i) sawl môl o'r gwahanol atomau sy'n cyfuno

(ii) sawl gram o'r gwahanol elfennau sy'n cyfuno

Edrychwch nawr ar fformwla amonia, $\mathbf{NH_3}$. Mae'n dangos bod:

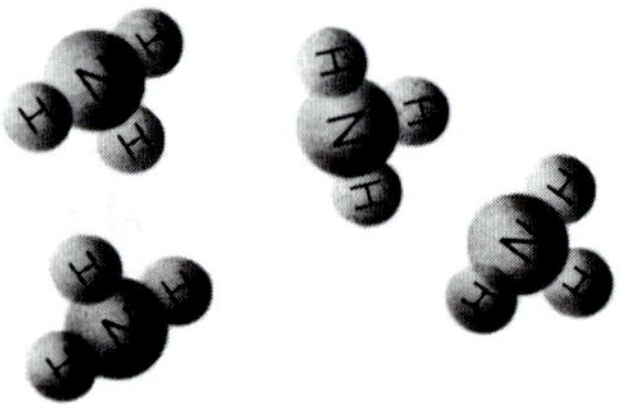

MACau: H = 1, N = 14

1 môl o atomau nitrogen (14 gram)	yn cyfuno â	3 môl o atomau hydrogen (3 gram)

A ydych chi'n cytuno? Gwiriwch y masau gan ddefnyddio'r MACau ar y dde.

Canfod fformwlâu o fasau

O fformwla cyfansoddyn, gallwch ddweud pa fasau o'r elfennau a fydd yn cyfuno. Ond gallwch wneud pethau o chwith hefyd. Gan ddechrau â'r masau sy'n cyfuno, gallwch gyfrifo fformwla'r cyfansoddyn. Dyma'r camau:

Dechrau â nifer y **gramau** sy'n cyfuno. → Newid y gramau yn **folau o atomau**. → O hyn gallwch ddweud faint o **atomau** sy'n cyfuno. → Ac yna ysgrifennu'r **fformwla.**

Fformwla empirig yw'r enw ar fformwla a geir fel hyn.

Enghraifft 1 Mae 32 gram o sylffwr yn cyfuno â 32 gram o ocsigen, i ffurfio'r cyfansoddyn sylffwr deuocsid. Beth yw ei fformwla?

Yn gyntaf, newidiwch y masau yn folau o atomau.
MAC sylffwr yw 32, a MAC ocsigen yw 16, felly:

Mae $\frac{32}{32}$ môl o atomau sylffwr yn cyfuno â $\frac{32}{16}$ môl o atomau ocsigen,

neu mae 1 môl o atomau sylffwr yn cyfuno â 2 fôl o atomau ocsigen,
felly mae 1 atom sylffwr yn cyfuno â 2 atom ocsigen.
Fformwla sylffwr deuocsid felly yw $\mathbf{SO_2}$.

> Cofiwch newid masau yn folau:
>
> **nifer y molau** = $\frac{\textbf{màs}}{\textbf{màs 1 môl}}$

Enghraifft 2 Mae 20 gram o galsiwm yn adweithio'n llwyr gydag 19 gram o fflworin, i ffurfio calsiwm fflworid. Beth yw ei fformwla?

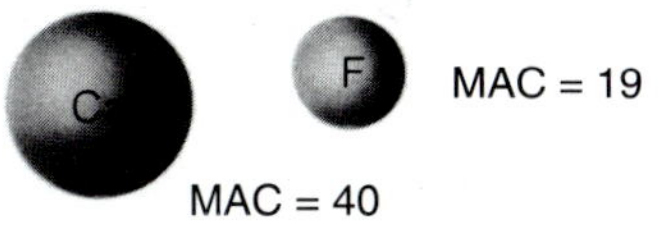

Y MACau yw: Ca = 40, F = 19. Newid masau yn folau:

Mae $\frac{20}{40}$ môl o atomau calsiwm yn adweithio gydag $\frac{19}{19}$ môl o atomau fflworin, neu mae 0.5 môl o atomau calsiwm yn adweithio gydag 1 môl o atomau fflworin, felly mae 1 môl o atomau calsiwm yn adweithio gyda 2 fôl o atomau fflworin. Felly fformwla calsiwm fflworid yw $\mathbf{CaF_2}$.

Canfod masau trwy arbrofi

I gyfrifo fformwla, rhaid i chi wybod yn gyntaf pa fasau o'r elfennau sy'n cyfuno. Rhaid canfod hyn trwy arbrofi.
Er enghraifft, mae magnesiwm yn cyfuno fel hyn ag ocsigen:

magnesiwm + ocsigen → magnesiwm ocsid

a gellir canfod y masau sy'n cyfuno fel hyn:

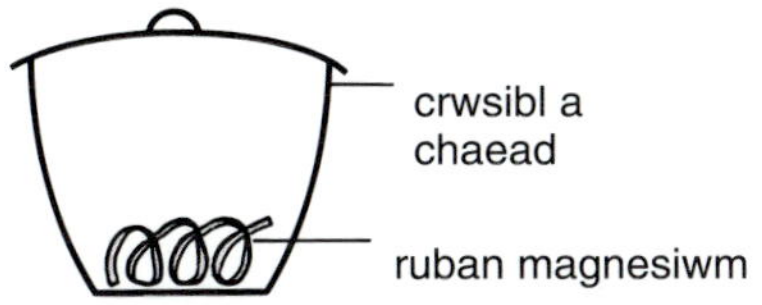

Yn gyntaf, pwyso crwsibl a chaead. Nesaf ychwanegu coil o ruban magnesiwm, a nodi'r màs newydd.

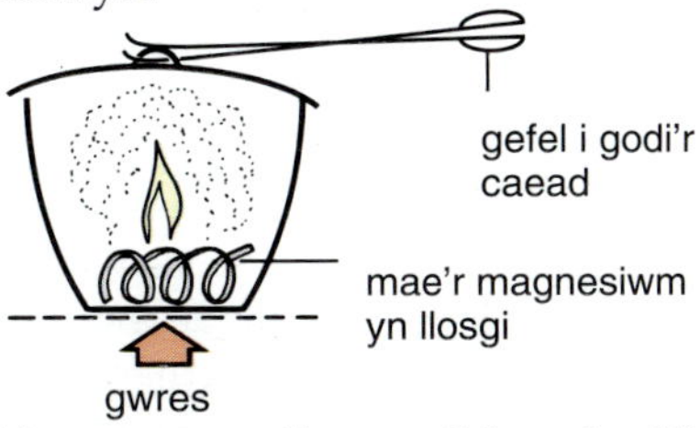

Yna gwresogi'r crwsibl, a chodi'r caead ychydig, ar brydiau, i adael ocsigen i mewn. Bydd y magnesiwm yn llosgi'n llachar.

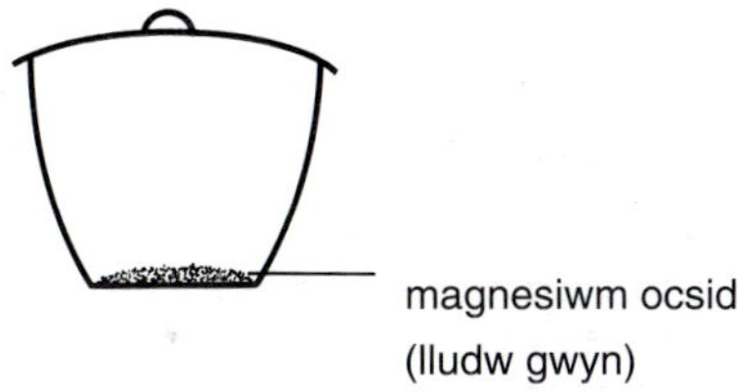

Wedi i'r llosgi orffen, gadael i'r crwsibl oeri, gyda'i gaead wedi cau. Yna ei bwyso eto.

Y canlyniadau Dyma sampl o ganlyniadau, a'r cyfrifiad:

Màs crwsibl + caead	= 25.2 g
Màs crwsibl + caead + magnesiwm	= 27.6 g
Màs crwsibl + caead + magnesiwm ocsid	= 29.2 g

Màs magnesiwm	= 27.6 g − 25.2 g = 2.4 g
Màs magnesiwm ocsid	= 29.2 g − 25.2 g = 4.0 g
Màs ocsigen felly	= 4.0 g − 2.4 g = 1.6 g

Felly mae 2.4 g o fagnesiwm yn cyfuno ag 1.6 g o ocsigen. Gellir dod o hyd i fformwla magnesiwm ocsid nawr.
Y MACau yw: Mg = 24, O = 16. Gan newid y masau hyn yn folau:
mae $\frac{2.4}{24}$ môl o atomau magnesiwm yn cyfuno ag $\frac{1.6}{16}$ môl o atomau ocsigen
mae 0.1 môl o atomau magnesiwm yn cyfuno â 0.1 môl o atomau ocsigen
mae 1 môl o atomau magnesiwm yn cyfuno ag 1 môl o atomau ocsigen.
Felly fformwla magnesiwm ocsid yw **MgO**.

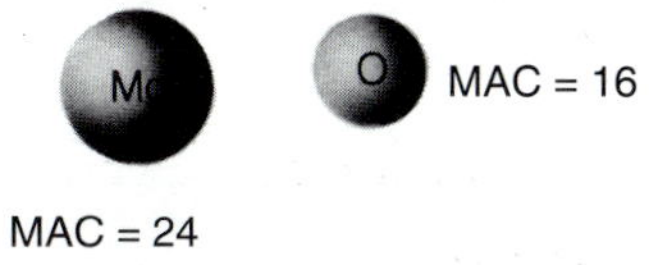

Cwestiynau

1 **a** Sawl môl o atomau carbon sy'n cyfuno â 4 môl o atomau hydrogen, i ffurfio methan, CH_4?
b Sawl gram o hydrogen sy'n cyfuno â 12 gram o garbon, i ffurfio methan?

2 Sut byddech chi'n newid *gramau* yn *folau o atomau*?

3 I ffurfio haearn(II) sylffid, mae 56 g o haearn yn cyfuno â 32 g o sylffwr. Cyfrifwch ei fformwla. (Y MACau yw: Fe = 56, S = 32.)

4 Mewn hydrogen sylffid, mae 1 g o hydrogen am bob 16 g o sylffwr. Cyfrifwch ei fformwla.

Cwestiynau ar Bennod 4

Rhoddir masau atomig cymharol ar dudalen 202. Defnyddiwch y gwerthoedd bras a roddir yn y tabl.

1 Faint o gramau sydd mewn:
- **a** 1 môl o atomau copor?
- **b** 1.5 môl o atomau sylffwr?
- **c** 2 fôl o atomau magnesiwm?
- **ch** 5 môl o atomau carbon?
- **d** 10 môl o atomau clorin?
- **dd** 0.1 môl o atomau nitrogen?
- **e** 0.2 môl o atomau neon?
- **f** 0.6 môl o atomau hydrogen?
- **ff** 1.5 môl o atomau ocsigen?

2 Sawl gram sydd mewn:
- **a** 1 môl o folecylau hydrogen, H_2?
- **b** 2 fôl o folecylau hydrogen, H_2?
- **c** 1 môl o folecylau ocsigen, O_2?
- **ch** 0.5 môl o folecylau clorin, Cl_2?
- **d** 2 fôl o folecylau ffosfforws, P_4?
- **dd** 4 môl o folecylau sylffwr, S_8?

3 Cyfrifwch faint o folau o atomau sydd mewn:
- **a** 32 g o sylffwr
- **b** 48 g o fagnesiwm
- **c** 23 g o sodiwm
- **ch** 14 g o lithiwm
- **d** 1.4 g o lithiwm
- **dd** 3.1 g o ffosfforws
- **e** 6.4 g o ocsigen
- **f** 5.4 g o alwminiwm
- **ff** 2 g o hydrogen
- **g** 0.6 g o garbon

4 Ar gyfer pob pâr, penderfynwch pa un o'r ddau sylwedd sy'n cynnwys y nifer mwyaf o atomau.
- **a** 80 g o sylffwr, 80 g o galsiwm
- **b** 80 g o sylffwr, 80 g o ocsigen
- **c** 1 môl o atomau sylffwr, 8 môl o atomau clorin
- **ch** 1 môl o atomau sylffwr, 1 môl o folecylau ocsigen
- **d** 4 môl o atomau sylffwr, $\frac{1}{8}$ môl o folecylau sylffwr (S_8)

5 Ar gyfer pob pâr, penderfynwch pa un o'r ddau doddiant sy'n cynnwys y nifer mwyaf o folau o doddyn.
- **a** 1 litr o 1 M sodiwm clorid (NaCl), 1 litr o 2 M sodiwm clorid
- **b** 500 cm^3 o 1 M sodiwm clorid, 1 litr o 1 M sodiwm clorid
- **c** 1 litr o 0.1 M sodiwm clorid, 100 cm^3 o 2 M sodiwm clorid
- **ch** 1 litr o 1 M sodiwm clorid, 1 litr o 1 M sodiwm hydrocsid (NaOH)
- **d** 20 cm^3 o 0.5 sodiwm clorid, 40 cm^3 o 1 M sodiwm clorid

6 Sawl gram sydd mewn:
- **a** 1 môl o ddŵr, H_2O?
- **b** 5 môl o ddŵr?
- **c** 1 môl o gopor(II) sylffad anhydrus, $CuSO_4$?
- **ch** 1 môl o gopor(II) sylffad hydradol, $CuSO_4.5H_2O$?
- **d** 2 fôl o amonia, NH_3?
- **dd** 0.5 môl o amoniwm carbonad, $(NH_4)_2CO_3$?
- **e** 0.3 môl o galsiwm carbonad, $CaCO_3$?
- **f** $\frac{1}{5}$ môl o fagnesiwm ocsid, MgO?
- **ff** 0.1 môl o sodiwm thiosylffad, $Na_2S_2O_3$?
- **g** 2 fôl o haearn(III) clorid, $FeCl_3$?

7 Mae 1 môl o sodiwm carbonad (Na_2CO_3) yn cynnwys 2 fôl o atomau sodiwm, 1 môl o atomau carbon a 3 môl o atomau ocsigen.
Yn yr un modd, ysgrifennwch nifer y molau o bob atom sy'n bresennol mewn 1 môl o:
- **a** plwm ocsid, Pb_3O_4
- **b** amoniwm nitrad, NH_4NO_3
- **c** calsiwm hydrocsid, $Ca(OH)_2$
- **ch** deunitrogen tetrocsid, N_2O_4
- **d** ethanol, C_2H_5OH
- **dd** asid ethanöig, CH_3COOH
- **e** haearn(II) sylffad hydradol, $FeSO_4.7H_2O$
- **f** haearn(III) amoniwm sylffad, $NH_4Fe(SO_4)_2$

8 Fformwla calsiwm ocsid yw CaO.
Y MACau yw: Ca = 40, O = 16.
Cwblhewch y datganiadau canlynol:
- **a** Mae 1 môl o Ca (..... g) ac 1 môl o O (..... g) yn cyfuno i ffurfio ..... môl o CaO (..... g).
- **b** Mae 4.0 g o galsiwm a ..... g o ocsigen yn cyfuno i ffurfio ..... g o galsiwm ocsid.
- **c** Pan fydd 0.4 g o galsiwm yn adweithio ag ocsigen, mae'r cynnydd mewn màs yn ..... g.
- **ch** Petai 6 môl o CaO yn dadelfennu'n galsiwm ac ocsigen, byddem yn cael ..... môl o Ca a ..... môl o O_2.
- **d** Y canran yn ôl màs o galsiwm mewn calsiwm ocsid yw .....%.

9 Cafodd dau sampl o gopor ocsid eu gwneud mewn gwahanol ddulliau. Yna cafodd yr ocsidau eu troi'n gopor. Cafwyd y canlyniadau hyn:

	Sampl 1	Sampl 2
Màs copor ocsid	16.0 g	32.0 g
Màs y copor a gafwyd	12.8 g	25.6 g

- **a** Cyfrifwch gyfansoddiad yn ôl canran y copor ym mhob sampl.
- **b** A oedd cyfansoddiad y ddau ocsid yr un fath ynteu'n wahanol?

10 Mewn adwaith i wneud manganis o fanganis ocsid, cafwyd y canlyniadau hyn:
Cynhyrchodd 174 g o fanganis ocsid 110 g o fanganis. (MACau: Mn = 55, O = 16)

a Pa fàs o ocsigen sydd mewn 174 g o fanganis ocsid?

b Sawl môl o atomau ocsigen yw hyn?

c Sawl môl o atomau manganis sydd mewn 110 g o fanganis?

ch Beth yw fformwla symlaf manganis ocsid?

11 Cafwyd y canlyniadau hyn mewn arbrawf i ganfod fformwla magnesiwm ocsid:

Màs crwsibl	= 12.5 g
Màs crwsibl + magnesiwm	= 14.9 g
Màs crwsibl + magnesiwm ocsid	= 16.5 g

(Y MACau yw: Mg = 24, O = 16)

a Pa fàs o fagnesiwm a ddefnyddiwyd yn yr arbrawf?

b Sawl môl o atomau magnesiwm yw hyn?

c Pa fàs o ocsigen a gyfunodd â'r magnesiwm?

ch Sawl môl o atomau ocsigen yw hyn?

d Defnyddiwch eich atebion i rannau **b** ac **ch** i ganfod fformwla magnesiwm ocsid.

12 Mae 27 g o alwminiwm yn llosgi mewn ffrwd o glorin i ffurfio 133.5 g o alwminiwm clorid. (MACau: Al = 27, Cl = 35.5)

a Pa fàs o glorin sy'n bresennol mewn 133.5 g o alwminiwm clorid?

b Sawl môl o atomau clorin yw hyn?

c Sawl môl o atomau alwminiwm sy'n bresennol mewn 27 g o alwminiwm?

ch Defnyddiwch eich atebion i rannau **b** ac **c** i gyfrifo'r fformwla symlaf ar gyfer alwminiwm clorid.

d Toddir 133.5 g o alwminiwm clorid i ffurfio 1 dm^3 o doddiant dyfrllyd. Beth yw crynodiad y toddiant alwminiwm clorid hwn mewn molau am bob dm^3? (Mae 1 dm^3 yr un fath ag 1 litr.)

dd Gwneir 1 dm^3 o doddiant dyfrllyd gan ddefnyddio 13.35 g o alwminiwm clorid. Beth yw ei grynodiad mewn molau y dm^3?

13 Mae amonia (NH_3), carbon deuocsid (CO_2), hydrogen (H_2), ac ocsigen (O_2) i gyd yn nwyon ar dymheredd ystafell.

a Pa rai o'r nwyon sy'n gyfansoddion?

b Pa rai sy'n ddeuatomig?

c Ar gyfer pob nwy, cyfrifwch fàs un môl o folecylau.

ch Sawl môl o folecylau amonia sydd mewn 34 g o amonia?

d Sawl môl o atomau hydrogen sydd mewn 34 g o amonia?

dd Pa fàs o garbon deuocsid sy'n cynnwys yr un nifer o atomau ocsigen ag 16 g o ocsigen?

14 Gellir troi un o ocsidau copor yn gopor trwy ei wresogi mewn ffrwd o hydrogen yn yr offer a ddangosir isod:

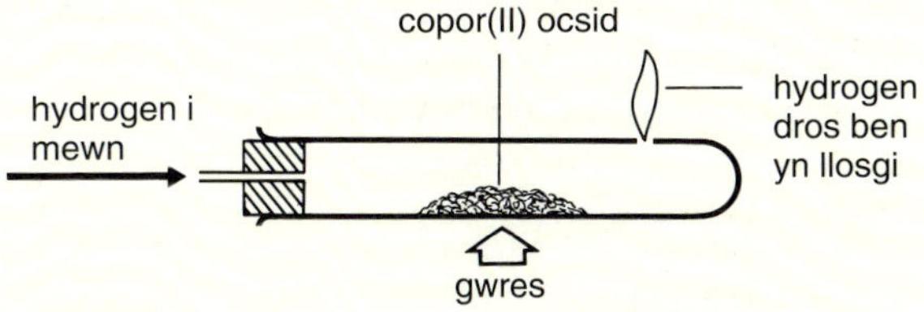

Agorwyd y cyflenwad hydrogen, a gadawyd i hydrogen lifo drwy'r tiwb prawf am beth amser cyn i'r nwy dros ben gael ei danio. Gwresogwyd y tiwb prawf nes i'r holl gopor ocsid gael ei droi'n gopor. Gadawyd i'r offer oeri, gyda hydrogen yn dal i lifo trwodd, cyn ei dynnu'n ddarnau.

a Copïwch a chwblhewch yr hafaliad geiriol ar gyfer yr adwaith:
copor ocsid + hydrogen → copor + ...

b Pam y gadawyd i'r hydrogen lifo trwy'r offer am beth amser cyn tanio'r nwy dros ben? Pam y cafodd yr hydrogen dros ben ei losgi?

Cafodd yr arbrawf ei ail-wneud sawl tro, gan wahanol grwpiau yn y dosbarth. Defnyddiodd pob grŵp wahanol fàs o ocsid. Dangosir y canlyniadau isod.

Grŵp	Màs y copor ocsid/g	Màs y copor a gynhyrchwyd/g	Màs yr ocsigen a gollwyd/g
1	0.62	0.55	0.07
2	0.90	0.80	0.10
3	1.12	1.00	0.12
4	1.69	1.50	
5	1.80	1.60	

c Cyfrifwch y ffigurau coll yn y tabl.

ch Ar bapur graff, plotiwch fàs y copor yn erbyn màs yr ocsigen. (Dangoswch fàs y copor ar echelin *x* a màs yr ocsigen ar echelin *y*.) Yna tynnwch y llinell syth orau trwy'r tardd a'r set o bwyntiau.

d O'r graff, cyfrifwch fàs yr ocsigen a fyddai'n cyfuno ag 1.28 g o gopor.

dd Cyfrifwch fàs yr ocsigen a fyddai'n cyfuno ag 128 g o gopor. (Cofiwch, 1.28 x 100 = 128)

e Sawl môl o atomau copor sydd mewn 128 g o gopor? (Cu = 64)

f Sawl môl o atomau ocsigen sy'n cyfuno ag 128 g o gopor? (O = 16)

ff Beth yw fformwla symlaf yr ocsid copor hwn?

g Rhowch enw arall ar gyfer *y fformwla symlaf* a geir yn y ffordd hon.

5.1 Newid ffisegol a chemegol

Gellir newid sylwedd trwy ei wresogi, ychwanegu dŵr ato, ei gymysgu â sylwedd arall, ac yn y blaen. Bydd y newid naill ai'n newid **cemegol** neu'n newid **ffisegol**.

Newid cemegol

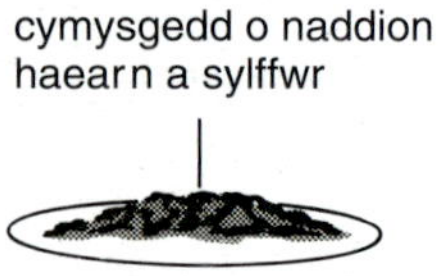

1 Cymysgir sylffwr melyn a naddion haearn du.

2 Mae'n hawdd gwahanu'r cymysgedd, trwy ddefnyddio magnet i atynnu'r haearn...

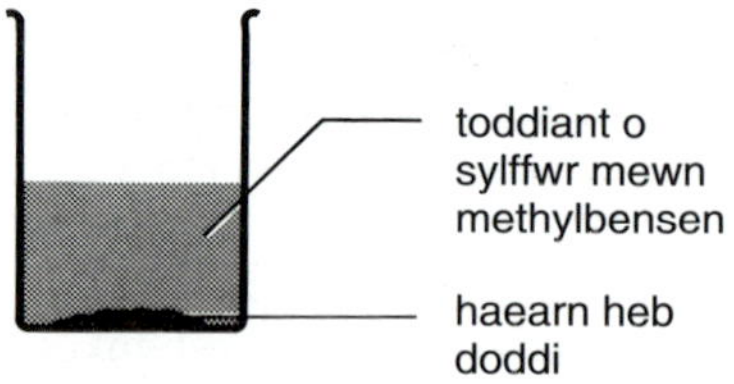

3 ... neu trwy doddi'r sylffwr mewn methylbensen (toddydd).

4 Pan *wresogir* y cymysgedd, mae'n tywynnu'n ddisglair. Mae'r sbeciau melyn o sylffwr yn diflannu, a solid du yn ymffurfio.

5 Nid yw'r solid du yn debyg i'r cymysgedd o gwbl. Nid yw magnet yn effeithio arno...

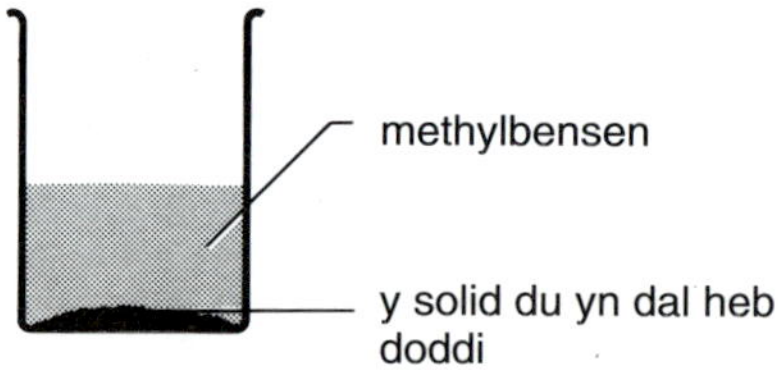

6 ...ac nid oes dim ohono'n toddi mewn methylbensen.

Mae'n amlwg fod y solid du yn sylwedd cemegol newydd.
Pan fydd yn cynhyrchu sylwedd cemegol newydd, gelwir newid yn newid cemegol.
Felly, yng ngham 4, mae newid cemegol wedi digwydd. Mae'r haearn a'r sylffwr wedi **adweithio** â'i gilydd, i ffurfio'r cyfansoddyn haearn sylffid.

Y gwahaniaeth rhwng y cymysgedd a'r cyfansoddyn Yn y cymysgedd uchod, mae gronynnau haearn a sylffwr wedi'u cymysgu'n agos at ei gilydd, ond nid ydynt wedi bondio â'i gilydd – mae'r gronynnau haearn yn dal i ymddwyn fel haearn, a'r gronynnau sylffwr fel sylffwr. Ond yn ystod yr adwaith, mae atomau haearn a sylffwr yn ffurfio ïonau sy'n bondio â'i gilydd. Mae'r magnet a'r toddydd yn colli eu heffaith nawr.

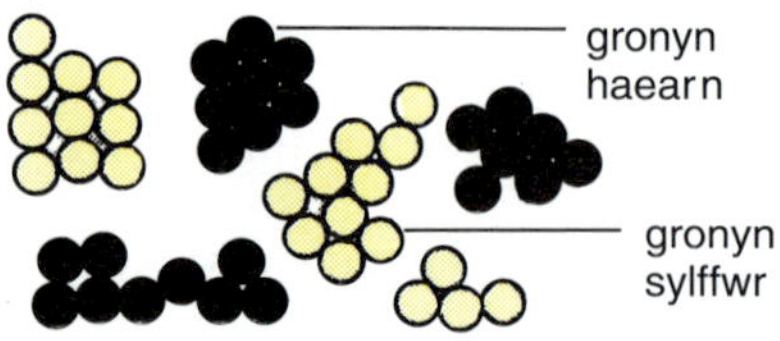

Cymysgedd – gronynnau haearn a sylffwr wedi'u cymysgu. Mae pob gronyn yn cynnwys llawer o atomau.

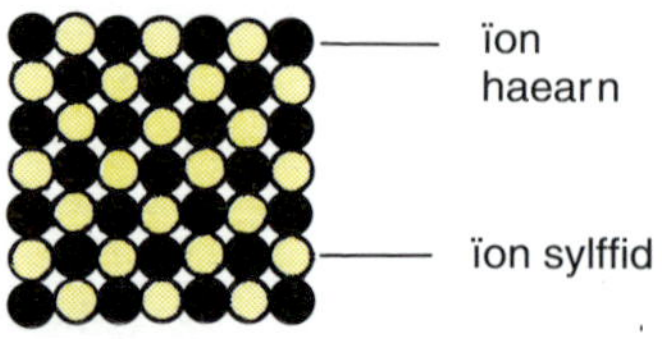

Cyfansoddyn – ïonau haearn a sylffid wedi bondio â'i gilydd.

Mae'r cyfansoddyn haearn sylffid i'w gael yn y ddaear fel **pyrit** haearn.

Arwyddion o newid cemegol

Adwaith cemegol yw'r enw arferol am newid cemegol. Dyma'r arwyddion fod newid cemegol wedi digwydd:

1 **Ffurfir un neu fwy o sylweddau cemegol newydd.**
Fel arfer bydd y sylweddau newydd yn edrych yn eithaf gwahanol i'r sylweddau gwreiddiol. Er enghraifft:

haearn	+	sylffwr	→	haearn sylffid
(naddion du)		(powdr melyn)		(solid du)

2 **Caiff egni ei gymryd i mewn neu ei ryddhau, yn ystod yr adwaith.**
Yng ngham 4, mae angen ychydig o wres o'r Bunsen i ddechrau'r adwaith rhwng haearn a sylffwr. Ond wedi dechrau, bydd yr adwaith yn rhyddhau gwres.
Mae adwaith sy'n rhyddhau egni gwres yn **ecsothermig**.
Mae adwaith sy'n cymryd gwres egni i mewn yn **endothermig**.
Felly mae'r adwaith rhwng haearn a sylffwr yn ecsothermig.
Mae'r adweithiau sy'n digwydd wrth i chi ffrïo wy yn endothermig. Mae rhai adweithiau yn rhyddhau egni ar ffurf golau neu sain. Er enghraifft, mae magnesiwm yn llosgi mewn aer gyda golau gwyn llachar a sŵn hisian.

3 **Fel arfer mae'n anodd cildroi'r newid.**
Byddai angen i chi gynnal nifer o adweithiau eraill i gael yr haearn a'r sylffwr yn ôl o haearn sylffid.

Mae tân gwyllt yn cynnwys magnesiwm a sylweddau eraill. Wrth iddynt losgi, mae'r adweithiau yn rhyddhau egni ar ffurf gwres, golau a sain.

Mae'r adweithiau sy'n digwydd wrth ffrio wy yn endothermig.

Newid ffisegol

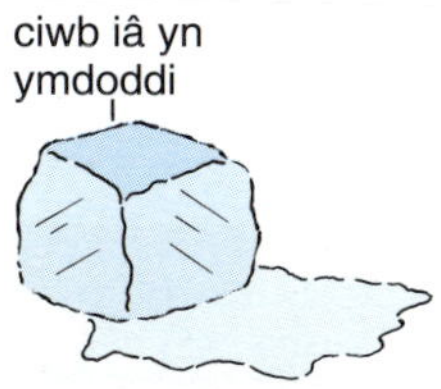

Mae iâ yn troi'n ddŵr ar 0°C. Mae'n hawdd newid y dŵr yn iâ eto, trwy ei oeri.

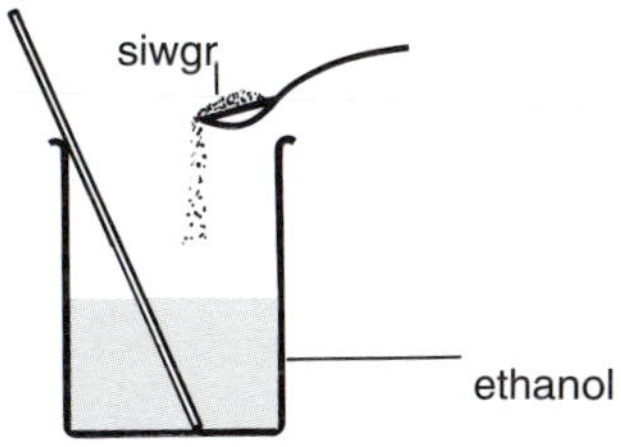

Mae siwgr yn toddi mewn ethanol.
Gallwch wahanu'r ddau eto trwy ddistyllu'r toddiant.

Nid oes unrhyw sylweddau cemegol newydd yn ymffurfio yn y newidiadau hyn. Er enghraifft, er bod iâ a dŵr yn *edrych* yn wahanol, molecylau dŵr yw'r ddau, a H_2O yw fformwla'r ddau.
Pan na fydd sylwedd cemegol newydd yn cael ei ffurfio, gelwir y newid yn newid ffisegol.
Felly newidiadau ffisegol yw'r newidiadau uchod. Fel arfer mae'n hawdd cildroi newidiadau ffisegol.

Cwestiynau

1 Esboniwch y gwahaniaeth rhwng *cymysgedd* o haearn a sylffwr a'r *cyfansoddyn* haearn sylffid.
2 Beth yw arwyddion newid cemegol?
3 Beth yw: **a** adwaith ecsothermig?
b adwaith endothermig?

4 A yw'r newid yn gemegol ynteu'n ffisegol? Rhowch resymau.
a potel wydr yn torri
b menyn a siwgr yn cael eu gwneud yn daffi
c gwlân yn cael ei wau'n siwmper
ch glo yn llosgi mewn aer

5.2 Hafaliadau am adweithiau cemegol

Yr adwaith rhwng carbon ac ocsigen Pan gaiff carbon ei wresogi mewn ocsigen, byddant yn adweithio â'i gilydd ac yn ffurfio carbon deuocsid. Gelwir y carbon a'r ocsigen yn **adweithyddion**, oherwydd eu bod yn adweithio â'i gilydd. Carbon deuocsid yw **cynnyrch** yr adwaith. Gallech ddangos yr adwaith mewn diagram, fel hyn:

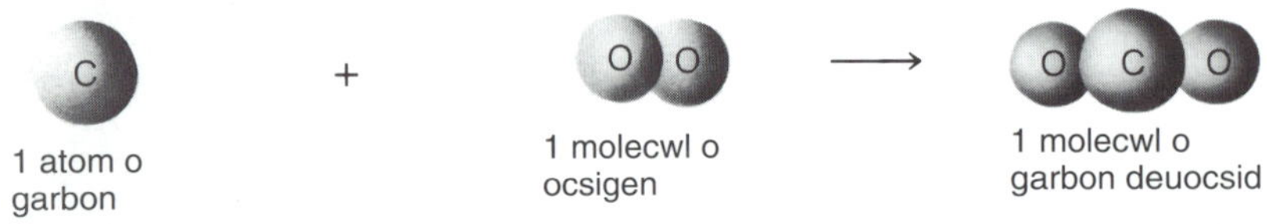

Mewn tân glo, y prif adwaith yw $C + O_2 \rightarrow CO_2$

neu mewn ffordd fyrrach, gan ddefnyddio symbolau, fel hyn:

$$C \quad + \quad O_2 \quad \rightarrow \quad CO_2$$

Hafaliad cemegol yw'r enw ar y ffordd fer hon o ddisgrifio'r adwaith.

Yr adwaith rhwng hydrogen ac ocsigen Pan fydd hydrogen ac ocsigen yn adweithio, dŵr yw'r cynnyrch. Y diagram yw:

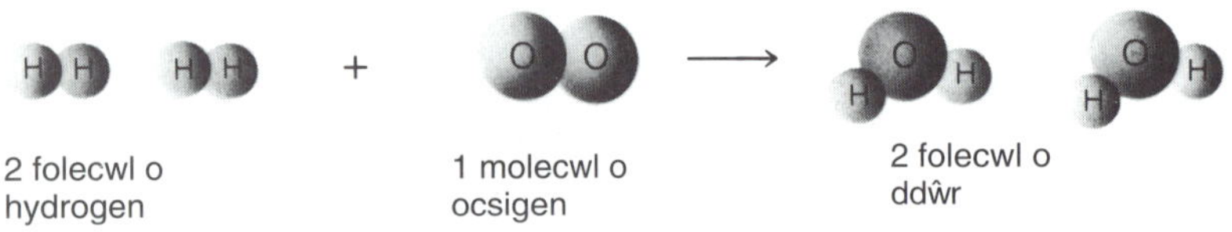

a'r hafaliad yw:

$$2H_2 \quad + \quad O_2 \quad \rightarrow \quad 2H_2O$$

Allwch chi weld pam mae 2 o flaen H_2 a H_2O yn yr hafaliad? Edrychwch nawr ar nifer yr atomau ar bob ochr i'r hafaliad:

Ar y chwith:		Ar y dde:
4 atom hydrogen	⟶	4 atom hydrogen
2 atom ocsigen		2 atom ocsigen

Mae nifer yr atomau hydrogen ac ocsigen yr un fath ar ddwy ochr yr hafaliad. Mae hyn oherwydd nad yw atomau yn *diflannu* yn ystod adwaith – dim ond cael eu *haildrefnu*, fel mae'r diagram yn dangos. Pan fydd nifer y gwahanol atomau yr un fath ar y ddwy ochr, dywedwn fod hafaliad yn **gytbwys**. Os nad yw hafaliad yn gytbwys, mae'n anghywir. Edrychwch ar yr hafaliad am yr adwaith rhwng carbon ac ocsigen uchod. A yw'n gytbwys?

Gan fod yr adwaith rhwng hydrogen ac ocsigen yn rhyddhau cymaint o egni, caiff ei ddefnyddio i roi pŵer i rocedi. Bydd yr hydrogen a'r ocsigen yn cael eu cario fel hylifau yn y tanciau tanwydd.

Ychwanegu mwy o wybodaeth at hafaliadau Gall adweithyddion a chynhyrchion fod yn solid, hylif, nwy neu doddiant. Gallwch ddangos eu cyflwr trwy ychwanegu **symbolau cyflwr** at yr hafaliadau. Y symbolau cyflwr yw:

(*s*) ar gyfer solid (*h*) ar gyfer hylif
(*n*) ar gyfer nwy (*dyfr*) ar gyfer toddiant dyfrllyd

Ar gyfer y ddau adwaith uchod, yr hafaliadau â symbolau cyflwr yw:

$C\,(s) + O_2\,(n) \rightarrow CO_2\,(n)$

$2H_2\,(n) + O_2\,(n) \rightarrow 2H_2O\,(h)$

Sut i ysgrifennu hafaliad ar gyfer adwaith

Dyma'r camau i'w dilyn wrth ysgrifennu hafaliad:

1 Ysgrifennwch yr hafaliad mewn geiriau.
2 Nawr ysgrifennwch yr hafaliad gan ddefnyddio symbolau. Sicrhewch fod yr holl fformwlâu yn gywir.
3 Sicrhewch fod yr hafaliad yn gytbwys, ar gyfer pob math o atom yn ei dro. *Gwnewch yn siŵr nad ydych yn newid unrhyw fformwlâu.*
4 Ychwanegwch y symbolau cyflwr.

Enghraifft 1 Mae calsiwm yn llosgi mewn clorin i ffurfio calsiwm clorid, sy'n solid. Ysgrifennwch hafaliad yr adwaith, gan ddilyn y camau uchod.

1 Calsiwm + clorin → calsiwm clorid
2 $Ca + Cl_2 \rightarrow CaCl_2$
3 Ca: 1 atom ar y chwith ac 1 atom ar y dde.
Cl: 2 atom ar y chwith a 2 atom ar y dde.
Mae'r hafaliad yn gytbwys.
4 $Ca\ (s) + Cl_2\ (n) \rightarrow CaCl_2\ (s)$

Enghraifft 2 Mewn diwydiant, caiff hydrogen clorid ei ffurfio trwy losgi hydrogen mewn clorin. Ysgrifennwch hafaliad yr adwaith.

1 Hydrogen + clorin → hydrogen clorid
2 $H_2 + Cl_2 \rightarrow HCl$
3 H: 2 atom ar y chwith ac 1 atom ar y dde.
Cl: 2 atom ar y chwith ac 1 atom ar y dde.
Nid yw'r hafaliad yn gytbwys. Mae angen molecwl arall o hydrogen clorid ar y dde. Felly rhaid rhoi 2 *o flaen* yr HCl.
$H_2 + Cl_2 \rightarrow 2HCl$
Mae'r hafaliad yn gytbwys nawr. A ydych chi'n cytuno?
4 $H_2\ (n) + Cl_2\ (n) \rightarrow 2HCl(n)$

Enghraifft 3 Mae magnesiwm yn llosgi mewn ocsigen i ffurfio magnesiwm ocsid, sef solid gwyn. Ysgrifennwch hafaliad yr adwaith.

1 Magnesiwm + ocsigen → magnesiwm ocsid
2 $Mg + O_2 \rightarrow MgO$
3 Mg: 1 atom ar y chwith ac 1 atom ar y dde.
O: 2 atom ar y chwith ac 1 atom ar y dde.
Nid yw'r hafaliad yn gytbwys. Beth am roi cynnig ar hyn:
$Mg + O_2 \rightarrow 2MgO$ (Nodwch fod y 2 yn mynd *o flaen* yr MgO.)
Mae angen atom magnesiwm arall ar y chwith:
$2Mg + O_2 \rightarrow 2MgO$
Mae'r hafaliad yn gytbwys nawr.
4 $2Mg\ (s) + O_2\ (n) \rightarrow 2MgO\ (s)$

Magnesiwm yn llosgi mewn ocsigen.

Cwestiynau

1 Beth mae + a → yn ei olygu mewn hafaliad?
2 Cydbwyswch yr hafaliad, a rhowch y symbolau cyflwr:
  a $Na + Cl_2 \rightarrow 2NaCl$
  b $H_2 + I_2 \rightarrow HI$
  c $Na + H_2O \rightarrow NaOH + H_2$
3 Cydbwyswch yr hafaliadau canlynol.
  a $2NH_3\ (n) \rightarrow N_2\ (n) + H_2\ (n)$
  b $C\ (s) + CO_2\ (n) \rightarrow CO\ (n)$
4 Mae alwminiwm yn llosgi mewn clorin i ffurfio alwminiwm clorid, $AlCl_3\ (s)$. Ysgrifennwch hafaliad ar gyfer yr adwaith.

5.3 Cyfrifiadau o hafaliadau

Gwybodaeth o hafaliad

Pan fydd carbon yn llosgi mewn ocsigen, yr hafaliad ar gyfer yr adwaith yw:

$C\ (s) + O_2\ (n) \rightarrow CO_2\ (n)$

Mae'r hafaliad hwn yn dangos bod:

1 atom carbon	yn adweithio ag	1 molecwl o ocsigen	i roi	1 molecwl o garbon deuocsid

Tybiwch nawr fod yna 1 *môl* o atomau carbon. Byddai'r rhain yn adweithio ag 1 *môl* o folecylau ocsigen:

1 môl o atomau carbon	yn adweithio ag	1 môl o folecylau ocsigen	i roi	1 môl o folecylau carbon deuocsid

Gellir newid molau yn gramau, gan ddefnyddio MACau a masau fformwla. Y MACau yw: C = 12, O = 16. Felly màs fformwla CO_2 yw (12 + 16 + 16) = 44, a gallwn ysgrifennu:

12 g o garbon	yn adweithio â	32 g o ocsigen	i roi	44 g o garbon deuocsid

Gallwch gael yr un math o wybodaeth o unrhyw hafaliad:
Mae'r hafaliad ar gyfer adwaith yn dangos i ni sawl môl a sawl gram o bob sylwedd sy'n cymryd rhan yn yr adwaith.

Ond nid dyna'r cyfan ...

Nwyon sydd yn yr adwaith uchod. Diolch i Avogadro a gwyddonwyr eraill, rydym yn gwybod y ffaith hon am nwyon:
Ar dymheredd a gwasgedd ystafell, mae gan un môl o unrhyw nwy gyfaint o 24 dm^3 (24 litr neu 24 000 cm^3).
24 dm^3 yw'r **cyfaint nwy molar** ar dymheredd a gwasgedd ystafell **(tgy)**. Felly, gallwch ddweud o'r hafaliad uchod bod:

12 g o garbon	yn adweithio â	24 dm^3 o ocsigen	i roi	24 dm^3 o garbon deuocsid

gyda chyfaint y nwyon yn cael eu mesur ar y tgy.

A yw'r màs yn newid yn ystod adwaith?

Edrychwch nawr beth sy'n digwydd i gyfanswm y màs yn ystod yr adwaith uchod:
Màs carbon ac ocsigen ar y dechrau: 12 g + 32 g = **44 g**
Màs carbon deuocsid ar y diwedd: **44 g**

Nid yw cyfanswm y màs wedi newid yn ystod yr adwaith. Mae hyn oherwydd nad yw'r atomau yn yr adwaith wedi newid chwaith.

Yn ystod adwaith cemegol nid yw atomau'n diflannu ac nid yw atomau newydd yn ymffurfio. Dim ond cael eu haildrefnu y mae'r atomau.

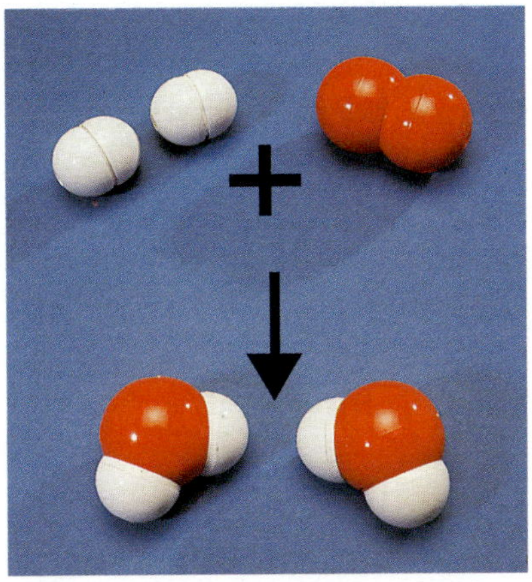

Mae'r modelau hyn yn dangos newid trefn yr atomau yn ystod yr adwaith rhwng hydrogen ac ocsigen. Yr hafaliad yw $2H_2 + O_2 \rightarrow 2H_2O$.

Cyfrifiadau o hafaliadau

Enghraifft 1 Mae hydrogen yn llosgi mewn ocsigen i ffurfio dŵr. Hafaliad yr adwaith yw: $2H_2$ (*n*) + O_2 (*n*) → $2H_2O$ (*h*)
Faint o ocsigen sydd ei angen i losgi 1 gram o hydrogen?

1 Y MACau yw: H = 1, O = 16. Felly mae H_2 = 2 ac O_2 = 32.
2 $2H_2$ (*n*) + O_2 (*n*) → $2H_2O$ (*h*)
Mae 2 fôl o folecylau hydrogen angen 1 môl o folecylau ocsigen
Mae 4 g o hydrogen angen 32 g o ocsigen (newid molau yn gramau)
Mae 1 g o hydrogen angen 8 g o ocsigen
3 Ar gyfer yr adwaith, mae angen **8 g** o ocsigen.

Enghraifft 2 Hafaliad yr adwaith rhwng haearn a sylffwr yw: Fe (*s*) + S (*s*) → FeS (*s*). Pan fydd 7 g o haearn yn cael ei wresogi gyda gormodedd o sylffwr, faint o haearn(II) sylffid sy'n ymffurfio? (Mae *gormodedd* o sylffwr yn golygu *mwy na digon* ar gyfer yr adwaith.)

1 Y MACau yw: Fe = 56, S = 32. Felly mae FeS = 56 + 32 = 88.
2 Fe (*s*) + S (*s*) → FeS (*s*)
Mae 1 môl o atomau haearn yn rhoi 1 môl o unedau haearn sylffid, felly mae
56 g o haearn yn rhoi 88 g o haearn sylffid
Mae 1 g o haearn yn rhoi $\frac{88}{56}$ g o haearn sylffid
Mae 7 g o haearn yn rhoi 7 x $\frac{88}{56}$ o haearn sylffid
3 7 x $\frac{88}{56}$ = 11 cynhyrchir **11 g** o haearn(II) sylffid

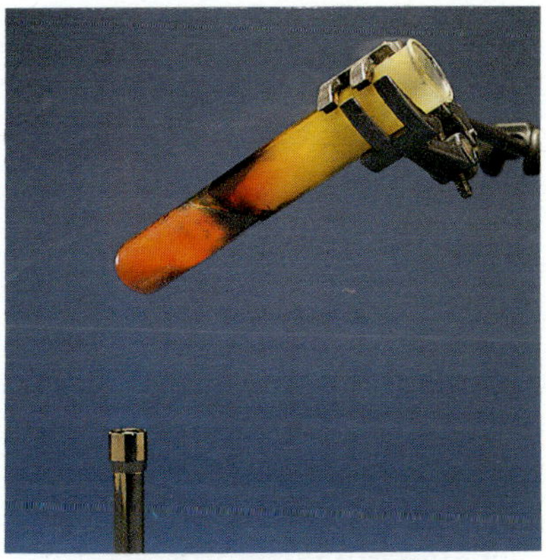

Yr adwaith rhwng haearn a sylffwr. Mae'n adwaith ecsothermig ond mae angen gwres i'w ddechrau.

Enghraifft 3 Pa gyfaint o hydrogen a fydd yn adweithio gyda 24 dm^3 o ocsigen i ffurfio dŵr? (Mesurir cyfaint y nwyon ar tgy.)

1 $2H_2$ (*n*) + O_2 (*n*) → $2H_2O$ (*h*)
2 Mae 2 fôl o nwy hydrogen yn adweithio ag 1 môl o nwy ocsigen. Mae gan 1 môl o unrhyw nwy gyfaint o 24 dm^3 ar tgy, felly bydd 2 x 24 dm^3 o hydrogen yn adweithio â 24 dm^3 o ocsigen.
3 Mae angen **48 dm^3** o hydrogen.

Cwestiynau

1 Esboniwch pam nad yw cyfanswm y màs yn newid yn ystod adwaith.

2 Yr adwaith rhwng magnesiwm ac ocsigen yw:
2Mg (*s*) + O_2 (*n*) → 2MgO (*s*)
a Ysgrifennwch hafaliad geiriol ar gyfer yr adwaith.
b Sawl môl o atomau magnesiwm sy'n adweithio ag 1 môl o folecylau ocsigen?
c Y MACau yw: Mg = 24, O = 16.
Sawl gram o ocsigen sy'n adweithio â:
i 48 g o fagnesiwm? **ii** 12 g o fagnesiwm?

3 Mae copor(II) carbonad yn dadfeilio wrth ei wresogi:
$CuCO_3$ (*s*) $\xrightarrow{\text{gwres}}$ CuO (*s*) + CO_2 (*n*)
a Ysgrifennwch hafaliad geiriol ar gyfer yr adwaith.
b Cyfrifwch fàs 1 môl o bob sylwedd yn yr adwaith. (Cu = 64, C = 12, O = 16)
c **i** Os defnyddir 31 g o gopor(II) carbonad, sawl gram o garbon deuocsid a fydd yn ymffurfio?
ii Sawl môl o garbon deuocsid yw hyn?
iii Pa gyfaint a fydd ganddo ar tgy?

5.4 Gwahanol fathau o adweithiau cemegol (I)

Cyfuniad neu synthesis

Yn aml, bydd dau neu fwy o sylweddau yn cyfuno â'i gilydd i ffurfio un sylwedd. Gelwir y math hwn o adwaith yn **gyfuniad** neu **synthesis**, a *dim ond un cynnyrch* sydd ganddo. Un enghraifft yw'r adwaith rhwng haearn a sylffwr, a welsoch ar dudalen 64:

haearn + sylffwr → haearn sylffid

$Fe\,(s) + S\,(s) \rightarrow FeS\,(s)$

Dadfeilio

Mewn rhai adweithiau, bydd un sylwedd yn chwalu'n ddau neu fwy o sylweddau symlach. **Dadfeilio** yw'r enw ar hyn. *Dim ond un adweithydd* sydd gan adwaith dadfeilio. Un enghraifft yw calsiwm carbonad neu **galchfaen** yn dadfeilio:

calsiwm carbonad (calchfaen) $\xrightarrow{\text{gwres}}$ calsiwm ocsid (calch brwd) + carbon deuocsid

$$CaCO_3\,(s) \xrightarrow{\text{gwres}} CaO\,(s) + CO_2\,(n)$$

Mae'r label ar y saeth y dangos bod yn rhaid gwresogi'r calchfaen i wneud iddo ddadfeilio. **Dadfeilio thermol** yw'r enw ar ddadfeilio a achosir gan wres.

Mewn gwaith sment, mae calchfaen yn cael ei ddadfeilio yn galch brwd a'i ddefnyddio i wneud sment. Mae'r dadfeilio yn digwydd mewn odynnau sy'n cylchdroi.

Golau sy'n achosi rhai adweithiau dadfeilio. Er enghraifft, mae arian clorid yn solid gwyn. Mae'n dadfeilio mewn golau i roi grisialau bach du o arian:

arian clorid $\xrightarrow{\text{golau}}$ arian + clorin

$$2AgCl\,(s) \xrightarrow{\text{golau}} 2Ag\,(s) + Cl_2\,(n)$$

Mae arian bromid ac arian ïodid yn dadfeilio yr un ffordd. Defnyddir yr adweithiau hyn mewn ffotograffiaeth. Mae gan ffilm a phapur ffotograffig haen o arian clorid neu fromid neu ïodid mewn gelatin. Mae'r cyfansoddyn arian yn dadfeilio wrth i olau ei daro, gan adael delwedd dywyll. Caiff gweddill y cyfansoddyn ei olchi ymaith wrth brosesu.

Gwaddod

Weithiau, wrth gymysgu dau doddiant, maent yn adweithio i roi cynnyrch anhydawdd. Mae'r cynnyrch yn ymddangos fel daliant neu **waddod**, ac enw'r adwaith yw **gwaddodiad**.

Er enghraifft, pan gymysgir toddiannau dyfrllyd o arian clorid ac arian nitrad, mae gwaddod o arian clorid gwyn yn ymffurfio:

$AgNO_3\,(dyfr) + NaCl\,(dyfr) \rightarrow AgCl\,(s) + NaNO_3\,(dyfr)$

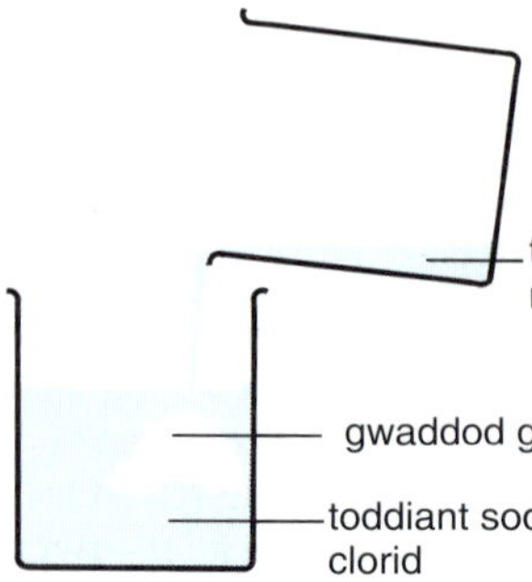

Mae sodiwm nitrad yn hydawdd mewn dŵr, felly mae'n parhau yn doddiant. Mae'r arian clorid yn gwaddodi oherwydd ei fod yn anhydawdd. Bydd y gwaddod yn troi'n ddu yn fuan. Allwch chi esbonio pam?

Hylosgi petrol sy'n gwneud i geir symud. Mae cymysgedd o betrol ac aer yn cael ei losgi yn y peiriant.

Un ffordd o atal hylosgi yw defnyddio dŵr oer i ostwng y tymheredd.

Hylosgi

Yn aml, byddwn yn galw llosgi yn **hylosgi**. Fel arfer, mae'n golygu adwaith rhwng sylwedd ac ocsigen yn yr aer, gan ryddhau gwres a golau. Er enghraifft:

magnesiwm + ocsigen → magnesiwm ocsid

$2Mg\ (s) + O_2\ (n) \rightarrow 2MgO\ (s)$

Mae'r adwaith hwn yn rhyddhau gwres a golau gwyn.
Mae adweithiau hylosgi yn rhan hanfodol o'n bywydau: mae llosgi nwy, glo, petrol ac olew i gyd yn adweithiau hylosgi. Defnyddir eu gwres i goginio bwyd, cynhesu tai a gyrru peiriannau.

Help, tân! Nid yw hylosgi'n cael croeso bob amser. Nid yw pobl yn hapus fel arfer pan fydd eu tai yn mynd ar dân. Mae llosgi angen tri pheth: tanwydd, ocsigen (aer), a gwres. Tynnwch unrhyw un ohonynt a bydd y llosgi'n stopio. Felly, i ddiffodd tân:

1 **Stopiwch y tanwydd.** Diffoddwch y nwy neu'r trydan. Defnyddiwch dywod neu bridd i orchuddio pyllau o olew neu betrol.
2 **Tynnwch y gwres.** Oerwch bethau â dŵr.
3 **Stopiwch y cyflenwad aer.** Gorchuddiwch y pethau sy'n llosgi ag ewyn, carbon deuocsid, neu flanced dân.

Ni ddylid defnyddio dŵr ac ewyn ar danau mewn offer trydanol, oherwydd gallant ddargludo trydan a rhoi sioc i bobl. Ac ni ddylid defnyddio dŵr ar gyfer tanau olew neu betrol, oherwydd bydd olew a phetrol yn arnofio ar ddŵr ac yn gwneud i'r tân ledaenu hyd yn oed yn fwy.

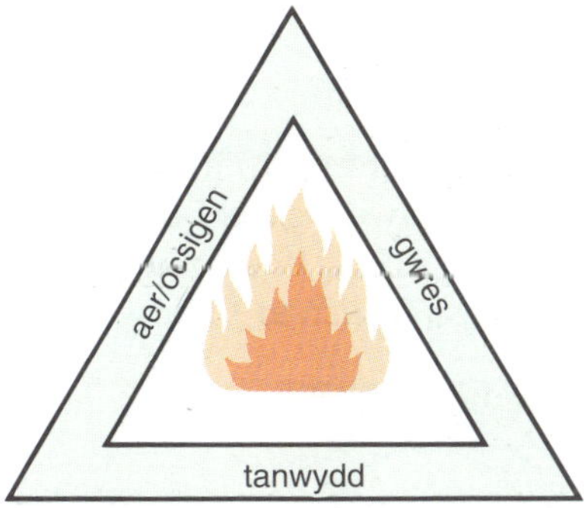

Mae'r triongl tân yn dangos y tri pheth sydd eu hangen ar gyfer llosgi. Bydd tynnu unrhyw un ohonynt yn diffodd y tân.

Cwestiynau

1 Rhowch un enghraifft o adwaith cyfuniad.
2 Esboniwch sut y mae dadfeiliad oherwydd golau yn cael ei ddefnyddio mewn ffotograffiaeth.
3 Ysgrifennwch y tri cham y gallech eu cymryd i ddiffodd tân.
4 Beth yw adwaith gwaddodiad?
5 Dywedwch pa fath o adwaith yw pob un:
   a $CaCO_3\ (s) \rightarrow CaO\ (s) + CO_2\ (n)$
   b $NaOH\ (dyfr) + FeSO_4\ (dyfr) \rightarrow Fe(OH)_2\ (s) + Na_2SO_4\ (dyfr)$
   c $C_2H_4\ (n) + Br_2\ (h) \rightarrow C_2H_4Br_2\ (h)$

5.5 Gwahanol fathau o adweithiau cemegol (II)

Ocsidio a rhydwytho

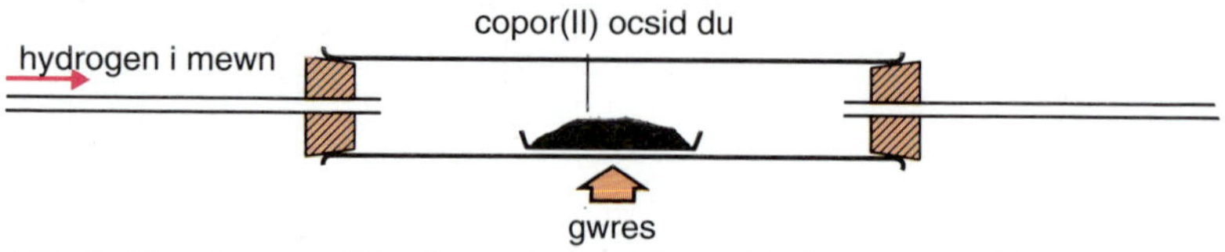

Wrth i hydrogen lifo dros gopor(II) ocsid du yn yr offer uchod, mae'r powdr du yn troi'n binc. Dyma'r adwaith sy'n digwydd:

copor(II) ocsid + hydrogen → copor + dŵr

$CuO\ (s) + H_2\ (n) \rightarrow Cu\ (s) + H_2O\ (n)$

Mae'r copor(II) ocsid yn colli ocsigen. Mae'n cael ei **rydwytho.**
Mae'r hydrogen yn ennill ocsigen. Mae'n cael ei **ocsidio.**
Os yw sylwedd yn colli ocsigen yn ystod adwaith, mae'n cael ei rydwytho.
Os yw sylwedd yn ennill ocsigen yn ystod adwaith, mae'n cael ei ocsidio.
Mae rhydwytho ac ocsidio bob amser yn digwydd gyda'i gilydd mewn adwaith. Felly gelwir yr adwaith yn **adwaith rhydocs**.

Yn yr adwaith uchod, mae copor(II) ocsid yn cael ei rydwytho oherwydd bod hydrogen yn dwyn ei ocsigen. Felly hydrogen yw'r **rhydwythydd**. Neu gallech ddweud bod hydrogen yn cael ei ocsidio oherwydd bod copor(II) ocsid yn rhoi ocsigen iddo. Felly copor(II) ocsid yw'r **ocsidydd.**

Gwneud haearn o'i fwyn. Dyma adwaith rhydocs. Haearn(III) ocsid yn bennaf yw mwyn haearn. Mae'n cael ei rydwytho'n haearn yn y ffwrnais chwyth. Mae haearn tawdd yn llifo o waelod y ffwrnais.

Diffiniad arall ar gyfer ocsidio a rhydwytho

Pan fydd magnesiwm yn llosgi mewn ocsigen, bydd magnesiwm ocsid yn ffurfio:

$2Mg\ (s) + O_2\ (n) \rightarrow 2MgO\ (s)$

Dyma enghraifft o hylosgi. Ond mae'n adwaith rhydocs hefyd. Mae'n hawdd gweld bod y magnesiwm wedi'i ocsidio. Nid yw mor hawdd gweld bod yr ocsigen wedi'i rydwytho. Mae angen i ni gael golwg agosach ar yr adwaith:

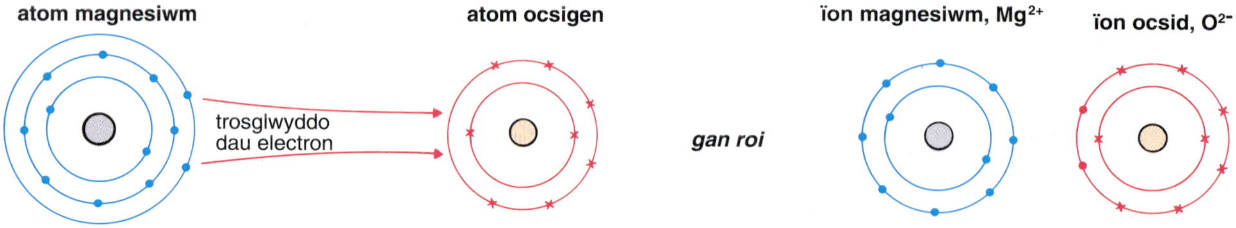

Yn ystod yr adwaith, mae atom magnesiwm yn colli dau electron, ac atom ocsigen yn eu hennill. Mae hyn yn rhoi ffordd arall i ni ddiffinio ocsidio a rhydwytho:
Mae sylwedd yn cael ei ocsidio os yw'n colli electronau yn ystod adwaith.
Mae sylwedd yn cael ei rydwytho os yw'n ennill electronau yn ystod adwaith.
Felly cafodd magnesiwm ei ocsidio ac ocsigen ei rydwytho.

Adweithiau cildroadwy

Fformwla copor(II) sylffad glas yw $CuSO_4.5H_2O$. Mae hyn yn dangos bod ei risialau yn cynnwys molecylau dŵr yn ogystal ag ïonau copor a sylffad. Dywedir bod y grisialau yn **hydradol**. Gelwir y dŵr yn **ddŵr grisialu**.
Dyma beth sy'n digwydd wrth wresogi copor(II) sylffad glas:

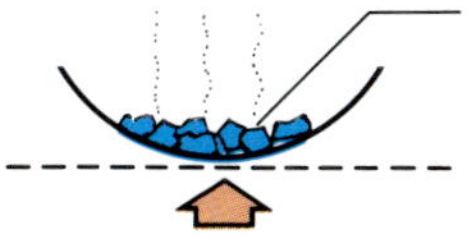

Wrth wresogi'r grisialau glas, mae'r dŵr grisialu yn cael ei ryddhau fel anwedd, gan adael powdr gwyn.

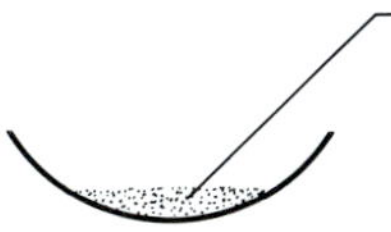

Copor(II) sylffad anhydrus yw'r powdr gwyn. Ei fformwla yw $CuSO_4$. Dyma'r adwaith a ddigwyddodd:
$CuSO_4.5H_2O \rightarrow CuSO_4 + 5H_2O$

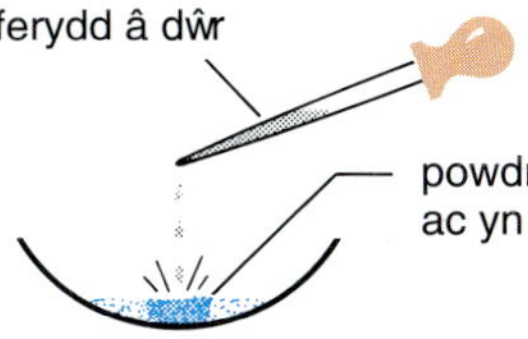

Mae'n hawdd cildroi'r adwaith. Wrth ychwanegu dŵr at y powdr gwyn, mae'r powdr yn mynd yn boeth iawn ac yn troi'n las:
$CuSO_4 + 5H_2O \rightarrow CuSO_4.5H_2O$

Dywedwn fod yr adwaith rhwng copor(II) sylffad a dŵr yn adwaith **cildroadwy**.
Mae adwaith cildroadwy yn un sy'n gallu mynd i'r naill gyfeiriad neu'r llall, gan ddibynnu ar yr amodau.
I ddangos bod adwaith yn gildroadwy, defnyddir y symbol $\rightleftharpoons$ yn yr hafaliad:

$$\underset{\text{glas}}{CuSO_4.5H_2O} \rightleftharpoons \underset{\text{gwyn}}{CuSO_4 + 5H_2O}$$

Oherwydd y newid lliw, defnyddir yr adwaith hwn i brofi am ddŵr.

Defnyddir copor(II) sylffad anhydrus yn y labordy i brofi am ddŵr. Mae dŵr yn gwneud i'r powdr gwyn droi'n las.

Adweithiau cildroadwy mewn diwydiant

Mae llawer o adweithiau pwysig mewn diwydiant yn gildroadwy. Un enghraifft yw'r adwaith rhwng nitrogen a hydrogen i wneud amonia:

$$N_2\,(n) + 3H_2\,(n) \rightleftharpoons 2NH_3\,(n)$$

Oherwydd ei fod yn gildroadwy, mae'r adwaith yn creu problemau. Bydd rhai molecylau amonia yn chwalu wrth i eraill ymffurfio. Fe fydd peirianwyr cemegol yn dewis amodau a fydd yn cynhyrchu amonia mor gyflym ac mor economaidd â phosibl. Er enghraifft, tynnir yr amonia o'r llestr adweithio cyn iddo allu ymchwalu eto. Gallwch ddarllen mwy am hyn ar dudalen 158.

Cwestiynau

1 $2Mg\,(s) + SO_2\,(n) \rightarrow 2MgO\,(s) + S\,(s)$
Yn yr adwaith hwn, pa sylwedd:
a sy'n cael ei ocsidio? **b** yw'r ocsidydd?
c sy'n cael ei rydwytho? **ch** yw'r rhydwythydd?

2 O ble y daw'r gair *rhydocs*?

3 Beth yw adwaith cildroadwy? Rhowch enghraifft.

4 Esboniwch sut y defnyddir copor(II) sylffad i brofi a yw hylif yn cynnwys dŵr.

5 Esboniwch pam mae'n rhaid dewis amodau'r adwaith gwneud amonia yn ofalus.

Cwestiynau ar Bennod 5

1 Penderfynwch a yw pob newid isod yn newid ffisegol ynteu'n newid cemegol. Rhowch resymau am eich atebion.

a iâ yn ymdoddi
b haearn yn rhydu
c petrol yn llosgi
ch cŵyr cannwyll yn ymdoddi
d cannwyll yn llosgi
dd gwallt gwlyb yn sychu
e llaeth yn suro
f persawr yn anweddu
ff sylffwr ar ffurf rholyn yn cael ei falu
g cael copor o gopor(II) ocsid
ng dillad yn cael eu smwddio
h cwstard yn cael ei wneud
i sigarét yn cael ei smygu

2 Ysgrifennwch hafaliad cemegol pob un o'r canlynol.
Enghraifft.

$2H_2 \quad + \quad O_2 \longrightarrow 2H_2O$

a

b

c
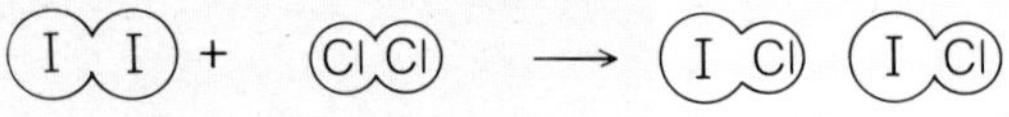

ch
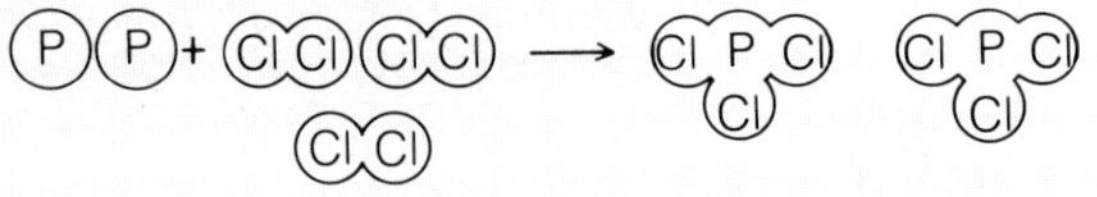

d
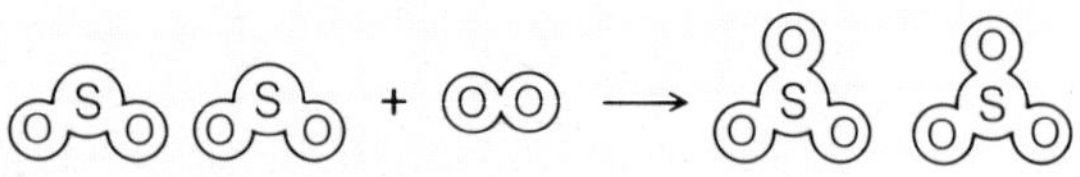

3 Ysgrifennwch hafaliadau ar gyfer yr adweithiau canlynol:

a Mae 1 môl o atomau copor yn cyfuno ag 1 môl o atomau sylffwr i ffurfio 1 môl o gopor(II) sylffid, CuS.

b Mae 3 môl o atomau plwm yn cyfuno â 2 fôl o folecylau ocsigen i ffurfio 1 môl o blwm ocsid, Pb_3O_4.

c Mae 1 môl o folecylau ethanol, C_2H_5OH, yn llosgi mewn 3 môl o folecylau ocsigen i ffurfio 2 fôl o folecylau carbon deuocsid a 3 môl o folecylau dŵr.

ch Mae 1 môl o haearn(III) ocsid, Fe_2O_3, yn cael ei rydwytho gan 3 môl o folecylau hydrogen i ffurfio 2 fôl o atomau haearn a 3 môl o folecylau dŵr.

4 Cydbwyswch yr hafaliadau canlynol:

a Synthesis hydrogen bromid
$H_2\,(n) + Br_2\,(n) \rightarrow HBr\,(n)$

b Hylosgiad carbon monocsid
$CO\,(n) + O_2\,(n) \rightarrow CO_2\,(n)$

c Hylosgiad methan (nwy naturiol)
$CH_4\,(n) + O_2\,(n) \rightarrow CO_2\,(n) + H_2O\,(n)$

ch Rhydwythiad carbon deuocsid
$Mg\,(s) + CO_2\,(n) \rightarrow MgO\,(s) + C\,(s)$

d Dadfeiliad plwm nitrad
$Pb(NO_3)_2\,(s) \xrightarrow{\text{gwres}} PbO\,(s) + NO_2\,(n) + O_2\,(n)$

dd Dadleoliad arian
$Zn\,(s) + AgNO_3\,(dyfr) \rightarrow Zn(NO_3)_2\,(dyfr) + Ag\,(s)$

e Gwaddodiad bariwm sylffad
$BaCl_2\,(dyfr) + Na_2SO_4\,(dyfr) \rightarrow BaSO_4\,(s) + NaCl\,(dyfr)$

5 Defnyddiwyd dŵr ar 25°C i doddi dau gyfansoddyn. Yn syth ar ôl i'r cyfansoddion doddi, mesurwyd tymheredd pob toddiant:

Cyfansoddyn	**Tymheredd/°C**	
	Dŵr	**Toddiant**
NH_4Cl	25	15
$CaCl_2$	25	45

a Enwch y ddau gyfansoddyn.
b Beth oedd y newid yn nhymheredd y ddau?
c Pa gyfansoddyn sy'n toddi'n ecsothermig?
ch Pa gyfansoddyn sy'n toddi'n endothermig?

6 Mae mercwri(II) ocsid yn chwalu'n fercwri ac ocsigen wrth ei wresogi. Hafaliad yr adwaith yw:
$2HgO\,(s) \rightarrow 2Hg\,(h) + O_2\,(n)$

a Cyfrifwch fàs 1 môl o fercwri(II) ocsid.
(O= 16, Hg = 201)

b Cyfrifwch faint o fercwri ac ocsigen a gynhyrchir wrth i 21.7 g o fercwri(II) ocsid gael ei wresogi.

7 Ffurfir haearn(II) sylffid wrth i haearn a sylffwr adweithio â'i gilydd:
$Fe\,(s) + S\,(s) \rightarrow FeS\,(s)$

a Sawl gram o sylffwr a fydd yn adweithio â 56 g o haearn? (Bydd y MACau ar dudalen 55 yn eich helpu.)

b Os defnyddir 7 g o haearn a 10 g o sylffwr, gormodedd o ba sylwedd sydd yna?

c Os defnyddir 7 g o haearn a 10 g o sylffwr, enwch y sylweddau sy'n bresennol pan fydd yr adwaith wedi gorffen, a chyfrifwch fàs pob un.

ch A yw'r adwaith yn endothermig ynteu'n ecsothermig? Esboniwch.

Ar gyfer cwestiynau 8 i 11 bydd angen i chi gofio:
mae cyfaint un môl o unrhyw nwy a fesurir ar dymheredd a gwasgedd ystafell yn 24 dm^3 neu 24 000 cm^3.

8 Beth yw cyfaint y rhain ar y tgy mewn dm^3 a cm^3?
a 2 fôl o hydrogen, H_2
b 0.5 môl o garbon deuocsid
c 0.01 môl o nitrogen, N_2
ch 0.3 môl o ocsigen, O_2

9 Mae'r cyfansoddyn sodiwm hydrogen carbonad, $NaHCO_3$, yn dadfeilio fel hyn wrth ei wresogi:
$2NaHCO_3\,(s) \rightarrow Na_2CO_3\,(s) + H_2O\,(h) + CO_2\,(n)$
a Ysgrifennwch hafaliad geiriol yr adwaith.
b **i** Sawl môl o sodiwm hydrogen carbonad sydd ar ochr chwith yr hafaliad?
ii Beth yw màs y swm hwn? (Na = 23, H = 1, C = 12, O = 16)
c **i** Sawl môl o garbon deuocsid sydd ar ochr dde yr hafaliad?
ii Beth yw cyfaint y swm hwn ar y tgy?
ch Pa gyfaint o garbon deuocsid ar y tgy y byddech yn ei gael pe byddai:
i 84 g o sodiwm hydrogen carbonad yn dadfeilio'n llwyr?
ii 8.4 g o sodiwm hydrogen carbonad yn dadfeilio'n llwyr?

10 Pan wresogir calsiwm carbonad yn ffyrnig, mae'r newid cemegol canlynol yn digwydd:
$CaCO_3\,(s) \rightarrow CaO\,(s) + CO_2\,(n)$
(Ca = 40, C = 12, O = 16)
a Ysgrifennwch hafaliad geiriol y newid cemegol.
b Sawl môl o $CaCO_3$ sydd mewn 50 g o galsiwm carbonad?
c **i** Pa fàs o galsiwm ocsid a geir wrth i 50 g o galsiwm carbonad ddadfeilio'n thermol?
ii Pa fàs o garbon deuocsid a fyddai'n cael ei ryddhau yr un pryd?
iii Pa gyfaint a fyddai gan y nwy ar y tgy?

11 Dangosir synthesis amonia gan yr hafaliad:
$N_2\,(n) + 3H_2\,(n) \rightleftharpoons 2NH_3\,(n)$
a Ysgrifennwch hafaliad geiriol ar gyfer yr adwaith.
b Pam y gelwir yr adwaith yn **synthesis**?
c Beth yw ystyr yr arwydd $\rightleftharpoons$?
ch Beth yw cyfaint 1 môl o N_2 (ar y tgy)?
d **i** Sawl môl o hydrogen sy'n adweithio ag un môl o nitrogen?
ii Pa gyfaint o hydrogen yw hyn (ar y tgy)?
dd Pa gyfaint o amonia (ar y tgy) a fyddai'n cael ei ffurfio petai'r N_2 a H_2 i gyd yn adweithio?
e **i** Pa gyfeintiau o N_2 a H_2 sy'n gorfod adweithio â'i gilydd i ffurfio 100 cm^3 o amonia?
ii Mewn gwirionedd, nid yw'n bosibl ffurfio 100 cm^3 o amonia wrth i'r cyfeintiau hyn adweithio â'i gilydd. Esboniwch pam.

12 Mae'r hafaliad canlynol yn cynrychioli adwaith lle ceir haearn o haearn(III) ocsid:
$Fe_2O_3\,(s) + 3\,CO\,(n) \xrightarrow{\text{gwres}} 2Fe\,(s) + 3CO_2\,(n)$
a Ysgrifennwch hafaliad geiriol yr adwaith.
b Mae'r adwaith yn adwaith rhydocs.
i Pa sylwedd sy'n cael ei rydwytho?
ii Pa sylwedd sy'n cael ei ocsidio?
iii Enwch y rhydwythydd.
iv Enwch yr ocsidydd.
c Beth yw màs fformwla haearn(III) ocsid? (Fe = 56, O = 16)
ch Sawl môl o Fe_2O_3 sy'n bresennol mewn 320 kg o haearn(III) ocsid? (1 kg = 1000 g)
d Sawl môl o Fe a geir o 1 môl o Fe_2O_3?
dd O **ch** a **d**, cyfrifwch nifer y molau o haearn a gafwyd o 320 kg o haearn(III) ocsid.
e Cyfrifwch fàs yr haearn a geir o 320 kg o haearn(III) ocsid.

13 Wrth gymysgu toddiannau o botasiwm sylffad a bariwm clorid, mae *gwaddod* gwyn yn ymffurfio. Hafaliad yr adwaith yw:
$K_2SO_4\,(dyfr) + BaCl_2\,(dyfr) \rightarrow BaSO_4\,(s) + 2KCl\,(dyfr)$
a Beth yw gwaddod?
b Pa gyfansoddyn uchod yw'r gwaddod?
c Sut byddech chi'n gwahanu'r gwaddod oddi wrth y toddiant?
ch **i** Beth fyddai ar ôl wedi tynnu'r gwaddod?
ii Sut byddech chi'n cael y sylwedd hwn yn solid sych?
d Mae gwaddod yn ymffurfio hefyd os defnyddir sodiwm sylffad yn hytrach na photasiwm sylffad, uchod. Ysgrifennwch hafaliad ar gyfer yr adwaith.

14 Cafwyd 23.3 g o fariwm sylffad o'r adwaith gwaddodiad yng nghwestiwn 13.
a Beth yw màs fformwla bariwm sylffad? (Ba = 137, S = 32, O = 16)
b Sawl môl o $BaSO_4$ yw 23.3 g o fariwm sylffad?
c Sawl môl o K_2SO_4 a $BaCl_2$ sydd wedi adweithio i ffurfio 23.3 g o fariwm sylffad?
ch Crynodiadau'r ddau doddiant a adweithiodd oedd 0.1 M (hynny yw, 0.1 môl o doddyn mewn 1 litr o doddiant). Pa gyfaint o bob toddiant oedd ei angen i ffurfio 23.3 g o fariwm sylffad?

15 Pan ychwanegwyd 6.5 g o zinc (Zn) at doddiant o gopor(II) sylffad ($CuSO_4$), cafwyd 6.4 g o gopor. (Y MACau yw: Zn = 65, Cu = 64.)
a Pa fath o adwaith cemegol yw hyn?
b Sawl môl o atomau zinc a ddefnyddiwyd?
c Sawl môl o atomau copor a gafwyd?
ch Ysgrifennwch hafaliad geiriol yr adwaith.
d Defnyddiwch yr wybodaeth o **b** ac **c** i ysgrifennu hafaliad cytbwys ar gyfer yr adwaith.

6.1 Dargludyddion ac ynysyddion

Batrïau a cherrynt trydanol

Mae'r ffotograff isod yn dangos batri, bwlb a rhoden o graffit (carbon) wedi'u **cysylltu** gan wifrau copor. Gelwir y trefniant yn **gylched drydanol**. Mae'r bwlb yn goleuo; mae hyn yn dangos bod trydan yn llifo yn y gylched.
Llif o electronau'n symud yw trydan.
A ydych chi'n cofio beth yw electron? Gronyn bach â gwefr negatif ydyw, heb fawr ddim màs.

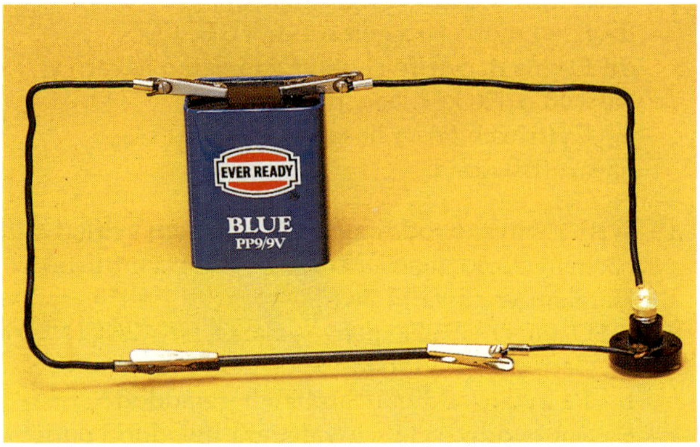

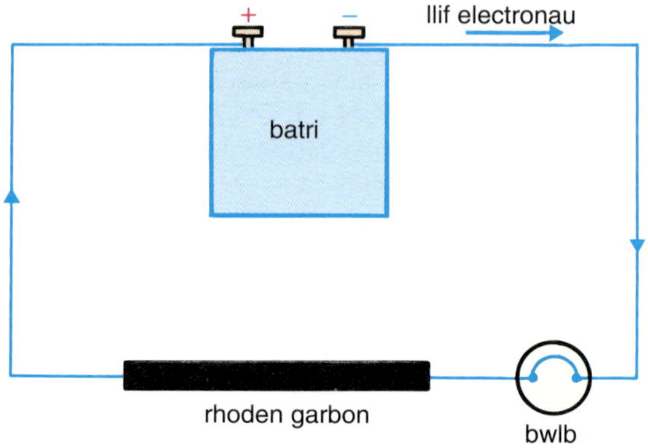

Mae'r diagram uchod yn dangos sut mae'r trydan yn symud trwy'r gylched. Mae'r batri yn gweithio fel pwmp electron. Mae electronau'n gadael y batri trwy un derfynell, sef y **derfynell negatif**. Maent yn cael eu pwmpio trwy'r gwifrau, y bwlb a'r rhoden, ac yn mynd i'r batri eto trwy'r **derfynell bositif**. Wrth i'r electronau lifo trwy'r wifren denau yn y bwlb, maent yn achosi i'r wifren wresogi nes ei bod yn mynd yn wynias ac yn rhyddhau golau.

Dargludyddion

Yn y gylched uchod, bydd y golau yn diffodd:
1 os byddwch yn datgysylltu gwifren, fel nad yw popeth yn uno â'i gilydd bellach *neu*
2 os byddwch yn cysylltu rhywbeth â'r gylched, fel bod trydan yn cael ei rwystro rhag llifo.

Mae'n amlwg bod y gwifrau copor a'r rhoden graffit yn gadael i drydan lifo trwyddyn nhw – maent yn **dargludo** trydan. Gelwir copor a graffit felly yn **ddargludyddion**.
Mae dargludydd trydan yn sylwedd sy'n gadael i drydan lifo trwyddo.
Mae sylwedd nad yw'n dargludo trydan yn cael ei alw'n **ynysydd**.

Copor yw'r dargludydd yn y dril trydan hwn. Ond defnyddir plastig (ynysydd) i gysylltu'r ebill â'r modur, ac ar gyfer y casyn allanol. Pam?

Profi sylweddau i weld a ydynt yn dargludo

Gellir defnyddio'r gylched uchod i brofi unrhyw sylwedd i weld a yw'n dargludo trydan. Rhaid cysylltu'r sylwedd â'r gylched, fel y rhoden graffit uchod. Rhoddir enghreifftiau ar y tudalen nesaf.

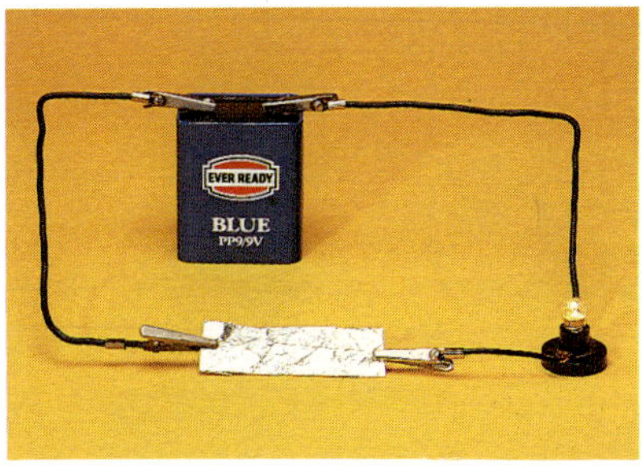

Profi tun. Cysylltir stribed o dun â'r gylched. Mae'r bwlb yn goleuo, felly rhaid bod tun yn ddargludydd.

Profi ethanol. Cysylltir yr hylif â'r gylched trwy roi rhodenni graffit ynddo. Nid yw'r bwlb yn goleuo – mae ethanol yn ynysydd.

Profi plwm bromid tawdd. Defnyddir Bunsen i'w ymdoddi. Mae'n dargludo, a'r un pryd yn rhyddhau anwedd brown annifyr.

Canlyniadau Yn dilyn llawer o brofion, dyma'r canlyniadau:

1 Yr unig solidau sy'n dargludo yw'r metelau a graffit.
Mae'r rhain yn dargludo oherwydd eu helectronau rhydd (tudalennau 50 a 51). Mae'r electronau rhydd yn cael eu pwmpio allan o un pen i'r solid, gan y batri. Yna maent yn llifo i mewn i'r pen arall, a thrwy'r lleoedd gwag sy'n cael eu gadael ar ôl.
Am yr un rheswm, mae metelau *tawdd* yn dargludo. (Nid yw'n bosibl profi graffit tawdd, oherwydd bod graffit yn sychdarthu.)

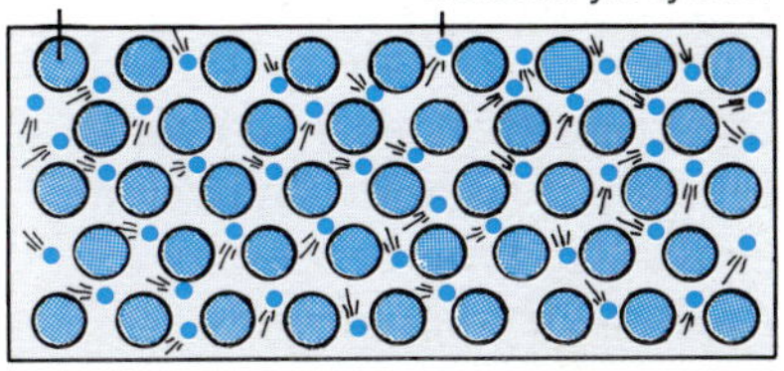

2 Mae sylweddau molecylaidd neu gofalent yn ynysyddion.
Mae hyn oherwydd nad ydynt yn cynnwys electronau rhydd, na gronynnau eraill â gwefr, sy'n gallu llifo allan trwyddynt.
Enghraifft o sylwedd molecylaidd yw ethanol. Rhai eraill yw petrol, paraffin, sylffwr, siwgr a phlastig. Ni fydd y rhain byth yn dargludo, yn eu ffurf solid nac yn dawdd.

3 Nid yw sylweddau ïonig yn dargludo pan fyddant yn solid. Ond, maent yn dargludo wedi ymdoddi neu wedi eu toddi mewn dŵr, ac maent yn dadelfennu yr un pryd.
Nid yw sylwedd ïonig yn cynnwys unrhyw electronau rhydd. Ond, mae'n cynnwys ïonau, sydd hefyd yn ronynnau â gwefr. Mae'r ïonau'n gallu symud yn rhydd pan fydd y sylwedd yn ymdoddi, neu'n toddi, a'r rhain sy'n dargludo'r trydan.
Mae plwm bromid uchod yn enghraifft. Mae'n ynysydd pan fydd yn solid. Ond bydd yn dechrau dargludo unwaith y bydd yn dechrau ymdoddi, a bydd anwedd brown yn ymddangos yr un pryd. Bromin yw'r anwedd, ac mae'n ymffurfio oherwydd bod trydan yn achosi i'r plwm bromid **ddadelfennu.**
Electrolysis yw'r enw ar ddadelfennu a achosir gan drydan, a gelwir yr hylif sy'n dadelfennu yn electrolyt.
Felly, mae plwm bromid tawdd yn electrolyt. Mae ethanol yn **anelectrolyt** oherwydd nad yw'n dargludo o gwbl.

Fel metelau eraill, mae alwminiwm yn dargludo trydan. Mae'n cael ei ddefnyddio ar gyfer ceblau trydan gan ei fod mor ysgafn.

Cwestiynau

1 Beth yw **dargludydd** trydan?
2 Lluniwch gylched i ddangos sut byddech chi'n profi a yw mercwri yn dargludo.
3 Esboniwch pam mae metelau'n gallu dargludo trydan.
4 Mae napthalen yn sylwedd molecylaidd. A yw'n dargludo pan fydd yn dawdd, tybed? Esboniwch pam.
5 Beth yw: **a** electrolyt? **b** anelectrolyt? Rhowch *dair* enghraifft o bob un.

6.2 Golwg manylach ar electrolysis

Electrolysis plwm bromid

Ar y tudalen diwethaf, fe welsoch chi fod plwm bromid tawdd yn dadelfennu wrth ddargludo trydan. **Electrolysis** yw'r enw ar ddadelfennu a achosir gan drydan, ac mae plwm bromid tawdd yn **electrolyt.**

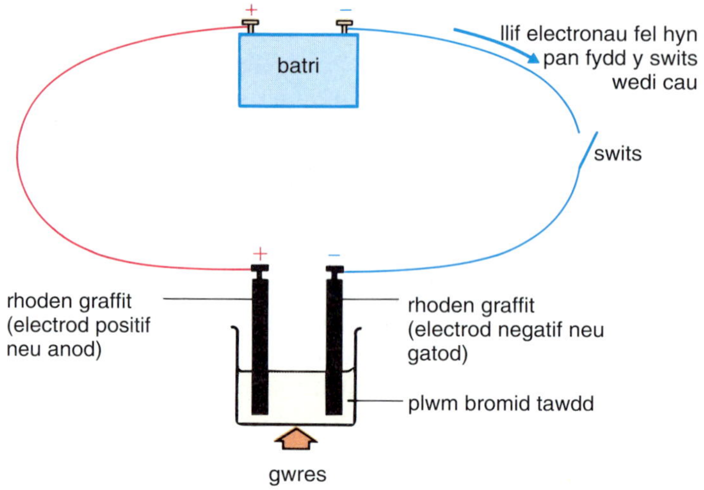

Yr offer Gwelir yr offer ar y dde. Mae'r rhodenni graffit yn cludo'r cerrynt i'r plwm bromid tawdd ac allan ohono. **Electrodau** yw'r enw ar rodenni dargludo fel hyn. **Catod** yw'r enw ar yr electrod a gysylltir â therfynell negatif y batri. Mae hwn hefyd yn negatif oherwydd bod yr electronau o'r batri yn llifo iddo. Mae'r electrod arall yn bositif, ac fe'i gelwir yn **anod**. Sylwch ar y swits. Pan fydd ar agor, ni all unrhyw drydan lifo.

Yr electrolysis Unwaith mae'r swits wedi cau, mae **anwedd bromin** yn dechrau byrlymu o'r plwm bromid tawdd, o amgylch yr anod. Ar ôl peth amser bydd glain o **blwm tawdd** yn ymffurfio dan y catod. Mae'r egni trydanol o'r batri wedi achosi **newid cemegol**:

plwm bromid → plwm + bromin

$PbBr_2\ (h) \rightarrow Pb\ (h) + Br_2\ (n)$

Pam mae'r plwm bromid tawdd yn dadelfennu Pan fydd plwm bromid yn ymdoddi, bydd ei ïonau plwm (Pb^{2+}) ac ïonau bromid (Br^-) yn rhydd i symud. Wrth gau'r swits, mae'r electrodau'n cael eu gwefru, ac mae'r ïonau'n cael eu hatynnu atynt yn syth:

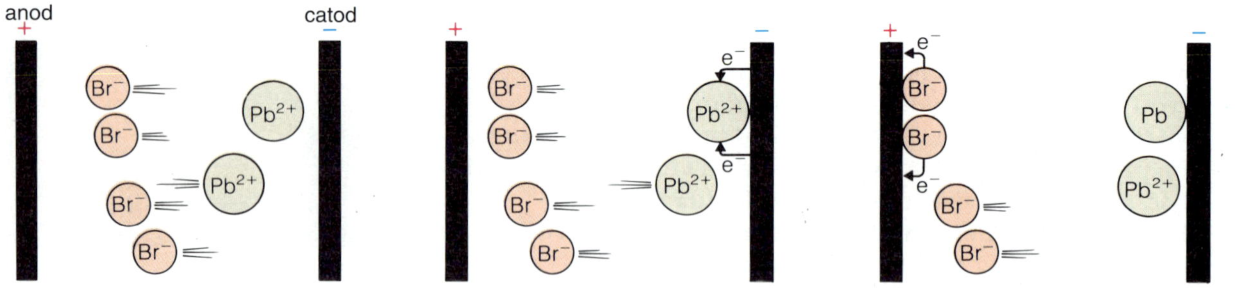

Mae gwefrau croes yn atynnu, felly mae'r ïonau plwm yn cael eu hatynnu at y catod, a'r ïonau bromid yn cael eu hatynnu at yr anod.

Yn y catod, mae'r ïonau plwm yn derbyn 2 electron yr un ac yn troi'n atomau plwm:
$Pb^{2+} + 2e^- \rightarrow Pb$
Mae'r atomau plwm yn ymgasglu ar y catod, ac ymhen amser yn disgyn i waelod y bicer.

Yn yr anod, mae'r ïonau bromid yn colli 1 electron yr un i droi'n atomau bromin. Mae dau o'r rhain yn gwneud molecwl;
$2Br^- \rightarrow Br_2 + 2e^-$
Mae'r bromin yn byrlymu ar ffurf nwy.

Pam mae'r plwm bromid tawdd yn dargludo Yn ystod yr electrolysis, mae pob ïon plwm yn cymryd dau electron o'r catod, fel y dangosir ar y dde. Yr un pryd mae dau ïon bromid yn rhoi electron yr un i'r anod. Yr un yw'r effaith â phetai dau electron *wedi llifo trwy'r hylif* o'r catod i'r anod. Mewn geiriau eraill, mae'r plwm bromid yn gweithredu fel dargludydd trydan.

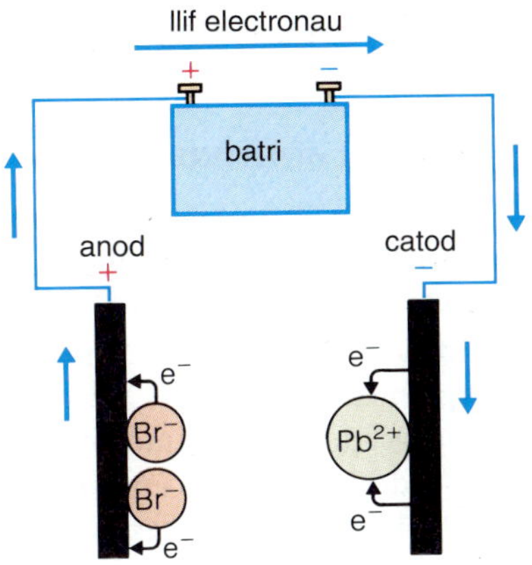

Electrolysis cyfansoddion eraill

Gellir electroleiddio *pob* cyfansoddyn ïonig, pan fyddant yn dawdd. (Gair arall am **wedi ymdoddi** yw tawdd.) Dyma rai pwyntiau i'w cofio am y broses:

1. Mae'r electrolyt bob amser yn **dadelfennu**. Felly mae egni trydanol yn achosi **newid cemegol.**
2. Graffit neu blatinwm fydd yr electrodau fel arfer. Mae'r sylweddau hyn yn **anadweithiol**. Mae hyn yn golygu na fyddant yn adweithio â'r electrolyt na chynnyrch yr electrolysis.
3. Mae ïonau positif bob amser yn mynd i'r catod. Oherwydd hyn yr enw arnynt yw **catïonau**.
4. Bydd ïonau negatif bob amser yn mynd i'r anod, felly maent yn cael eu galw'n **anïonau**.

Mae'r tabl hwn yn dangos y canlyniadau pan fydd rhai cyfansoddion ïonig eraill yn cael eu helectroleiddio:

Electrolyt	Y dadelfennu	Yn y catod	Yn yr anod
Sodiwm clorid NaCl	sodiwm clorid → sodiwm + clorin 2NaCl(*h*) → 2Na(*h*) + Cl_2(*n*)	$2Na^+ + 2e^- \longrightarrow 2Na$	$2Cl^- \longrightarrow Cl_2 + 2e^-$
Potasiwm ïodid KI	potasiwm ïodid → potasiwm + ïodin 2KI(*h*) → 2K(*h*) + I_2(*n*)	$2K^+ + 2e^- \longrightarrow 2K$	$2I^- \longrightarrow I_2 + 2e^-$
Copor(II) bromid $CuBr_2$	copor(II) bromid → copor + bromin $CuBr_2$(*h*) → Cu(*h*) + Br_2(*n*)	$Cu^{2+} + 2e^- \longrightarrow Cu$	$2Br^- \longrightarrow Br_2 + 2e^-$

Y gwahaniaeth rhwng electrolyt a dargludydd

Mae electrolytau a dargludyddion yn dargludo trydan. Dyma'r gwahaniaeth rhyngddynt:
Mae dargludyddion yn elfennau, ac yn aros yr un fath wrth ddargludo. Mae electrolytau yn gyfansoddion tawdd, neu doddiannau o gyfansoddion, ac maent yn dadelfennu wrth ddargludo.

Cwestiynau

1. Esboniwch ystyr pob un o'r termau hyn:
   electrolysis anod catod
2. Ar gyfer electrolysis plwm bromid tawdd, gwnewch ddiagram i ddangos:
   a sut mae'r ïonau yn symud wedi cau'r swits
   b beth sy'n digwydd yn yr anod
   c beth sy'n digwydd yn y catod
3. Beth yw: catïon? anïon?
4. Mae copor tawdd a chopor(II) bromid tawdd yn dargludo. Pa newidiadau y byddech yn disgwyl eu gweld pan fyddant yn dargludo?
5. Ysgrifennwch hafaliadau ar gyfer yr adwaith cyffredinol, a'r adwaith ym mhob electrod, pan fydd magnesiwm clorid ($MgCl_2$) tawdd yn cael ei electroleiddio.

6.3 Electrolysis toddiannau

Toddiant sodiwm clorid

Pan fydd sodiwm clorid yn toddi mewn dŵr, mae ei ïonau yn rhydd i symud. Felly gellir electroleiddio'r toddiant.
Yn y labordy, gwneir yr electrolysis gydag electrodau graffit neu blatinwm, a thoddiant crynodedig o halen. Efallai y byddech yn disgwyl cael sodiwm a chlorin wrth yr electrodau. Ond nid yw hyn yn digwydd – yn hytrach ceir hydrogen a chlorin.
Pan fydd toddiant crynodedig o sodiwm clorid yn cael ei electroleiddio gan ddefnyddio electrodau graffit neu blatinwm, ceir hydrogen a chlorin yn yr electrodau.
Dangosir yr offer ar y dde. Mae'n gadael i'r nwyon gael eu casglu wrth iddynt fyrlymu. Sylwch ar y symbol ar gyfer y batri.

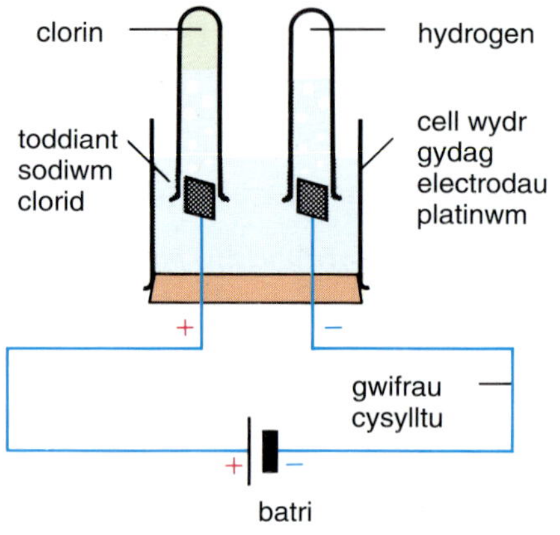

O ble daw'r hydrogen Dim ond o'r *dŵr* yn y toddiant y gall yr hydrogen ddod.
Mae dŵr pur yn folecylaidd, felly ni ddylai ddargludo o gwbl. Ond, mae'n dargludo trydan *rywfaint bach*, oherwydd ei fod yn cynnwys ffracsiwn bach o folecylau dŵr wedi ymhollti'n ïonau:

rhai molecylau dŵr → ïonau hydrogen + ïonau hydrocsid

H_2O (*h*) → H^+ (*dyfr*) + OH^- (*dyfr*)

Felly mae toddiant o sodiwm clorid yn cynnwys pedwar math o ïonau:

Na^+ a Cl^- o sodiwm clorid, H^+ ac OH^- o ddŵr.

Yn ystod yr electrolysis, dyma sy'n digwydd:

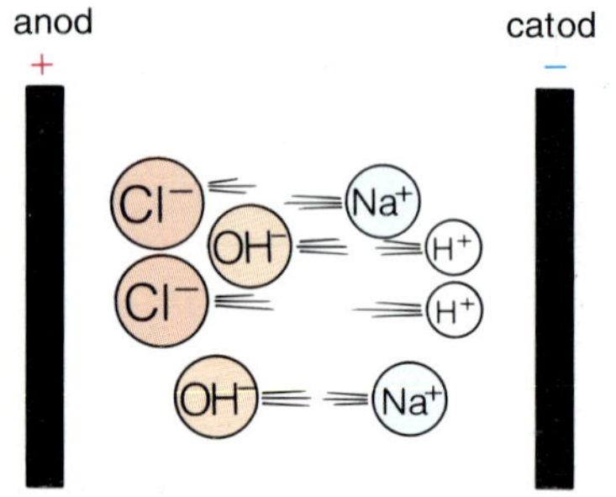

Mae'r ïonau sodiwm a hydrogen yn cael eu hatynnu at y catod. Mae'r ïonau clorid a hydrocsid yn cael eu hatynnu at yr anod.

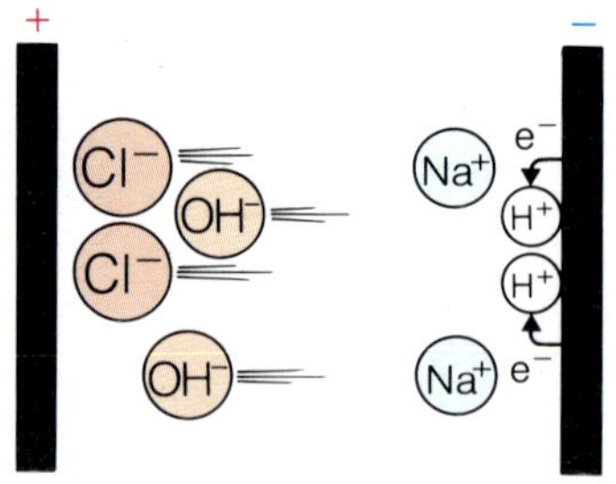

Yn y catod, mae ïonau hydrogen yn fwy parod i dderbyn electronau nag ïonau sodiwm. Maent yn troi'n atomau, yna'n ffurfio molecylau:
$2H^+ + 2e^- \rightarrow H_2$
Mae'r hydrogen yn byrlymu.
Mae'r ïonau sodiwm yn aros yn y toddiant.

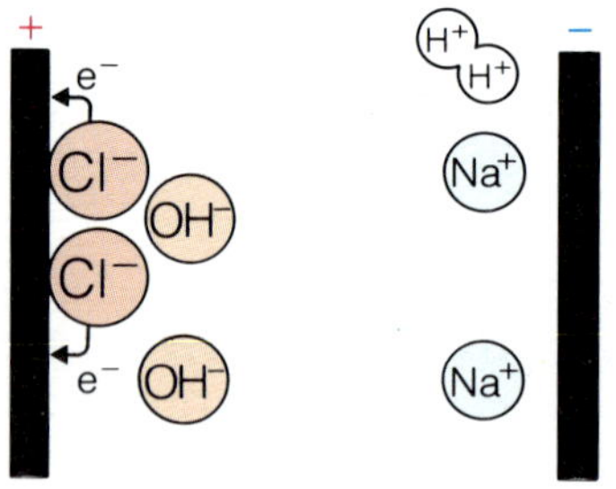

Yn yr anod, mae ïonau clorid yn fwy parod i golli electronau nag ïonau hydrocsid. Mae nwy clorin yn byrlymu:
$2Cl^- \rightarrow Cl_2 + 2e^-$
Mae'r ïonau hydrocsid yn aros yn y toddiant.

Yn y catod, derbynnir yr electronau gan ïonau hydrogen yn hytrach nag o'r ïonau sodiwm, oherwydd bod sodiwm yn **fwy adweithiol** na hydrogen, ac yn fwy tueddol i fodoli fel ïonau.

Asid sylffwrig gwanedig

Wrth electroleiddio asid sylffwrig gwanedig gydag electrodau platinwm, ceir hydrogen ac ocsigen yn yr electrodau.
Cynhelir y broses mewn **foltamedr Hofmann** fel arfer. Gwelir un ar y dde. Gall y ddau nwy gael eu casglu. H_2SO_4 yw fformwla asid sylffwrig. Mewn dŵr mae'n ffurfio ïonau:

$H_2SO_4\ (dyfr) \rightarrow 2H^+\ (dyfr) + SO_4^{2-}\ (dyfr)$

Felly, yn y toddiant asid sylffwrig gwanedig, dyma'r ïonau:

H^+ a SO_4^{2-} o asid sylffwrig, H^+ ac OH^- o ddŵr.

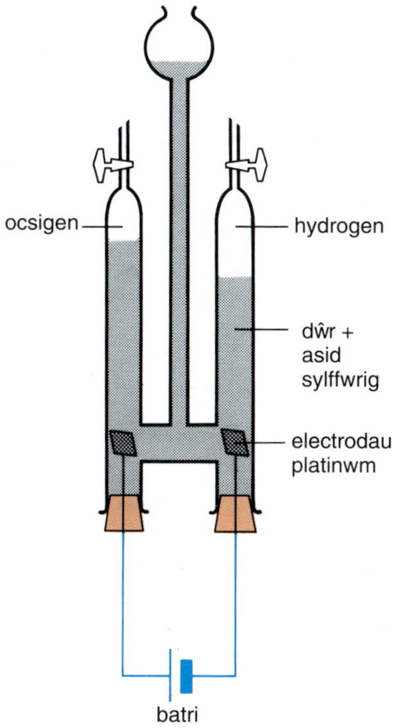

Foltamedr Hofmann. Sylwch fod cyfaint yr hydrogen a gesglir yn ddwywaith cyfaint yr ocsigen.

Mae'r ïonau positif yn mynd i'r catod, yr ïonau negatif i'r anod.

Yn y catod Mae nwy hydrogen yn byrlymu, oherwydd yr adwaith hwn:

$4H^+ + 4e^- \rightarrow 2H_2$

Yn yr anod Mae ïonau hydrocsid yn fwy parod i golli eu helectronau nag ïonau sylffad, felly ffurfir ocsigen a dŵr.

$4OH^- \rightarrow 2H_2O + O_2 + 4e^-$

Mae'r ocsigen yn byrlymu. Mae ïonau sylffad yn aros yn y toddiant. Y canlyniad cyffredinol yw fod *dŵr* yn dadelfennu, yn hytrach nag asid:

dŵr	$\rightarrow$	hydrogen	+	ocsigen
$2H_2O\ (h)$	$\rightarrow$	$2H_2\ (n)$	+	$O_2\ (n)$

Felly gelwir yr electrolysis hwn yn **electrolysis dŵr wedi'i asidio.**

Toddiant copor(II) sylffad

Wrth electroleiddio toddiant copor(II) sylffad gydag electrodau platinwm, ceir copor ac ocsigen yn yr electrodau.
Mae toddiant copor(II) sylffad yn cynnwys yr ïonau hyn:

Cu^{2+} ac SO_4^{2-} o gopor(II) sylffad, H^+ ac OH^- o ddŵr.

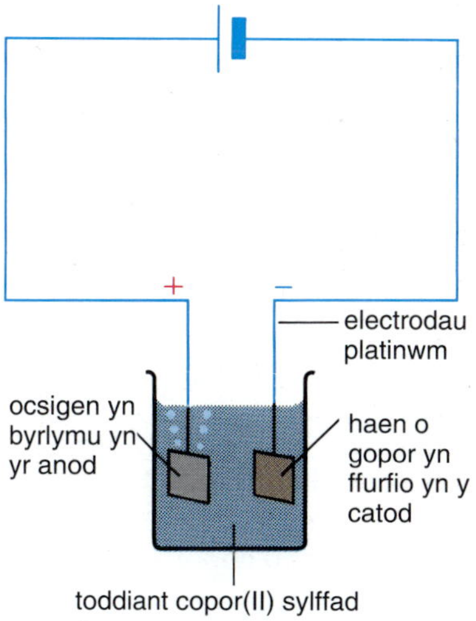

Mae'r ïonau positif yn mynd i'r catod, yr ïonau negatif i'r anod.

Yn y catod Mae copor yn cael ei ffurfio yn hytrach na hydrogen, oherwydd bod copor yn **llai adweithiol** na hydrogen. Mae ei ïonau yn derbyn electronau yn barotach nag y mae ïonau hydrogen:

$2Cu^{2+} + 4e^- \rightarrow 2Cu$

Mae'r atomau copor yn cydio wrth yr electrod platinwm. Mae haen o gopor yn tyfu. Mae'r ïonau hydrogen yn aros yn y toddiant.

Yn yr anod Gan fod ïonau hydrocsid yn ildio eu helectronau yn barotach nag ïonau sylffad, ffurfir ocsigen a dŵr.

$4OH^- \rightarrow 2H_2O + O_2 + 4e^-$

Mae'r ïonau sylffad yn aros yn y toddiant.

Cwestiynau

1 Esboniwch pam mae dŵr yn dargludo *rhywfaint bach* o drydan.

2 Disgrifiwch beth sy'n digwydd yn ystod electrolysis toddiant sodiwm clorid crynodedig.

3 Ysgrifennwch: **a** yr anïonau sy'n bresennol
b y catïonau sy'n bresennol
c yr adwaith ym mhob electrod, pan fydd asid sylffwrig gwanedig yn cael ei electroleiddio.

6.4 Defnyddio electrolysis

1 Gwneud sodiwm hydrocsid

Gwelsoch ar dudalen 80 bod hydrogen a chlorin yn byrlymu yn yr electrodau wrth i doddiant sodiwm clorid gael ei electroleiddio. Gadewir ïonau sodiwm ac ïonau hydrocsid yn y toddiant. Defnyddir y broses hon mewn diwydiant i wneud sodiwm hydrocsid. Mae'n defnyddio **heli**, toddiant crynodedig o sodiwm clorid mewn dŵr, wedi'i bwmpio o fwyngloddiau halen.

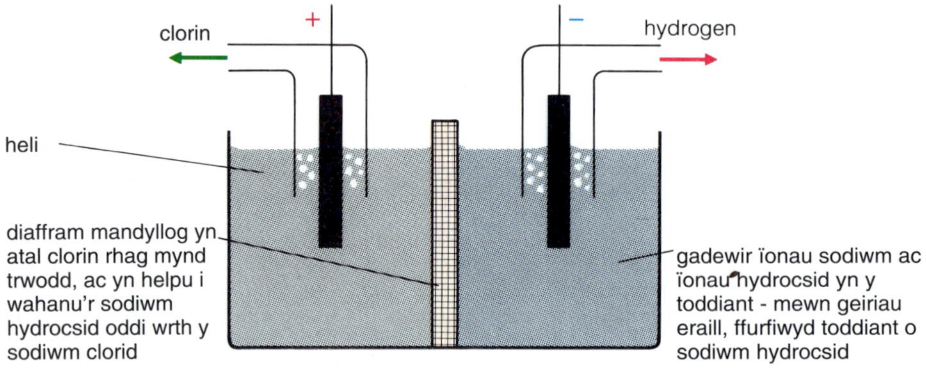

Mae sodiwm hydrocsid yn ddefnyddiol iawn. Fe'i defnyddir i wneud sebon a glanedyddion, papur, reion, a ffibrau eraill, ac wrth liwio tecstiliau. Mae'n cael ei ddefnyddio ar gyfer puro bawcsit, y tynnir alwminiwm ohono. Dyma'r man cychwyn ar gyfer gwneud llawer o gemegion eraill hefyd.

Mae'r clorin a'r hydrogen o'r electrolysis yn bwysig hefyd. Er enghraifft defnyddir clorin i gannu ac fel glanedydd ar gyfer cyflenwadau dŵr a phyllau nofio. Defnyddir hydrogen fel tanwydd ar gyfer pwmpio'r heli ac i wresogi'r toddiant sodiwm hydrocsid i'w grynodi.

2 Puro metelau

Wrth electroleiddio toddiant copor(II) sylffad, gan ddefnyddio electrodau platinwm, fe welsoch ar dudalen 81 fod copor yn cael ei ffurfio yn y catod ac ocsigen yn yr anod.
Mae'r canlyniad braidd yn wahanol pan ddefnyddir electrodau *copor*.

Yn y catod Mae ïonau copor yn troi'n atomau copor, fel o'r blaen:
$Cu^{2+} + 2e^- \rightarrow Cu$
Mae'r atomau copor yn cydio wrth y catod copor.

Yn yr anod Mae'r anod copor yn toddi, gan ffurfio ïonau copor yn y toddiant, fel y dangosir ar y dde:
$Cu \rightarrow Cu^{2+} + 2e^-$

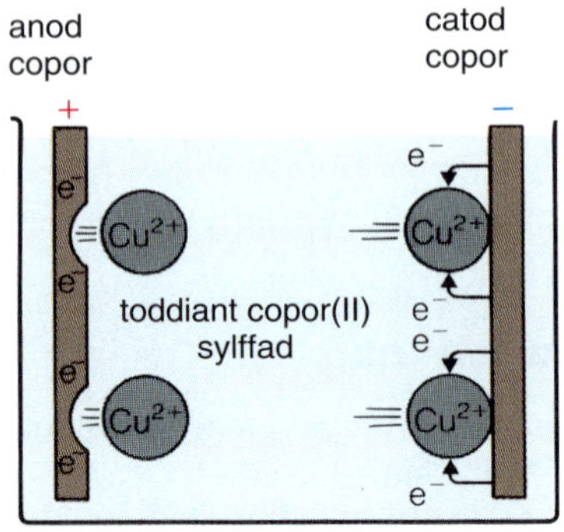

Y canlyniad yw fod y catod yn mynd yn fwy trwchus, tra bo'r anod yn gwisgo. Defnyddir y syniad hwn i **buro** copor, fel y dangosir ar y tudalen gyferbyn. (Rhaid i gopor fod yn bur iawn i'w ddefnyddio mewn gwifrau trydanol.)

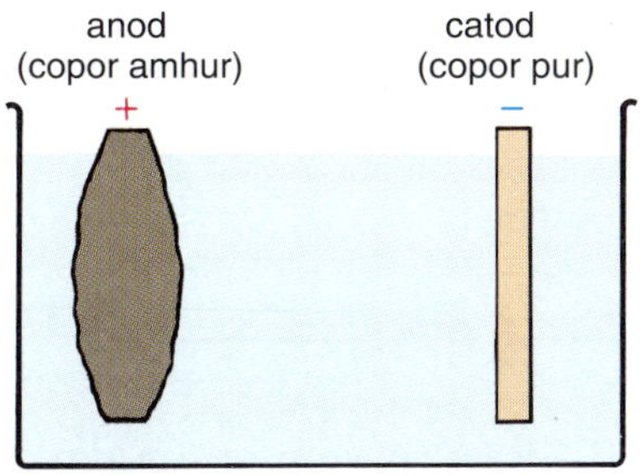

Defnyddir y copor amhur fel anod cell electrolysis. Mae'r catod yn gopor pur, a thoddiant copor(II) sylffad yw'r electrolyt.

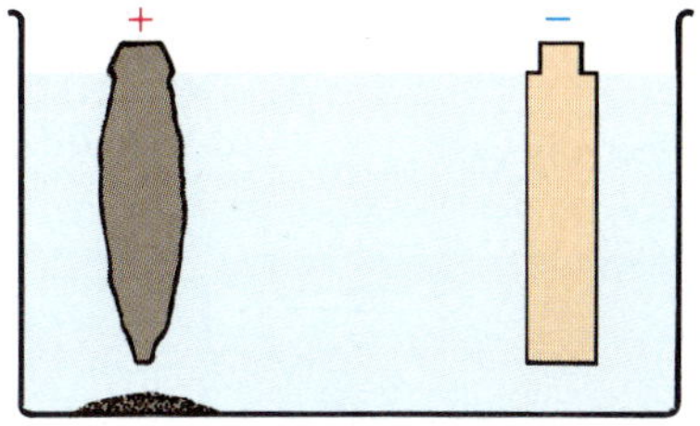

Yn ystod yr electrolysis, mae'r anod yn toddi, a'r amhureddau yn disgyn i waelod y gell. Mae haen o gopor pur yn ymgasglu ar y catod.

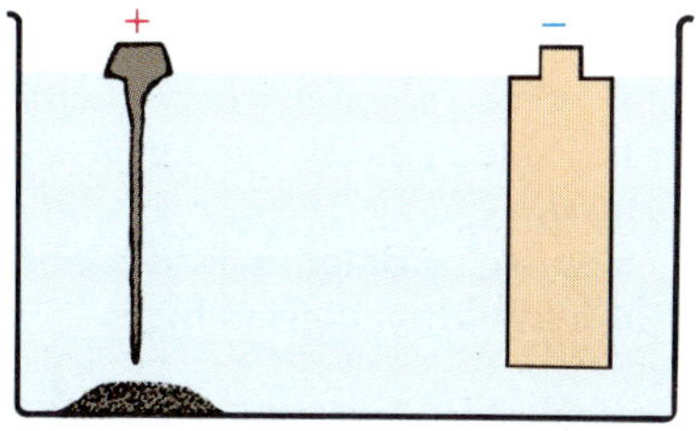

Tynnir y catod yn y pen draw. Yna mae'r amhureddau yng ngwaelod y gell yn cael eu casglu – weithiau byddant yn cynnwys aur ac arian.

Gellir puro metelau fel nicel a phlwm yn y dull hwn hefyd.

3 Electroplatio

Fe welsoch ar dudalen 81 sut y cafodd electrod platinwm haen o gopor yn ystod electrolysis. Defnyddir electrolysis yn aml i roi haen o un metel ar un arall – fel arfer i wneud i'r metel cyntaf ymddangos yn fwy deniadol, neu i'w atal rhag rhydu. Gelwir y broses yn **electroplatio**.

Mae'r diagram ar y dde yn dangos sut y gellir electroplatio jwg nicel ag arian. Gwneir y jwg yn gatod cell electrolysis. Mae'r anod wedi'i wneud o arian. Toddiant o gyfansoddyn arian yw'r electrolyt; arian nitrad er enghraifft.

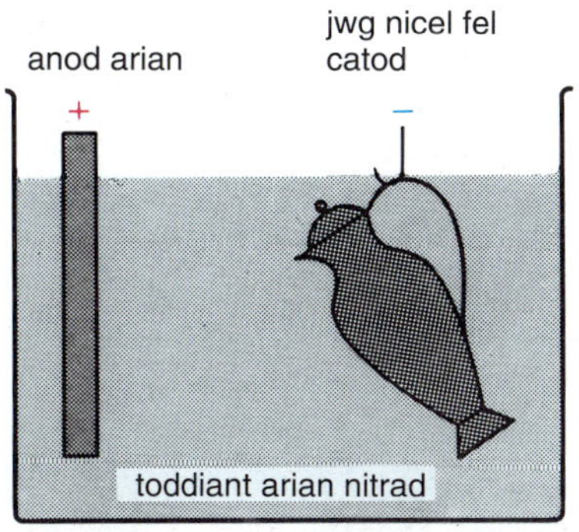

Yn yr anod Mae'r arian yn toddi, gan ffurfio ïonau arian yn y toddiant:

$Ag \rightarrow Ag^{+} + e^{-}$

Yn y catod Mae ïonau arian yn derbyn electronau, ac yn ffurfio haen o arian ar y jwg:

$Ag^{+} + e^{-} \rightarrow Ag$

Pan fydd yr haen o arian yn ddigon trwchus, tynnir y jwg.

Yn gyffredinol, i electroplatio gwrthrych â metel X:
defnyddir y gwrthrych fel catod y gell
defnyddir metel X fel anod y gell
defnyddir toddiant o gyfansoddyn o X fel electrolyt.

Bydd electroplatio'n cael ei ddefnyddio'n helaeth mewn diwydiant. Er enghraifft, mae bympers ceir yn cael eu helectroplatio â chromiwm, i'w gwneud yn ddisglair ac i'w diogelu rhag rhwd. Mae dur yn cael ei electroplatio â thun, i wneud 'tuniau' ar gyfer bwyd.

Jwg nicel wedi'i electroplatio ag arian.

Cwestiynau

1 **a** Beth yw heli?
b Wrth electroleiddio heli, pa nwy sy'n cael ei ryddhau: **i** yn y catod? **ii** yn yr anod?
c O ble daw'r sodiwm hydrocsid?
ch Pam mae'r gell yn cynnwys diaffram?
d Pam mae sodiwm hydrocsid yn gemegyn pwysig?

2 Gall electrolysis buro copor.
a Pa electrolyt a ddefnyddir?
b Esboniwch beth sy'n digwydd ym mhob electrod.

3 **a** Beth yw electroplatio?
b Gwnewch ddiagram a labelwch ef i ddangos sut byddech chi'n electroplatio hoelen haearn â chopor.

Cwestiynau ar Bennod 6

1 **a** Beth yw ystyr y term *electrolysis*?

b Mae'r geiriau hyn i gyd yn rhan o electrolysis: *anod, catod, electrolyt, anïon, catïon.* Copïwch y diagram isod a labelwch ef gan ddefnyddio'r geiriau hyn:

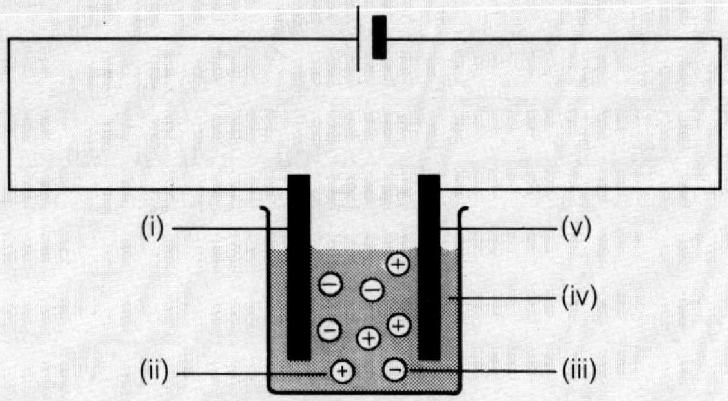

2 Ym mha rai o'r rhain y byddai'r bwlb yn goleuo?

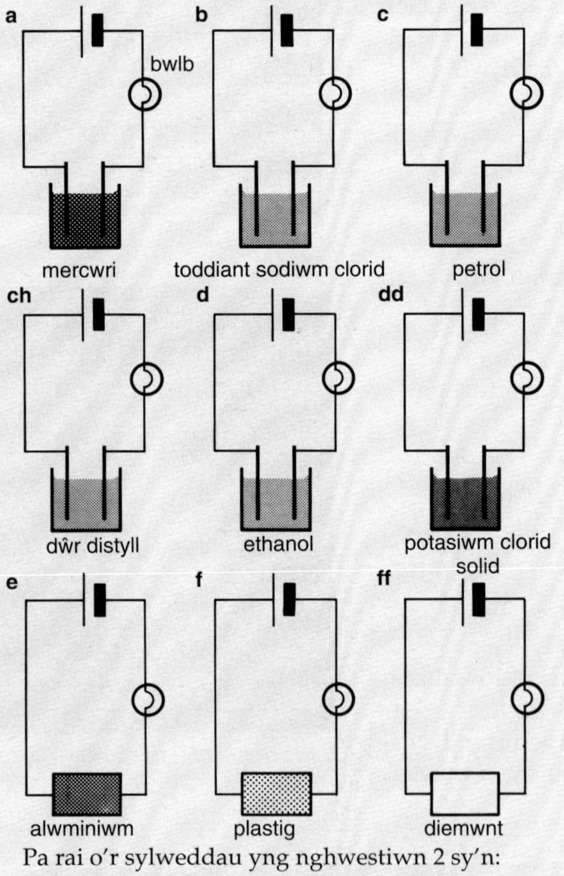

3 **a** Pa rai o'r sylweddau yng nghwestiwn 2 sy'n:
i ddargludyddion? **ii** ynysyddion?
iii electrolytau? **iv** anelectrolytau?

b Beth yw'r gwahaniaeth rhwng dargludydd ac electrolyt?

c Ar gyfer pa rai o'r sylweddau uchod y byddech yn disgwyl gweld newid yn digwydd yn yr electrodau?

4 Gellir archwilio electrolysis plwm bromid gan ddefnyddio'r offer canlynol.

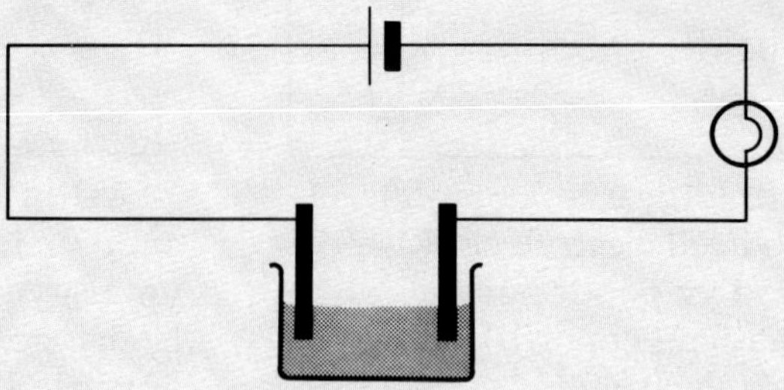

a Beth y mae'n rhaid ei wneud i'r plwm bromid cyn y bydd y bwlb yn goleuo?

b Beth fyddech chi'n ei *weld* yn yr electrod positif yn ystod yr arbrawf?

c Enwch y sylwedd yn **b**.

ch Beth sy'n cael ei ffurfio yn yr electrod negatif?

d Ysgrifennwch hafaliad ar gyfer yr adwaith ym mhob electrod.

5 Mae'r cwestiwn hwn am electrolysis lithiwm clorid *tawdd*. Mae lithiwm clorid yn ïonig, ac yn cynnwys ïonau lithiwm (Li^+) ac ïonau clorid (Cl^-).

a Pa ïon yw'r anïon?

b Pa ïon yw'r catïon?

c Copïwch y diagram canlynol gan ddefnyddio saethau i ddangos:
i pa ffordd mae'r ïonau yn llifo pan fo'r swits ar gau
ii pa ffordd mae'r electronau yn llifo yn y gwifrau

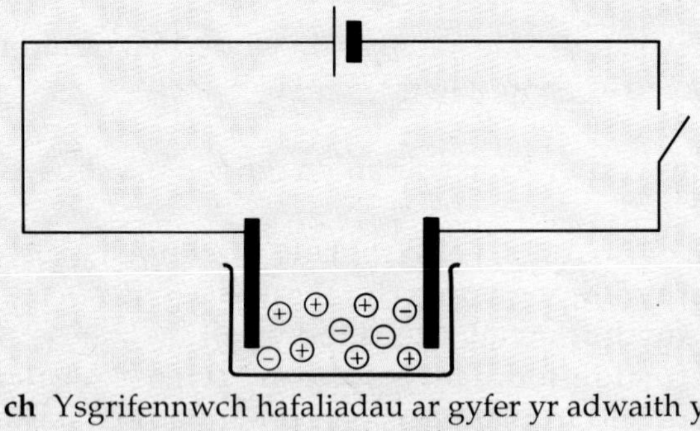

ch Ysgrifennwch hafaliadau ar gyfer yr adwaith ym mhob electrod, a'r adwaith cyffredinol.

6 Mae'r cwestiwn hwn am electrolysis toddiant dyfrllyd o lithiwm clorid.

a Ysgrifennwch enwau a symbolau'r holl ïonau sy'n bresennol yn y toddiant.

b Mae lithiwm yn fetel adweithiol, fel sodiwm. Beth fydd yn cael ei ffurfio yn y catod?

c Beth fydd yn cael ei ffurfio yn yr anod?

ch Ysgrifennwch hafaliad ar gyfer yr adwaith ym mhob electrod.

d Enwch ddau electrolyt arall a fydd yn rhoi'r un cynhyrchion electrolysis â hwn.

7 Ysgrifennwch hafaliad ar gyfer:
a y dadelfennu cyffredinol
b yr adwaith ym mhob electrod
pan fydd sodiwm clorid yn cael ei electroleiddio.

8 **a** Rhestrwch yr anïonau a'r catïonau sydd mewn:
i toddiant sodiwm clorid
ii toddiant copor(II) clorid
b Beth yw'r yr adwaith y byddech yn ei ddisgwyl yn:
i yr anod ii y catod
pan fydd pob toddiant yn **a** yn cael ei electroleiddio, gan ddefnyddio electrodau platinwm?
c Esboniwch pam mae'r adweithiau anod yn **b** yr un fath â'i gilydd.
ch Esboniwch pam y ceir copor yn y catod, ond nid sodiwm.

9 Toddwyd chwe sylwedd A i Dd mewn dŵr, a'u cysylltu yn eu tro â'r gylched isod. Mae'r symbol Ⓐ yn cynrychioli amedr, sef offer ar gyfer mesur y cerrynt.

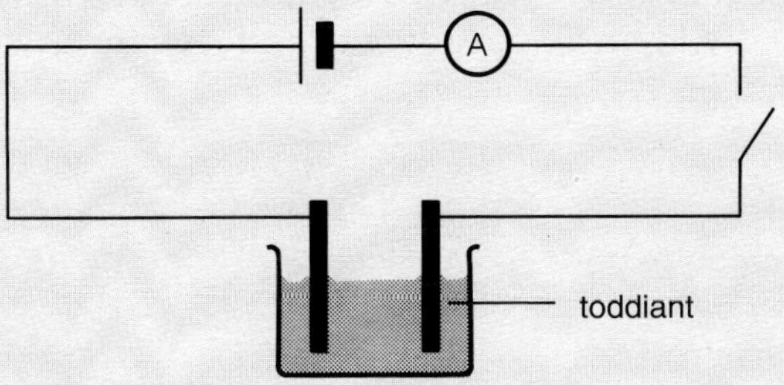

Dyma'r canlyniadau:

Sylwedd	Cerrynt/ amperau	Catod (+)	Anod (-)
A	0.8	copor	clorin
B	1.0	hydrogen	clorin
C	0.0	____	____
Ch	0.8	copor	ocsigen
D	1.2	hydrogen	ocsigen
Dd	0.7	arian	ocsigen

a Pa doddiant sy'n dargludo orau?
b Pa doddiant sy'n anelectrolyt?
c Pa doddiant allai fod yn:
i arian nitrad?
ii copor(II) sylffad?
iii copor(II) clorid?
iv sodiwm hydrocsid?
v siwgr?
vi potasiwm clorid?

10 Mae hydrogen clorid yn sylwedd molecylaidd. Ond, mae'n toddi mewn dŵr i ffurfio *asid hydroclorig*, sy'n bodoli fel ïonau:
$HCl\ (n) \rightarrow H^+\ (dyfr)\ Cl^-\ (dyfr)$
Rhestrwch yr ïonau sy'n bresennol mewn toddiant o asid hydroclorig. Pa ganlyniad y byddech yn ei ddisgwyl pan fydd y toddiant yn cael ei electroleiddio gydag electrodau platinwm?

11 Mae dau ficer o doddiant copor(II) sylffad yn cael eu gosod mewn cylched, fel y dangosir isod. Mae A a B yn electrodau platinwm, mae C ac Ch yn electrodau copor.

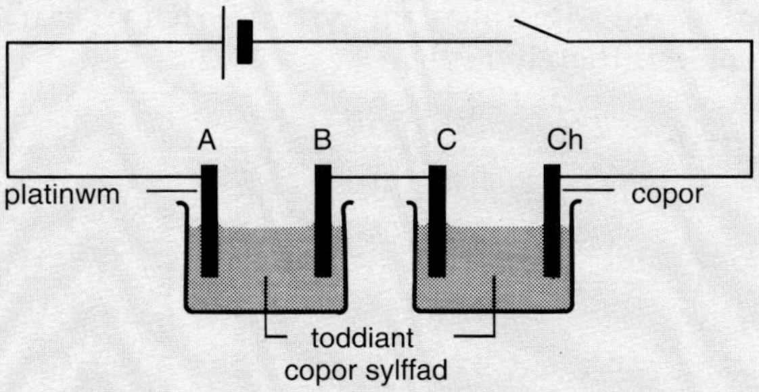

a Pa electrodau yw'r *anodau*?
b Beth fyddai'n digwydd ym mhob electrod pe bai'r swits ar gau?
c Defnyddiwch eich ateb i **b** i esbonio beth yw electroplatio.
ch Lluniwch ddiagram i ddangos sut byddech yn platio gwrthrych metel â nicel.
d Tybiwch fod electrod C wedi'i wneud o gopor amhur. Esboniwch sut mae copor yn cael ei buro yn ystod y broses uchod.

12 Mae'r diagram yn dangos offer y gellir ei ddefnyddio ar gyfer electrolysis dŵr asidiedig, gan gynhyrchu hydrogen ac ocsigen.

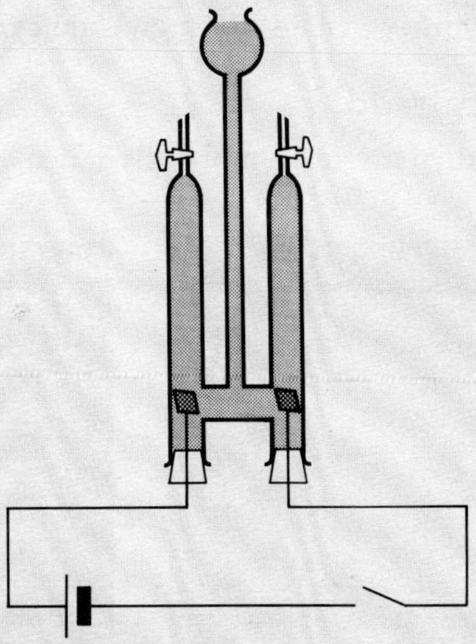

a Copïwch y diagram.
b Labelwch y catod a'r anod.
c Nodwch lefel y dŵr ym mhob tiwb ar ôl i'r offer fod yn gweithio am beth amser.
ch Labelwch y ddau nwy (hydrogen ac ocsigen).
d Pa asid a ddefnyddir i asidio dŵr fel arfer?
dd Ysgrifennwch hafaliad cemegol i gynrychioli dadelfeniad dŵr yn hydrogen ac ocsigen.
e Beth yw màs molecylaidd cymharol dŵr?
f Pa fàs o hydrogen a geir o 54 g o ddŵr trwy electrolysis?

7.1 Cyfraddau adweithiau

Cyflym ac araf

Mae rhai adweithiau yn **gyflym** a rhai yn **araf**. Edrychwch ar yr enghreifftiau hyn:

Sodiwm clorid yn gwaddodi wrth gymysgu toddiannau o arian nitrad a sodiwm clorid. Dyma adwaith cyflym iawn.

Concrit yn caledu. Mae'r adwaith yn eithaf araf. Bydd yn cymryd rhai diwrnodau i'r concrit galedu.

Rhwd yn ymffurfio. Mae hwn yn adwaith araf iawn fel arfer.

Weithiau mae angen gwybod mwy na bod adwaith yn gyflym neu'n araf. Er enghraifft, mewn ffatri sy'n gwneud cynhyrchion o gemegion, mae angen i beirianwyr cemegol wybod *yn union* pa mor gyflym y mae pob adwaith yn gweithio, a faint o amser y mae'n ei gymryd. Hynny yw, mae angen gwybod **cyfradd** pob adwaith.

Beth yw cyfradd?

Mae cyfradd yn mesur pa mor gyflym neu araf yw rhywbeth. Dyma rai enghreifftiau cyffredin:

Mae hon newydd hedfan 2000 km mewn 1 awr. Hedfanodd ar **gyfradd** o 2000 km yr awr.

Gall y pwmp petrol hwn bwmpio petrol ar **gyfradd** o 50 litr y funud.

Gall y peiriant hwn argraffu papurau newydd ar **gyfradd** o 10 copi yr eiliad.

O'r enghreifftiau hyn gallwch weld bod:
cyfradd yn fesur o'r newid sy'n digwydd mewn un uned o amser.
Gellir defnyddio unrhyw uned amser sy'n addas – eiliad, munud, awr, diwrnod hyd yn oed.

Cyfradd adwaith cemegol

Wrth ychwanegu zinc at asid sylffwrig gwanedig, mae'r ddau'n adweithio â'i gilydd. Mae'r zinc yn diflannu'n araf, a nwy yn byrlymu yr un pryd.

Ymhen amser, mae'r swigod nwy yn ymffurfio'n llai cyflym. Mae'r adwaith yn arafu.

Yn y pen draw, nid oes rhagor o swigod. Mae'r adwaith wedi gorffen, oherwydd bod yr holl asid wedi'i ddefnyddio. Mae yna rywfaint o zinc ar ôl.

Yn yr enghraifft hon, y nwy sy'n ymffurfio yw hydrogen. Hafaliad yr adwaith yw:

zinc + asid sylffwrig → zinc sylffad + hydrogen

$Zn\ (s) + H_2SO_4\ (dyfr) \rightarrow ZnSO_4\ (dyfr) + H_2\ (n)$

Mae zinc ac asid sylffwrig yn cael eu defnyddio yn yr adwaith. Yr un pryd, mae zinc sylffad a hydrogen yn ymffurfio.

Gallech fesur cyfradd yr adwaith, trwy fesur naill ai:

(i) faint o zinc a ddefnyddir y funud *neu*

(ii) faint o asid sylffwrig a ddefnyddir y funud *neu*

(iii) faint o zinc sylffad a gynhyrchir y funud *neu*

(iv) faint o hydrogen a gynhyrchir y funud.

Ar gyfer yr adwaith hwn, y peth hawsaf i'w wneud yw mesur faint o hydrogen a gynhyrchir bob munud – gellir casglu'r hydrogen wrth iddo fyrlymu, ac yna mesur ei gyfaint. Ar y tudalen nesaf byddwch yn gweld sut i wneud hyn.

Yn gyffredinol, i ganfod cyfradd adwaith, dylech fesur: faint o adweithydd a ddefnyddir ym mhob uned o amser *neu* faint o gynnyrch a gynhyrchir ym mhob uned o amser.

Cwestiynau

1 Dyma rai adweithiau sy'n digwydd yn y cartref. Rhowch nhw yn nhrefn cyfradd ostyngol (y cyflymaf yn gyntaf).

- **a** Paent glòs yn sychu
- **b** Ffrwyth yn pydru
- **c** Nwy coginio yn llosgi
- **ch** Teisen yn coginio
- **d** Bath metel yn rhydu

2 Pa un o'r cyfraddau teithio hyn yw'r arafaf?

5 kilometr yr eilad

20 kilometr y funud

60 kilometr yr awr

3 Dychmygwch fod yn rhaid i chi fesur y gyfradd y defnyddir zinc yn yr adwaith uchod. Pa un o'r unedau hyn a fyddai'n addas?

- **a** litrau y funud
- **b** gramau y funud
- **c** centimetrau y funud

Esboniwch eich dewis.

4 Mae haearn yn adweithio ag asid sylffwrig fel hyn:

$Fe\ (s) + H_2SO_4\ (dyfr) \rightarrow FeSO_4\ (dyfr) + H_2\ (n)$

a Ysgrifennwch hafaliad geiriol ar gyfer yr adwaith hwn.

b Ysgrifennwch bedair ffordd wahanol o fesur cyfradd yr adwaith.

7.2 Mesur cyfradd adwaith

Fe welsoch ar y tudalen diwethaf fod cyfradd adwaith yn cael ei chyfrifo trwy fesur faint o **adweithydd** a ddefnyddir am bob uned o amser neu faint o **gynnyrch** a gynhyrchir am bob uned o amser. Ystyriwch yr adwaith rhwng magnesiwm a gormodedd o asid hydroclorig gwanedig. Ei hafaliad yw:

magnesiwm + asid hydroclorig → magnesiwm clorid + hydrogen

$Mg\,(s) + 2HCl\,(dyfr) \rightarrow MgCl_2\,(dyfr) + H_2\,(n)$

Mae rhai adweithiau mor gyflym fel y byddai'n anodd iawn mesur eu cyfradd - fel tanio'r hen fwynglawdd hwn.

Yn yr adwaith hwn, hydrogen yw'r sylwedd hawsaf i'w fesur, oherwydd mai dyma'r unig nwy yn yr adwaith. Mae'n byrlymu a gellir ei gasglu mewn **chwistrell nwy**, a mesur ei gyfaint.

Y dull Mae'r offer hwn yn addas:

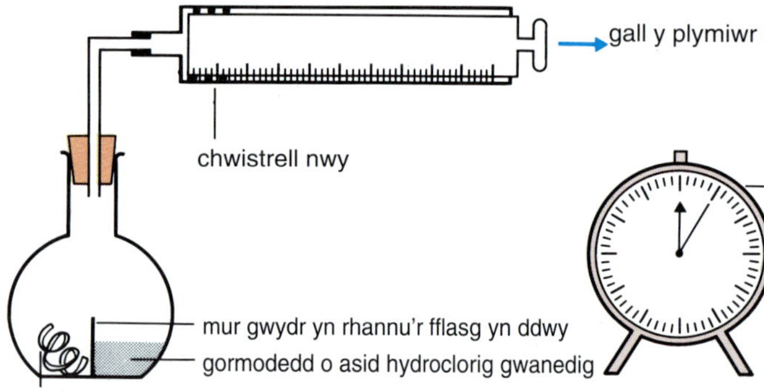

Mae'r magnesiwm yn cael ei lanhau â phapur tywod a'i roi yn un rhan o'r fflasg. Rhoddir asid hydroclorig gwanedig yn y rhan arall. Caiff y fflasg ei throi er mwyn i'r ddau adweithydd gymysgu, gan ddechrau'r cloc yr un pryd. Mae swigod o hydrogen yn ymffurfio. Mae'r nwy yn codi i fyny'r fflasg, gan wthio'i ffordd i'r chwistrell nwy. Mae'n rhaid i'r plymiwr symud tuag allan.

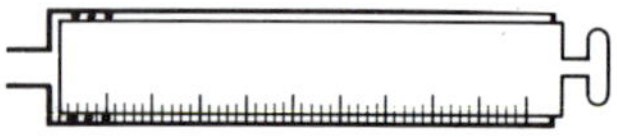

Ar y cychwyn mae'r chwistrell wedi cau. Ni chasglwyd unrhyw nwy eto.

Nawr mae'r plymiwr wedi symud at y marc 20 cm^3. Cafodd 20 cm^3 o nwy ei gasglu.

Rhaid nodi cyfaint y nwy bob hyn a hyn, er enghraifft ar ddiwedd pob hanner munud. Sut gwyddoch chi pan fydd yr adwaith wedi gorffen?

Y canlyniadau Dyma rai canlyniadau nodweddiadol:

Amser/munudau	0	½	1	1½	2	2½	3	3½	4	4½	5	5½	6	6½
Cyfaint yr hydrogen/cm^3	0	8	14	20	25	29	33	36	38	39	40	40	40	40

Gellir plotio'r canlyniadau hyn ar graff, fel yr un ar y tudalen nesaf.

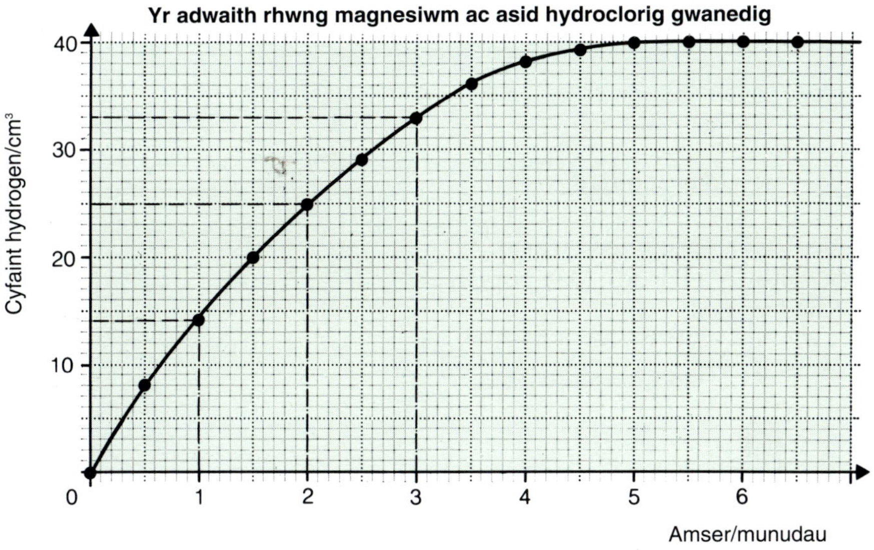

Sylwch ar y pethau hyn am y canlyniadau:

1 Yn y munud cyntaf, cynhyrchir 14 cm^3 o hydrogen. Y gyfradd ar gyfer y munud cyntaf yw 14 cm^3 o hydrogen y funud. Yn yr ail funud, dim ond 11 cm^3 a gynhyrchir. (25 – 14 = 11) Felly, y gyfradd nawr yw 11 cm^3 o hydrogen y funud. Y gyfradd ar gyfer y trydydd munud yw 8 cm^3 o hydrogen y funud. Gallwch weld felly fod y gyfradd yn gostwng gydag amser. **Mae'r gyfradd yn newid trwy gydol yr adwaith. Mae ar ei huchaf yn y dechrau, ond yn lleihau wrth i'r adwaith fynd rhagddo.**

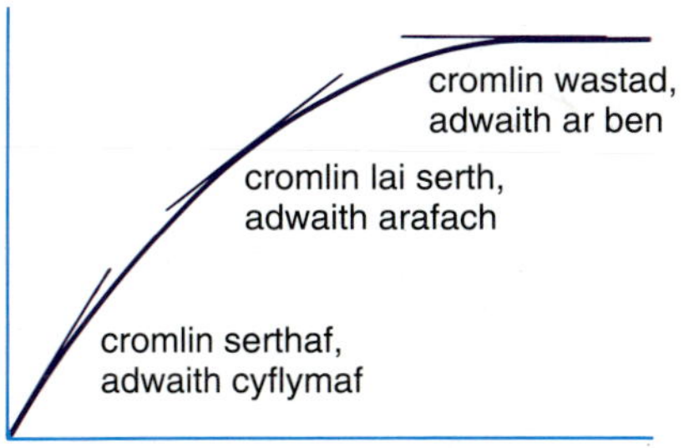

2 Mae'r adwaith ar ei gyflymaf yn y munud cyntaf, a dyna pryd mae'r gromlin fwyaf serth. Mae'n mynd yn llai serth wrth i'r adwaith arafu. **Po gyflymaf yr adwaith, mwyaf serth y gromlin.**

3 Ar ôl 5 munud, ni chynhyrchir mwy o hydrogen, felly nid yw'r cyfaint yn newid. Mae'r adwaith ar ben, a'r gromlin yn wastad. **Pan fydd yr adwaith ar ben, bydd y gromlin yn wastad.**

4 Cynhyrchir cyfanswm o 40 cm^3 o hydrogen mewn 5 munud.

$$\text{Cyfradd } \textit{gyfartalog} \text{ yr adwaith} = \frac{\text{cyfanswm cyfaint yr hydrogen}}{\text{cyfanswm amser yr adwaith}}$$

$$= \frac{40\ \text{cm}^3}{5\ \text{munud}}$$

$$= \mathbf{8\ cm^3\ o\ hydrogen\ y\ funud.}$$

Gellir defnyddio'r dull hwn i fesur cyfradd *unrhyw* adwaith lle mae un cynnyrch yn nwy – fel yr adwaith ar dudalen 87.

Cwestiynau

1 Ar gyfer yr arbrawf hwn, allwch chi esbonio pam:
- **a** y defnyddir fflasg wedi'i rhannu?
- **b** y mae'r ruban magnesiwm yn cael ei lanhau yn gyntaf?
- **c** y dechreuir y cloc y foment y cymysgir yr adweithyddion?

2 O'r graff uchod, sut gallwch chi ddweud pan fydd yr adwaith wedi gorffen?

3 Mae'r cwestiwn hwn am y graff uchod.
- **a** Faint o hydrogen a gynhyrchir mewn: **i** 2.5 munud? **ii** 4.5 munud?
- **b** Sawl munud y mae'n ei gymryd i gynhyrchu: **i** 10 cm^3 **ii** 20 cm^3 o hydrogen?
- **c** Beth yw cyfradd yr adwaith yn ystod: **i** y pedwerydd munud? **ii** y pumed munud?

7.3 Newid cyfradd adwaith (I)

Effaith crynodiad

Gellir cyflymu neu arafu adwaith trwy newid **crynodiad** adweithydd.
Tybiwch fod yr arbrawf gyda magnesiwm a gormodedd o asid hydroclorig yn cael ei wneud ddwywaith (A a B isod). Mae popeth yr un fath bob tro, *ar wahân* i grynodiad yr asid:

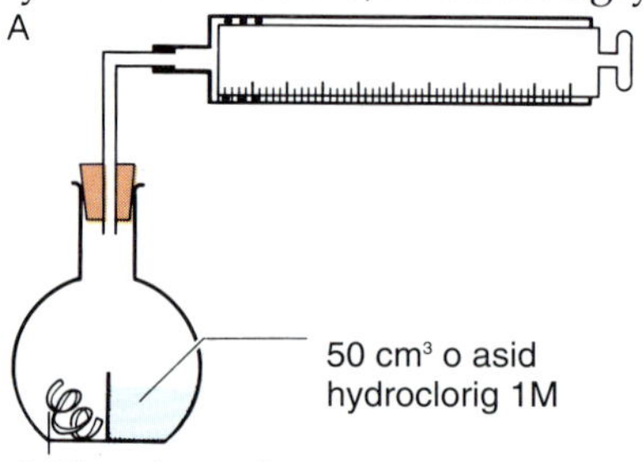

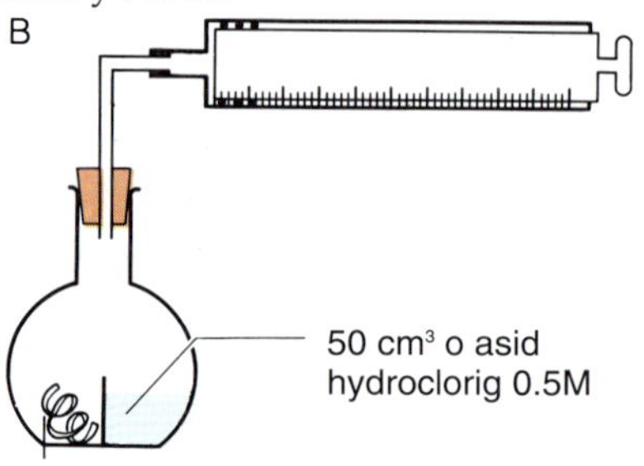

Mae'r asid yn A *ddwywaith mor grynodedig* â'r asid yn B.
Dyma'r ddwy set o ganlyniadau i'w gweld ar yr un graff.

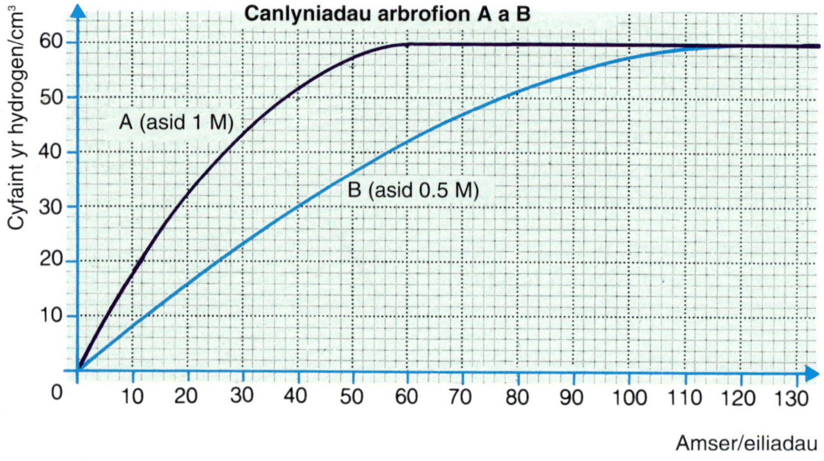

Sylwch ar y pethau hyn am y canlyniadau:

1 Mae cromlin A yn fwy serth na chromlin B. Felly, gallwch ddweud yn syth bod yr adwaith yn gyflymach yn A nag yn B.
2 Yn A, mae'r adwaith yn para 60 eiliad. Yn B mae'n 120 eiliad.
3 Roedd y ddau adwaith yn cynhyrchu 60 cm^3 o hydrogen. A ydych chi'n cytuno? Yn A cafodd ei gynhyrchu mewn 60 eiliad, felly roedd y gyfradd gyfartalog yn 1 cm^3 o hydrogen yr eiliad. Yn B cafodd ei gynhyrchu mewn 120 eiliad, felly roedd y gyfradd gyfartalog yn 0.5 cm^3 o hydrogen yr eiliad. Roedd y gyfradd gyfartalog yn A ddwywaith y gyfradd gyfartalog yn B.

Mae'r canlyniadau yn dangos hyn:
Mae adwaith yn cyflymu pan fo crynodiad adweithydd yn cael ei gynyddu.
Yn yr adwaith uchod, mae'r gyfradd yn dyblu pan gaiff crynodiad yr asid ei ddyblu.

Gellid tynnu'r staen hwn gyda thoddiant o gannydd. Po fwyaf crynodedig y toddiant, cyflymaf y bydd y staen yn diflannu.

Effaith tymheredd

Gellir cyflymu neu arafu adwaith trwy newid **tymheredd** yr adweithyddion. Y tro hwn, defnyddir adwaith gwahanol: wrth gymysgu asid hydroclorig gwanedig â thoddiant sodiwm thiosylffad, mae gwaddod o sylffwr melyn mân yn ymffurfio. Gellir dilyn y gyfradd fel hyn:

1 Rhoddir croes ar ddarn o bapur.
2 Rhoddir bicer sy'n cynnwys toddiant sodiwm thiosylffad ar ben y papur. Dylai fod yn hawdd gweld y groes trwy'r toddiant wrth edrych i lawr.
3 Ychwanegir asid hydroclorig yn gyflym, a dechrau'r cloc yr un pryd. Mae'r groes yn mynd yn llai eglur wrth i'r gwaddod ymffurfio.
4 Rhaid stopio'r cloc yr eiliad na ellir gweld y groes wrth edrych i lawr.

Golwg uwchben y bicer:

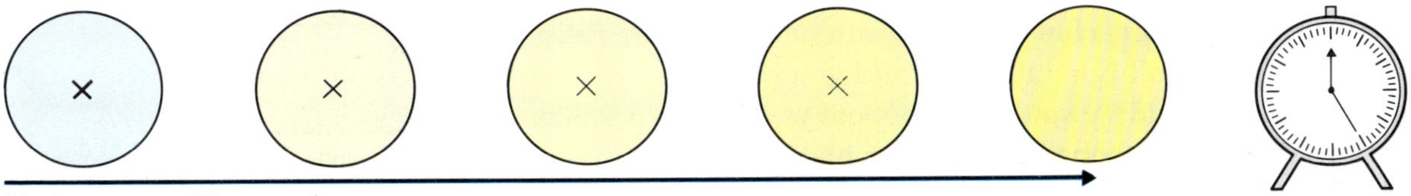

Mae'r groes yn diflannu gydag amser

Gwneir yr arbrawf sawl gwaith. Yr un faint o bob adweithydd sydd yna bob tro. Dim ond tymheredd yr adweithyddion sy'n newid. Mae'r tabl hwn yn dangos y canlyniadau:

Tymheredd/°C	20	30	40	50	60
Amser i'r groes ddiflannu/eiliadau	200	125	50	33	24
	Po uchaf y tymheredd, cyflymaf y bydd y groes yn diflannu				

Mae'r tymheredd isel mewn oergell yn arafu adweithiau dadelfennu.

Mae'r groes yn diflannu pan fydd digon o sylffwr yn ymffurfio i'w chuddio. Sylwch fod hyn yn cymryd 200 eiliad ar 20°C, ond 50 eiliad yn unig ar 40°C. Felly mae'r adwaith *bedair gwaith yn gyflymach* ar 40°C nag ar 20°C.
Mae adwaith yn cyflymu wrth godi'r tymheredd. Pan fydd y tymheredd yn cynyddu 10°C, mae'r gyfradd bron yn dyblu.
Defnyddir y ffaith hon yn aml mewn bywyd bob dydd. Er enghraifft, cedwir bwyd yn yr oergell i arafu adweithiau dadelfennu a chadw'r bwyd yn ffres yn hirach. Allwch chi feddwl am enghreifftiau eraill?

Cwestiynau

1 Edrychwch ar y graff ar y tudalen gyferbyn.
 a Ar ôl 2 funud, faint o hydrogen a gynhyrchwyd yn:
 i arbrawf A? **ii** arbrawf B?
 b O siapiau'r cromliniau, sut gallwch chi ddweud pa adwaith oedd gyflymaf?
2 Esboniwch pam mae arbrofion A a B ill dau yn cynhyrchu'r un faint o hydrogen.
3 Copïwch a chwblhewch: Mae adwaith yn .... pan fydd crynodiad ..... yn cael ei gynyddu. Mae hefyd yn .... pan gaiff y .... ei godi.
4 Pam mae'r groes yn diflannu yn yr arbrawf gyda sodiwm thiosylffad ac asid hydroclorig?
5 Beth fydd yn digwydd i gyfradd yr adwaith wrth i'r tymheredd gael ei *ostwng*? Defnyddiwch hyn i esbonio pam mae llaeth yn cael ei gadw mewn oergell.

7.4 Newid cyfradd adwaith (II)

Effaith arwynebedd

Mewn llawer o arbrofion, mae un o'r adweithyddion yn solid. Un enghraifft yw'r adwaith rhwng asid hydroclorig a chalsiwm carbonad (sglodion marmor). Cynhyrchir nwy carbon deuocsid:

$CaCO_3\ (s) + 2HCl\ (dyfr) \rightarrow CaCl_2\ (dyfr) + H_2O\ (h) + CO_2\ (n)$

Gellir mesur y gyfradd trwy ddefnyddio'r offer ar y dde.

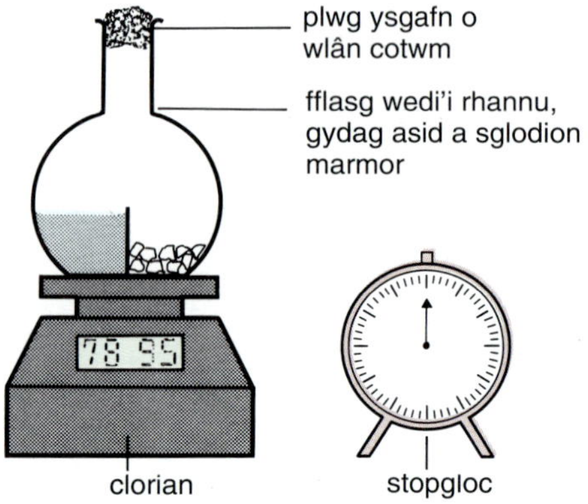

Y dull Rhoddir sglodion marmor ac asid yn y fflasg, a'i chau â gwlân cotwm. Mae hyn yn atal unrhyw hylif rhag llifo ohoni yn ystod yr adwaith. Yna rhaid pwyso'r fflasg. Nesaf mae'n cael ei throi ar ei hochr, i gymysgu'r adweithyddion, a dechreuir amseru yr un pryd. Nodir y màs yn rheolaidd, nes i'r adwaith orffen.

Gan fod carbon deuocsid yn gallu dianc trwy'r gwlân cotwm, mae'r fflasg yn mynd yn ysgafnach wrth i'r adwaith fynd rhagddo. Felly trwy bwyso'r fflasg, gallwch ddilyn cyfradd yr adwaith.
Ail-wneir yr adwaith ddwywaith. Mae popeth yr un fath yn union bob tro, ar wahân i **arwynebedd** y sglodion marmor:

Yn arbrawf 1, defnyddir sglodion mawr o farmor. Yr arwynebedd yw cyfanswm arwynebedd y sglodion hyn.

Yn arbrawf 2, defnyddir yr un *màs* o farmor. Ond y tro hwn mae'r sglodion yn llai, felly mae'r arwynebedd yn fwy.

Y canlyniadau Cafodd canlyniadau'r ddau arbrawf eu plotio isod:

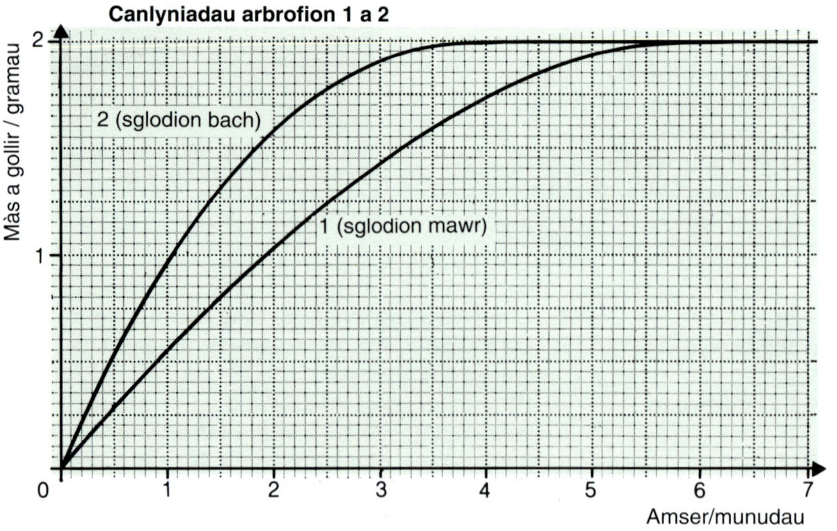

Sut i lunio'r graff:

Yn gyntaf rhaid canfod y *màs a gollir* ar wahanol adegau:
màs a gollir ar adeg arbennig = màs ar y dechrau – màs bryd hynny. Yna plotio gwerthoedd y màs a gollir yn erbyn amser.

Dylech sylwi ar sawl peth am y canlyniadau:

1 Mae cromlin 2 yn fwy serth na chromlin 1. Mae hyn yn dangos yn syth bod yr adwaith yn gyflymach ar gyfer y sglodion bach.

2 Yn y ddau arbrawf, y màs a gollir yn y diwedd yw 2.0 gram. Mewn geiriau eraill, cynhyrchir 2.0 gram o garbon deuocsid bob tro.

3 Ar gyfer y sglodion bach, mae'r adwaith wedi gorffen mewn 4 munud. Ar gyfer y sglodion mawr, mae'n para am 6 munud.

Mae'r canlyniadau hyn yn dangos:

Mae cyfradd yr adwaith yn cynyddu pan fydd arwynebedd adweithydd solid yn cael ei gynyddu.

Effaith catalydd

Hylif clir di-liw gyda'r fformwla H_2O_2 yw hydrogen perocsid. Gall ddadelfennu'n ddŵr ac ocsigen:

hydrogen perocsid → dŵr + ocsigen

$2H_2O_2$ (*dyfr*) → $2H_2O$ (*h*) + O_2 (*n*)

Gellir dilyn cyfradd yr adwaith trwy gasglu'r ocsigen:

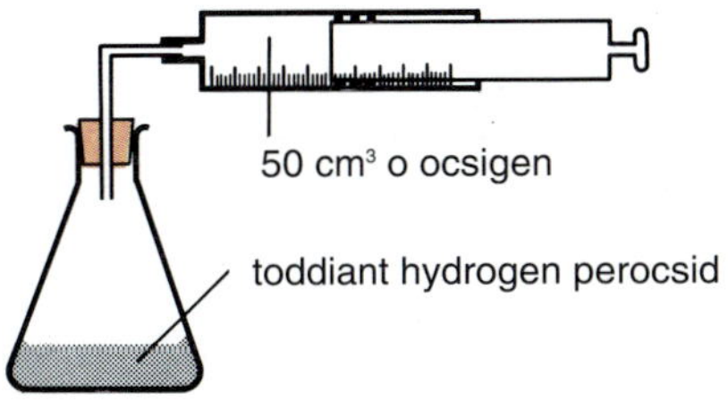

Mae'r adwaith yn araf iawn. Gallai gymryd 500 diwrnod i gasglu 50 cm^3 o ocsigen.

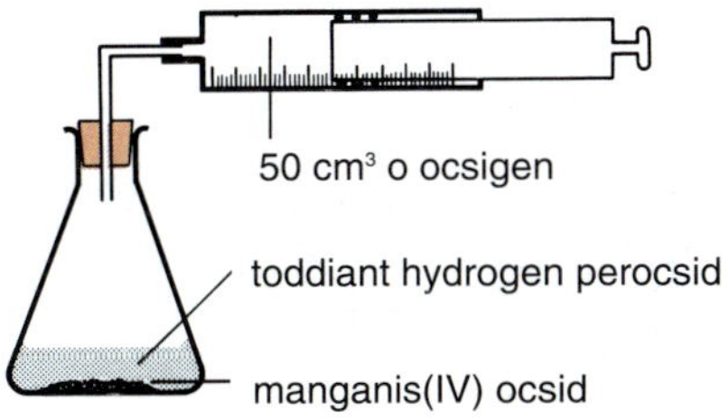

Ond, os ychwanegir 1 gram o fanganis(IV) ocsid du, mae'r adwaith yn llawer cyflymach. Cynhyrchir 50 cm^3 o ocsigen mewn ychydig funudau.

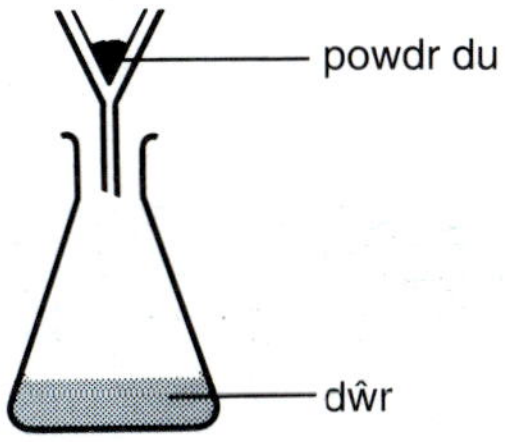

Ar ôl yr adwaith, tynnir y powdr du trwy ei hidlo. Yna caiff ei sychu, ei bwyso a'i brofi. Manganis(IV) ocsid ydyw o hyd, ac 1 gram yw ei bwysau.

Mae'r manganis(IV) ocsid yn cyflymu'r arbrawf heb gael ei dreulio ei hun. Mae'n cael ei alw'n **gatalydd** ar gyfer yr adwaith.

Sylwedd yw catalydd sy'n newid cyfradd adwaith cemegol ond yn aros heb ei newid yn gemegol ei hun.

Cafodd catalyddion eu darganfod ar gyfer llawer o adweithiau. Fel arfer, **metelau trosiannol** neu **gyfansoddion o fetelau trosiannol** ydyn nhw. Er enghraifft, mae haearn yn cyflymu'r adwaith rhwng nitrogen a hydrogen, i wneud amonia (tudalen 158). Mae'r corff dynol yn cynhyrchu ei gatalyddion ei hun o'r enw **ensymau**. Er enghraifft, mae chwarren o'r enw pancreas, dan eich stumog, yn gwneud sudd pancreatig sy'n cynnwys ensymau i gyflymu treulio bwyd.

Cwestiynau

1 Mae'r cwestiwn hwn am y graff ar y tudalen gyferbyn. Ar gyfer pob arbrawf cyfrifwch:

a y màs a gollir yn y munud cyntaf

b màs y carbon deuocsid a gynhyrchir yn ystod y munud cyntaf

c cyfradd gyfartalog cynhyrchu'r nwy

2 Beth yw catalydd? Rhowch ddwy enghraifft o adweithiau a'u catalyddion.

3 Edrychwch eto ar ddadelfennu hydrogen perocsid, uchod. Sut byddech chi'n dangos:

a bod yr adwaith yn mynd yn gyflymach byth os defnyddir *mwy nag* 1 gram o gatalydd?

b nad ydych yn colli dim o'r catalydd?

7.5 Esbonio cyfraddau

Golwg manylach ar adwaith

Gwelsom ar dudalen 88 bod magnesiwm ac asid hydroclorig gwanedig yn adweithio â'i gilydd:

magnesiwm + asid hydroclorig → magnesiwm clorid + hydrogen

$$Mg\,(s) + 2HCl\,(dyfr) \rightarrow MgCl_2\,(dyfr) + H_2\,(n)$$

Er mwyn i'r gronynnau magnesiwm a'r asid adweithio â'i gilydd:

(i) rhaid iddynt wrthdaro â'i gilydd

(ii) rhaid bod gan y gwrthdrawiad ddigon o egni

Dangosir hyn yn y darluniau isod.

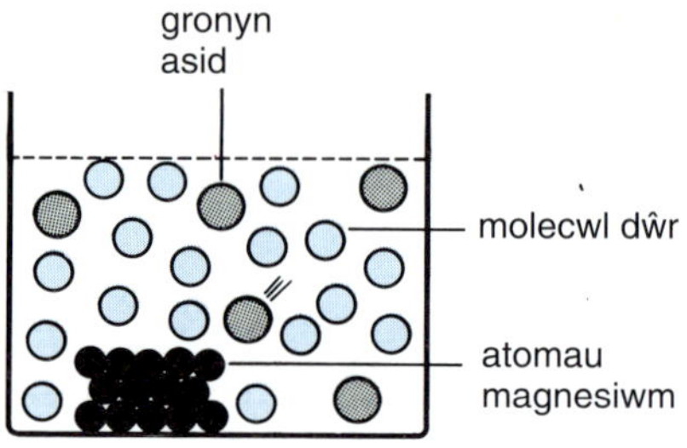

Mae'r gronynnau yn yr hylif yn symud yn barhaus. Yma mae gronyn asid ar fin gwrthdaro ag atom magnesiwm.

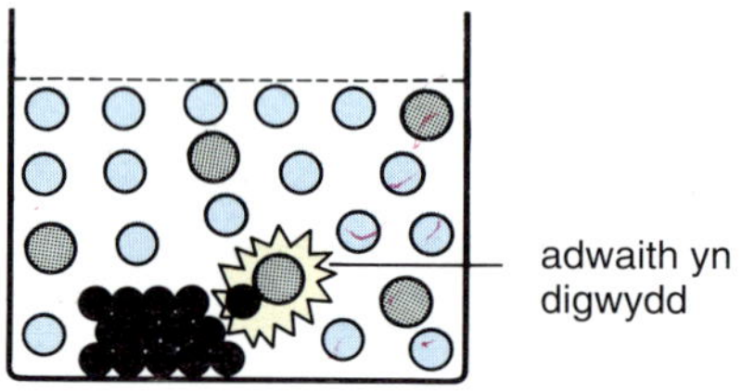

Os oes gan y gwrthdrawiad ddigon o egni, bydd adwaith. Ffurfir magnesiwm clorid a hydrogen.

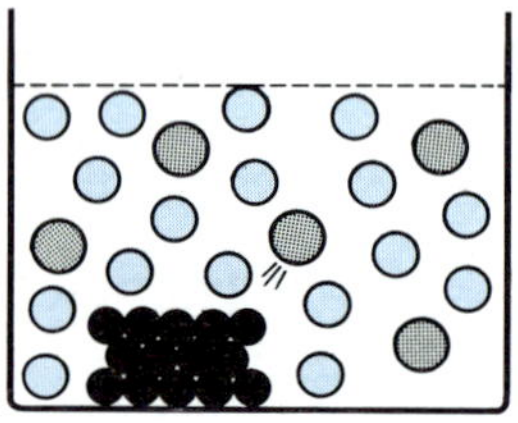

Os nad oes gan y gwrthdrawiad ddigon o egni, ni fydd adwaith. Mae'r gronyn asid yn bownsio ymaith eto.

Os bydd llawer o wrthdrawiadau llwyddiannus mewn un munud, yna cynhyrchir llawer o hydrogen yn y munud hwnnw. Mewn geiriau eraill, mae'r adwaith yn digwydd yn gyflym – mae ei gyfradd yn uchel. Os nad oes llawer, mae ei gyfradd yn isel. **Mae cyfradd adwaith yn dibynnu ar faint o wrthdrawiadau llwyddiannus sy'n digwydd mewn uned arbennig o amser.**

Newid cyfradd adwaith

Pam mae cyfraddau'n cynyddu gyda chrynodiad Os caiff crynodiad yr asid ei gynyddu, bydd yr adwaith yn cyflymu. Mae'n hawdd gweld pam:

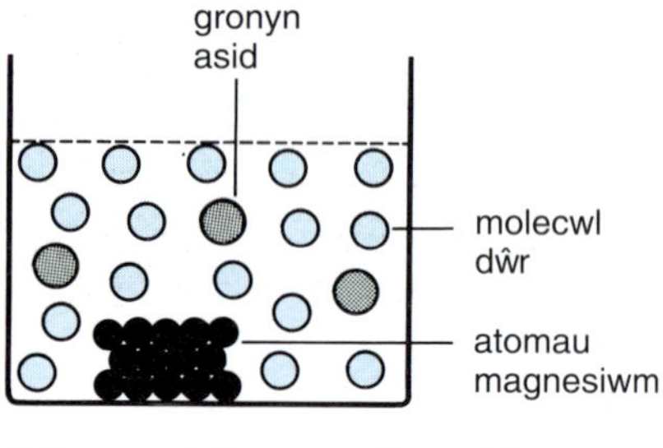

Mewn asid gwanedig, nid oes cymaint o ronynnau asid. Mae hyn yn golygu nad oes llawer o obaith i ronyn asid daro atom magnesiwm.

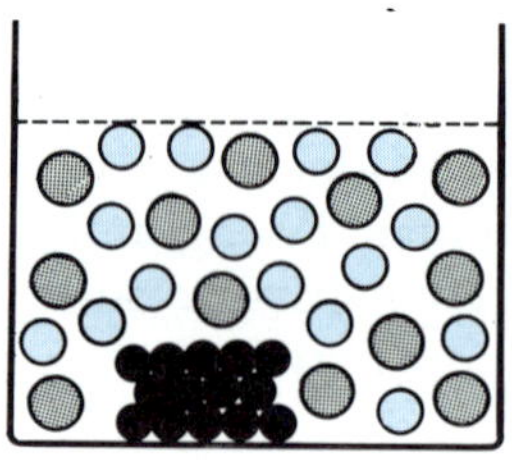

Yma mae'r asid yn fwy crynodedig – mae mwy o ronynnau asid ynddo. Mae mwy o obaith y bydd gwrthdrawiad llwyddiannus nawr.

Po fwyaf o wrthdrawiadau llwyddiannus sydd, cyflymaf yr adwaith.

Mae'r syniad hwn hefyd yn esbonio pam mae'r adwaith rhwng magnesiwm ac asid hydroclorig yn arafu gydag amser:

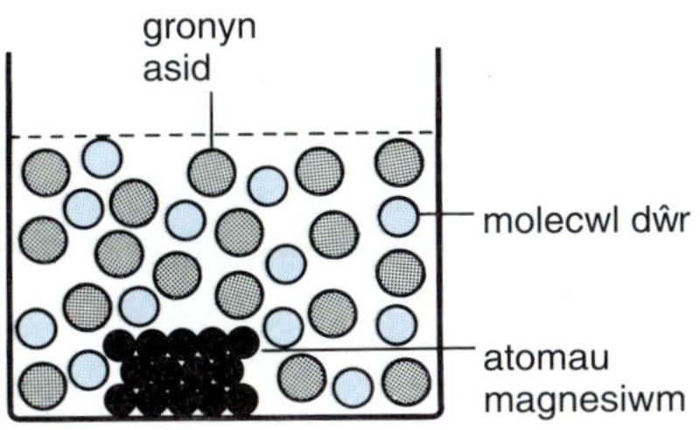

Ar y dechrau, mae digon o atomau magnesiwm a gronynnau asid. Ond cânt eu defnyddio mewn gwrthdrawiadau llwyddiannus.

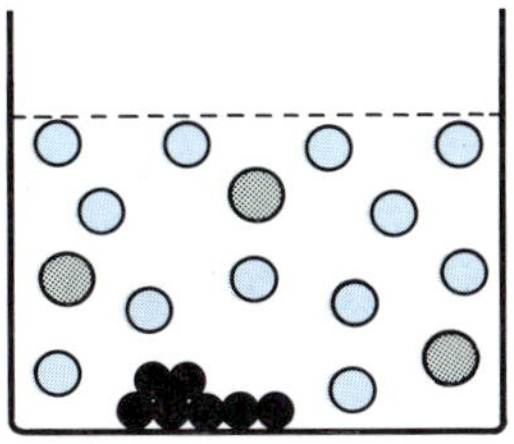

Ymhen amser, mae llai o atomau magnesiwm, ac mae'r asid yn llai crynodedig. Felly mae'r adwaith yn arafu.

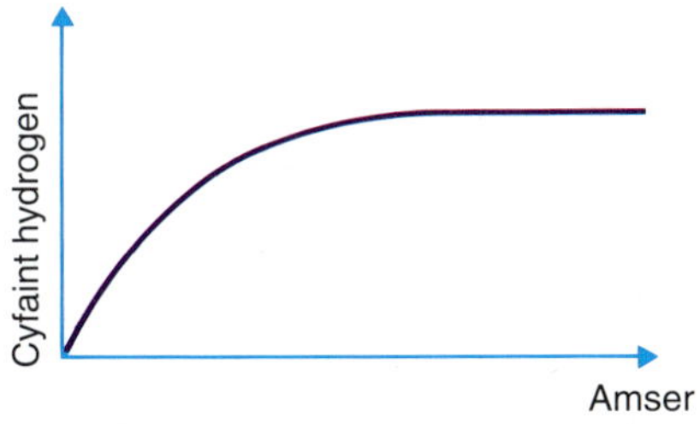

Mae hyn yn golygu bod goledd cromlin yr adwaith yn mynd yn llai gydag amser, fel y dangosir uchod.

Pam mae'r gyfradd yn cynyddu gyda thymheredd Ar dymereddau isel, ychydig o egni sydd gan ronynnau sylweddau adweithiol. Ond, wrth wresogi'r sylweddau, mae'r gronynnau'n amsugno egni. Mae hyn yn gwneud iddynt symud yn gyflymach a gwrthdaro'n amlach. Mae gan y gwrthdrawiadau fwy o egni, felly mae mwy ohonynt yn llwyddo. Felly mae cyfradd yr adwaith yn cynyddu.

Pam mae'r gyfradd yn cynyddu gydag arwynebedd Mae'r adwaith rhwng y magnesiwm a'r asid yn llawer cyflymach pan fydd y metel yn bowdr:

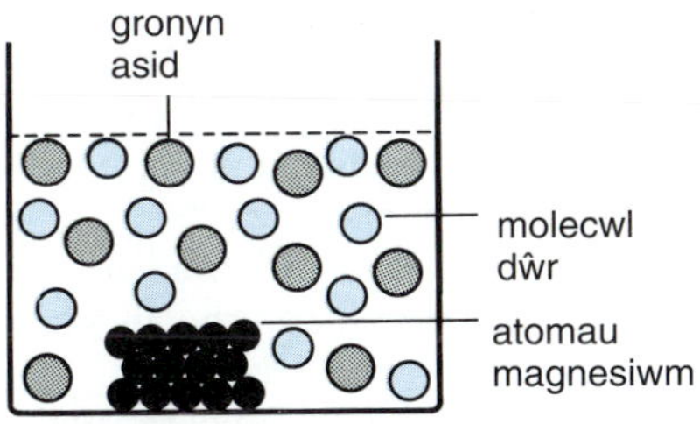

Ni all gronynnau asid ond gwrthdaro ag atomau magnesiwm ar *du allan* y metel.

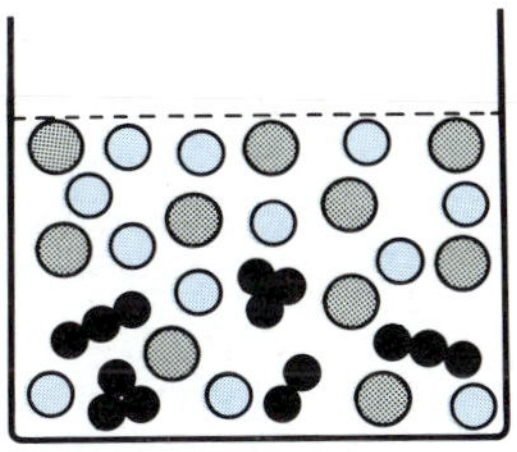

Os yw'r metel yn bowdr, mae llawer mwy o atomau yn y golwg a mwy o gyfle i wrthdrawiadau llwyddiannus.

Pam mae catalydd yn cynyddu'r gyfradd Gellir cyflymu rhai adweithiau trwy ychwanegu catalydd. *Ym mhresenoldeb catalydd, mae angen llai o egni ar wrthdrawiad i fod yn llwyddiannus.* Y canlyniad yw fod mwy o wrthdrawiadau yn llwyddo, felly mae'r adwaith yn cyflymu. Mae catalyddion yn bwysig iawn mewn diwydiant, gan eu bod yn cyflymu adweithiau hyd yn oed ar dymereddau isel. Felly mae angen llai o danwydd, a gellir arbed arian.

Rhai o'r catalyddion sy'n cael eu defnyddio mewn diwydiant.

Cwestiynau

1 Copïwch a chwblhewch: I ddau ronyn adweithio â'i gilydd mae'n rhaid eu bod yn ..... a bod gan y ..... ddigon o .....

2 Beth yw:
   a gwrthdrawiad llwyddiannus?
   b gwrthdrawiad aflwyddiannus?

3 Yn eich geiriau eich hun, esboniwch pam mae'r adwaith rhwng magnesiwm ac asid yn mynd yn gyflymach os:
   a codir y tymheredd
   b yw'r magnesiwm yn bowdr

4 Esboniwch pam mae catalydd yn gallu cyflymu adwaith, hyd yn oed ar dymheredd isel.

Cwestiynau ar Bennod 7

1 Gellir mesur cyfradd yr adwaith rhwng magnesiwm ac asid hydroclorig gwanedig trwy ddefnyddio'r offer hwn:

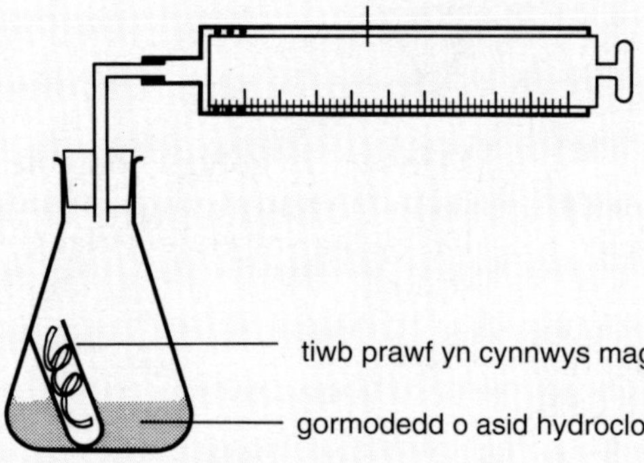

a Beth yw pwrpas:
i y tiwb prawf?
ii y chwistrell nwy?
b Sut byddech chi'n gwneud i'r adwaith ddechrau?

2 Rhoddwyd rhywfaint o fagnesiwm a *gormodedd* o asid hydroclorig gwanedig i adweithio â'i gilydd. Cafodd cyfaint yr hydrogen a gynhyrchwyd ei gofnodi bob munud, fel y dangosir yn y tabl:

Amser/mun	0	1	2	3	4	5	6	7
Cyfaint yr hydrogen/cm³	0	14	23	31	38	40	40	40

a Beth yw ystyr *gormodedd* o asid?
b Plotiwch graff o'r canlyniadau, gan labelu'r echelinau fel ar dudalen 89.
c Faint o hydrogen a gynhyrchwyd yn:
i y munud cyntaf?
ii yr ail funud?
iii y trydydd munud?
iv y pedwerydd munud?
v y pumed munud?
ch Beth yw *cyfradd yr adwaith* (cm^3 o hydrogen y funud) yn ystod pob munud?
d Beth yw cyfanswm cyfaint yr hydrogen a gynhyrchir yn yr adwaith?
dd Sawl munud sy'n mynd heibio cyn i'r adwaith orffen?
e Beth yw *cyfradd gyfartalog* yr adwaith?
f Roedd gan adwaith tebyg gyfradd o 15 cm^3 o hydrogen yn y munud cyntaf. A yw hwn yn adwaith arafach ynteu cyflymach na'r un uchod?
ff Sut gallech chi wneud i'r adwaith uchod fynd yn arafach, gan ddal i ddefnyddio'r un faint o fetel ac asid?

3 Ar gyfer y cwestiwn hwn bydd angen y graff a luniwyd ar gyfer cwestiwn 2.
Cafodd yr arbrawf gyda magnesiwm a gormodedd o asid hydroclorig gwanedig ei wneud eto. Y tro hwn defnyddiwyd gwahanol grynodiad o asid hydroclorig. Dyma'r canlyniadau:

Amser/mun	0	1	2	3	4	5	6
Cyfaint yr hydrogen/cm³	0	22	34	39	40	40	40

a Plotiwch y canlyniadau hyn ar y graff a luniwyd ar gyfer cwestiwn 2.
b Pa adwaith oedd gyflymaf? Sut gallwch chi ddweud?
c Ym mha arbrawf roedd yr asid yn fwy crynodedig? Rhowch reswm am eich ateb.
ch Cafodd yr un cyfaint o hydrogen ei gynhyrchu ym mhob arbrawf. Felly beth wyddoch chi am fàs y magnesiwm a ddefnyddiwyd?

4 Enwch dri pheth sy'n effeithio ar gyfradd adwaith, a disgrifiwch effaith newid pob un ohonynt.

5 Awgrymwch reswm am bob un o'r sylwadau canlynol:
a Mae powdr magnesiwm yn adweithio'n gyflymach na ruban magnesiwm, gydag asid sylffwrig gwanedig.
b Mae hydrogen perocsid yn dadelfennu'n llawer cyflymach ym mhresenoldeb yr ensym *catalas*.
c Mae'r adwaith rhwng manganis carbonad ac asid hydroclorig gwanedig yn cyflymu pan ychwanegir rhywfaint o asid hydroclorig crynodedig.
ch Mae powdr zinc yn llosgi'n llawer mwy ffyrnig mewn ocsigen nag mae ffoil zinc.
d Mae'r adwaith rhwng sodiwm thiosylffad ac asid hydroclorig yn araf iawn os yw'n cael ei gynnal mewn baddon iâ.
dd Mae zinc ac asid sylffwrig gwanedig yn adweithio'n llawer cyflymach pan ychwanegir ychydig ddiferion o doddiant copor(II) sylffad.
e Mae ychwanegu dŵr yn atal gormod o ddifrod os bydd asid yn disgyn ar lawr.
f Bydd pibell wacáu nwyon car yn rhydu'n gyflymach os defnyddir y car yn aml.
ff Mewn tân gwyllt, defnyddir powdr magnesiwm yn hytrach na ruban magnesiwm.
g Yn y gwledydd hyn, mae anifeiliaid marw yn pydru'n eithaf cyflym. Ond yn Siberia, cafwyd hyd i gyrff mamothiaid a fu farw 30 000 o flynyddoedd yn ôl wedi'u diogelu'n llwyr mewn iâ.
ng Po fwyaf o bethau melys y byddwch yn eu bwyta, cyflymaf y bydd eich dannedd yn pydru.
h Mae bwyd yn coginio'n llawer cyflymach mewn sosban frys nag mewn sosban gyffredin.

6 Pan fydd sodiwm thiosylffad yn adweithio ag asid hydroclorig, bydd gwaddod yn ymffurfio. Mewn ymchwiliad, cofnodwyd yr amser a gymerodd i'r toddiant droi'n ddidraidd. (Ystyr *didraidd* yw na allwch weld trwyddo.)
Cynhaliwyd pedwar arbrawf (A i Ch). Dim ond crynodiad y sodiwm thiosylffad a newidiwyd bob tro. Cafwyd y canlyniadau hyn:

Arbrawf	A	B	C	Ch
Amser a gymerwyd (eiliadau)	**42**	**71**	**124**	**63**

a Lluniwch ddiagram o offer addas ar gyfer yr arbrawf hwn.
b Enwch y gwaddod sy'n ymffurfio.
c Beth fyddai'n cael ei *weld* yn ystod yr arbrawf?
ch Ym mha arbrawf roedd yr adwaith: cyflymaf? arafaf?
d Ym mha arbrawf roedd y toddiant sodiwm thiosylffad fwyaf crynodedig? Sut gallwch chi ddweud?
dd Awgrymwch ddwy ffordd arall o gyflymu'r adwaith hwn.

7 Mae copor(II) ocsid yn cataleiddio dadelfeniad hydrogen perocsid. Rhoddwyd 0.5 g o'r ocsid mewn fflasg yn cynnwys 100 cm^3 o doddiant hydrogen perocsid. Cafodd nwy ei gynhyrchu. Cafodd ei gasglu a nodwyd ei gyfaint bob 10 eiliad. Mae'r tabl hwn yn dangos y canlyniadau:

Amser/eil	**0**	**10**	**20**	**30**	**40**	**50**	**60**	**70**	**80**	**90**
Cyfaint/cm^3	**0**	**18**	**30**	**40**	**48**	**53**	**57**	**58**	**58**	**58**

a Beth yw catalydd?
b Lluniwch ddiagram o offer addas ar gyfer yr arbrawf hwn.
c Enwch y nwy sy'n cael ei ffurfio.
ch Ysgrifennwch hafaliad cytbwys ar gyfer dadelfeniad hydrogen perocsid.
d Plotiwch graff o gyfaint y nwy (echelin fertigol) yn erbyn amser (echelin llorweddol).
dd Disgrifiwch sut mae'r gyfradd yn newid yn ystod yr adwaith.
e Beth sy'n digwydd i grynodiad hydrogen perocsid wrth i'r adwaith fynd rhagddo?
f Pa gemegion sy'n bresennol yn y fflasg ar ôl 90 eiliad?
ff Pa fàs o gopor(II) ocsid a fyddai ar ôl yn y fflasg ar ddiwedd yr adwaith?
g Nodwch ar eich graff y gromlin y byddech yn ei chael ar gyfer 1.0 g o gopor(II) ocsid.
ng Enwch un cemegyn arall sy'n cataleiddio'r dadelfeniad hwn.

8 Ychwanegwyd ychydig o asid hydroclorig at lawer o sglodion marmor mewn dysgl anweddu, a osodwyd ar glorian. Cofnodwyd màs y ddysgl a'r cynnwys bob hanner munud. Dangosir y canlyniadau yn y graff isod.

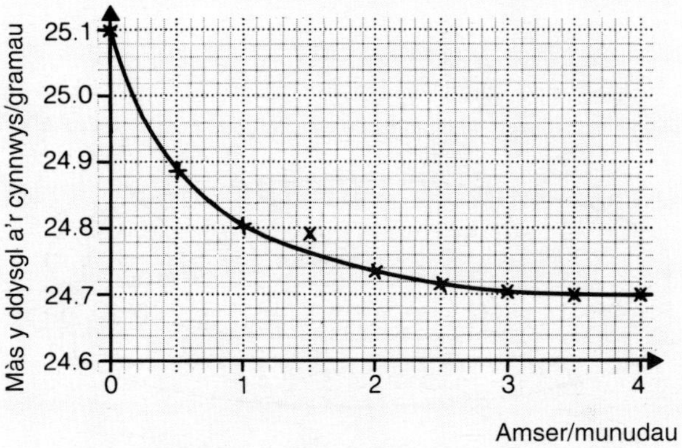

a Esboniwch pam mae'r gromlin yn mynd tuag *i lawr*.
b Pa ganlyniad sydd fel petai'n anghywir? Pam?
c Beth oedd màs y ddysgl anweddu a'r cynnwys **(i)** ar ddechrau'r arbrawf **(ii)** ar ei ddiwedd?
ch Beth oedd màs y carbon deuocsid a gynhyrchwyd?
d Beth oedd hyd yr adwaith?
dd Yn ystod pa un o'r cyfnodau hyn yn yr arbrawf roedd cyfradd yr adwaith ar ei gyflymaf?
0 - $\frac{1}{2}$ mun? 1 - 1$\frac{1}{2}$ mun? 3 - 3$\frac{1}{2}$ mun?
e Copïwch y graff. Ar eich copi, brasluniwch y gromlin y byddech yn ei disgwyl petai'r asid wedi'i oeri yn gyntaf.
f Nawr brasluniwch y gromlin y byddech yn ei disgwyl petai'r sglodion wedi'u malu'n bowdr yn gyntaf.
ff Pa offer y gellid ei ddefnyddio yn hytrach na dysgl anweddu i atal colli unrhyw asid trwy dasgu?

9 Mae potasiwm clorad yn dadelfennu wrth gael ei wresogi, fel hyn:
$2KClO_3$ (*s*) → $2KCl$ (*s*) + $3O_2$ (*n*)
a Ysgrifennwch hafaliad geiriol ar gyfer yr adwaith.
b Pa nwy a ryddheir wrth i botasiwm clorad ddadelfennu?
c Mae manganis(IV) ocsid yn gweithio fel catalydd ar gyfer yr adwaith hwn. Beth fyddech chi'n ei ddisgwyl petai dau diwb prawf, un â photasiwm clorad ynddo a'r llall yn gymysgedd o botasiwm clorad a manganis(IV) ocsid, yn cael eu gwresogi?
ch Mae potasiwm clorid yn hydawdd mewn dŵr, ac mae manganis(IV) ocsid yn anhydawdd. Sut gallech chi ddangos nad yw'r manganis(IV) ocsid yn cael ei ddefnyddio yn ystod yr adwaith?
d Sawl môl o nwy ocsigen a geir o ddau fôl o botasiwm clorad?
dd A fydd *mwy* ynteu *llai* o ocsigen yn cael ei gynhyrchu pan ddefnyddir y catalydd? Esboniwch eich ateb.

8.1 Aer

Beth sydd mewn aer?

Cymysgedd o nwyon yw aer:

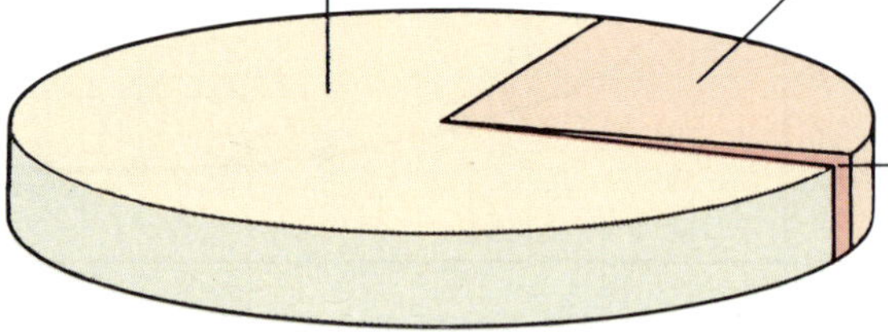

Nid yw cyfansoddiad aer yn union yr un fath bob tro. Er enghraifft, mae canran anwedd dŵr yn yr aer lawer yn fwy ar ddiwrnod llaith nag ar ddiwrnod sych. Hefyd, mae'r aer dros ddinas brysur yn cynnwys nwyon fel **carbon monocsid** a **sylffwr deuocsid**, sy'n dod o systemau gwacáu ceir a simneiau ffatrïoedd (tudalen 102).

Mae rhai pethau annifyr yn cael eu rhoi yn yr aer.

Pwysigrwydd aer

Mae aer yn hanfodol i fywyd. Dyma'r rhesymau yn fyr, ond byddwch yn darganfod mwy amdanynt yn ddiweddarach.

I adeiladu pethau byw Mae pob planhigyn ac anifail (gan gynnwys bodau dynol) wedi cael eu hadeiladu o gyfansoddion sy'n cynnwys carbon, nitrogen, hydrogen ac ocsigen. Aer sy'n rhoi'r deunyddiau i wneud y cyfansoddion hyn – carbon deuocsid, nitrogen ac anwedd dŵr. Mae planhigion fel 'ffatri' yn eu gwneud nhw:

1 Mae dyn yn defnyddio'r **nitrogen** o'r aer i wneud cyfansoddion o'r enw nitradau. Rhoddir y rhain mewn pridd i'w wrteithio. Mae peth nitrogen hefyd yn cael ei newid yn naturiol gan facteria a gan fellt i ffurfio nitradau yn y pridd.
2 Mae'r **anwedd dŵr** yn cyddwyso ac yn disgyn fel glaw, sy'n cael ei amsugno gan y pridd.
3 Mae planhigion yn cymryd y **carbon deuocsid** trwy dyllau yn eu dail. Maent yn cymryd y **nitradau** a'r **dŵr** o'r pridd trwy eu gwreiddiau, ac yn eu defnyddio i wneud y cyfansoddion angenrheidiol ar gyfer eu gwreiddiau, eu coesynnau a'u dail.
4 Yna bydd anifeiliaid yn cael eu cyfansoddion angenrheidiol trwy fwyta planhigion. A bydd rhai anifeiliaid yn cael eu bwyta gan eraill yn eu tro.

I roi egni Mae ar bopeth byw angen **ocsigen** ar gyfer proses o'r enw **resbiradaeth**. Mae resbiradaeth yn cynhyrchu'r egni angenrheidiol:

ocsigen + glwcos $\rightarrow$ carbon deuocsid + dŵr + egni

Yn eich corff, daw'r glwcos o fwyd; mae angen yr egni ar gyfer tyfu, symud ac ati. Sut mae'r ocsigen yn mynd i'ch corff?

Mae pysgod yn defnyddio ocsigen wedi toddi mewn dŵr. Maent yn ei gymryd trwy eu tagellau.

Mesur canran yr ocsigen yn yr aer

Ocsigen yw **nwy adweithiol** yr aer. Mae'n adweithio'n hawdd â nifer mawr o elfennau a chyfansoddion eraill. Er enghraifft, pan wresogir copor mewn aer, dim ond yr ocsigen sy'n cyfuno ag ef:

copor + ocsigen → copor(II) ocsid
$2Cu(s) + O_2(n) \rightarrow 2CuO(s)$
pinc **du**

Defnyddir yr adwaith hwn yn yr arbrawf canlynol i fesur canran yr ocsigen yn yr aer.

Yr offer Yr offer yw tiwb o wydr caled, wedi'i gysylltu wrth ddau chwistrell nwy, A a B. Mae'r tiwb yn llawn o ddarnau bach o wifren gopor binc. Mae un chwistrell yn cynnwys 100 cm^3 o aer. Mae'r llall yn wag:

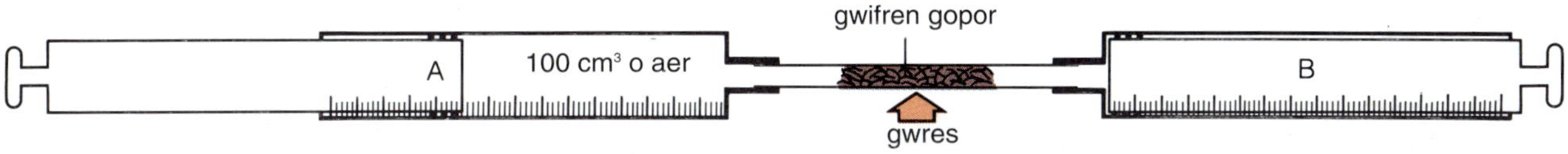

Dyma'r camau yn yr arbrawf:

1 Gwresogi'r tiwb gyda Bunsen. Pan gaiff plymiwr chwistrell A ei wthio i mewn, mae'r aer yn cael ei orfodi trwy'r tiwb poeth, i B. Wrth i'r aer lifo dros y wifren gopor boeth, mae'r ocsigen ynddo yn adweithio â'r wifren, sy'n dechrau troi'n ddu. Yna mae plymiwr B yn cael ei wthio i mewn, fel bod yr aer yn cael ei orfodi yn ôl i A. Ail-wneir hyn sawl tro.
2 Diffodd y gwres ar ôl tua thri munud. Gadael i'r offer oeri. Yna gwthio'r holl nwy i un o'r chwistrellau a mesur ei gyfaint. (Mae'r cyfaint bellach yn llai na 100 cm^3.)
3 Ail-wneud camau 1 a 2 nes bydd cyfaint y nwy yn peidio â lleihau. Mae hyn yn arwydd bod yr holl ocsigen yn y chwistrellau wedi'i ddefnyddio. Nodi'r cyfaint terfynol.

Y canlyniadau Dyma rai canlyniadau nodweddiadol:

Cyfaint y nwy ar y dechrau	= 100 cm^3
Cyfaint y nwy ar y diwedd	= 79 cm^3
Cyfaint y nwy a ddefnyddiwyd (ocsigen)	= 21 cm^3

Felly mae 100 cm^3 o aer yn cynnwys 21 cm^3 o ocsigen.

Y **ffracsiwn** sy'n ocsigen $= \frac{21}{100}$

Y **canran** sy'n ocsigen $= \frac{21}{100} \times 100 =$ **21%**

Mae ocsigen yn fwy hydawdd na nitrogen mewn dŵr. Petaech yn profi'r aer sy'n cael ei ferwi o'r dŵr hwn, byddech yn gweld ei fod yn cynnwys 33% o ocsigen. Dim ond 21% o ocsigen sydd mewn aer normal.

Cwestiynau

1 Rhestrwch y nwyon sy'n gwneud yr aer.
2 Beth yw resbiradaeth? Ysgrifennwch hafaliad i ddisgrifio'r broses.
3 Ar 0°C, mae 0.07 gram o ocsigen yn gallu toddi ym mhob 100 gram o ddŵr. Esboniwch pam mae hyn yn bwysig i bysgod yn y gaeaf.
4 Yn yr arbrawf uchod:
a pam y defnyddir gwifren gopor yn hytrach na lwmpyn o gopor? (Meddyliwch am gyfraddau.)
b pam mae'r wifren gopor yn troi'n ddu?
c pam mae angen i'r nwy oeri cyn mesur ei gyfaint?

8.2 Defnyddio aer

Gwahanu nwyon oddi wrth yr aer

Rydych wedi gweld bod aer yn hanfodol ar gyfer pethau byw – hebddo, ni allai planhigion ac anifeiliaid fyw.
Mae pobl yn ei ddefnyddio ar gyfer pethau eraill hefyd. Er enghraifft, mae angen yr ocsigen o aer i wneud dur, a gellir troi nitrogen yn wrteithiau. Ond rhaid **gwahanu** y nwyon hyn oddi wrth yr aer yn gyntaf. Dyma sut mae gwneud hynny:

yn gyntaf mae'r aer yn cael ei oeri nes iddo droi'n hylif;
yna mae'r hylif yn cael ei wresogi'n araf. Mae gan yr holl sylweddau ynddo wahanol ferwbwyntiau, felly maent yn berwi fesul un, ac yn cael eu casglu ar wahân. Dyma enghraifft o **ddistyllu ffracsiynol**.

Berwbwyntiau nwyon wedi'u distyllu o aer hylif:	
nitrogen	–196°C
argon	–186°C
ocsigen	–183°C
krypton	–153°C
xenon	–108°C

Dyma ddiagram o system gwahanu aer:

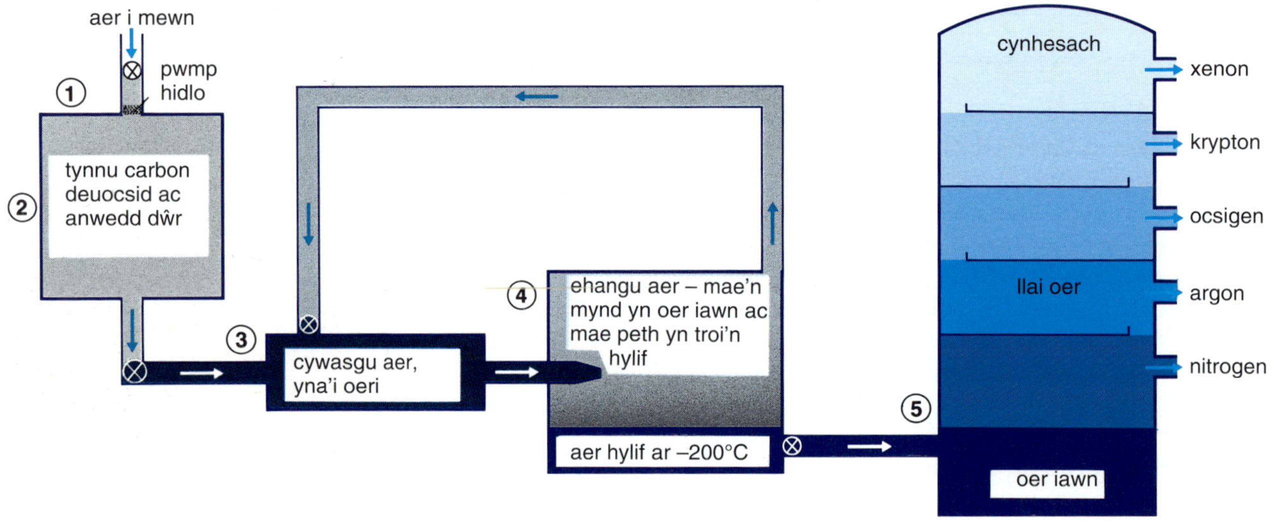

Y camau yn y broses yw:

1 Mae aer o'r tu allan yn cael ei bwmpio i'r system. Mae'r hidlydd yn cael gwared ar unrhyw lwch.
2 Tynnu'r carbon deuocsid a'r anwedd dŵr. Fel arall byddent yn rhewi yn ddiweddarach wrth oeri'r aer, ac yn blocio'r pibellau.
3 Mae'r aer yn cael ei wthio i ofod bach, neu ei **gywasgu**. Mae hyn yn ei wneud yn boeth (yn union fel aer yn poethi wrth i chi ei bwmpio i deiar beic). Yna mae'n cael ei oeri eto.
4 Mae'r aer oer wedi'i gywasgu yn pasio trwy jet, i ofod mwy. Mae'n ehangu, ac felly'n mynd yn oer iawn.

Ail-wneir camau 3 a 4 nifer o weithiau, ac mae'r aer yn oeri mwy bob tro. Erbyn iddo gyrraedd –200°C, mae'r holl nwyon ynddo wedi troi'n hylif, ar wahân i neon a heliwm. Tynnir y ddau hyn.

5 Mae'r aer hylif yn cael ei bwmpio i golofn ffracsiynu. Yma caiff ei gynhesu'n araf. Mae'r nwyon yn berwi fesul un, ac yn cael eu casglu mewn tanciau neu silindrau. Nitrogen sy'n berwi yn gyntaf. Allwch chi esbonio pam?

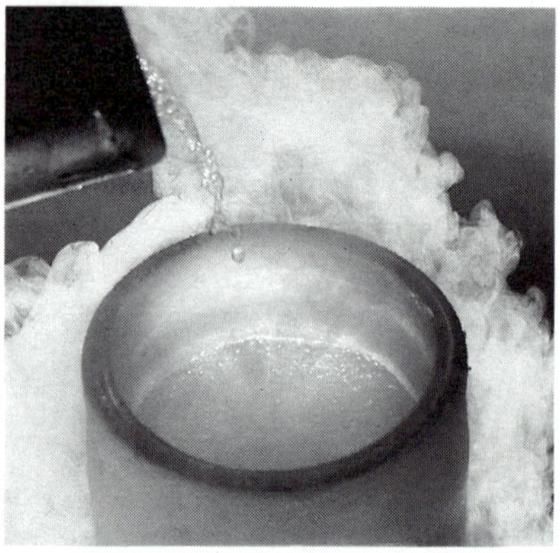

Nitrogen hylif

Defnyddio ocsigen

Anadlu Does dim aer yn y gofod, felly mae'n rhaid i ofodwyr gario silindrau o ocsigen gyda nhw. A phlymwyr môr dwfn hefyd. Mae ei angen mewn llefydd lle nad oes digon o aer i anadlu'n iawn, er enghraifft mewn awyrennau sy'n hedfan yn uchel, ac ar gyfer dynion tân sy'n diffodd tanau ffyrnig. Mewn ysbytai mae'n cael ei roi i gleifion sy'n cael trafferth anadlu.

Gwneud dur Mewn gwaith dur, mae ocsigen yn cael ei chwythu trwy ddur tawdd i'w buro. Bydd amhureddau'n nofio ar wyneb y dur ac yn llosgi. (Mae rhagor am hyn ar dudalen 147.)

Torri a weldio metelau Pan gymysgir ocsigen â nwy arall o'r enw **asetylen**, neu **ethyn**, mae'r cymysgedd yn llosgi'n ffyrnig. Mae'r fflam yn mynd mor boeth nes gallu torri trwy fetelau trwy wneud iddynt ymdoddi. Gellir defnyddio'r fflam i asio neu **weldio** metelau wrth ei gilydd hefyd. I asio metelau maent yn cael eu poethi i ymdoddi, yna'u gosod at ei gilydd a gadael iddynt ymsolido.

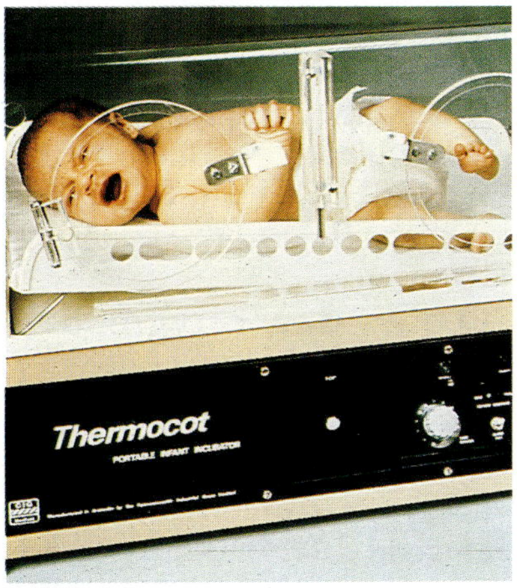

Mae gan y cot hwn ei gyflenwad ocsigen ei hun ar gyfer babanod sâl.

Defnyddio nitrogen

Gwneud amonia Mae angen nitrogen ar gyfer gwneud amonia (NH_3). Yna defnyddir peth o'r amonia i wneud **gwrteithiau**.

Rhewi pethau Mae nitrogen hylif yn oer iawn (dan –196°C). Mae hyn yn ei wneud yn ddefnyddiol ar gyfer rhewi bwyd yn gyflym, a'i gadw wedi rhewi wrth ei gludo. Mae'n cael ei ddefnyddio mewn peirianneg hefyd. Er enghraifft mae'n gallu rhewi'r hylif mewn pibellau wedi torri, cyn eu trwsio, a rhewi daear wlyb cyn cloddio.

Atmosffer anadweithiol Mae nwy nitrogen yn anadweithiol, felly mae'n cael ei bwmpio i danciau storio olew i atal tanau. Fe'i defnyddir wrth bacio bwyd hefyd, yn lle aer, i gadw'r bwyd yn ffres.

Cig wedi'i rewi yn dod o dwnel rhewi nitrogen hylif.

Defnyddio nwyon nobl

Mae'r nwyon nobl hefyd yn anadweithiol. Maent yn cael eu defnyddio ar gyfer:

Goleuo Defnyddir argon i lenwi bylbiau golau cyffredin. Defnyddir neon mewn arwyddion hysbysebu, oherwydd ei fod yn goch gloyw wrth i drydan lifo trwyddo. Mae krypton a xenon yn cael eu defnyddio mewn lampau cryf, fel lampau goleudai.

Atmosffer anadweithiol Weithiau wrth weldio defnyddir trydan i gael metelau i ymdoddi, yn hytrach na fflam boeth. Mewn atmosffer argon y gwneir y math hwn o weldio yn aml. Mae'r argon yn diogelu'r metelau rhag yr aer, a allai adweithio â nhw.

Balwnau Mae heliwm yn ysgafn iawn, felly mae'n cael ei ddefnyddio i lenwi balwnau. (Mae hydrogen yn ysgafnach ond yn beryglus. A wyddoch chi pam?)

Defnyddir nitrogen hylif i rewi'r hylif mewn pibellau wedi torri, cyn eu trwsio.

Cwestiynau

1 Wrth wneud distylliad ffracsiynol ar aer hylif:
- **a** pam mae'r aer yn cael ei gywasgu a'i ehangu?
- **b** pam y ceir argon *cyn* ocsigen?

2 Nodwch dair ffordd o ddefnyddio ocsigen.

3 Beth yw fflam ocsi-asetylen?

4 Rhowch ddau reswm pam mae nitrogen mor ddefnyddiol.

8.3 Llygredd aer

Mae'r siart cylch ar dudalen 98 yn dangos y nwyon sy'n gwneud aer: nitrogen, ocsigen, carbon deuocsid, anwedd dŵr a'r nwyon nobl. Mae'r cymysgedd hwn yn rhoi **aer glân**. Yn anffodus, nid yw llawer o'r aer y byddwn yn ei anadlu yn lân – mae'n cynnwys sylweddau sy'n annymunol neu hyd yn oed yn beryglus. Gelwir y rhain yn **llygryddion** ac maent yn achosi **llygredd aer**.

Llygredd dros ddinas. Y prif bethau sy'n llygru yw carbon monocsid, sylffwr deuocsid, ocsidau nitrogen, hydrocarbonau, mwg a llwch.

O ble y daw'r llygredd

Llosgi pethau – tanwyddau neu sbwriel – sy'n achosi'r llygredd mwyaf yn yr aer. Mae **petrol** yn enghraifft dda. Mae'n cynnwys **hydrocarbonau**, sef cyfansoddion o hydrogen a charbon. Os yw'n llosgi mewn digon o aer, y prif gynhyrchion yw carbon deuocsid ac anwedd dŵr. Ond mewn peiriant car nid oes digon o aer. Mae'r petrol yn llosgi, ond nid yn llwyr, ac mae pethau niweidiol yn llifo o'r bibell wacáu:

1 Y prif gynnyrch niweidiol yw **carbon monocsid**. Os bydd y nwy hwn yn mynd i'ch gwaed, gall atal celloedd gwaed coch rhag cario ocsigen o'r ysgyfaint i weddill y corff. Mae gormod ohono yn lladd.
2 **Hydrocarbonau** yw'r pethau niweidiol nesaf o'r bibell wacáu. Nwyon heb losgi o'r petrol yw'r rhain. Maent yn arogli'n ddrwg, a gallant achosi niwed i'r iau (yr afu) a hyd yn oed ganser.
3 Mae **sylffwr deuocsid** yn ymffurfio oherwydd bod petrol yn cynnwys ychydig o sylffwr. Mae'n ymosod ar yr ysgyfaint a'r tiwbiau anadlu, gan achosi broncitis a chlefydau eraill. Mae'n toddi mewn glaw hefyd, gan ei wneud yn asidig. Mae'r asid yn difrodi coed, planhigion, adeiladau, a gwaith metel.
4 Mae **ocsidau nitrogen** yn ymffurfio oherwydd bod yr aer yn y peiriant yn mynd mor boeth fel bod ei nitrogen a'i ocsigen yn adweithio â'i gilydd. Fel sylffwr deuocsid, mae ocsidau nitrogen yn ymosod ar y system anadlu, ac yn achosi glaw asid.
5 Gronynnau mân o garbon a phlwm yn bennaf yw'r **mwg**. (Daw'r plwm o **blwm tetraethyl**, cyfansoddyn sy'n cael ei roi mewn petrol er mwyn iddo losgi'n well.) Mae mwg yn gwneud popeth yn ddu a budr. Mae hefyd yn ymosod ar yr ysgyfaint, a gall y plwm ynddo niweidio'r ymennydd, yn enwedig mewn plant.

Mae Tokyo yn dioddef llygredd drwg. Yma mae merch yn cymryd ocsigen tra ar ganol siopa.

Nid ceir yw'r unig broblem Ceir a loriau sy'n achosi dros hanner ein llygredd aer. Daw bron y cyfan o'r gweddill o ffatrïoedd, gorsafoedd pŵer a chartrefi sy'n llosgi **glo** ac **olew**. Fel petrol, mae'r tanwyddau hyn yn cynnwys hydrocarbonau, ac ychydig o sylffwr. Wrth losgi mewn ychydig o aer maent yn cynhyrchu carbon monocsid, hydrocarbonau, sylffwr deuocsid a mwg. Os yw'r tymheredd yn uchel, mae ocsidau nitrogen yn ymffurfio hefyd. Mae llawer o ffatrïoedd yn cynhyrchu llygryddion eraill hefyd – llwch haearn, llwch sment, nwyon o fygdarth toddyddion ac ati.

Glaw asid wedi bwyta'r garreg.

Ymladd llygredd aer

Mae llygredd aer yn gostus. Er enghraifft, mae ffermwyr Prydain yn colli cnydau gwerth tua £25 miliwn y flwyddyn oherwydd glaw asid. Dyma rai o'r ffyrdd o ostwng llygredd aer:

O geir Gellir gosod systemau gwacáu nwyon sy'n cynnwys catalyddion arbennig ar geir. Mae'r rhain yn gwneud i'r nwyon niweidiol adweithio â'i gilydd i gynhyrchu nwyon diogel. Yn yr Unol Daleithiau, mae'r gyfraith yn mynnu bod un o'r rhain ar bob car newydd.

Mae lefel y plwm mewn petrol eisoes yn cael ei ostwng. Y bwriad yw cael gwared ohono i gyd. Gall y rhan fwyaf o geir newydd redeg ar betrol plwm a di-blwm. Gellir addasu ceir eraill yn hawdd i redeg ar betrol di-blwm.

Gallwch ostwng llygredd trwy ddefnyddio petrol di-blwm. A yw eich car yn gallu ei ddefnyddio?

O gartrefi Cafodd nifer o ardaloedd eu troi'n **ardaloedd di-fwg** yn dilyn Deddf Aer Glân y Llywodraeth ym 1956. Ni chaiff pobl yn yr ardaloedd hyn losgi glo cyffredin. Rhaid iddyn nhw ddefnyddio tanwyddau di-fwg arbennig ar eu tanau.

O ffatrïoedd a gorsafoedd pŵer Mae'r dulliau hyn yn cynnwys:
Simneiau tal. Mae'r rhain yn cario mwg, llwch a nwyon gwastraff yn uchel i'r aer, lle bydd y gwynt yn eu chwythu ymaith. Ond nid yw hyn yn ateb da. Allwch chi esbonio pam?
Tanciau sgrwbio. Yma mae jetiau o ddŵr yn glanhau'r gwastraff cyn iddo gyrraedd y simneiau. Mae'r dŵr yn golchi'r mwg a'r llwch, ac yn toddi peth o'r nwyon niweidiol.
Gwaddodydd electrostatig. Mewn rhai ffatrïoedd, mae'r gwastraff yn mynd i siambr o'r enw gwaddodydd electrostatig, lle mae cerrynt trydan yn llifo trwyddo. Mae'r mwg a'r llwch yn cael eu gwefru, ac yn cydio wrth yr electrodau. Ymhen amser, byddant yn disgyn i waelod y gwaddodydd ac yn cael eu casglu.

Mae petrol di-blwm yn rhatach na phetrol â phlwm, i annog gyrwyr i'w ddefnyddio.

Cwestiynau

1 Rhestrwch y 6 phrif sylwedd sy'n achosi llygredd aer.
2 Copïwch a chwblhewch: Pan fydd hydrocarbonau yn ...... mewn cyflenwad cyfyng o aer, mae carbon .... yn cael ei ffurfio yn hytrach na charbon ..... .
3 Pa niwed y mae sylffwr deuocsid yn ei achosi?
4 Pam mae ocsidau nitrogen yn ymffurfio mewn peiriant car?
5 Pam mae gorsafoedd pŵer yn ffynhonnell lygredd?
6 Esboniwch bwrpas:
   a systemau gwacáu catalytig ar geir
   b simneiau tal ar ffatrïoedd
   c tanciau sgrwbio mewn ffatrïoedd
7 Sut mae gwaddodydd electrostatig yn gweithio?

8.4 Dŵr a'r gylchred ddŵr

Beth yw dŵr?

Cyfansoddyn o hydrogen ac ocsigen yw dŵr. Ei fformwla yw $\mathbf{H_2O}$. Gallech ei wneud yn y labordy trwy losgi jet o hydrogen mewn aer, fel hyn. Mae'r adwaith yn gyflym a gall fod yn beryglus:

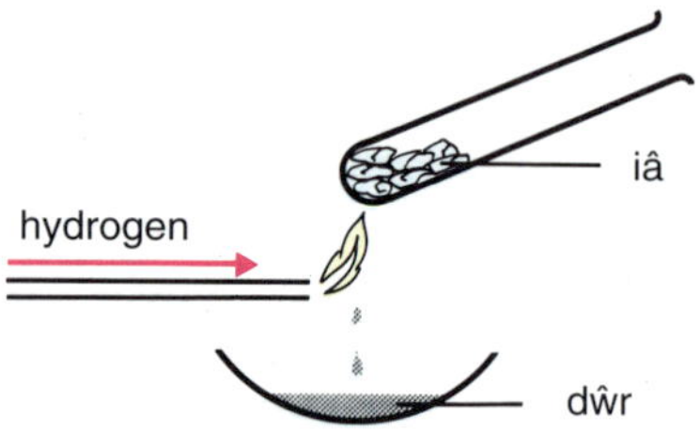

hydrogen	+	ocsigen	→	dŵr
$2H_2(n)$	+	$O_2(n)$	→	$2H_2O(n)$

Mae'r dŵr yn ymffurfio fel nwy. Mae'n cyddwyso'n hylif ar diwb prawf oer iawn.

Profion ar gyfer dŵr

Os dŵr yw'r hylif, bydd yn:

1 troi'n las wrth i chi ychwanegu copor(II) sylffad anhydrus gwyn
2 troi papur cobalt(II) clorid glas yn binc.

Os yw'r hylif yn ddŵr *pur* bydd yn berwi ar 100°C ac yn rhewi ar 0°C, ar wasgedd normal.

Y gylchred ddŵr

Nid oes angen cynhyrchu dŵr mewn labordy, nac mewn ffatrïoedd, oherwydd mae digonedd ohono o'n cwmpas yn barod. Mae dŵr yn gorchuddio bron i dri chwarter wyneb y Ddaear. Mae'n disgyn o'r awyr ac yn llifo i'r môr fel ffrydiau ac afonydd. Pam nad yw'r cyflenwad yn dod i ben? Oherwydd bod y dŵr yn cael ei ailgylchynu'n barhaus yn y **gylchred ddŵr**:

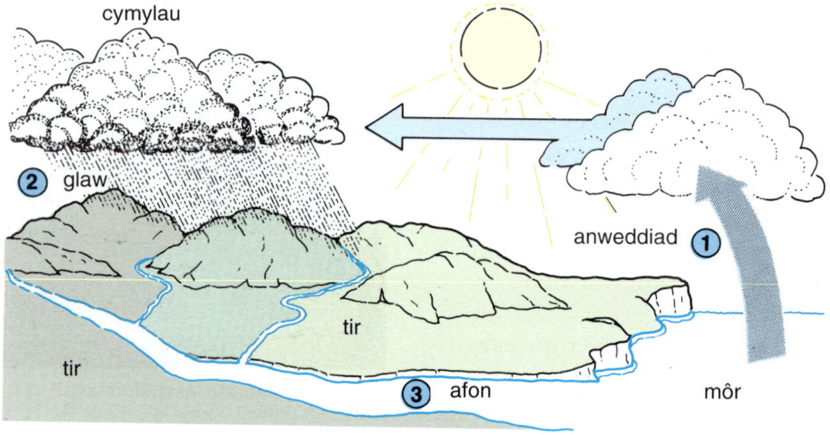

1 Mae gwres o'r Haul yn achosi i ddŵr anweddu o foroedd a chefnforoedd. Mae'r anwedd yn codi, yn oeri, ac yn cyddwyso i ffurfio diferion mân o ddŵr. Mae'r diferion yn ffurfio **cymylau.**

2 Mae'r cymylau'n cael eu cario gan geryntau o aer. Maent yn oeri ac mae'r diferion yn uno i ffurfio diferion mwy. Mae'r rhain yn disgyn fel glaw. (Os yw'r aer yn oer iawn, maent yn disgyn fel cenllysg, eirlaw neu eira.)

3 Mae rhywfaint o'r dŵr glaw yn llifo fel nentydd. Mae rhywfaint yn treiddio i'r ddaear ac yna'n ailymddangos fel tarddellau. Mae'r nentydd a'r tarddellau yn uno i ffurfio afonydd, sy'n llifo i'r môr, ac mae'r gylchred ddŵr yn gyflawn.

Y gylchred ddŵr ar waith.

Dŵr cudd

Yn ogystal â dŵr ar wyneb y Ddaear, mae yna lawer o ddŵr cudd: dŵr yw pethau byw yn bennaf.
Mae popeth byw wedi'u gwneud o **gelloedd** bach, a phob cell yn dal rhywfaint o ddŵr. Mae corff person pymtheg oed yn cynnwys tua 35 dm^3 o ddŵr. Mae'r rhan fwyaf ohono yn y celloedd; mae'r gweddill yn y gwaed ac yn hylifau eraill y corff.

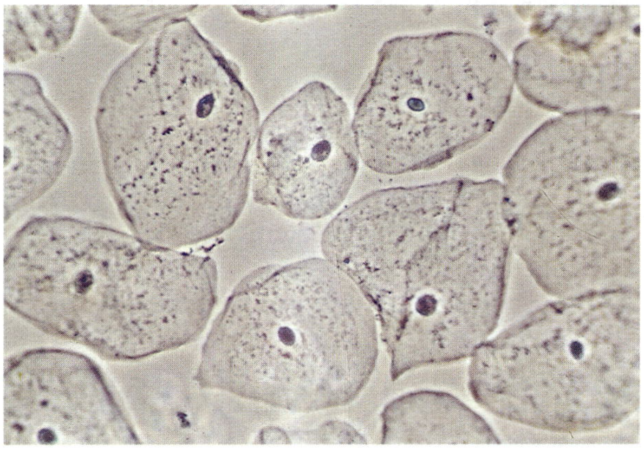

Celloedd o'r corff dynol yw'r rhain, wedi'u chwyddhau 1000 gwaith. Mae pob cell yn cynnwys rhywfaint o ddŵr.

Mae ar bopeth byw angen dŵr

Mae dŵr yn hanfodol ar gyfer popeth byw.
Bob dydd, mae'r corff dynol yn colli tua 2½ dm^3 o ddŵr. Mae'r rhan fwyaf ohono'n gadael y corff ar ffurf troeth a chwys; mae'r gweddill yn cael ei anadlu o'r corff fel anwedd dŵr. *Rhaid* cael dŵr o fwyd a diod i roi'r dŵr hwn yn ei ôl. Fel arall, bydd y gwaed yn troi'n drwchus a'r cnawd yn mynd yn anystwyth. Bydd y person yn marw ar ôl 4 neu 5 diwrnod.
Mae anifeiliaid eraill yn dibynnu ar ddŵr yr un ffordd. A phlanhigion hefyd. Mae ar blanhigyn angen dŵr ar gyfer **ffotosynthesis**, sef proses sy'n digwydd mewn dail gwyrdd, yng ngolau dydd:

$$\text{dŵr} + \text{carbon deuocsid} \xrightarrow[\text{cloroffyl}]{\text{golau}} \text{glwcos} + \text{ocsigen}$$

Mae'r dŵr yn cael ei sugno o'r pridd trwy wreiddiau'r planhigyn, a daw'r carbon deuocsid o'r aer. **Cloroffyl** yw'r sylwedd gwyrdd mewn dail. Mae'n gweithio fel catalydd ar gyfer yr adwaith. Yna bydd y planhigyn yn defnyddio'r glwcos a gynhyrchir, gyda nitradau a chyfansoddion eraill o'r pridd, i dyfu gwreiddiau, coesynnau a dail newydd. Mae'r ocsigen yn mynd i'r aer.

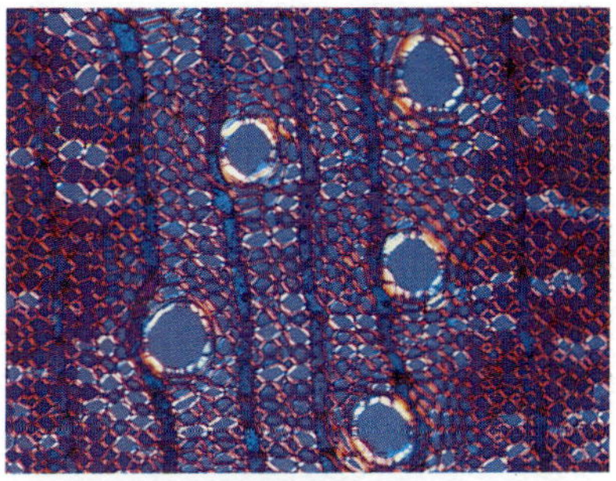

Rhan o haen o foncyff coeden wedi'i chwyddhau 3000 gwaith. Tiwbiau yw'r cylchoedd glas. Mae dŵr yn codi i fyny'r boncyff trwy'r tiwbiau hyn.

Ffyrdd eraill o ddefnyddio dŵr

Defnyddir swm enfawr o ddŵr yng ngwledydd Prydain bob dydd – ac nid ar gyfer yfed yn unig. Bydd yn cael ei ddefnyddio yn y cartref ar gyfer coginio, golchi, ac mewn toiledau. Y tu allan i'r cartref caiff ei ddefnyddio ar gyfer popeth dan Haul: ar gyfer gwneud sment, cwrw, dur a thrydan, ar gyfer argraffu papurau newydd, diffodd tanau a llenwi pyllau nofio. O ystyried popeth, byddwn yn defnyddio tua 300 dm^3 i bob person bob dydd. Mae hynny yn agos at dri bath llawn.

Ar ddiwrnod o Haf, gall derwen aeddfed ddefnyddio hyd at 250 litr o ddŵr.

Cwestiynau

1 Ysgrifennwch yr hafaliad ar gyfer yr adwaith sy'n digwydd wrth i hydrogen losgi mewn ocsigen.
2 Edrychwch ar y diagram o'r offer ar gyfer yr adwaith. Beth yw pwrpas yr iâ? Sut gallech chi brofi mai dŵr yw'r hylif?
3 Esboniwch pam mai H_2O yw fformwla dŵr.
4 Lluniwch ddiagram i ddangos y gylchred ddŵr.
5 Pa ganran o'r corff dynol sy'n ddŵr? Ble yn y corff y mae'r rhan fwyaf o'r dŵr hwn?
6 Beth yw ffotosynthesis? Ysgrifennwch hafaliad i'w ddisgrifio.
7 Beth yw cloroffyl? Ble mae dod o hyd iddo?
8 Mewn ffotosynthesis, cynhyrchir siwgrau. Ar gyfer beth y defnyddir y siwgrau hyn?

8.5 Ein cyflenwad dŵr

O ble daw dŵr tap?

Yng ngwledydd Prydain, daw rhywfaint o ddŵr tap o **afonydd**, rhywfaint o **ffynhonnau tanddaearol**, a rhywfaint o **gronfeydd mynydd**. Nid yw dŵr o'r ffynonellau hyn byth yn hollol bur, yn enwedig dŵr afon. Gall gynnwys:

(i) **bacteria** – organebau byw mân, mor fach fel y byddai angen microsgop i'w gweld. Mae'r rhan fwyaf o facteria yn ddiniwed, ond gall eraill achosi clefydau.

(ii) **sylweddau wedi toddi** – nitradau a sylffadau o'r pridd, nwyon o'r aer, ac weithiau cyfansoddion calsiwm a magnesiwm o greigiau.

(iii) **sylweddau solid** – gronynnau o fwd, tywod, graean, brigau, planhigion marw, ac efallai duniau a chadachau y mae pobl wedi'u taflu.

Cyn y bydd y dŵr yn ddiogel i'w yfed, rhaid tynnu'r bacteria a'r sylweddau solid. Mae hyn yn digwydd yn y **gwaith dŵr.**

Rhan o waith dŵr modern.

Y gwaith dŵr

Mae'r diagram yn dangos y broses mewn gwaith dŵr:

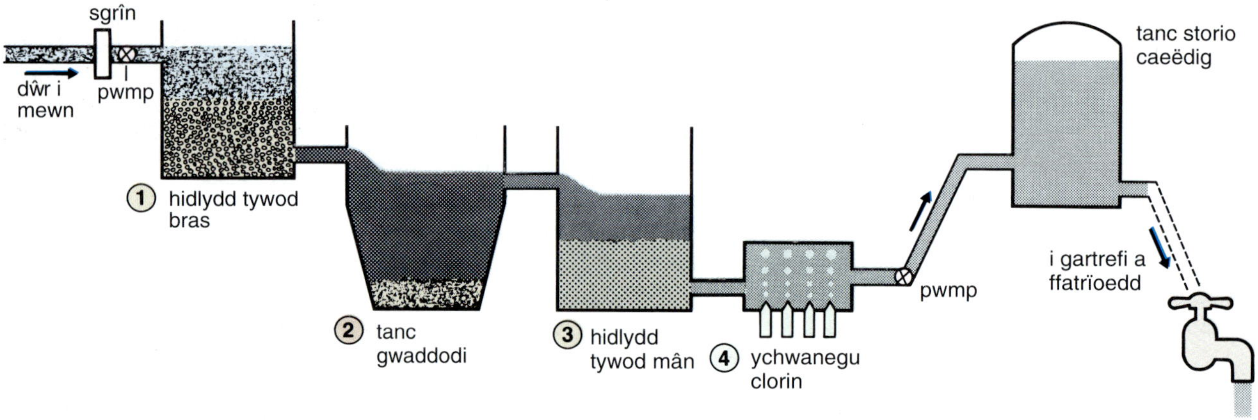

Mae'r dŵr yn cael ei bwmpio trwy sgrîn, sy'n tynnu'r darnau mawr o sbwriel. Yna daw'r tri cham hyn:

1 Mae'n cael ei hidlo trwy wely o dywod bras, sy'n dal y gronynnau solid mwyaf.

2 Nesaf bydd yn llifo i **danc gwaddodi**. Yma bydd cemegion yn cael eu hychwanegu, i wneud i'r gronynnau llai lynu wrth ei gilydd. Bydd y gronynnau hyn yn disgyn i waelod y tanc.

3 Bydd dŵr yn llifo o ben y tanc gwaddodi, i hidlydd o dywod mân. Mae hwn yn dal unrhyw ronnynau sydd ar ôl.

4 Yn olaf ychwanegir ychydig o glorin. Mae'n toddi ac yn lladd unrhyw facteria sy'n weddill. **Diheintio** neu **steryllu** y dŵr yw'r enw ar hyn.

Mewn rhai llefydd, ychwanegir cyfansoddyn fflworid at ddŵr hefyd, i gadw dannedd yn iach.

Mae'r dŵr yn ddiogel i'w yfed nawr. Caiff ei bwmpio i danciau storio uchel a'i gario oddi yno i gartrefi a ffatrïoedd mewn pibelli.

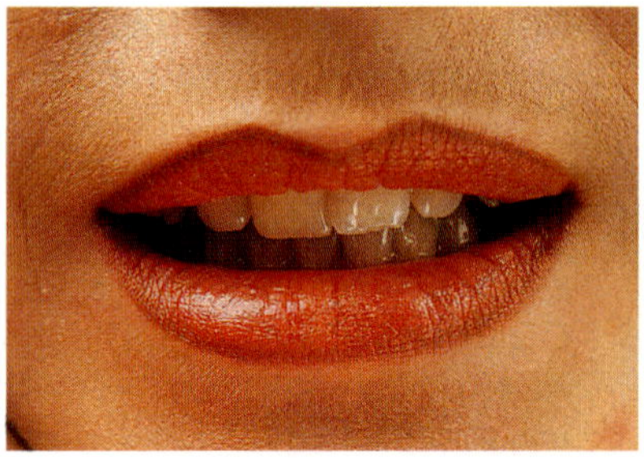

Mae ychwanegu fflworid at y cyflenwad dŵr yn helpu i sicrhau dannedd iach.

Glân ond nid yn bur Mae'r dŵr sy'n llifo o'r tap yn *lân* ond nid yw'n hollol *bur*. Mae'n dal i gynnwys sylweddau wedi toddi na chafodd eu tynnu yn y gwaith dŵr. Nid yw'r sylweddau hyn yn niweidiol i bobl. Ond bydd rhai ohonynt yn gwneud y dŵr yn **galed**, fel y gwelwch chi ar dudalen 108.

Dŵr gwastraff a gwaith trin carthion

Mae pob math o bethau yn mynd yn gymysg â dŵr tap: siampŵ, past dannedd, glanedyddion, saim, gwastraff o'r corff, bwyd, graean, tywod, a gwastraff o ffatrïoedd. Mae'r cymysgedd hwn yn mynd i lawr y draen, ac fe'i gelwir yn **garthion**. Ond nid yw'n diflannu am byth. Yn hytrach, mae'n llifo dan y ddaear i **waith trin carthion**, lle mae'r dŵr yn cael ei lanhau a'i roi yn ôl yn yr afon. Dyma ddiagram o'r gwaith:

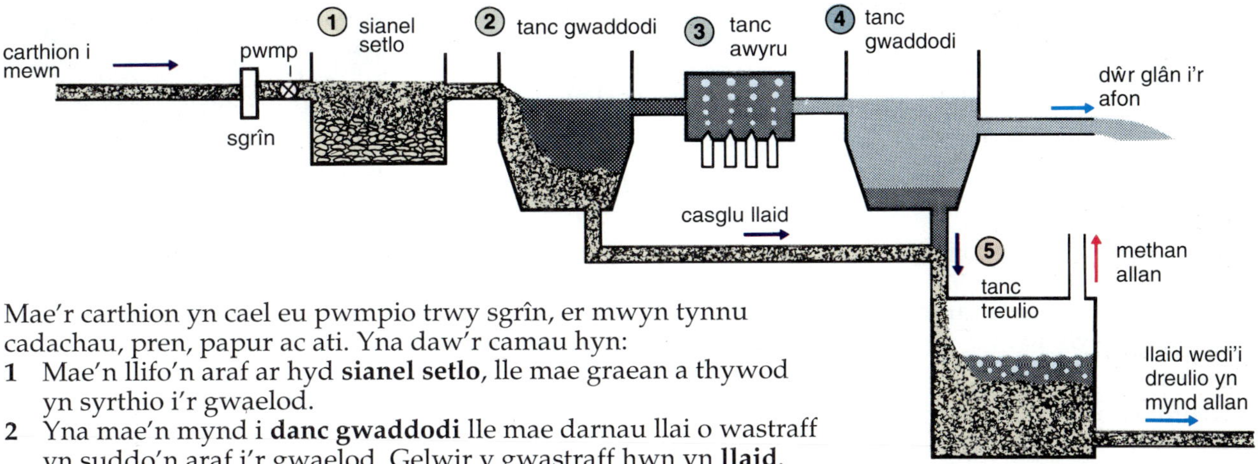

Mae'r carthion yn cael eu pwmpio trwy sgrîn, er mwyn tynnu cadachau, pren, papur ac ati. Yna daw'r camau hyn:

1 Mae'n llifo'n araf ar hyd **sianel setlo**, lle mae graean a thywod yn syrthio i'r gwaelod.
2 Yna mae'n mynd i **danc gwaddodi** lle mae darnau llai o wastraff yn suddo'n araf i'r gwaelod. Gelwir y gwastraff hwn yn **llaid**. Mae'n llwyd a drewllyd iawn, ac yn cynnwys llawer o bethau niweidiol.
3 Mae'r dŵr yn edrych yn lanach nawr. Mae'n llifo i **danc awyru**, sy'n cynnwys bacteria arbennig yn tyfu ar laid. Bydd y bacteria hyn yn bwyta pethau niweidiol yn y dŵr, a'u gwneud yn ddiniwed. I wneud hyn, mae arnynt angen llawer o ocsigen, felly mae aer yn cael ei bwmpio'n barhaus trwy'r llaid, o waelod y tanc. Yn lle tanciau awyru, bydd rhai gweithfeydd yn defnyddio **hidlyddion percoladu**, lle mae'r bacteria'n byw ar gerrig, a'r dŵr yn llifo trostynt.
4 Yna daw **tanc gwaddodi** arall, lle mae gweddill y llaid yn setlo. Mae'n ddiogel rhoi'r dŵr yn yr afon nawr.
5 Rhoddir y llaid i gyd mewn tanciau **treulio**. Yma mae'n cael ei gymysgu â bacteria sy'n dinistrio'r sylweddau niweidiol, ac yn cynhyrchu **nwy methan** yr un pryd. Mae methan yn danwydd da, felly mae'n cael ei ddefnyddio'n aml i wneud trydan ar gyfer y gwaith trin carthion. Mae'r llaid wedi ei dreulio yn cael ei losgi'n llwch, neu ei ddympio yn y môr, neu ei werthu i ffermwyr fel gwrtaith.

Llong yn cario llaid i ganol y môr.

Cwestiynau

1 Rhestrwch 10 amhuredd y byddech yn eu cael mewn dŵr afon.
2 Beth sy'n digwydd yn y tanciau gwaddodi mewn gwaith dŵr?
3 Mae dŵr tap yn lân ond nid yw'n bur. Esboniwch.
4 Beth yw: **a** carthion? **b** llaid?
5 Mewn gwaith trin carthion, disgrifiwch beth sy'n digwydd mewn:
a tanciau awyru **b** tanciau treulio
6 Beth sy'n digwydd i'r llaid sy'n cael ei dreulio?

8.6 Dŵr meddal a dŵr caled

Gwahanol fathau o ddŵr tap

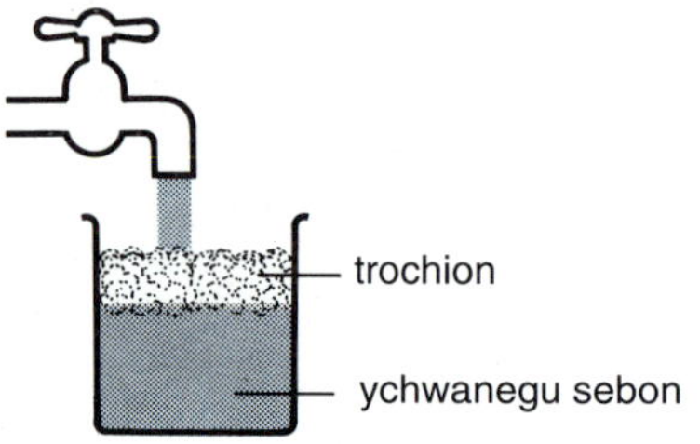

Mewn rhai llefydd, mae'r dŵr tap yn gwneud trochion yn hawdd gyda sebon. Mae'n cael ei alw'n **ddŵr meddal**.

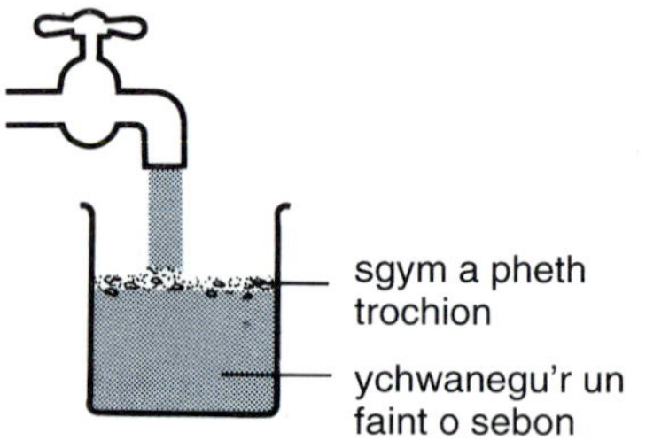

Mewn llefydd eraill, mae'r un faint o sebon yn rhoi sgym, heb lawer o drochion. Dyma arwydd o **ddŵr caled**.

Diwrnod golchi. Mae sebon yn creu sgym mewn dŵr caled sy'n anodd ei olchi o ddillad. Nid yw glanedyddion modern yn cynnwys sebon, felly nid ydynt yn gwneud sgym.

Mae caledwch mewn dŵr yn cael ei achosi gan gyfansoddion calsiwm a magnesiwm wedi toddi, pethau nad yw'r gwaith dŵr yn eu tynnu – yn bennaf:

calsiwm hydrogen carbonad
calsiwm sylffad
magnesiwm hydrogen carbonad
magnesiwm sylffad

Mae'r sgym yn ymffurfio oherwydd bod y cyfansoddion hyn yn adweithio â sebon, gan roi cynnyrch anhydawdd sy'n arnofio ar wyneb y dŵr. Er enghraifft:

calsiwm sylffad + sodiwm stearad → calsiwm stearad + sodiwm sylffad
(sebon) (sgym)

Ni all trochion go iawn ymffurfio nes bod y sebon wedi adweithio â'r holl gyfansoddion calsiwm a magnesiwm sydd wedi toddi yn y dŵr. Mae hyn yn golygu bod caledwch mewn dŵr yn gwastraffu sebon.

O ble y daw caledwch?

Calsiwm hydrogen carbonad sy'n achosi dŵr caled fel arfer. Mae'n ymffurfio wrth i law ddisgyn ar greigiau **calchfaen** a **sialc**. **Calsiwm carbonad** yw calchfaen a sialc yn bennaf. Nid yw hwnnw'n toddi mewn dŵr. Ond, nid yw glaw yn ddŵr pur. Wrth iddo ddisgyn trwy'r aer, mae carbon deuocsid yn toddi ynddo, gan ffurfio toddiant asidig gwan. Yna mae'r toddiant hwn yn ymosod ar y calsiwm carbonad, gan ffurfio calsiwm hydrogen carbonad *sydd* yn hydawdd. Yr adwaith yw:

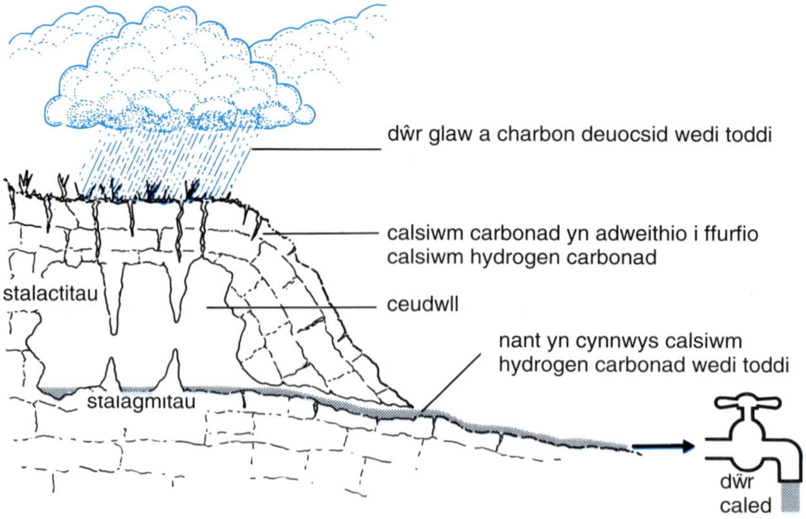

dŵr + carbon deuocsid + calsiwm carbonad → calsiwm hydrogen carbonad

$H_2O(h) + CO_2(n) + CaCO_3(s) \rightarrow Ca(HCO_3)_2(dyfr)$

Mae'r cyfansoddion eraill sy'n achosi caledwch yn cael eu toddi gan law o greigiau fel **dolomit** a **gypswm**, ac o **bridd**. Fformwla dolomit yw $CaCO_3.MgCO_3$. Fformwla gypswm yw $CaSO_4.2H_2O$.

Stalactitau a stalagmitau

Mae'r diagram ar y tudalen gyferbyn yn dangos ceudwll tanddaearol sy'n cynnwys **stalactitau** a **stalagmitau**. Mewn ardaloedd calchfaen y ceir ceudyllau fel hyn yn aml.
Mae stalactit wedi'i wneud o galsiwm carbonad, ac mae'n crogi o nenfwd y ceudwll. Mae'n dechrau ffurfio wrth i ddiferion o ddŵr sy'n cynnwys calsiwm hydrogen carbonad gronni ar y nenfwd. Mae rhywfaint o'r dŵr yn anweddu, gan golli carbon deuocsid, a gadael calsiwm carbonad solid ar ôl:

calsiwm hydrogen carbonad → dŵr + carbon deuocsid + calsiwm carbonad

$$Ca(HCO_3)_2\,(dyfr) \rightarrow H_2O\,(n) + CO_2\,(n) + CaCO_3\,(s)$$

Mae hyn yn digwydd fesul diferyn, ar yr un rhan o'r nenfwd. Yn araf, dros filoedd o flynyddoedd, mae pigyn o galsiwm carbonad yn tyfu tuag i lawr. Mae stalagmit yn ymffurfio yr un ffordd, ond ei fod yn tyfu o lawr y ceudwll. Bydd stalactitau a stalagmitau yn aml i'w gweld yn tyfu gyferbyn â'i gilydd. Allwch chi esbonio pam?

Stalactitau a stalagmitau.

Caledwch dros dro a chaledwch parhaol

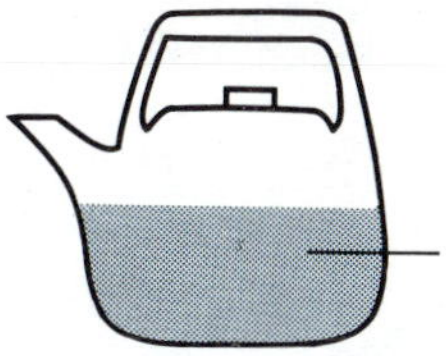

Mae'r dŵr hwn yn cynnwys calsiwm hydrogen carbonad, felly mae'n **galed**. Wrth ferwi'r dŵr, mae'r calsiwm hydrogen carbonad...

...yn dadelfennu yn galsiwm carbonad. Mae hwn yn anhydawdd. Mae'n ymgasglu ar ochrau'r tegell fel **cen**.

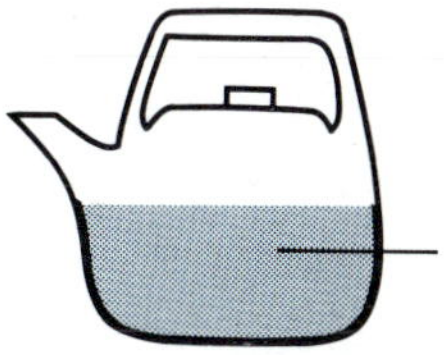

Felly mae'r holl galsiwm hydrogen carbonad yn cael ei dynnu o'r dŵr. Mae'r dŵr bellach yn **feddal**.

Felly, **caledwch dros dro** yw'r caledwch a achosir gan galsiwm hydrogen carbonad, gan fod modd cael gwared arno trwy ferwi'r dŵr. Mae'r adwaith yn y tegell yn debyg i'r un ar gyfer stalactitau:

$$Ca(HCO_3)_2\,(dyfr) \rightarrow H_2O\,(n) + CO_2\,(n) + CaCO_3\,(s)$$

Caledwch parhaol yw'r caledwch a achosir gan gyfansoddion calsiwm a magnesiwm eraill, gan nad yw berwi'n effeithio arno. Ond *gellir* ei dynnu mewn ffyrdd eraill, fel y gwelwch ar y tudalen nesaf.

Cwestiynau

1 Sut gallwch chi ddweud a yw dŵr tap yn galed ynteu'n feddal?

2 Esboniwch pam mae sebon yn cynhyrchu sgym mewn dŵr caled.

3 O beth y gwneir calchfaen a sialc?

4 Mae calsiwm carbonad yn anhydawdd mewn dŵr pur. Pam mae'n toddi mewn dŵr glaw?

5 Sut rydych chi'n credu mae *stalagmit* yn cael ei ffurfio? Ysgrifennwch hafaliad ar gyfer yr adwaith.

6 Enwch sylwedd sy'n achosi:
- **a** caledwch dros dro
- **b** caledwch parhaol

8.7 Gwneud dŵr caled yn feddal

Dŵr caled: da ynteu drwg?

Mae yna rai pethau da am ddŵr caled:

1 Mae'n blasu'n ddymunol, oherwydd y cyfansoddion sydd wedi toddi ynddo.
2 Mae'r cyfansoddion calsiwm ynddo yn dda i'r esgyrn a'r dannedd.
3 Mae meddygon yn credu ei fod yn helpu i atal clefyd y galon.

Ond mae ganddo anfanteision hefyd:

1 Mae caledwch dros dro yn gadael cen mewn tegellau, pibellau dŵr poeth, boeleri a rheiddiaduron. Mae hyn yn eu gwneud yn llai effeithlon, a gall eu blocio, felly rhaid ei dynnu.
2 Mae angen mwy o sebon mewn dŵr caled nag mewn dŵr meddal, ac mae'n gadael sgym sy'n anodd ei olchi.

Glanedyddion heb sebon Mae problem sgym yn llai difrifol heddiw nag yr oedd ddeng mlynedd ar hugain yn ôl. Erbyn hyn, defnyddir glanedyddion heb sebon i olchi'r rhan fwyaf o bethau. *Nid* yw glanedyddion disebon yn ffurfio sgym gyda chyfansoddion calsiwm a magnesiwm. Mae hylifau golchi llestri, powdrau golchi a bron pob siampŵ yn lanedyddion disebon.

Cen bron wedi llenwi pibell.

Ffyrdd o feddalu dŵr caled

Oherwydd ei fod yn achosi problemau, bydd dŵr caled yn aml yn cael ei **feddalu** cyn ei ddefnyddio mewn ffatrïoedd, golchdai a chartrefi. Mae ei feddalu yn golygu tynnu'r cyfansoddion calsiwm a magnesiwm. Dyma rai ffyrdd o wneud hynny:

Berwi Mae hyn yn tynnu'r caledwch dros dro, fel y gwelsoch ar dudalen 109, trwy wneud i'r calsiwm carbonad waddodi.

Distyllu Mae distyllu yn cael gwared ar y ddau fath o galedwch. Mae'r dŵr yn cael ei wresogi ac mae'n berwi ar ffurf ager, gan adael yr holl gyfansoddion wedi toddi ar ôl. Yna mae'r ager yn cael ei gyddwyso'n ddŵr pur. Dŵr distyll yw'r dŵr meddalaf posibl. Dyma'r dŵr drutaf hefyd, gan fod y distyllu angen tanwydd.

Mae'n well defnyddio dŵr distyll mewn haearn smwddio ager. Allwch chi esbonio pam?

Sodiwm carbonad (soda golchi) Pan ychwanegir sodiwm carbonad at ddŵr, mae'n tynnu'r ddau fath o galedwch, trwy waddodi calsiwm carbonad. Er enghraifft, dyma ei adwaith gyda chalsiwm sylffad:

sodiwm carbonad + calsiwm sylffad → calsiwm carbonad + sodiwm sylffad

$$Na_2CO_3(dyfr) + CaSO_4(dyfr) \rightarrow CaCO_3(s) + Na_2SO_4(dyfr)$$

Mae halwynau baddon fel arfer yn cynnwys sodiwm carbonad, er mwyn meddalu dŵr y baddon. Nid yw'r sodiwm sylffad sy'n ymffurfio yn effeithio ar sebon.

Cyfnewidwyr ïonau Mae cyfnewidwyr ïonau yn tynnu'r ddau fath o galedwch trwy dynnu'r holl ïonau calsiwm a magnesiwm. Cynhwysydd yn llawn gleiniau bach yw cyfnewidydd ïonau. Mae'r rhain wedi'u gwneud o blastig arbennig o'r enw **resin cyfnewid ïonau**, sydd ag ïonau yn cydio'n wan wrtho – gallant fod yn ïonau sodiwm fel y dangosir ar y dde.

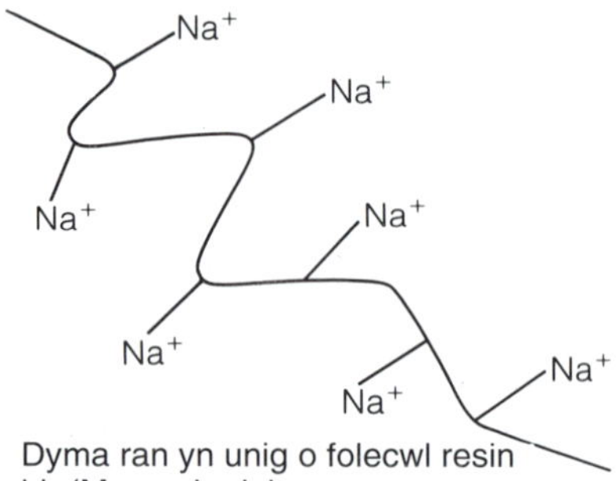

Dyma ran yn unig o folecwl resin hir (Mae pob glain yn cynnwys nifer o folecylau)

Wrth i ddŵr caled lifo trwy'r cyfnewidydd ïonau, mae'r ïonau calsiwm a magnesiwm ynddo yn newid lle â'r ïonau sodiwm, ac yn cydio yn y resin. Mae'r ïonau sodiwm yn toddi yn y dŵr:

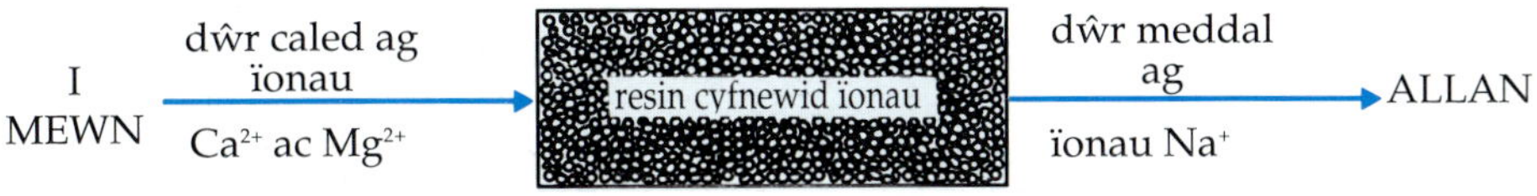

Defnyddio cyfnewidydd ïonau.

Ymhen amser, mae'r holl ïonau sodiwm wedi mynd, felly ni ellir tynnu rhagor o galedwch. Rhaid **atgynhyrchu** y resin. I wneud hyn, rhoddir toddiant crynodedig o sodiwm clorid ynddo. Mae'r ïonau sodiwm yn gwthio'r ïonau calsiwm a magnesiwm oddi ar y resin, ac mae'r cyfnewidydd ïonau yn barod i'w ddefnyddio eto.

Cymharu caledwch

Gallwch gymharu caledwch gwahanol samplau o ddŵr trwy ganfod faint o sebon sydd ei angen ym mhob un i roi trochion da. Dyma'r camau:

1 Mesur rhywfaint o ddŵr (20 cm^3 dyweder) mewn fflasg gonigol.
2 Ychwanegu ychydig o doddiant sebon o fwred, ac ysgwyd y fflasg yn ofalus.
3 Ychwanegu rhagor o doddiant sebon, ychydig ar y tro, nes y ceir trochion sy'n para o leiaf hanner munud.
4 Nodi cyfaint y toddiant sebon a ddefnyddir.

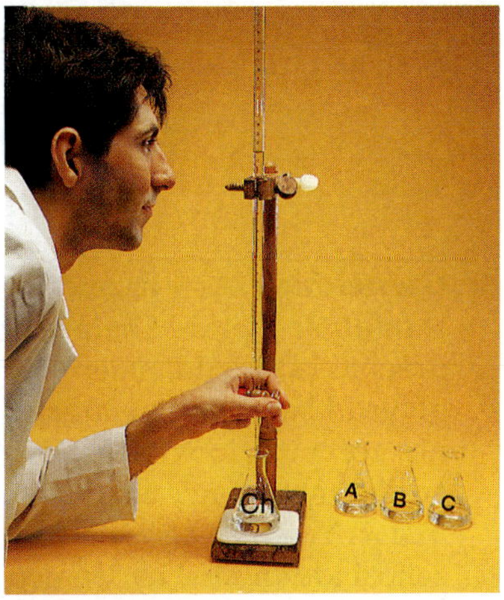

Cynnal yr arbrawf.

Yn yr arbrawf yn y llun, defnyddiwyd dŵr o'r un tap ar gyfer A, B, ac C. Ar gyfer A cafodd ei adael heb ei drin, ar gyfer B cafodd ei ferwi yn gyntaf, ac ar gyfer C cafodd ei anfon trwy gyfnewidydd ïonau. Dŵr distyll yw Ch. Dyma'r canlyniadau:

Sampl o ddŵr	**Cyfaint y toddiant sebon a ddefnyddiwyd (cm^3)**
A (heb ei drin)	10
B (wedi'i ferwi)	7
C (cyfnewidydd ïonau)	0.5
Ch (distyll)	0.5

A ydych chi'n cytuno bod y dŵr tap yn cynnwys y ddau fath o galedwch? Pam rydych chi'n credu hynny?

Cwestiynau

1 Ysgrifennwch ddwy o fanteision dŵr caled.
2 Esboniwch sut mae berwi dŵr yn tynnu caledwch dros dro. Pa broblemau y gall y dull hwn eu hachosi?
3 Pam y defnyddir sodiwm carbonad mewn halwynau baddon?
4 Beth yw cyfnewidydd ïonau? Sut mae'n gweithio?
5 Eglurwch sut mae'r arbrawf uchod yn dangos bod:
 a y dŵr tap yn cynnwys y ddau fath o galedwch
 b y rhan fwyaf o'r caledwch ynddo'n barhaol
 c y cyfnewidydd ïonau yn tynnu caledwch yr un mor effeithiol â distyllu.

8.8 Llygredd dŵr

Bob dydd, bydd cannoedd o sylweddau niweidiol yn mynd i'n hafonydd. **Llygredd dŵr** yw'r canlyniad. Mae'r diagram hwn yn dangos rhai o'r pethau sy'n achosi llygredd dŵr:

1 **Gwrteithiau.** Ar y tir, nid yw gwrteithiau yn niweidiol – fe'u rhoddir ar y pridd i helpu cnydau i dyfu. Ond, os ydynt yn draenio i afonydd, maent hefyd yn helpu planhigion dŵr gwyrdd bach o'r enw **algau** i dyfu. Gall y rhain dyfu cymaint nes gorchuddio wyneb y dŵr. Maent yn rhwystro'r planhigion oddi tanynt rhag cael golau, ac yna bydd y planhigion hynny'n marw. Yna mae bacteria yn bwydo ar y planhigion marw, gan achosi iddyn nhw bydru neu **ddadelfennu**. Yn ystod y broses hon mae'r bacteria yn defnyddio'r holl ocsigen sydd wedi toddi yn y dŵr. Cyn bo hir, nid oes digon o ocsigen ar gyfer y pysgod a'r pethau byw eraill, felly byddant yn marw.
Mae llawer o wrteithiau yn **nitradau**. Gall y rhain niweidio pobl hefyd, os bydd digon ohonynt yn mynd trwy'r gwaith trin dŵr ac i'r dŵr yfed. Maent yn achosi heintiau.

2 **Carthion heb eu trin.** Nid oes gan lawer o bentrefi waith trin carthion, felly bydd eu carthion yn llifo'n syth i afonydd cyfagos. Bydd tail fferm yn aml yn llifo i afonydd hefyd. Mae'r carthion heb eu trin yn cynnwys bacteria sy'n gallu achosi clefydau, felly mae'n beryglus nofio ynddo neu yfed ohono. Hefyd, mae bacteria eraill yn bwyta'r carthion, ac yn defnyddio'r ocsigen sydd ynddo. Mae gweddill bywyd yr afon yn marw o ddiffyg ocsigen.

3 **Glanedyddion.** Mae llawer o wahanol lanedyddion yn mynd i lawr y draen yn ein dŵr gwastraff. Ni all bacteria ddadelfennu rhai ohonynt, felly maent yn llifo trwy'r gwaith trin carthion heb eu newid, ac yn cyrraedd yr afon. Yno maent yn creu trochion, sy'n gwneud i'r afon edrych yn annymunol. Yn waeth byth, maent yn lladd pysgod a bywyd gwyllt arall yr afon.

Afon 'farw'. Mae llygredd wedi lladd y rhan fwyaf o'r pethau byw ynddi.

Llygredd mewn dŵr afon wedi lladd pysgod.

Aelodau o *Greenpeace* yn paratoi i brotestio yn erbyn gollwng gwastraff yn y môr yn Sellafield.

Yn ymyl Land's End, mae tynfad yn chwistrellu cemegion ar slic olew i'w wasgaru.

Mae'r broblem hon yn llai difrifol ers i wyddonwyr ddatblygu **glanedyddion biodiraddadwy**. *Gall* bacteria dorri'r rhain a'u gwneud yn ddiniwed mewn gweithfeydd trin carthion ac afonydd.

4 **Gwastraff o ffatrïoedd.** Mae hylif gwastraff o rai ffatrïoedd yn cael ei wacáu'n syth i afonydd. Gall y gwastraff hwn gynnwys sylweddau peryglus fel mercwri, neu ei gyfansoddion. Nid yw'r rhain yn lladd pysgod, ond mae'n cronni yn eu cyrff ac yn gwenwyno pobl yn y man. Bydd pobl yn colli eu gwallt, a'u dannedd yn pydru. Bydd y claf yn flin ac aflonydd, ac yn marw heb driniaeth. Metel gwenwynig arall yw plwm. Gallai ddianc o ffatrïoedd sy'n gwneud batrïau ceir, er enghraifft. Ond peryclach fyth yw'r gwastraff ymbelydrol a allai ddianc o waith prosesu gwastraff niwclear, neu orsafoedd pŵer niwclear.

5 **Gwres.** Bydd ffatrïoedd a gorsafoedd pŵer yn defnyddio dŵr o afonydd ar gyfer oeri tanciau a phibellau poeth. Os yw'r dŵr poeth yn llifo'n ôl i'r afon bydd yn lladd pysgod. (Ni all y rhan fwyaf o bysgod fyw dros 30°C.)
Mewn rhai llefydd gellir datrys y broblem drwy chwistrellu'r dŵr poeth i lawr tyrrau oeri. Erbyn cyrraedd y gwaelod mae'n oer, a gellir ei ddefnyddio ar gyfer oeri eto.

6 **Olew.** Yn y môr, mae llygredd olew yn berygl. Os bydd tanceri yn mynd ar y creigiau, neu'n taro yn erbyn llongau eraill, gall olew lifo i'r môr. Yno bydd yn lladd adar môr, trwy eu gwenwyno a llenwi eu hadenydd a'u rhwystro rhag hedfan i chwilio am fwyd. Os caiff yr olew ei olchi i'r lan, bydd yn lladd pob math o fywyd ar y creigiau, mewn mwd ac ar y traethau. *Gall* y bacteria mewn dŵr môr ladd olew. Ond, mae honno'n broses araf iawn. Mae'n llawer cyflymach chwistrellu cemegion ar yr olew neu ei gasglu â blancedi arbennig.

Heligog yn marw, ei blu yn olew i gyd.

Cwestiynau

1 Beth yw algau?
2 Esboniwch pam y gall gwrteithiau mewn afon ladd pysgod.
3 Rhowch ddau reswm pam mae carthion heb eu trin yn niweidiol mewn afonydd.
4 Beth yw glanedydd biodiraddadwy?
5 Enwch dri metel y gall eu cyfansoddion wenwyno pobl.
6 Mae slic olew yn fath o lygredd. Pam? Disgrifiwch rai ffyrdd o glirio olew ar ôl iddo ollwng.

Cwestiynau ar Bennod 8

1 Copïwch a chwblhewch y paragraff canlynol:
Mae aer yn ...... o wahanol nwyon. Mae 99% ohono yn ddwy elfen, sef .... a ...... Mae angen un o'r rhain, ..., ar gyfer resbiradu, sef y ffordd y bydd pethau byw yn cael eu ...... angenrheidiol. Gellir .... y ddwy elfen uchod o aer hylif trwy ...., oherwydd bod ganddynt wahanol .... Mae llawer o'r .... a geir yn cael ei ddefnyddio i wneud asid nitrig a gwrteithiau. Mae rhywfaint o'r 1% o aer sy'n weddill yn cynnwys dau gyfansoddyn, ... a .... Mae un o'r rhain yn bwysig oherwydd bod planhigion yn ei gymryd, ym mhresenoldeb ......, i ffurfio .... Mae gweddill yr aer wedi'i wneud o elfennau a elwir yn .... Mae'r rhain i gyd yn aelodau o Grŵp ... yn Nhabl yr Elfennau.

2 Mae ocsigen a nitrogen, y ddau brif nwy mewn aer, ychydig yn hydawdd mewn dŵr. Gan ddefnyddio'r offer isod, cafodd sampl o ddŵr ei ferwi nes i 100 cm^3 o aer wedi toddi gael ei gasglu.

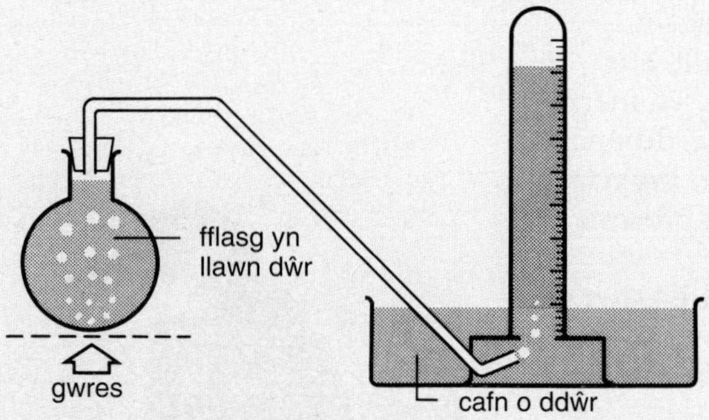

Yna cafodd yr aer hwn ei anfon dros gopor wedi'i wresogi. Ei gyfaint yn y diwedd oedd 67 cm^3.
a A yw aer yn fwy hydawdd ynteu'n llai hydawdd mewn dŵr, wrth i'r tymheredd godi? Sut gallwch chi ddweud?
b Mae'r copor yn adweithio â'r ocsigen yn yr aer wedi toddi. Ysgrifennwch hafaliad ar gyfer yr adwaith.
c Lluniwch ddiagram o'r offer a ddefnyddir ar gyfer anfon aer dros gopor poeth.
ch Pa gyfaint o ocsigen oedd yn bresennol mewn 100 cm^3 o aer wedi toddi?
d Cyfrifwch, yn fras, ganrannau'r ocsigen a'r nitrogen mewn aer wedi toddi.
dd Beth yw canrannau'r nwyon hyn mewn aer atmosfferig?
e Eglurwch pam mae'r atebion yn wahanol ar gyfer rhannau **d** ac **dd**.
f Pa nwy yw'r mwyaf hydawdd mewn dŵr, nitrogen ynteu ocsigen?
ff Beth yw pwysigrwydd biolegol aer wedi toddi mewn dŵr?

3 Mae aer yn *gymysgedd* o wahanol nwyon.
a Pa nwy yw tua 78% o'r aer?
b Dim ond un nwy yn y cymysgedd a fydd yn gadael i bethau losgi ynddo. Pa nwy yw hwn?
c Sut mae'r nwyon yn y cymysgedd yn cael eu gwahanu oddi wrth ei gilydd, mewn diwydiant?
ch Pa nwy nobl sy'n bresennol yn y maint mwyaf mewn aer?
d Pa nwy sy'n cynnwys sylffwr sy'n ddrwg am achosi llygredd aer?
dd Enwch ddau nwy arall sy'n cyfrannu at lygredd aer.
e Enwch un sylwedd nad yw'n nwy ond sydd hefyd yn llygru'r aer.

4 Cyfatebwch bob un o'r deg hafaliad canlynol i un o'r disgrifiadau isod.

i $C_7H_{16}(h) + 11O_2(n) \rightarrow 7CO_2(n) + 8H_2O(h)$
heptan (mewn petrol)

ii $S(s) + O_2(n) \rightarrow SO_2(n)$

iii $C_6H_{12}O_6(s) + 6O_2(n) \rightarrow 6CO_2(n) + 6H_2O(h)$
glwcos

iv $2H_2(n) + O_2(n) \rightarrow 2H_2O(n)$

v $6H_2O(n) + 6CO_2(n) \xrightarrow[\text{cloroffyl}]{\text{golau}} C_6H_{12}O_6(s) + 6O_2(n)$

vi $2Cu(s) + O_2(n) \rightarrow 2CuO(s)$

vii $CaCO_3(s) + H_2O(h) + CO_2(n) \rightarrow Ca(HCO_3)_2(dyfr)$

viii $Ca(HCO_3)_2(dyfr) \xrightarrow{\text{gwres}} CaCO_3(s) + CO_2(n) + H_2O(h)$

ix $CaSO_4(dyfr) + Na_2CO_3(dyfr) \rightarrow CaCO_3(s) + Na_2SO_4(dyfr)$

x $2CH_4(s) + 3O_2(n) \rightarrow 2CO(n) + 4H_2O(n)$

Dyma'r disgrifiadau:
a tynnu caledwch dros dro trwy ferwi
b synthesis dŵr
c ffotosynthesis
ch hylosgiad anghyflawn hydrocarbon
d ocsidio copor
dd glaw yn toddi calchfaen
e llosgi sylffwr
f resbiradu
ff tynnu caledwch trwy ddefnyddio halwynau baddon
g llosgi petrol

5 Ysgrifennwch hafaliad geiriol ar gyfer pob adwaith yng nghwestiwn 4.

Prawf	Sampl A	Sampl B	Sampl C
1 Ysgwyd â thoddiant sebon	trochion gwael	trochion da	trochion gwael
2 Berwi yn gyntaf ac yna'i ysgwyd â thoddiant sebon	trochion da	trochion da	trochion gwael
3 Ychwanegu halwynau baddon, ei ysgwyd â thoddiant sebon ar ôl hidlo	trochion da	trochion da	trochion da

6 Profwyd rhai samplau dŵr yn y labordy. Mae'r canlyniadau yn y tabl uchod.
a Dim ond un o'r samplau allai fod yn ddŵr pur. Pa un? Esboniwch eich ateb.
b Roedd y ddau sampl arall o ardaloedd dŵr caled.
i Pa un oedd yn cynnwys caledwch dros dro?
ii Pa un oedd yn cynnwys caledwch parhaol?
Esboniwch sut roeddech yn gallu gwahaniaethu rhyngddynt.
c Enwch un sylwedd a allai achosi'r caledwch yn sampl C.

7 A dŵr distyll
B dŵr tap
C toddiant calsiwm hydrocsid
Ch toddiant sodiwm clorid
D toddiant anhysbys
Ychwanegwyd deg diferyn o doddiant sebon at 10 cm^3 o bob un o'r hylifau uchod. Ar ôl eu hysgwyd am $\frac{1}{2}$ munud, cafwyd gwahanol uchder o drochion:

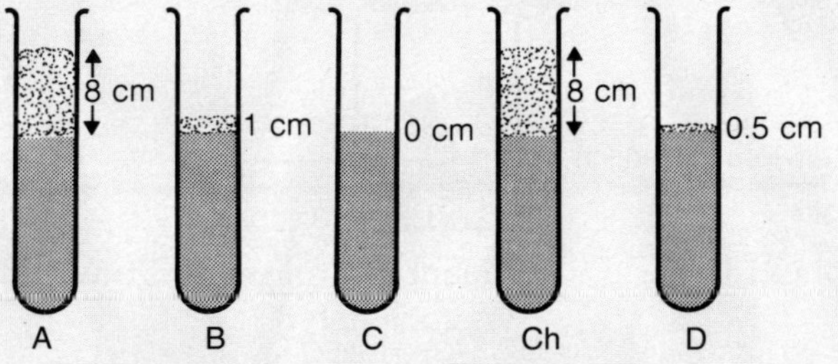

a A yw'r dŵr tap yn dod o ardal dŵr caled ynteu dŵr meddal? Esboniwch eich ateb.
b A yw sodiwm clorid yn ffurfio gwaddod gyda'r toddiant sebon? Esboniwch eich ateb.
c A yw calsiwm hydrocsid yn achosi caledwch? Sut gallwch chi ddweud o'r arbrawf?
ch Beth allwch chi ei ddweud am hylif D, y toddiant anhysbys?
d Cafodd sampl arall o doddiant D ei ferwi am 5 munud, ac yna cafodd y prawf ei ail-wneud. Y tro hwn cafwyd trochion 8 cm o uchder. Eglurwch y canlyniad hwn.
dd Pa ganlyniad y byddech yn ei ddisgwyl ar gyfer sampl Dd, sy'n ddŵr o gyfnewidydd ïonau?
e Pa ganlyniadau y byddech yn eu cael o ddefnyddio 10 diferyn o lanedydd disebon yn hytrach na'r toddiant sebon?

8 **a** Enwch y ddwy elfen sy'n ffurfio dŵr.
b Enwch solid sy'n hydawdd iawn mewn dŵr.
c Enwch fetel sy'n adweithio'n gyflym â dŵr oer.
ch Disgrifiwch arbrawf y gallech ei gynnal yn y labordy i ganfod a yw dŵr tap yn cynnwys unrhyw solidau wedi toddi.

9 Profwyd samplau 25 cm^3 o ddŵr o bedair ardal wahanol gyda thoddiant sebon, i weld faint o doddiant sebon oedd ei angen i gael trochion yn para o leiaf hanner munud. Cafodd yr arbrawf ei ail-wneud gan ddefnyddio samplau wedi'u berwi, ac yna'r trydydd tro gan ddefnyddio samplau a fu trwy gyfnewidydd ïonau. Dyma'r canlyniadau yn y tabl isod.

Sampl	Cyfaint y toddiant sebon/cm^3 Heb ei drin	Wedi'i ferwi	Anfon trwy gyfnewidydd ïonau
A	14	1.9	1.9
B	16	16	1.8
C	25	20	1.9
Ch	1.8	1.8	1.8

a Pa un o'r samplau yw'r dŵr caletaf? Pam ydych chi'n credu hynny?
b Pa sampl sy'n ymddwyn fel dŵr distyll? Esboniwch eich dewis.
c Penderfynwch a yw'r caledwch yn un dros dro, parhaol neu'r ddau, yn:
i sampl A
ii sampl B
iii sampl C
ch Enwch gemegyn a allai fod yn gyfrifol am y caledwch yn:
i sampl A
ii sampl B
d Ysgrifennwch hafaliad ar gyfer yr adwaith lle tynnir y caledwch dros dro o samplau A ac C.
dd Eglurwch sut mae cyfnewidydd ïonau yn gweithio, wrth dynnu caledwch o ddŵr.

9.1 Asidau ac alcalïau

Asidau

Mae **asidau** yn un grŵp pwysig o gemegion:

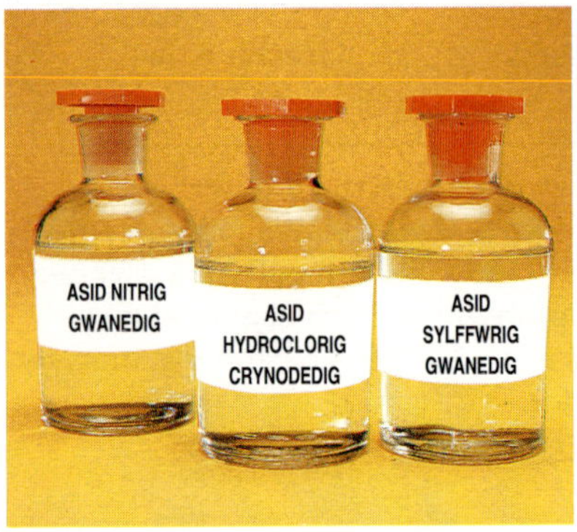

Dyma rai asidau. Mae pob un yn hylif. Yn wir **toddiannau** o gyfansoddion pur mewn dŵr yw pob un.

Rhaid eu trin yn ofalus – yn enwedig y rhai crynodedig – oherwydd eu bod yn **gyrydol**. Gallant fwyta metelau a chroen – a brethyn, fel mae'r tyllau yn y brethyn hwn yn dangos.

Ond mae rhai asidau nad ydynt mor gyrydol, hyd yn oed yn grynodedig. Asidau **gwan** yw'r rhain. Un enghraifft yw asid ethanoig. Mae rhywfaint o asid ethanoig mewn finegr.

Gallwch adnabod asid, trwy ei effaith ar **litmws**.
Lliwur porffor yw litmws. Gellir ei ddefnyddio fel toddiant, neu ar bapur:

Porffor yw toddiant litmws. Glas yw papur litmws i brofi asidau.

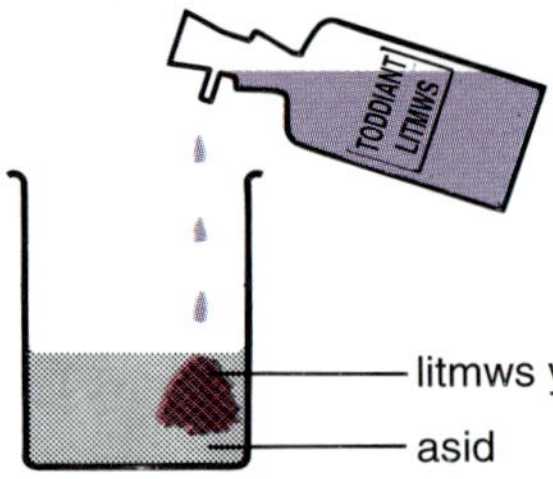

Mae asidau yn troi toddiant litmws yn goch.

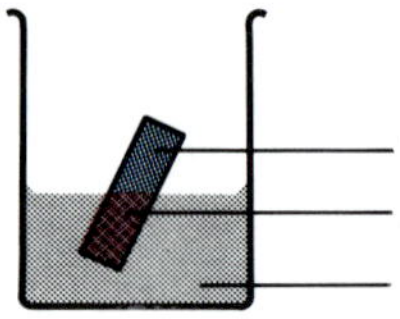

Maent yn troi papur litmws glas yn goch hefyd.

Rhai asidau cyffredin Y prif rai yw:

asid hydroclorig	HCl(*dyfr*)
asid sylffwrig	H_2SO_4(*dyfr*)
asid nitrig	HNO_3(*dyfr*)
asid ethanoig	CH_3COOH(*dyfr*)

Ond mae llawer o rai eraill. Er enghraifft, mae sudd lemwn yn cynnwys **asid citrig**, mae pigiadau morgrug a danadl yn cynnwys **asid methanoig**, ac mae te yn cynnwys **asid tanig.**

Alcalïau

Mae yna grŵp arall o gemegion sydd hefyd yn effeithio ar litmws, ond mewn ffordd wahanol i asidau. **Alcalïau** yw'r rhain.
Mae alcalïau yn troi toddiant litmws yn las, a phapur litmws coch yn las. Fel asidau, rhaid eu trin yn ofalus, gan eu bod yn gallu llosgi croen.

Rhai alcalïau cyffredin Mae'r rhan fwyaf o alcalïau pur yn solidau. Ond toddiannau dyfrllyd sy'n cael eu defnyddio yn y labordy fel arfer. Y prif rai yw:

sodiwm hydrocsid	$NaOH$(*dyfr*)
potasiwm hydrocsid	KOH(*dyfr*)
calsiwm hydrocsid	$Ca(OH)_2$(*dyfr*)
amonia	NH_3(*dyfr*)

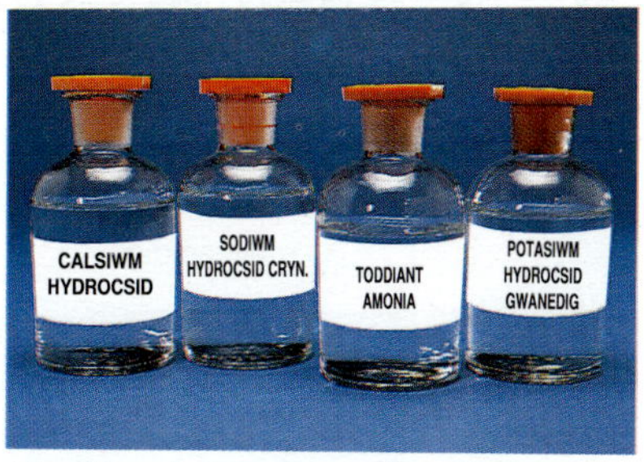

Alcalïau labordy cyffredin

Sylweddau niwtral

Mae llawer o sylweddau nad ydynt yn effeithio ar liw toddiant litmws, felly nid ydynt yn asidau nac yn alcalïau. Maent yn **niwtral**. Mae sodiwm clorid a thoddiannau siwgr yn niwtral.

Y raddfa pH

Fe welsoch ar dudalen 116 fod rhai asidau yn wannach nag eraill. Mae'r un peth yn wir am alcalïau.
Mae cryfder asid neu alcali yn cael ei ddangos drwy ddefnyddio graddfa o rifau o'r enw **graddfa pH**. Mae'r rhifau'n mynd o 0 i 14:

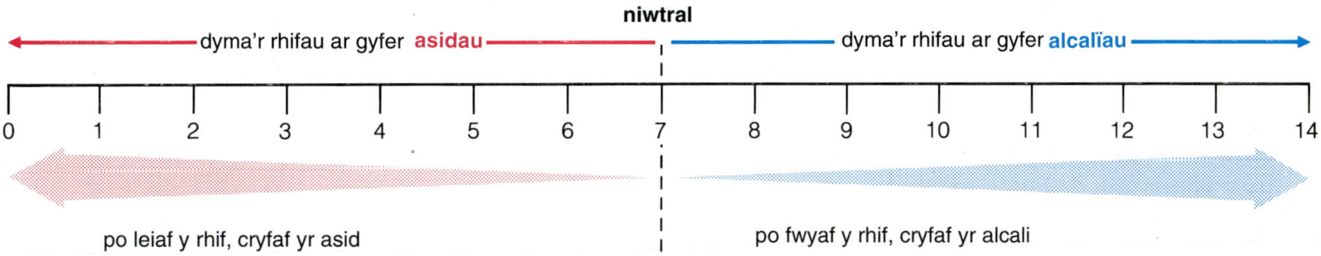

Ar y raddfa hon:
mae gan doddiant asidig rif pH llai na 7
mae gan doddiant alcalïaidd rif pH mwy na 7
mae gan doddiant niwtral rif pH o 7 yn union.

Gallwch ganfod pH unrhyw doddiant trwy ddefnyddio **dangosydd pH**. Cymysgedd o liwurau yw dangosydd pH. Fel litmws, gellir ei ddefnyddio fel toddiant, neu fel papur dangosydd pH. Mae'n newid lliw ar wahanol werthoedd pH, fel y dangosir yn y diagram hwn:

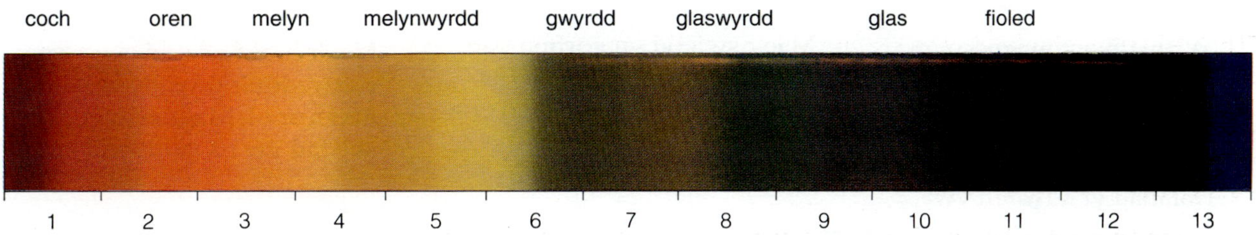

Cwestiynau

1 Beth yw ystyr *cyrydol*?
2 Sut byddech chi'n profi sylwedd i weld a yw'n asid?
3 Ysgrifennwch fformwla:
asid sylffwrig — asid nitrig
calsiwm hydrocsid — toddiant amonia
4 Pa effaith y bydd alcalïau yn ei gael ar doddiant litmws?
5 Dywedwch a yw toddiant yn asidig, yn alcalïaidd ynteu'n niwtral, os yw ei rif pH yn:
9 4 7 1 10 3
6 Pa liw fyddai dangosydd pH mewn toddiant siwgr dyfrllyd? Pam?

9.2 Golwg manylach ar asidau

Mae'r hylifau hyn i gyd yn **asidig**, fel y gwelwch o'u rhifau pH. Pa rai yw'r mwyaf asidig? Sut gallwch chi ddweud?

Priodweddau asidau

1 Mae asidau yn blasu'n chwerw. Meddyliwch am flas finegr. Ond peidiwch *byth* â blasu'r asidau yn y labordy, oherwydd gallant eich llosgi.
2 Maent yn troi litmws yn goch.
3 Mae eu rhifau pH yn llai na 7.
4 Fe arfer maent yn adweithio â **metelau**, gan ffurfio hydrogen a **halwyn**:

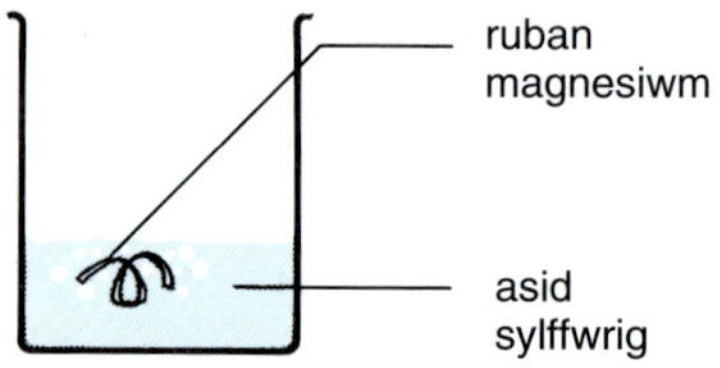

Wrth ollwng magnesiwm i asid sylffwrig gwanedig, mae hydrogen yn byrlymu'n gyflym.

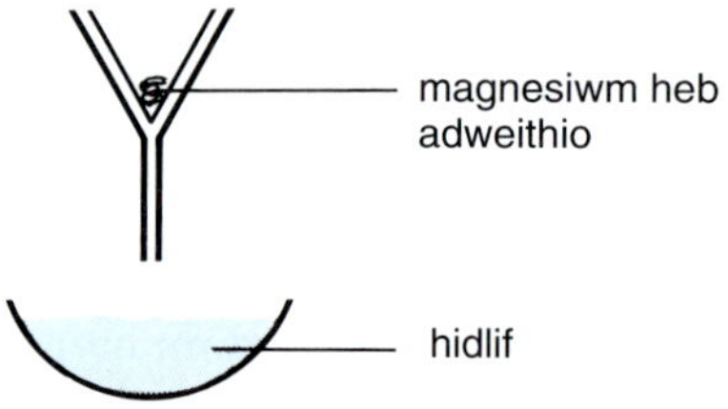

Mae'r swigod yn gorffen pan fydd yr adwaith ar ben. Yna tynnir y magnesiwm sydd heb adweithio trwy hidlo.

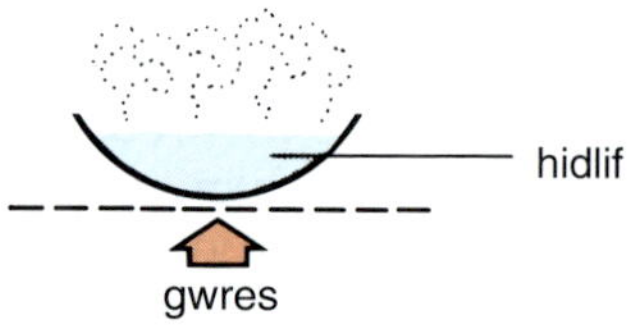

Mae'r hidlif yn cael ei wresogi, i anweddu'r dŵr. Bydd solid gwyn ar ôl. **Magnesiwm sylffad** yw'r solid hwn.

Hafaliad yr adwaith yw:

magnesiwm + asid sylffwrig → magnesiwm sylffad + hydrogen

$$Mg(s) + H_2SO_4(dyfr) \rightarrow MgSO_4(dyfr) + H_2(n)$$

Mae'r magnesiwm wedi gyrru'r hydrogen o'r asid, ac wedi cymryd ei le. Gelwir magnesiwm sylffad yn **halwyn.**
Pan fydd metel yn cymryd lle hydrogen mewn asid, gelwir y cyfansoddyn sy'n ymffurfio yn halwyn.

Yr enw ar halwynau asid sylffwrig yw **sylffadau**.
Yr enw ar halwynau asid hydroclorig yw **cloridau**.
Yr enw ar halwynau asid nitrig yw **nitradau**.

5 Mae asidau yn adweithio â **charbonadau**, gan ffurfio halwyn, dŵr a charbon deuocsid. Mae asid hydroclorig yn adweithio gyda chalsiwm carbonad fel hyn:

calsiwm carbonad	+	asid hydroclorig	→	calsiwm clorid	+	dŵr	+	carbon deuocsid
$CaCO_3(s)$	+	$2HCl(\mathit{dyfr})$	→	$CaCl_2\ (\mathit{dyfr})$	+	$H_2O(h)$	+	$CO_2(n)$

6 Maent yn adweithio ag **alcalïau**, gan ffurfio halwyn a dŵr:

sodiwm hydrocsid + asid nitrig → sodiwm nitrad + dŵr

$NaOH(\mathit{dyfr}) + HNO_3(\mathit{dyfr}) \rightarrow NaNO_3\ (\mathit{dyfr}) + H_2O(h)$

7 Maent yn adweithio ag **ocsidau metel**, i ffurfio halwyn a dŵr:

zinc ocsid + asid hydroclorig → zinc clorid + dŵr

$ZnO(s) + 2HCl(\mathit{dyfr}) \rightarrow ZnCl_2\ (\mathit{dyfr}) + H_2O(h)$

Pan fydd asid yn adweithio â charbonad, bydd carbon deuocsid yn byrlymu.

Beth sy'n achosi asidedd?

Mae llawer yn gyffredin rhwng asidau, fel y gwelsoch. Rhaid bod rhywbeth *ynddynt* i gyd sy'n gwneud iddynt ymddwyn yn debyg. Y 'peth' hwnnw yw **ïonau hydrogen.**
Mae asidau yn cynnwys ïonau hydrogen.
Toddiannau o gyfansoddion pur mewn dŵr yw asidau. Mae'r cyfansoddion pur yn folecylaidd. Ond mewn dŵr, mae'r molecylau yn chwalu i ffurfio ïonau. Maent *bob amser* yn rhoi ïonau hydrogen. Er enghraifft, mewn asid hydroclorig:

$HCl(\mathit{dyfr}) \rightarrow H^+(\mathit{dyfr}) + Cl^-(\mathit{dyfr})$

Po fwyaf o ïonau H^+ sydd mewn toddiant, mwyaf asidig y bydd. Mewn geiriau eraill, po fwyaf o ïonau H^+ sydd yna, isaf fydd y rhif pH.

Mae asid ethanoig gwanedig yn adweithio'n arafach â magnesiwm nag y mae asid hydroclorig, oherwydd ei fod yn asid gwan.

Asidau cryf a gwan

Mae asid hydroclorig gwanedig yn adweithio'n gyflym â ruban magnesiwm. Gallai'r adwaith fod ar ben mewn munudau. Ond pan ddefnyddir asid ethanoig o'r un crynodiad yn ei le, mae'r adwaith yn llawer arafach. Gallai gymryd drwy'r dydd.

Mae'r asid hydroclorig yn adweithio'n gyflymach *oherwydd ei fod yn cynnwys mwy o ïonau hydrogen.*
Mewn asid hydroclorig, mae'r molecylau asid *bron i gyd* yn chwalu i ffurfio ïonau. Mae'n cael ei alw'n asid **cryf**. Ond mewn asid ethanoig, dim ond rhywfaint o'r molecylau asid sy'n ffurfio ïonau, felly mae'n cael ei alw'n asid **gwan.**
Mewn asid cryf, mae bron yr holl folecylau asid yn ffurfio ïonau. Mewn asid gwan, dim ond rhai o'r molecylau asid sy'n ffurfio ïonau.
Felly mae gan asid cryf *bob amser* rif pH is nag asid gwan o'r un crynodiad. Dangosir rhai asidau cryf a gwan yn y blwch ar y dde.

Asidau cryf
Asid hydroclorig
Asid sylffwrig
Asid nitrig

Asidau gwan
Asid ethanoig
Asid citrig
Asid carbonig

Cwestiynau

1 Enwch yr asid sydd mewn:
sudd lemwn   gwin   te   finegr
2 Ysgrifennwch hafaliad geiriol ar gyfer adwaith asid sylffwrig gwanedig ag: **a** zinc **b** magnesiwm ocsid **c** sodiwm carbonad
3 Mae halwynau baddon yn cynnwys sodiwm carbonad. Esboniwch pam maent yn byrlymu wrth i chi roi finegr arnynt.
4 Beth sy'n achosi'r asidedd mewn asidau?
5 Pam y gelwir asid ethanoig yn asid gwan?
6 Enwch ddau asid gwan arall, a dau o rai cryf.

9.3 Golwg manylach ar alcaliau

Mae'r holl sylweddau uchod yn alcalïaidd – gallwch ddweud hynny yn ôl eu rhifau pH. Sylwch fod llawer ohonynt i'w cael yn y gegin! Mae llawer o hylifau glanhau cegin yn alcalïaidd oherwydd eu bod yn cynnwys amonia neu sodiwm hydrocsid, sy'n ymosod ar saim.

Beth sy'n gwneud pethau'n alcalïaidd?

Fe welsoch ar dudalen 119 fod pob toddiant asid yn cynnwys ïonau hydrogen, H^+. Mae rhywbeth yn gyffredin rhwng yr alcaliau hefyd:
Mae pob toddiant alcalïaidd yn cynnwys ïonau hydrocsid, OH^-.
Mewn toddiant sodiwm hydrocsid, cynhyrchir yr ïonau fel hyn:

$NaOH(\textit{dyfr}) \rightarrow Na^+(\textit{dyfr}) + OH^-(\textit{dyfr})$

Mewn toddiant amonia, mae molecylau amonia yn adweithio gyda molecylau dŵr i ffurfio ïonau:

$NH_3(\textit{dyfr}) + H_2O(\textit{h}) \rightarrow NH_4^+(\textit{dyfr}) + OH^-(\textit{dyfr})$

Po fwyaf o ïonau OH^- sydd mewn toddiant, mwyaf alcalïaidd y bydd y toddiant. Mewn geiriau eraill, po fwyaf o ïonau OH^- sydd yna, uchaf y rhif pH.

Alcaliau cryf a gwan

Fel asidau, gall alcaliau hefyd fod yn gryf neu'n wan.
Mae sodiwm hydrocsid yn alcali **cryf**, oherwydd ei fod yn bodoli bron yn llwyr fel ïonau, mewn toddiant. Mae potasiwm hydrocsid hefyd yn alcali cryf. Ond mae toddiant amonia yn alcali **gwan** gan mai ond rhai o'r molecylau amonia sy'n ffurfio ïonau ynddo.

Priodweddau alcaliau

1 Mae alcaliau yn teimlo'n sebonllyd wrth eu cyffwrdd. Ond mae'n beryglus cyffwrdd alcaliau mewn labordai (a rhai hylifau glanhau) oherwydd y gallant losgi cnawd.
2 Mae eu toddiannau yn troi litmws yn las.
3 Mae gan eu toddiannau rifau pH mwy na 7.

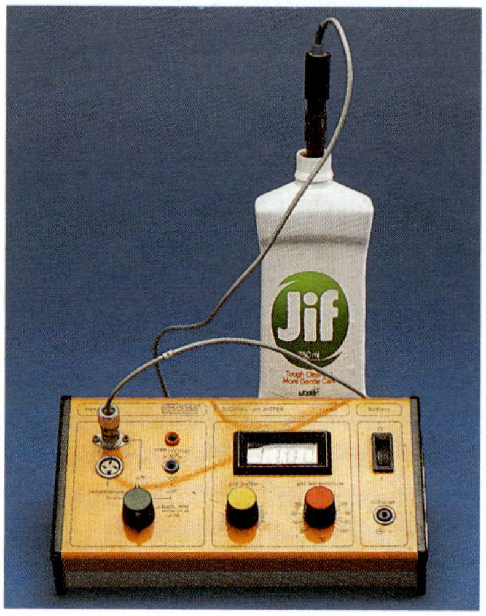

Defnyddio mesurydd pH i fesur PH hylif glanhau.

Alcaliau cryf
Sodiwm hydrocsid
Potasiwm hydrocsid
Calsiwm hydrocsid

Alcali gwan
Amonia

4 Bydd yr holl alcalïau ar wahân i amonia yn adweithio â **chyfansoddion amoniwm**. Maent yn gyrru amonia o'r cyfansoddion, fel nwy. Er enghraifft:

calsiwm hydrocsid	+	amoniwm clorid	$\rightarrow$	calsiwm clorid	+ ager	+ amonia	
$Ca(OH)_2(s)$	+	$2NH_4Cl(s)$	$\rightarrow$	$CaCl_2\ (s)$	$+ 2H_2O(n)$	$+ 2NH_3(n)$	

Defnyddir yr adwaith hwn ar gyfer gwneud amonia yn y labordy (tudalen 156).

5 Mae pob alcali yn adweithio ag **asidau**, fel y gwelsoch chi ar dudalen 119, gan gynhyrchu halwyn a dŵr.

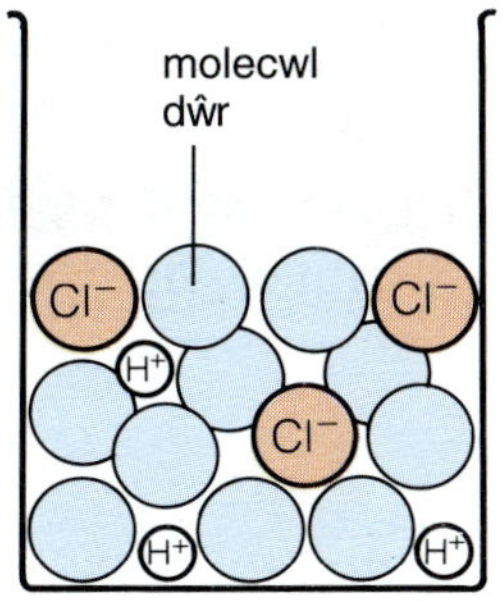

Dyma doddiant asid hydroclorig. Mae'n cynnwys ïonau H^+ ac ïonau Cl^-. Bydd yn troi litmws yn goch.

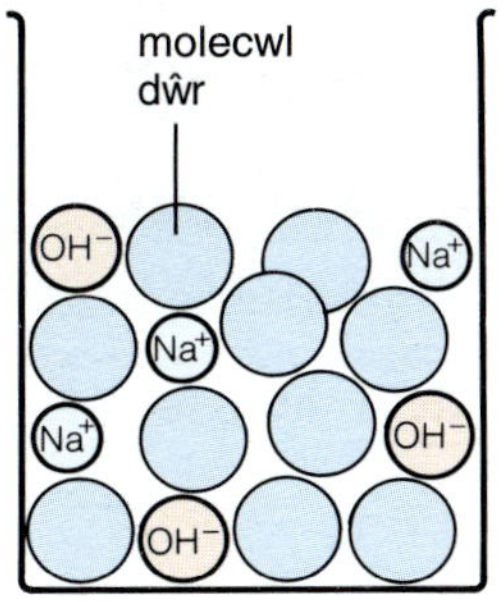

Dyma doddiant sodiwm hydrocsid. Mae'n cynnwys ïonau Na^+ ac ïonau OH^-. Bydd yn troi litmws yn las.

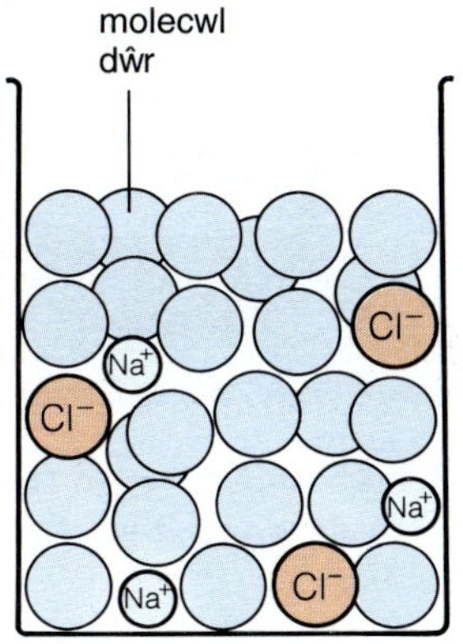

Wrth gymysgu'r ddau doddiant, mae'r ïonau H^+ ac OH^- yn uno i ffurfio **molecylau dŵr**. Y canlyniad yw toddiant niwtral o sodiwm clorid, sy'n cynnwys ïonau Na^+ a Cl^-. Nid yw'n effeithio o gwbl ar litmws.

Hafaliad yr adwaith hwn yw:

$$HCl(dyfr) + NaOH(dyfr) \rightarrow NaCl(dyfr) + H_2O(h)$$

Gallech ei ysgrifennu gan ddangos dim ond yr ïonau sy'n cyfuno:

$$H^+(dyfr) + OH^-(dyfr) \rightarrow H_2O(h)$$

Gelwir yr adwaith yn **niwtraliad**. Mae'r alcali wedi **niwtralu** yr asid trwy dynnu ei ïonau H^+, a'u troi'n ddŵr.
Yn ystod adwaith niwtraliad, mae ïonau H^+ yr asid yn cael eu troi'n ddŵr.
Mae adwaith niwtralu yn ecsothermig – mae'n rhyddhau gwres. Felly mae tymheredd y toddiant yn codi ychydig.
Gallech gael sodiwm clorid solid trwy wresogi'r toddiant diwethaf uchod. Mae'r dŵr yn anweddu gan adael solid.

Cwestiynau

1 Edrychwch ar y sylweddau a ddangosir ar ben tudalen 120. Pa ïon sy'n gyffredin rhyngddynt i gyd?
2 I ba liw y byddai toddiant litmws yn troi wrth i chi ei gymysgu ag Ajax? Pam?
3 Mae gan doddiant 0.1 M o botasiwm hydrocsid rif pH uwch na thoddiant 0.1 M o amonia. Pam? Pa un fydd yn dargludo trydan orau?
4 Ysgrifennwch hafaliad geiriol ar gyfer yr adwaith rhwng sodiwm hydrocsid ac amoniwm clorid.
5 Beth sy'n digwydd i:
  a ïonau H^+ **b** tymheredd
  y toddiant pan fydd asid yn cael ei niwtralu?
6 Ysgrifennwch hafaliad cytbwys ar gyfer yr adwaith rhwng sodiwm hydrocsid ac:
  a asid sylffwrig **b** asid nitrig

9.4 Basau a niwtraliad

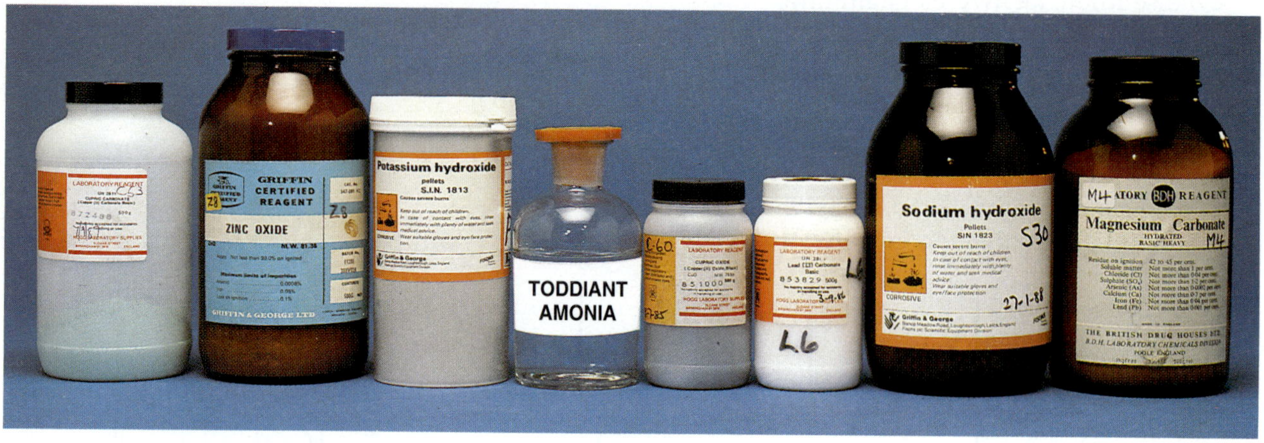

Mae rhywbeth yn gyffredin rhwng yr holl sylweddau hyn, fel y byddwch yn darganfod isod.

Basau

Gall alcali **niwtralu** asid, a dinistrio ei asidedd. Mae'n gwneud hyn trwy dynnu'r ïonau H^+ a'u troi'n ddŵr. Ond nid alcalïau yw'r unig gyfansoddion sy'n gallu niwtralu asidau:

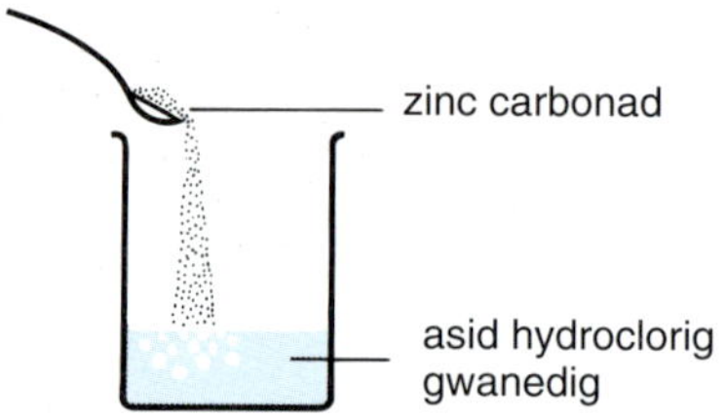

1 Wrth ychwanegu zinc carbonad at asid hydroclorig gwanedig, mae'n toddi ac mae carbon deuocsid yn byrlymu.

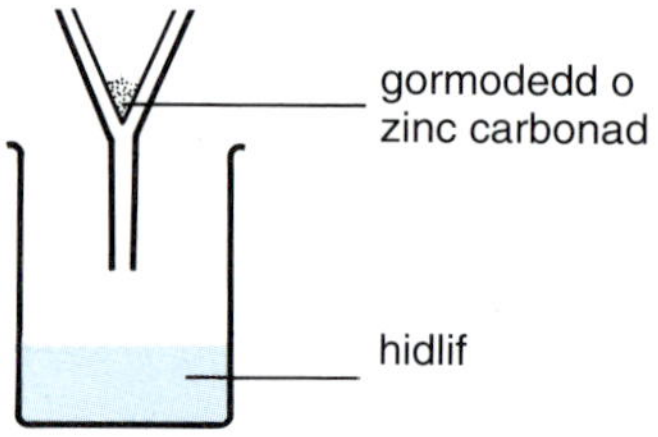

2 Ychwanegir rhagor nes na fydd mwy yn toddi, hyd yn oed drwy wresogi. Tynnir y gormodedd zinc carbonad drwy hidlo.

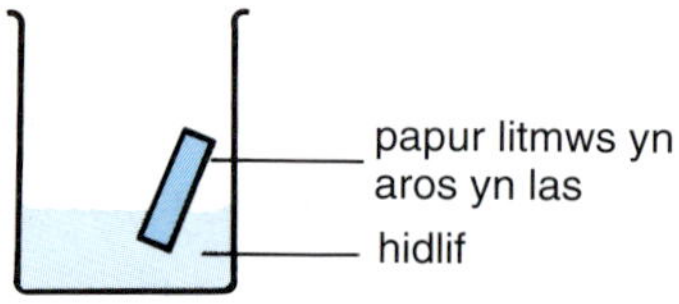

3 Yna mae'r hidlif yn cael ei brofi â litmws glas. Nid yw'r lliw yn newid. Cafodd asidedd yr asid ei ddinistrio.

Hafaliad yr adwaith yw:

$$ZnCO_3(s) + 2HCl(dyfr) \rightarrow ZnCl_2(dyfr) + H_2O(h) + CO_2(n)$$

Felly mae ïonau H^+ yr asid wedi'u troi'n ddŵr. Cafodd yr asid ei niwtralu gan y zinc carbonad.
Yn wir, gellir niwtralu asid ag unrhyw un o'r cyfansoddion hyn:

ocsidau metel
hydrocsidau metel
carbonadau metel
hydrogen carbonadau metel
toddiant amonia

Gelwir y cyfansoddion hyn yn **fasau.**
Gelwir unrhyw gyfansoddyn sy'n gallu niwtralu asid yn fas.

Mae alcalïau yn fasau

Mae'r llun ar ben y tudalen gyferbyn yn dangos rhai basau. Sylwch ei fod yn cynnwys alcalïau – gallant niwtralu asidau, felly maent yn fasau. Maent yn fasau sy'n hydawdd mewn dŵr.
Basau hydawdd yw alcalïau.

Mae niwtralu yn cynhyrchu halwyn bob tro

Mae niwtralu yn cynhyrchu halwyn bob tro, fel mae'r hafaliadau cyffredinol hyn yn ei ddangos:

asid + ocsid metel → halwyn metel + dŵr
asid + hydrocsid metel → halwyn metel + dŵr
asid + carbonad metel → halwyn metel + dŵr + carbon deuocsid
asid + hydrogen carbonad metel → halwyn metel + dŵr + carbon deuocsid
asid + toddiant amonia → halwyn amoniwm + dŵr

Niwtralu mewn bywyd bob dydd

Pigiadau pryfed Pan fydd gwenyn mêl yn pigo, byddant yn chwistrellu hylif asidig i'r croen. Gellir niwtralu'r pigiad trwy rwbio **hylif calamin** arno, sy'n cynnwys zinc carbonad, neu **soda pobi**, sef sodiwm hydrogen carbonad.
Mae pigiadau gwenyn meirch yn alcalïaidd, a gellir eu niwtralu â finegr. Pam? Mae pigiadau morgrug a danadl poethion yn cynnwys asid methanoig. Sut byddech chi'n eu trin?

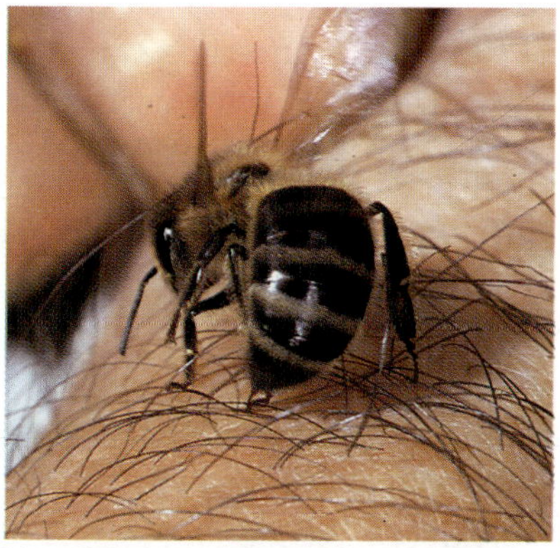

Mae pigiadau gwenyn mêl yn asidig.

Camdreuliad Mae'n bosibl y byddwch yn synnu clywed eich bod yn cario asid hydroclorig yn eich stumog. Toddiant gwanedig iawn ydyw, ac mae ei angen arnoch ar gyfer treulio bwyd. Ond mae gormod ohono'n arwain at **gamdreuliad**, sy'n gallu bod yn boenus iawn. Er mwyn gwella camdreuliad, rhaid i chi niwtralu'r gormodedd o asid â diod o doddiant sodiwm hydrogen carbonad (soda pobi), neu dabled camdreuliad.

Trin pridd Mae'r rhan fwyaf o blanhigion yn tyfu orau pan fydd pH y pridd yn agos at 7. Os yw'r pridd yn rhy asidig, neu'n rhy alcalïaidd, bydd y planhigion yn tyfu'n wael, neu'n gwrthod tyfu. Gellir ychwanegu cemegion at y pridd i newid ei pH. Gan amlaf mae'n rhy asidig, felly bydd yn cael ei drin â **chalch brwd** (calsiwm ocsid), **calch tawdd** (calsiwm hydrocsid), neu **sialc** (calsiwm carbonad). Mae'r rhain i gyd yn fasau, ac yn eithaf rhad.

Taenu calch tawdd ar gaeau lle mae'r pridd yn rhy asidig.

Gwastraff ffatrïoedd Mae gwastraff hylif o ffatrïoedd yn aml yn cynnwys asid. Os yw'n cyrraedd afon, bydd yr asid yn lladd pysgod a bywyd gwyllt arall yr afon. Gellir osgoi hyn trwy ychwanegu calch tawdd at y gwastraff, i'w niwtralu.

Cwestiynau

1 Edrychwch ar yr adwaith a ddangosir ar dudalen 122. Pa halwyn sydd yn yr hidlif? Sut byddech chi'n cael yr halwyn sych o'r hidlif?
2 Beth yw bas? Enwch chwe bas.
3 Pa briodweddau arbennig sydd gan alcalïau?
4 Pa fasau sy'n adweithio ag asidau i roi carbon deuocsid?
5 Ysgrifennwch hafaliad geiriol ar gyfer yr adwaith rhwng:
  a asid hydroclorig gwanedig a chopor(II) ocsid
  b asid sylffwrig gwanedig a photasiwm carbonad
6 Ysgrifennwch hafaliad geiriol ar gyfer yr adwaith sy'n digwydd yn eich stumog wrth i chi gymryd soda pobi i wella camdreuliad.

9.5 Gwneud halwynau (I)

Gwneud halwynau o asidau

Asid + metel Gellir gwneud zinc sylffad trwy adweithio asid sylffwrig gwanedig â zinc:

$Zn(s) + H_2SO_4(dyfr) \rightarrow ZnSO_4(dyfr) + H_2(n)$

Dyma'r camau:

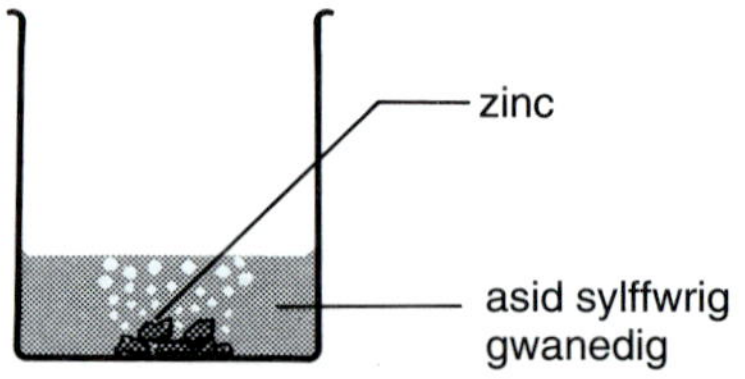

1 Rhoi asid sylffwrig gwanedig mewn bicer, ac ychwanegu zinc. Mae'r zinc yn toddi, a swigod hydrogen yn codi. Mae'r swigod yn diflannu ar ôl i'r holl asid gael ei ddefnyddio.

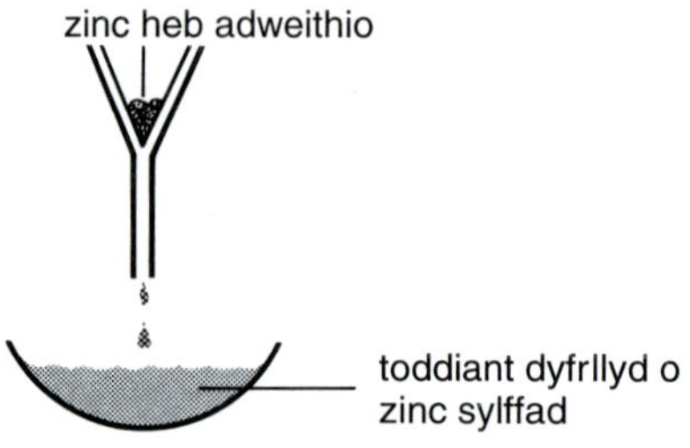

2 Mae rhywfaint o zinc ar ôl. Caiff ei dynnu trwy hidlo, sy'n gadael toddiant dyfrllyd o zinc sylffad.

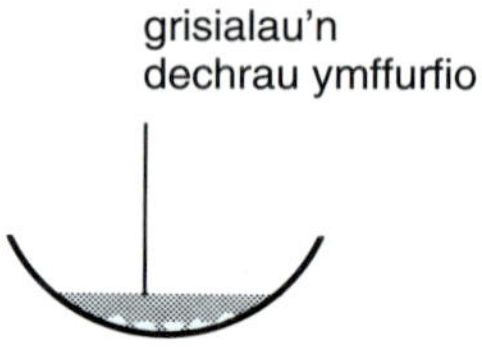

3 Mae'r toddiant yn cael ei wresogi i anweddu rhywfaint o'r dŵr. Yna mae'n cael ei adael i oeri. Mae grisialau zinc sylffad yn dechrau ymffurfio.

Nid yw'r dull uchod yn addas ar gyfer *pob* metel, na *phob* asid. Mae'n iawn ar gyfer magnesiwm, alwminiwm, zinc a haearn. Ond mae sodiwm, potasiwm a chalsiwm yn adweithio ag asid yn beryglus o ffyrnig. Mae adwaith plwm yn rhy araf, ac nid yw copor, arian ac aur yn adweithio o gwbl (tudalen 134).

Asid + bas anhydawdd Mae copor(II) ocsid yn fas anhydawdd. Er na fydd copor yn adweithio ag asid sylffwrig gwanedig, mae copor(II) ocsid yn wahanol. Yr halwyn sy'n ymffurfio yw copor(II) sylffad:

$CuO(s) + H_2SO_4(dyfr) \rightarrow CuSO_4(dyfr) + H_2O(h)$

Mae'r dull yn ddigon tebyg i'r un uchod.

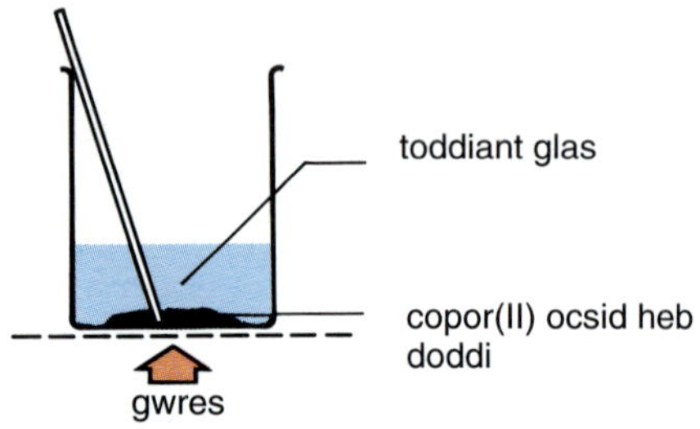

1 Ychwanegu copor(II) ocsid at asid sylffwrig gwanedig. Wrth gynhesu mae'n toddi, a'r toddiant yn troi'n las. Ychwanegu rhagor nes na fydd mwy yn toddi.

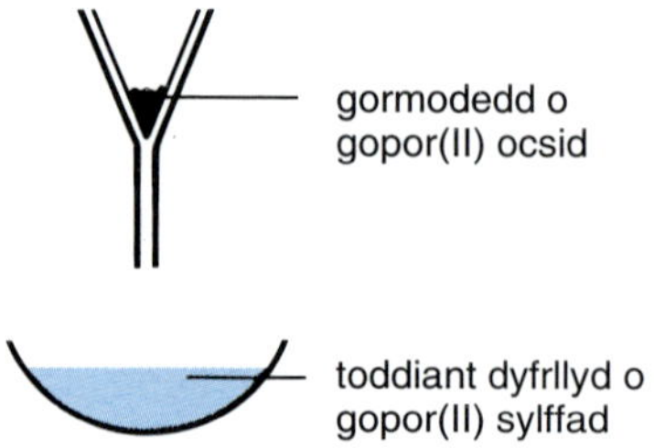

2 Mae'r holl asid wedi'i ddefnyddio. Wrth hidlo gellir tynnu'r gormodedd solid. Mae hyn yn gadael toddiant glas o gopor(II) sylffad mewn dŵr.

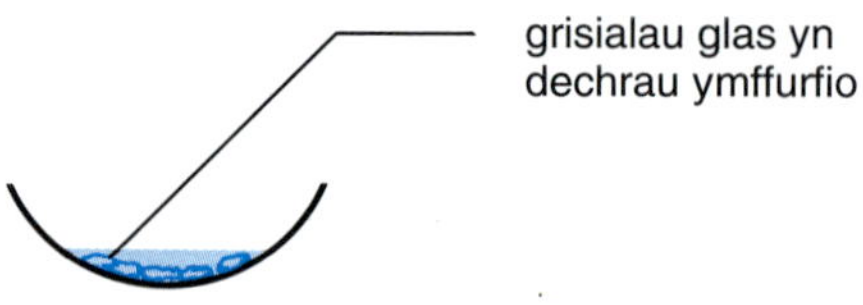

3 Gwresogi'r toddiant i anweddu rhywfaint o'r dŵr. Yna ei adael i oeri. Mae grisialau copor(II) sylffad glas yn dechrau ymffurfio.

Asid + alcali (bas hydawdd) Mae adwaith sodiwm ag asidau yn beryglus iawn. Felly gwneir halwynau sodiwm fel arfer trwy ddechrau â sodiwm hydrocsid. Gellir defnyddio'r adwaith hwn i wneud sodiwm clorid:

$NaOH(\mathit{dyfr}) + HCl(\mathit{dyfr}) \rightarrow NaCl(\mathit{dyfr}) + H_2O(\mathit{h})$

Mae'r ddau adweithydd yn hydawdd, ac nid oes nwy yn cael ei ryddhau yn ystod yr adwaith. Felly mae'n anodd gwybod pryd y bydd yr adwaith ar ben. Rhaid defnyddio **dangosydd**. Gellir defnyddio dangosydd pH neu litmws, ond mae **ffenolffthalein** hyd yn oed yn well. Mae hwn yn binc mewn toddiant alcalïaidd, ond yn ddi-liw mewn toddiannau niwtral ac asid:

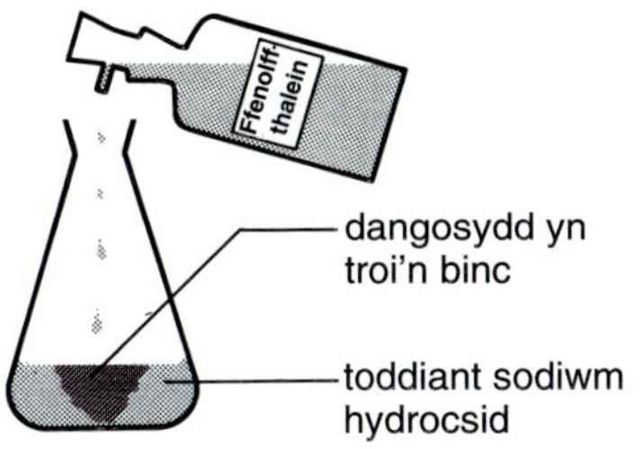

1 Mesur 25 cm^3 o doddiant sodiwm hydrocsid i fflasg, gan ddefnyddio pibed. Ychwanegu dau ddiferyn o ffenolffthalein. Mae'r dangosydd yn troi'n binc.

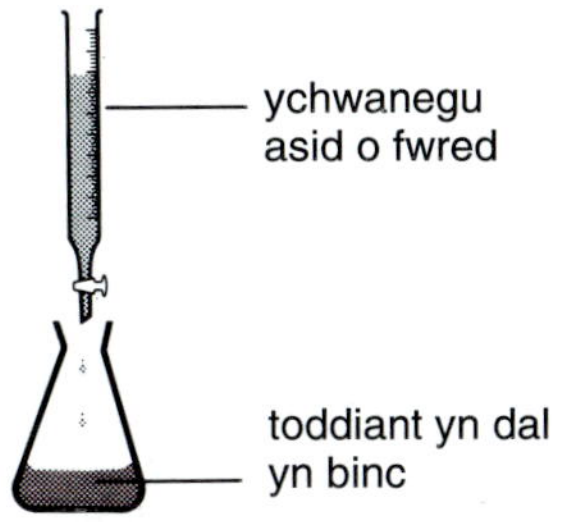

2 Ychwanegu'r asid o fwred, ychydig ar y tro. Mae'r fflasg yn cael ei throi er mwyn i'r asid a'r alcali gymysgu.

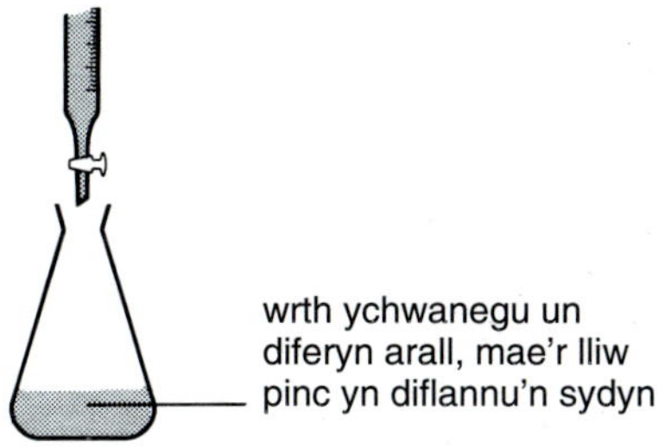

3 Pan fydd yr holl alcali wedi'i ddefnyddio, mae'r dangosydd yn troi'n ddi-liw yn sydyn, gan ddangos bod y toddiant yn niwtral. Does dim angen ychwanegu rhagor o asid.

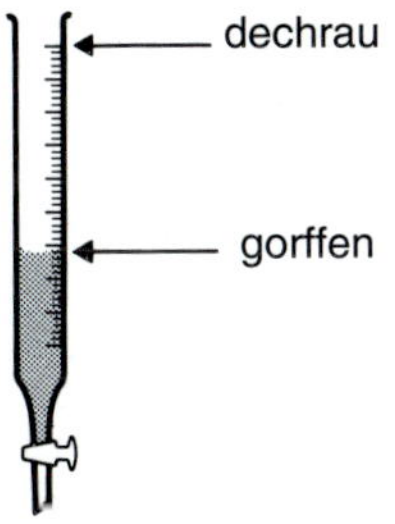

4 Gallwch weld ar raddfa'r bwred faint o asid a ychwanegwyd. Felly gwyddoch faint o asid sy'n niwtralu 25 cm^3 o alcali.

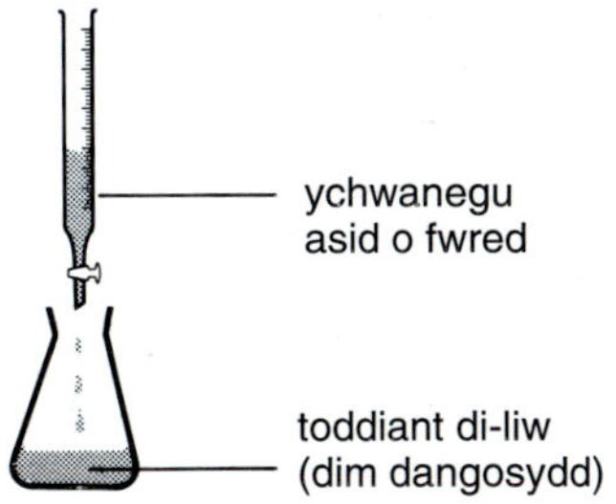

5 Cynnal yr adwaith eto, ond y tro hwn heb ddangosydd, Rhoi 25 cm^3 o alcali yn y fflasg, a'r swm cywir o asid.

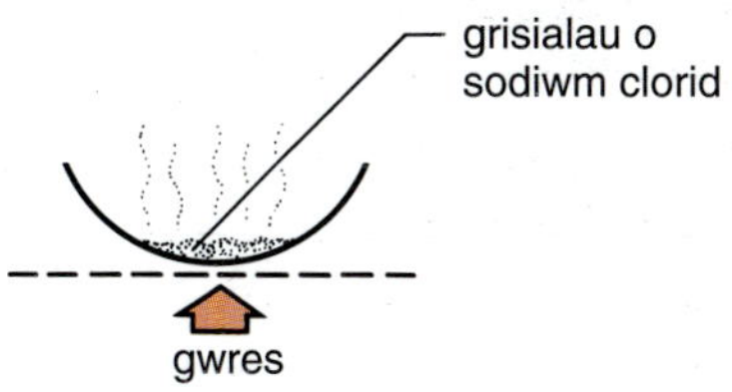

6 Gwresogi'r toddiant o'r fflasg, i adael i'r dŵr anweddu. Bydd grisialau sych o sodiwm clorid ar ôl.

Yng ngham 5, rhaid cynnal yr adwaith eto, *heb* ddangosydd, oherwydd byddai dangosydd yn gwneud yr halwyn yn amhur. Gellir defnyddio dull tebyg ar gyfer gwneud halwynau potasiwm o botasiwm hydrocsid, a halwynau amoniwm o doddiant amonia.

Cwestiynau

1 Enwch yr asid a'r metel y byddech yn eu defnyddio i wneud:
a zinc clorid **b** magnesiwm sylffad

2 Pam *na* fyddech chi'n gwneud potasiwm clorid o botasiwm ac asid hydroclorig?

3 Sut byddech chi'n cael plwm(II) nitrad, gan ddechrau â'r cyfansoddyn anhydawdd plwm(II) carbonad?

4 Ysgrifennwch gyfarwyddiadau ar gyfer gwneud potasiwm clorid, gan ddechrau â photasiwm hydrocsid solid.

9.6 Gwneud halwynau (II)

Gwneud halwynau anhydawdd

Mae'r holl halwynau rydym wedi'u gwneud hyd yn hyn wedi bod yn hydawdd. Fe'u cafwyd fel grisialau trwy anweddu toddiannau. Ond nid yw pob halwyn yn hydawdd:

Hydawdd		Anhydawdd
Pob halwyn sodiwm, potasiwm, ac amoniwm		
Pob nitrad		
Cloridau...	*heblaw*	arian a phlwm clorid
Sylffadau...	*heblaw*	calsiwm, bariwm a phlwm sylffad
Sodiwm, potasiwm, ac amoniwm carbonad ...		ond mae pob carbonad arall yn anhydawdd

Gellir gwneud halwynau anhydawdd trwy **waddodi**.
Er enghraifft, mae bariwm sylffad anhydawdd yn cael ei waddodi wrth i doddiannau o fariwm clorid a manganis sylffad gael eu cymysgu:

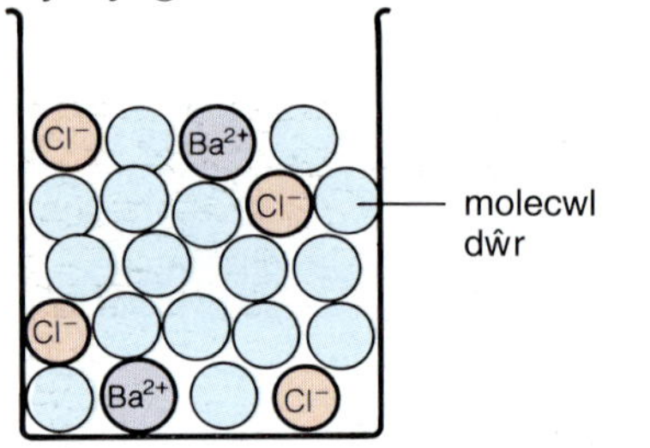

Dyma doddiant o fariwm clorid, $BaCl_2$. Mae'n cynnwys ïonau bariwm ac ïonau clorid.

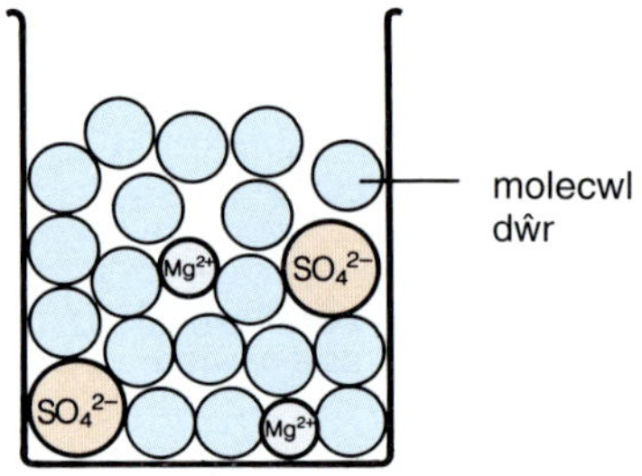

Dyma doddiant o fagnesiwm sylffad, $MgSO_4$. Mae'n cynnwys ïonau magnesiwm ac ïonau sylffad.

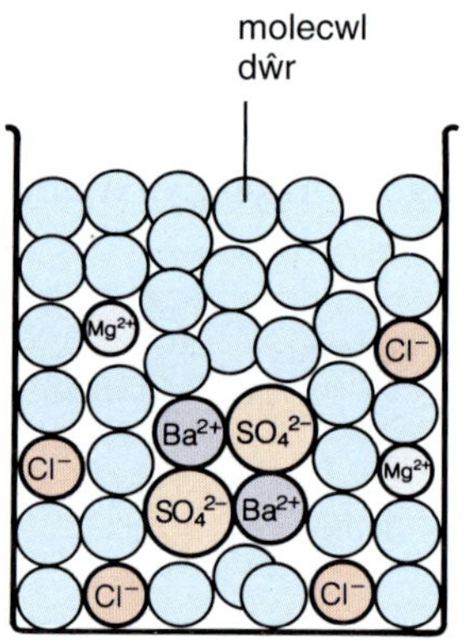

Pan gymysgir y ddau doddiant mae'r ïonau bariwm a'r ïonau sylffad yn uno gan eu bod yn atynnu ei gilydd yn gryf. Mae bariwm sylffad solid yn gwaddodi.

Hafaliad yr adwaith yw:

$BaCl_2(dyfr) + MgSO_4(dyfr) \rightarrow BaSO_4(s) + MgCl_2(dyfr)$

neu gallech ysgrifennu hynny'n fyr fel:

$Ba^{2+}(dyfr) + SO_4^{2-}(dyfr) \rightarrow BaSO_4(s)$

Dyma'r camau ar gyfer cael y bariwm sylffad:

1 Cymysgu toddiannau o fariwm clorid a magnesiwm sylffad. Mae gwaddod gwyn o fariwm sylffad yn ymffurfio'n syth.
2 Hidlo'r cymysgedd. Mae'r bariwm sylffad yn cael ei ddal yn y papur hidlo.
3 Ei rinsio â dŵr distyll.
4 Ei roi mewn popty cynnes i sychu.

Bariwm sylffad yn gwaddodi.

Gellir gwneud bariwm sylffad hefyd o fariwm nitrad a sodiwm sylffad, er enghraifft, gan fod y ddau yn hydawdd. Cyn belled â bod ïonau bariwm ac ïonau sylffad yn bresennol, bydd bariwm sylffad yn cael ei waddodi.

I waddodi halwyn anhydawdd, rhaid i chi gymysgu toddiant sy'n cynnwys ei ïonau positif â thoddiant sy'n cynnwys ei ïonau negatif.

Gwneud halwynau o'u helfennau

Dim ond *dwy* elfen yn unig sydd mewn rhai halwynau. Gellir eu gwneud trwy gyfuno'r elfennau yn uniongyrchol. Enghraifft yw haearn(III) clorid, $FeCl_3$. Gallech ei wneud trwy wresogi haearn mewn llif o glorin, fel ar y dde. Mae'r adwaith yn ecsothermig. Unwaith y bydd wedi dechrau, gellir diffodd y Bunsen. Mae haearn(III) clorid yn ymffurfio fel anwedd, ac yn ymsolido yn y jar casglu oer. Mae calsiwm clorid yn amsugno gwlybaniaeth, felly mae'n cadw'r offer yn sych.

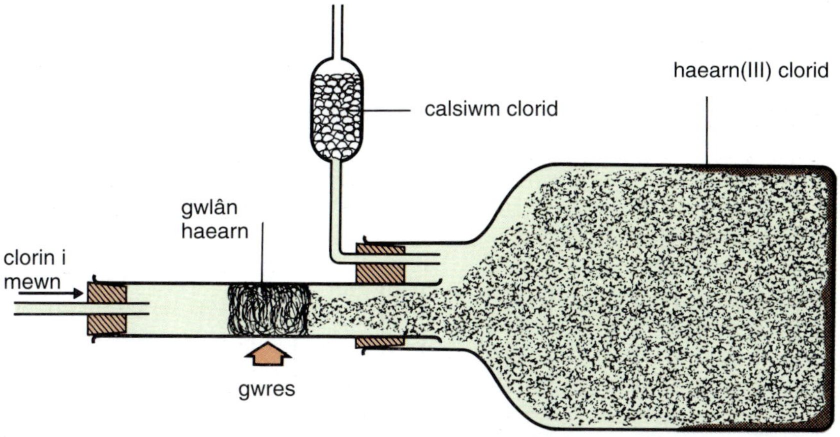

Mae'r dull hwn yn gwneud haearn(III) clorid **anhydrus**.

Ystyr anhydrus yw *heb ddŵr grisialu*. Mae haearn(III) clorid anhydrus yn frown tywyll. O'i adael yn yr aer bydd yn amsugno gwlybaniaeth ac yn troi'n felyn. Nawr mae'n haearn(III) clorid **hydradol**, â'i fformwla yw $FeCl_3.6H_2O$.

Gwneud halwynau mewn diwydiant

Mae llawer o halwynau i'w cael yn naturiol, a gellir eu cloddio o'r ddaear. Mae sodiwm clorid a magnesiwm sylffad yn enghreifftiau. Ond rhaid gwneud eraill mewn ffatrïoedd, gan ddefnyddio dulliau fel y rhai ar y tudalennau hyn. Er enghraifft, mae angen symiau enfawr o nitradau a sylffadau bob blwyddyn fel **gwrteithiau** (tudalen 161). Maent yn cael eu cynhyrchu trwy niwtralu asid nitrig ac asid sylffwrig mewn tanciau anferth.

Mae **amoniwm nitrad** yn wrtaith pwysig. Fe'i gwneir trwy niwtralu asid nitrig â thoddiant amonia:

$HNO_3(dyfr) + NH_3(dyfr) \rightarrow NH_4NO_3(dyfr)$

Mae'r dŵr yn cael ei dynnu mewn anweddydd, gan adael amoniwm nitrad tawdd ar ei ôl. Mae hwn yn cael ei chwistrellu i lawr tŵr tal. Erbyn iddo gyrraedd y gwaelod bydd wedi oeri'n belenni bach, sy'n hawdd eu taenu ar bridd.

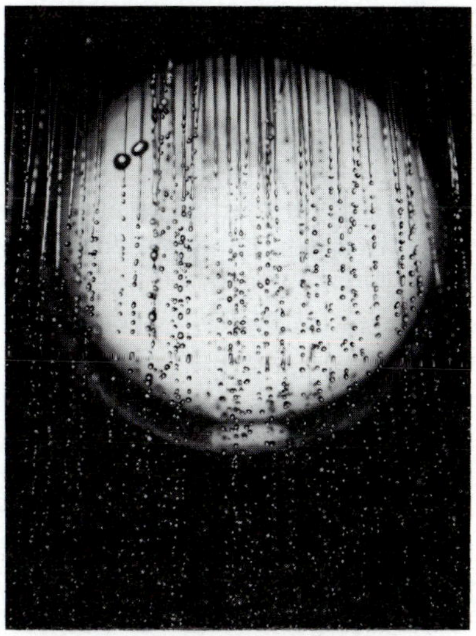

Amoniwm nitrad tawdd yn cael ei chwistrellu i lawr tŵr. Mae'n oeri'n belenni.

Cwestiynau

1 Dewiswch ddau gyfansoddyn y gallech eu defnyddio i waddodi: **a** calsiwm sylffad **b** zinc carbonad **c** plwm clorid

2 Ysgrifennwch hafaliad cytbwys ar gyfer pob adwaith yng nghwestiwn 1.

3 **a** Mae'r adwaith rhwng haearn a chlorin yn *ecsothermig*. Beth yw ystyr hyn?
b Beth yw pwrpas y tiwb o galsiwm clorid?

4 Mae potasiwm sylffad yn wrtaith. Awgrymwch ffordd o'i wneud mewn diwydiant.

Cwestiynau ar Bennod 9

1 Cyfatebwch bob toddiant o restr A i'r fformwla gywir o restr B.

Rhestr A (toddiannau)	**Rhestr B (fformwlâu)**
sodiwm hydrocsid	H_2SO_4 (*dyfr*)
asid hydroclorig	HNO_3 (*dyfr*)
amonia	HCl (*dyfr*)
calsiwm hydrocsid	CH_3COOH (*dyfr*)
asid sylffwrig	NH_3 (*dyfr*)
asid nitrig	$Ca(OH)_2$ (*dyfr*)
asid ethanoig	NaOH (*dyfr*)

2 Cafodd pum toddiant A i D eu profi â thoddiant dangosydd pH. Dyma'r canlyniadau.

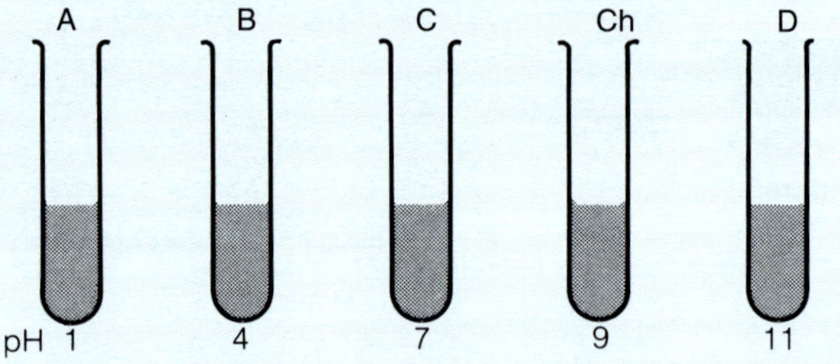

a Beth fyddai lliw pob toddiant?
b Pa doddiant sy'n:
i niwtral?
ii asidig iawn?
iii ychydig yn asidig?
iv alcalïaidd iawn?
c Rydym yn gwybod mai sodiwm clorid, asid sylffwrig, toddiant amonia, sodiwm hydrocsid ac asid ethanoig yw'r pum toddiant. Nawr nodwch pa un yw pob un o'r toddiannau A i D.

3 Ailysgrifennwch y canlynol, gan ddewis y gair cywir o bob pâr mewn cromfachau.
Mae asidau yn gyfansoddion sy'n toddi mewn dŵr gan roi ïonau (hydrogen/hydrocsid). Un enghraifft yw asid sylffwrig. Mae'n asid (cryf/gwan), y gellir ei niwtralu ag (asidau/alcalïau) i ffurfio halwynau o'r enw (nitradau/sylffadau).
Mae llawer o (fetelau/anfetelau) yn adweithio ag asidau i roi nwy o'r enw (hydrogen/carbon deuocsid). Bydd asidau hefyd yn adweithio â (chloridau/charbonadau) i roi (clorin/carbon deuocsid).
Mae toddiannau asid yn dargludo trydan (yn dda/yn wael). Maent hefyd yn effeithio ar ddangosyddion. Er enghraifft, mae ffenolffthalein yn troi'n (binc/ddi-liw) mewn asidau, tra bo litmws yn troi'n (goch/las). Dangosir cryfder asid trwy ei (grynodiad/rif pH). Po (uchaf/isaf) y rhif, cryfaf yr asid.

4 Dywedwch a yw'r priodweddau canlynol yn perthyn i asidau, neu alcalïau, neu'r ddau.
a Blas chwerw
b Gwerthoedd pH yn uwch na 7
c Yn newid lliw litmws
ch Yn sebonllyd i gyffwrdd ynddo
d Yn hydawdd mewn dŵr
dd Yn gallu bod yn gryf neu'n wan
e Yn niwtralu basau
f Yn ffurfio ïonau mewn dŵr
ff Yn beryglus i'w trin
g Yn ffurfio halwynau â rhai cemegion eraill
ng Yn adweithio â metelau fel arfer

5 Dyma ddisgrifiad byr o adwaith niwtralu. "Rhoddwyd 25 cm^3 o doddiant potasiwm hydrocsid mewn fflasg ac ychwanegu ychydig ddiferion o ffenolffthalein. Ychwanegwyd asid hydroclorig gwanedig nes i'r dangosydd newid lliw. Gwelwyd bod 21 cm^3 o asid wedi'i ddefnyddio."
a Gwnewch ddiagram wedi'i labelu o offer titradu ar gyfer y niwtraliad hwn.
b Pa offeryn y dylid ei ddefnyddio i fesur 25 cm^3 o doddiant sodiwm hydrocsid yn fanwl-gywir?
c Pa liw oedd y toddiant yn y fflasg ar ddechrau'r titradiad?
ch Beth oedd ei liw ar ôl i'r alcali gael ei niwtralu?
d A oedd yr asid yn fwy crynodedig ynteu'n llai crynodedig na'r alcali? Eglurwch eich ateb.
dd Enwch yr halwyn a ffurfir yn y niwtraliad hwn.
e Ysgrifennwch hafaliad ar gyfer yr adwaith.
f Sut byddech chi'n cael grisialau *pur* o'r halwyn.

6 Mae A a B yn bowdrau gwyn. Mae A yn anhydawdd mewn dŵr ond mae B yn hydawdd ac mae gan ei doddiant werth pH o 3. Mae **cymysgedd** o A a B yn byrlymu neu'n eferwi mewn dŵr. Rhyddheir nwy ac mae toddiant clir yn ymffurfio.
a Mae un o'r powdrau gwyn yn asid. A ynteu B?
b Mae'r powdr gwyn arall yn garbonad. Pa nwy a ryddheir yn yr adwaith?
c Er bod A yn anhydawdd mewn dŵr, mae toddiant clir yn ymffurfio pan ychwanegir cymysgedd o A a B at ddŵr. Eglurwch pam.

7 Yr enw cemegol am Aspirin yw asid 2-acetylocsibensoig.
Mae'r asid hwn yn hydawdd mewn dŵr poeth.
a Sut byddech chi'n disgwyl i doddiant dyfrllyd o Aspirin effeithio ar bapur litmws?
b A ydych chi'n credu ei fod yn asid cryf ynteu'n un gwan? Esboniwch pam rydych yn credu hyn.
c Beth fyddech chi'n disgwyl ei weld wrth ychwanegu soda pobi at doddiant dyfrllyd o Aspirin?

Dull paratoi	Adweithyddion	Halwyn a ffurfir	Cynhyrchion eraill
a asid + carbonad	.... ac	sodiwm clorid	dŵr a ....
b asid + metel	.... ac	haearn(II) sylffad	....
c asid + ...	asid nitrig a sodiwm hydrocsid	....	....
ch asid + bas	.... a chopor(II) ocsid	copor(II) sylffad	....
d asid + ...	.... a	copor(II) sylffad	carbon deuocsid a ......
dd gwaddodi	arian nitrad a photasiwm clorid	....	....
e gwaddodi	plwm nitrad a photasiwm ïodid	....	....
f asid + alcali	.... a photasiwm hydrocsid	potasiwm sylffad	dŵr yn unig
ff cyfuno uniongyrchol	haearn a sylffwr	....	________
g cyfuno uniongyrchol	.... a	alwminiwm clorid	________

8 Mae'r tabl uchod yn sôn am baratoi halwynau. Copïwch y tabl a llenwi'r manylion coll.

9 Mae cobalt clorid pinc yn halwyn **hydradol**. Mae hynny'n golygu ei fod yn cynnwys **dŵr grisialu**. Ei fformwla yw $COCl_2.6H_2O$.
Dyma bum halwyn arall:

copor(II) sylffad	$CuSO_4.5H_2O$(*dyfr*)
sodiwm clorid	NaCl
zinc clorid	$ZnCl_2.6H_2O$
sodiwm carbonad	$Na_2CO_3.10H_2O$
amoniwm nitrad	Na_4NO_3

a Pa rai ohonynt sy'n hydradol?
b Pa rai ohonynt sy'n anhydrus (h.y. yn cynnwys dim dŵr grisialu)?
c Pa rai ohonynt sydd â lliw?
ch Ysgrifennwch fformwla'r cyfansoddyn a elwir yn **halen cyffredin.**
d Ysgrifennwch fformwla'r halwyn a ddefnyddir fel gwrtaith yn aml.
dd Mae copor(II) sylffad yn bowdr gwyn. Beth yw ei fformwla?
e Mae copor(II) sylffad hydradol yn las. Mae'n troi'n wyn wrth gael ei wresogi. Eglurwch pam.
f i Gellid defnyddio copor(II) sylffad anhydrus i brofi a yw hylif yn cynnwys dŵr. Esboniwch sut.
ii Sut gallech chi *brofi* bod hylif yn ddŵr *pur*?
iii Pan wresogir rhywfaint o risialau zinc clorid yn ysgafn, mae toddiant o zinc clorid yn ymffurfio. Awgrymwch reswm pam.

10 **a** Rhannwch yr halwynau canlynol yn ddau grŵp, *Hydawdd mewn dŵr* ac *Anhydawdd mewn dŵr;*

sodiwm clorid	zinc clorid
calsiwm carbonad	sodiwm sylffad
potasiwm clorid	copor(II) sylffad
bariwm sylffad	plwm sylffad
bariwm carbonad	plwm nitrad
arian clorid	sodiwm carbonad
sodiwm citrad	amoniwm carbonad

b Nawr ysgrifennwch ddau gyfansoddyn dechreuol y gellid eu defnyddio i wneud pob halwyn *anhydawdd*.

11 Mae'r diagramau hyn yn dangos y camau wrth baratoi copor(II) ethanoad, sy'n halwyn o asid ethanoig.

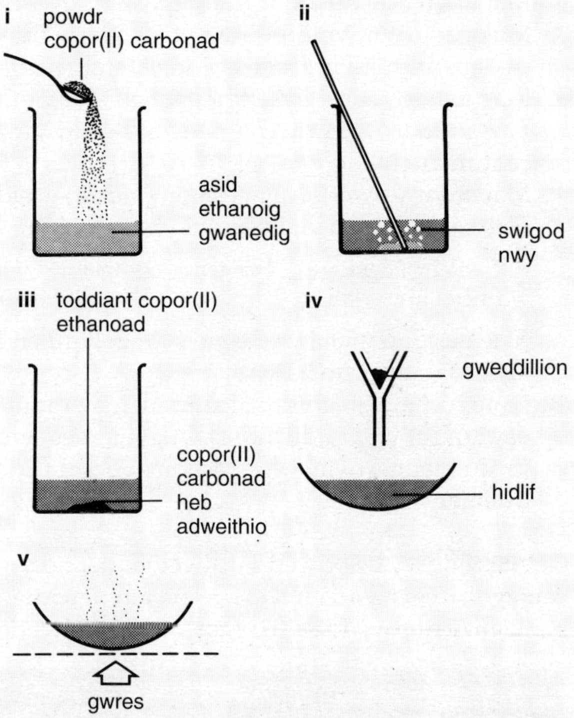

a Pa nwy a ryddheir yng ngham **ii**?
b Ysgrifennwch hafaliad geiriol ar gyfer yr adwaith yng ngham **ii**.
c Sut gallech chi ddweud bod yr adwaith wedi gorffen?
ch Pa adweithydd mae'r cyfan ohono'n cael ei ddefnyddio yn yr adwaith? Eglurwch eich ateb.
d Pam y defnyddir powdr copor(II) carbonad, yn hytrach na thalpiau ohono?
dd Enwch y gweddillion yng ngham **iv**.
e Ysgrifennwch restr o gyfarwyddiadau ar gyfer cynnal yr adwaith hwn yn y labordy.
f Awgrymwch gyfansoddyn copor arall y gellir ei ddefnyddio, yn hytrach na chopor(II) carbonad, i wneud copor(II) ethanoad.

10.1 Metelau ac anfetelau

Fe welsoch ar dudalen 24 fod yna 105 o wahanol elfennau. O'r rhain mae 84 yn **fetelau** a'r gweddill yn **anfetelau**.
Mae rhai o'r metelau i'w gweld yn y blwch ar y dde.

Rhai o'r metelau:	
alwminiwm,	Al
calsiwm,	Ca
copor,	Cu
aur,	Au
haearn,	Fe
plwm,	Pb
magnesiwm,	Mg
potasiwm,	K
arian,	Ag
sodiwm,	Na
tun,	Sn
zinc,	Zn

Priodweddau metelau

Fel arfer mae gan fetelau y priodweddau hyn:

1 Maent yn **gryf**. Gallant ddal llwythi trwm heb dorri.
2 Maent yn **hydrin**. Ystyr hynny yw y gellir eu curo'n wahanol siapiau heb dorri.
3 Maent yn **hydwyth**. Mae hynny'n golygu y gellir eu tynnu i wneud gwifrau.
4 Maent yn **soniarus** – maent yn gwneud sŵn wrth i chi eu taro.
5 Maent yn loyw.
6 Maent yn dda am ddargludo trydan a gwres.
7 Mae ganddynt ymdoddbwyntiau a berwbwyntiau uchel. (Mae pob un yn solid ar dymheredd ystafell, heblaw mercwri.)
8 Mae ganddynt ddwyseddau uchel. Mae hynny'n golygu eu bod yn teimlo'n 'drwm'. (Dwysedd sylwedd yw ei fàs am bob centimetr ciwbig.)
9 Maent yn adweithio ag ocsigen i ffurfio ocsidau. Er enghraifft, mae magnesiwm yn llosgi yn yr aer fel hyn:

magnesiwm + ocsigen → magnesiwm ocsid
(metel lliw arian) (lludw gwyn)

Mae ocsidau metel yn **fasau**, sy'n golygu eu bod yn adweithio ag asidau i ffurfio halwynau.

10 Pan fydd metelau'n ffurfio ïonau, mae'r ïonau yn bositif. Er enghraifft, yn yr adwaith rhwng magnesiwm ac ocsigen, ffurfir ïonau magnesiwm (Mg^{2+}) ac ïonau ocsid (O^{2-}), fel y dangosir ar dudalen 43.

Gelwir y ddwy briodwedd ddiwethaf uchod yn **briodweddau cemegol**, oherwydd eu bod yn sôn am newidiadau cemegol yn y metelau. **Priodweddau ffisegol** yw'r priodweddau eraill.

Meddyliwch am ddau reswm dros ddefnyddio metelau i wneud drymiau...

...a thri rheswm dros eu defnyddio i wneud sosbenni.

Mae pob metel yn wahanol

Mae'r priodweddau ar y tudalen diwethaf yn nodweddiadol o fetelau. Ond nid yw pob metel yn rhannu'r priodweddau hyn. Er enghraifft:

Mae gan haearn bob priodwedd sydd yn y rhestr. Defnyddir ef ar gyfer gatiau gan ei fod yn hydrin a chryf. Defnyddir ef i wneud angor oherwydd ei ddwysedd uchel. Mae'n ymdoddi ar 1530°C. Yn wahanol i'r rhan fwyaf o fetelau, mae'n **fagnetig**.

Mae sodiwm yn hollol wahanol. Mae mor feddal fel y gellir ei dorri â chyllell, ac mae'n ymdoddi ar 98 °C yn unig. Mae mor ysgafn fel ei fod yn arnofio ar wyneb dŵr, ond mae'n adweithio'n syth â'r dŵr i ffurfio toddiant. Anaddas ar gyfer gatiau...

Mae aur yn ymdoddi ar 1064 °C. Yn wahanol i bron bob metel arall nid yw'n ffurfio ocsid – mae'n anadweithiol iawn. Ond mae'n hydrin a hydwyth, ac mae'n ddeniadol. Felly fe'i defnyddir i wneud tlysau.

Nid oes unrhyw ddau fetel sy'n rhannu'r un priodweddau yn union. Mae mwy o wybodaeth am y gwahaniaethau rhyngddynt ar y pedwar tudalen nesaf.

Cymharu metelau ag anfetelau

Dim ond 21 o'r elfennau sy'n anfetelau. Rhestrir rhai ohonynt ar y dde. Mae anfetelau yn hollol wahanol i fetelau. *Fel arfer* mae ganddynt y priodweddau hyn:

1 Nid ydynt yn gryf, nac yn hydrin, nac yn hydwyth, nac yn soniarus. Yn wir, wrth gael eu curo byddant yn torri – maent yn **frau**.
2 Mae ganddynt ymdoddbwyntiau a berwbwyntiau is na metelau. (Mae un yn hylif ac 11 yn nwyon, ar dymheredd ystafell.)
3 Maent yn wael am ddargludo trydan. Graffit (carbon) yw'r unig eithriad. Maent yn wael am ddargludo gwres hefyd.
4 Mae ganddynt ddwyseddau isel.
5 Fel metelau, mae'r rhan fwyaf ohonynt yn adweithio ag ocsigen i ffurfio ocsidau:

   sylffwr + ocsigen → sylffwr deuocsid

   Ond yn wahanol i ocsidau metel, nid yw'r ocsidau hyn yn fasau. Mae nifer ohonynt yn toddi mewn dŵr i roi toddiannau *asidig*.
6 Pan fyddant yn ffurfio ïonau, mae'r ïonau yn negatif. Mae hydrogen yn eithriad - mae'n ffurfio'r ïon H^+.

Rhai o'r anfetelau:

bromin,	Br
carbon,	C
clorin,	Cl
heliwm,	He
hydrogen,	H
ïodin,	I
nitrogen,	N
ocsigen,	O
sylffwr,	S

Cwestiynau

1 Gwnewch ddwy restr, yn dangos 20 *metel* a 15 *anfetel*. Rhowch eu symbolau hefyd.
2 Ceisiwch feddwl am fetel nad yw'n hydrin ar dymheredd ystafell.
3 Awgrymwch resymau pam:
   a y defnyddir arian ar gyfer gemwaith
   b y defnyddir copor ar gyfer gwifrau trydanol
4 Mae angen metel soniarus iawn weithiau. Ceisiwch feddwl am ddwy enghraifft.
5 Ceisiwch feddwl am *ddau* reswm pam:
   a y defnyddir mercwri mewn thermomedrau
   b y defnyddir alwminiwm ar gyfer caniau cwrw
6 Edrychwch ar briodweddau anfetelau uchod. Pa rai sy'n briodweddau *ffisegol*? Pa rai sy'n briodweddau *cemegol*?

10.2 Metelau ac adweithedd (I)

Fe welsoch ar y tudalen diwethaf fod pob metel yn wahanol. Mae'r tudalennau nesaf yn cymharu'r ffordd y mae rhai metelau yn adweithio, i weld pa mor wahanol ydyn nhw.

Yr adwaith rhwng metelau ac ocsigen

Edrychwch ar y ffordd y mae sodiwm yn adweithio ag ocsigen:

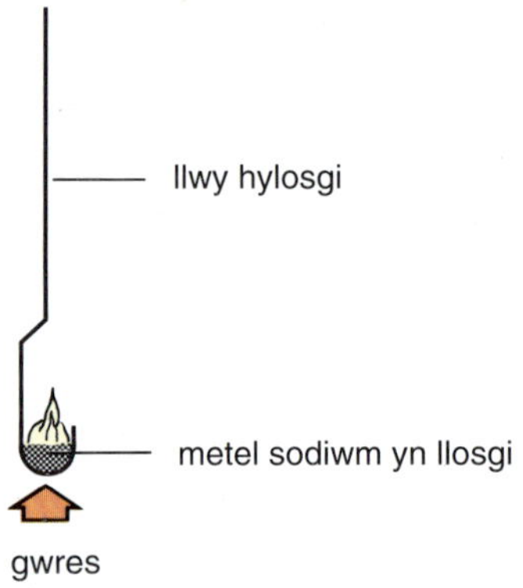

Rhoddir darn bach o sodiwm mewn llwy hylosgi a'i wresogi dros fflam Bunsen. Mae'n ymdoddi'n gyflym, a chynnau.

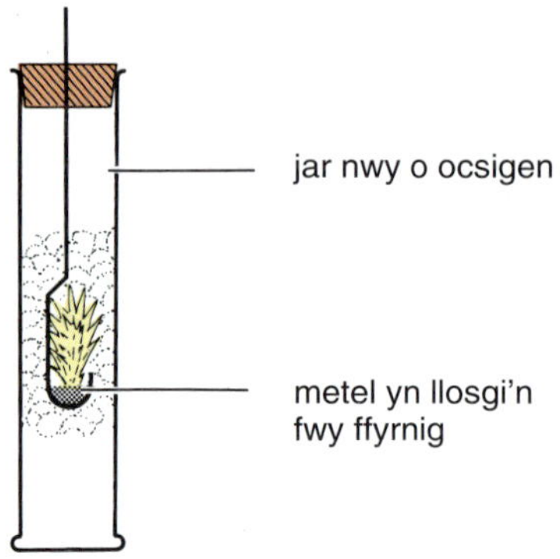

Yna rhoddir y llwy mewn jar o ocsigen. Mae'r metel yn llosgi hyd yn oed yn fwy ffyrnig, gyda fflam felen lachar.

Oherwydd ei fod yn adweithio ag ocsigen, mae sodiwm yn cael ei storio dan olew.

Gellir ail-wneud y camau uchod ar gyfer metelau eraill. Mae'r tabl hwn yn dangos beth sy'n digwydd:

Metel	Beth sy'n digwydd	Trefn adweithedd	Cynnyrch
Sodiwm	Yn cynnau o'i wresogi ychydig bach yn unig. Yn llosgi'n ffyrnig â fflam felen lachar.	mwyaf adweithiol	Sodiwm perocsid, Na_2O_2 powdr melyn golau
Magnesiwm	Yn cynnau'n hawdd. Yn llosgi â fflam wen lachar iawn .		Magnesiwm ocsid, MgO powdr gwyn
Haearn	Nid yw'n llosgi, ond mae'r metel poeth yn tywynnu'n ddisglair mewn ocsigen, ac yn rhyddhau gwreichion melyn.		Haearn ocsid, Fe_3O_4 powdr du
Copor	Nid yw'n llosgi, ond mae'r metel yn datblygu haen o sylwedd du.		Copor ocsid, CuO powdr du
Aur	Dim adwaith, ni waeth faint y gwresogir y metel.	lleiaf adweithiol	———

Os bydd adwaith yn digwydd, ocsid fydd y cynnyrch.
Sodiwm sy'n adweithio fwyaf ffyrnig ag ocsigen. Dyma'r **mwyaf adweithiol** o'r pum metel. Nid yw aur yn adweithio o gwbl – dyma'r lleiaf adweithiol ohonynt. Mae'r saeth yn y tabl yn dangos **trefn yr adweithedd**.

Yr adwaith rhwng metelau a dŵr

Mae metelau hefyd yn adweithio â dŵr mewn gwahanol ffyrdd. Er enghraifft:

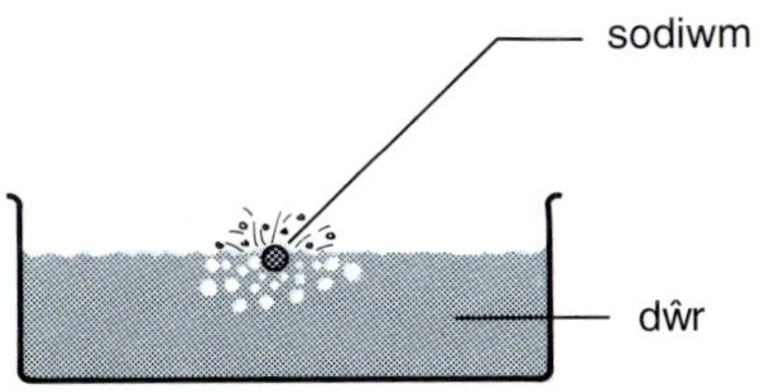

Mae sodiwm yn adweithio'n ffyrnig â dŵr oer, gan ruthro ar hyd yr arwyneb. Mae nwy hydrogen a thoddiant clir o sodiwm hydrocsid yn ymffurfio.

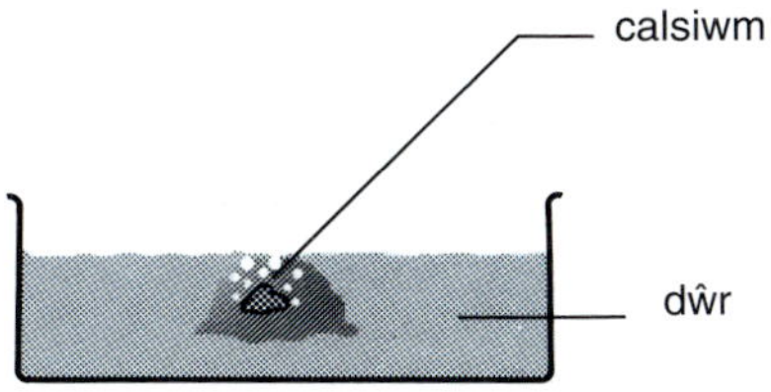

Gyda chalsiwm, mae'r adwaith yn arafach. Ceir swigod hydrogen, ac mae toddiant niwlog o galsiwm hydrocsid yn ymffurfio.

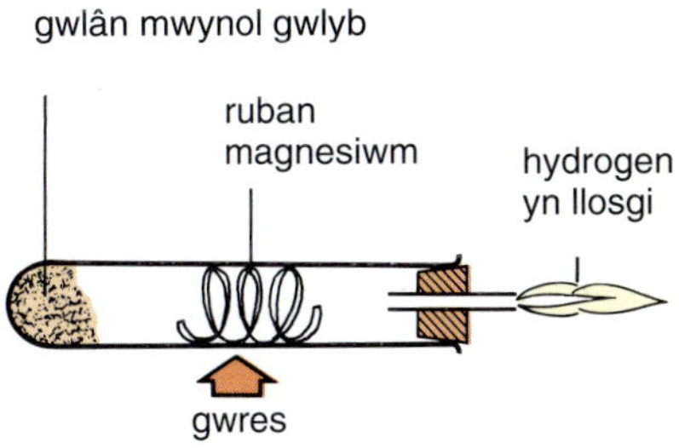

Dim ond yn araf iawn y mae magnesiwm yn adweithio â dŵr oer. Ond mae'n adweithio'n ffyrnig wrth ei wresogi mewn ager. Mae'n tywynnu'n ddisglair, a ffurfir hydrogen a magnesiwm ocsid solid.

Mae'r tabl hwn yn dangos y canlyniadau ar gyfer metelau eraill hefyd:

Metel	Adwaith	Trefn adweithedd	Cynhyrchion
Potasiwm	Yn ffyrnig iawn â dŵr oer. Yn mynd ar dân	mwyaf adweithiol	Hydrogen a thoddiant o botasiwm hydrocsid, KOH
Sodiwm	Yn ffyrnig â dŵr oer	↑	Hydrogen a thoddiant o sodiwm hydrocsid, NaOH
Calsiwm	Yn llai ffyrnig â dŵr oer		Hydrogen a chalsiwm hydrocsid, $Ca(OH)_2$, sydd ond ychydig yn hydawdd
Magnesiwm	Yn araf iawn â dŵr oer, ond yn ffyrnig mewn ager		Hydrogen a magnesiwm ocsid solid, MgO
Zinc	Yn eithaf araf mewn ager		Hydrogen a zinc ocsid solid, ZnO
Haearn	Yn araf mewn ager		Hydrogen a haearn ocsid solid, Fe_3O_4
Copor Aur	Dim adwaith	lleiaf adweithiol	—

Nodwch fod y tri metel cyntaf yn y rhestr yn cynhyrchu hydrocsidau. Mae'r lleill yn cynhyrchu ocsidau, os ydynt yn adweithio.
Cymharwch y tabl hwn nawr â'r un gyferbyn. A yw sodiwm yn fwy adweithiol na haearn bob tro? A yw haearn yn fwy adweithiol na chopor bob tro?

Cwestiynau

1 Disgrifiwch sut mae magnesiwm a haearn yn adweithio ag ocsigen. Ysgrifennwch hafaliadau cytbwys ar gyfer yr adweithiau.
2 Pa un yw'r mwyaf adweithiol, copor ynteu haearn?
3 Pa un yw'r mwyaf adweithiol, sodiwm ynteu zinc?
4 Pa nwy sy'n cael ei gynhyrchu bob tro wrth i fetel adweithio â dŵr?
5 Disgrifiwch sut mae magnesiwm yn adweithio ag ager. Ysgrifennwch hafaliad cytbwys ar gyfer yr adwaith.

10.3 Metelau ac adweithedd (II)

Yr adwaith ag asid hydroclorig

Ar y ddau dudalen diwethaf fe welsoch fod gwahanol fetelau yn adweithio'n wahanol ag ocsigen a dŵr. Maent hefyd yn adweithio'n wahanol ag **asidau**. Cymharwch y canlyniadau hyn ag asid hydroclorig:

Metel	Adwaith ag asid hydroclorig	Trefn adweithedd	Cynhyrchion
Magnesiwm	Ffyrnig	mwyaf adweithiol	Hydrogen a thoddiant o fagnesiwm clorid, $MgCl_2$
Zinc	Eithaf araf		Hydrogen a thoddiant o zinc clorid, $ZnCl_2$
Haearn	Araf		Hydrogen a thoddiant o haearn(II) clorid, $FeCl_2$
Plwm	Araf, a dim ond os yw'r asid yn grynodedig		Hydrogen a thoddiant o blwm(II) clorid, $PbCl_2$
Copor Aur	Dim adwaith, hyd yn oed ag asid crynodedig	lleiaf adweithiol	

Nawr cymharwch y tabl hwn â'r ddau dabl diwethaf. A yw haearn yn fwy adweithiol na chopor bob tro? A yw magnesiwm yn fwy adweithiol na haearn bob tro?

Cystadlu am ocsigen

Mae'r adweithiau ag ocsigen, dŵr ac asid hydroclorig yn dangos bod haearn yn fwy adweithiol na chopor. Edrychwch ar yr arbrawf hwn nawr:

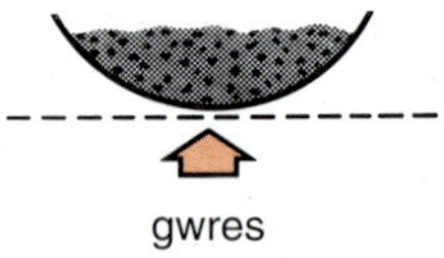

Cymysgedd o bowdr haearn a chopor(II) ocsid. Wrth ei wresogi, mae'n adweithio.

Y cymysgedd yn tywynnu, hyd yn oed ar ôl tynnu'r Bunsen. Haearn(II) ocsid a chopor yn ymffurfio.

Yma, haearn a chopor yn cystadlu am ocsigen. Haearn sy'n ennill:

haearn + copor(II) ocsid → haearn(II) ocsid + copor

$$Fe(s) + CuO(s) \rightarrow FeO(s) + Cu(s)$$

Trwy dynnu'r ocsigen oddi ar y copor, mae haearn yn gweithio fel **rhydwythydd** (tudalen 72). Mae metelau eraill yn ymddwyn yr un ffordd wrth gael eu gwresogi gydag ocsidau metelau llai adweithiol. **Pan wresogir metel gydag ocsid metel llai adweithiol, bydd yn tynnu'r ocsigen ohono. Mae'r adwaith yn ecsothermig.**

Defnyddio adwaith cystadlu i atgyweirio cledrau rheilffordd. Mae alwminiwm a haearn(III) ocsid yn cael eu gwresogi gyda'i gilydd, i roi haearn tawdd. Mae hwn yn llifo i fylchau rhwng cledrau. Enw'r broses yw proses Thermit.

Adweithiau dadleoli

Beth am edrych ar adwaith arall rhwng haearn a chopor:

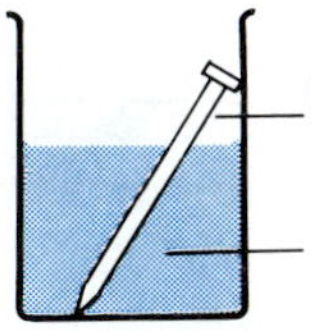

Y tro hwn rhoddir hoelen haearn mewn toddiant copor(II) sylffad glas.

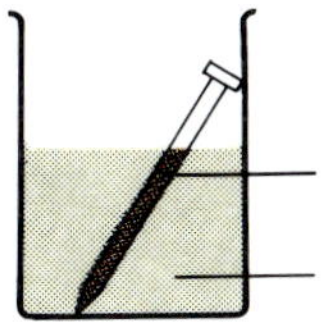

Cyn bo hir mae haen o gopor yn ymddangos ar yr hoelen. Mae'r toddiant yn troi'n wyrdd golau.

Yma mae haearn a chopor yn cystadlu i fod y cyfansoddyn yn y toddiant. Haearn sy'n ennill eto. Mae'n gyrru neu'n **dadleoli** copor o'r toddiant copor(II) sylffad. Ffurfir haearn(II) sylffad gwyrdd:

haearn	+	copor(II) sylffad	→	haearn(II) sylffad	+	copor
Fe(*s*)	+	$CuSO_4$(*dyfr*)	→	$FeSO_4$(*dyfr*)	+	Cu(*s*)
		glas		gwyrdd		

Mae metelau eraill yn dadleoli metelau llai adweithiol yr un ffordd. **Bydd metel bob tro'n dadleoli metel llai adweithiol o doddiannau o'i gyfansoddion.**

Edrychwch nawr ar y ffordd y mae copor yn adweithio â thoddiant arian nitrad:

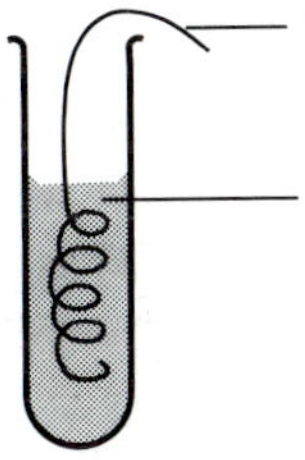

Rhoddir coil o gopor mewn toddiant o arian nitrad. Mae'r copor yn toddi'n raddol...

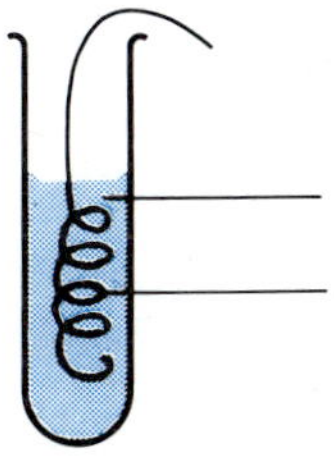

...felly mae'r toddiant yn troi'n las. Yr un pryd, mae haen o arian yn ymffurfio ar y wifren.

Grisialau o arian ar wifren gopor. Mae'r copor wedi dadleoli'r arian o doddiant arian nitrad.

Pa fetel yw'r mwyaf adweithiol, copor ynteu arian? (Gwiriwch y gyfres adweithedd ar y tudalen nesaf i weld a oeddech yn gywir.)

Cwestiynau

Bydd y tabl ar y tudalen gyferbyn yn eich helpu i ateb rhai o'r cwestiynau hyn.

1 Disgrifiwch sut mae haearn a phlwm yn adweithio ag asid hydroclorig. Ysgrifennwch hafaliadau cytbwys.

2 Ysgrifennwch reol am adwaith metel ag:
   a ocsidau metelau eraill
   b toddiannau o gyfansoddion o fetelau eraill

3 A fydd copor yn adweithio â phlwm(II) ocsid? Eglurwch pam.

4 A fydd haearn yn adweithio â phlwm(II) ocsid? Os *bydd*, ysgrifennwch hafaliad cytbwys yr adwaith.

5 Beth fyddech chi'n ei *weld* wrth ychwanegu zinc at doddiant copor(II) sylffad? (Mae zinc sylffad yn ddi-liw.)

6 Eglurwch sut mae'r broses Thermit yn gweithio.

7 Nid yw tun yn adweithio â haearn(II) ocsid. Ond mae'n rhydwytho plwm(II) ocsid yn blwm. Gosodwch dun, haearn a phlwm yn eu trefn o'r mwyaf i'r lleiaf adweithiol.

10.4 Y gyfres adweithedd

Mae safle metel yn y gyfres adweithedd yn rhoi cliw i'r defnydd a wneir ohono. Dim ond metelau anadweithiol a ddefnyddir i wneud darnau arian.

Trwy gymharu eu hadweithiau ag ocsigen, dŵr, asid, ocsidau metel a thoddiannau o halwynau metel, gallwn osod y metelau yn nhrefn eu hadweithedd. Gelwir y rhestr yn **gyfres adweithedd**. Dyma'r rhestr:

---

mwyaf adweithiol

Potasiwm, K
Sodiwm, Na
Calsiwm, Ca
Magnesiwm, Mg
Alwminiwm, Al
Zinc, Zn
Haearn, Fe
Plwm, Pb

adweithedd yn cynyddu

mae metelau uwchben y llinell hon yn adweithio ag asidau, gan ddadleoli **hydrogen**

- -

Copor, Cu
Arian, Ag
Aur, Au

lleiaf adweithiol

Pethau i'w cofio am y gyfres adweithedd

1 Po fwyaf adweithiol y metel, mwyaf y mae'n 'hoffi' ffurfio cyfansoddion. Felly dim ond copor, arian ac aur sydd i'w cael fel *elfennau* yng nghramen y Ddaear. Fel cyfansoddion y ceir metelau eraill *bob tro.*

2 Po fwyaf adweithiol y metel, mwyaf **sefydlog** fydd ei gyfansoddion. Mae'n anodd torri neu ddadelfennu cyfansoddyn sefydlog, oherwydd bod y bondiau sy'n ei ddal ynghyd yn gryf iawn. Cymharwch beth sy'n digwydd wrth wresogi'r nitradau a'r carbonadau hyn:

Metel	Effaith gwres ar y carbonad	Effaith gwres ar y nitrad
Potasiwm Sodiwm	dim effaith	dadelfennu'n nitrit ac ocsigen e.e. $2NaNO_3 \rightarrow 2NaNO_2 + O_2$
Calsiwm Magnesiwm Zinc Haearn Plwm Copor	dadelfennu'n ocsid a charbon deuocsid $CuCO_3 \rightarrow CuO + CO_2$	dadelfennu ymhellach yn ocsid, nitrogen deuocsid ac ocsigen $2Cu(NO_3)_2 \rightarrow 2CuO + 4NO_2 + O_2$

mae'n mynd yn fwy anodd dadelfennu cyfansoddion

3 Pan fydd metel yn adweithio, mae'n ildio electronau i ffurfio ïonau. Pan fydd magnesiwm yn adweithio ag ocsigen mae'n ffurfio ïonau magnesiwm (Mg^{2+}). Pan fydd copor yn adweithio ag ocsigen mae'n ffurfio ïonau copor (Cu^{2+}).
Mae magnesiwm yn fwy adweithiol na chopor oherwydd ei fod yn fwy parod i golli ei electronau.
Po fwyaf adweithiol y metel, mwyaf parod yw i golli electronau.

Y gyfres adweithedd a chelloedd

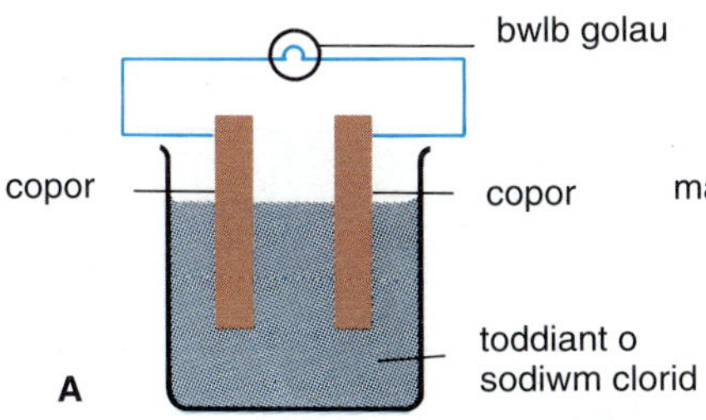

Cysylltir dau stribed o gopor â bwlb golau a'u rhoi mewn toddiant o sodiwm clorid. Mae'r toddiant yn **electrolyt** – mae'n *gallu* dargludo trydan. Ond does dim yn digwydd.

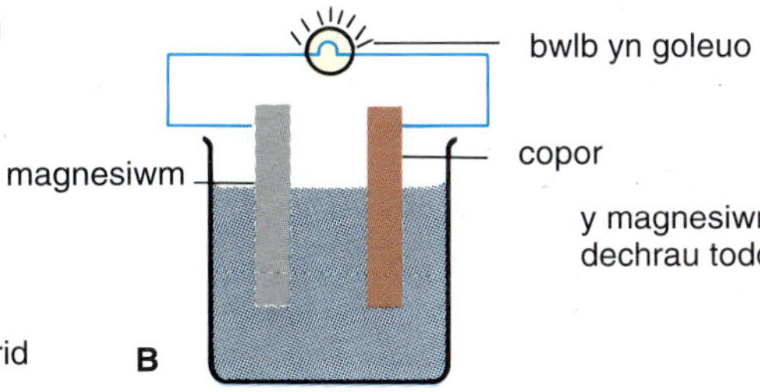

Ond os yw un stribed yn gopor a'r llall yn fagnesiwm, mae'r bwlb yn goleuo. Mae trydan yn cael ei gynhyrchu. Mae electronau'n llifo trwy'r gwifrau er nad oes yna fatri.

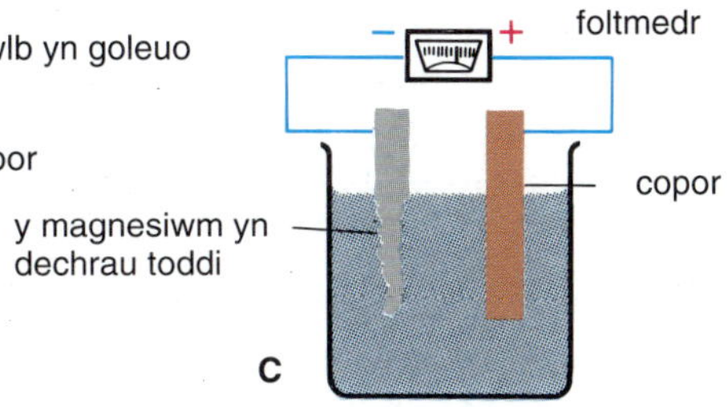

Yma mae **foltmedr** yn lle'r bwlb. Mae hwn yn mesur y **foltedd** sy'n gwneud i'r electronau lifo. Mae'n 2.7 folt. Mae'r nodwydd yn dangos cyfeiriad llif yr electronau.

O ble y daw'r electronau? Yr ateb yw:
Gall magnesiwm golli ei electronau yn barotach na chopor. Felly bydd atomau magnesiwm yn ildio electronau ac yn mynd i'r toddiant fel ïonau. Mae'r electronau yn llifo ar hyd y wifren i'r stribed copor. Gelwir y trefniant yn **gell**. Y stribed magnesiwm yw **pegwn negatif** y gell. Y stribed copor yw'r **pegwn positif.**

Mae cell yn cynnwys dau wahanol fetel ac electrolyt. Yn y gell, mae egni cemegol yn cynhyrchu trydan. Mae'r metel mwyaf adweithiol yn troi'n begwn negatif y mae electronau'n llifo ohono.

Gellir ail-wneud yr arbrawf gyda metelau eraill. Cyn belled â bod y stribedi wedi'u gwneud o wahanol fetelau, bydd electronau'n llifo. Ond mae'r foltedd yn newid gyda'r metelau, fel mae'r tabl hwn yn ei ddangos.

Stribedi metel	**Foltiau**
Copor a magnesiwm	2.70
Copor a haearn	0.78
Plwm a zinc	0.64
Plwm a haearn	0.32

O'r metelau hyn, copor a magnesiwm sydd bellaf ar wahân yn y gyfres adweithedd. Nhw sy'n rhoi'r foltedd uchaf. Plwm a haearn yw'r agosaf. Edrychwch ar y foltedd y maent yn ei roi.
Po bellaf ar wahân yw'r metelau yn y gyfres adweithedd, uchaf fydd foltedd y gell.

Yr enw cywir am fatri tors yw 'cell sych'. Mae'n cynnwys dau fetel gwahanol ac electrolyt. Past yw'r electrolyt yn hytrach na hylif, oherwydd byddai hylif yn gollwng.

Cwestiynau

1. Pam nad ydym yn gweld sodiwm heb gyfuno â rhywbeth arall mewn natur?
2. Pa un fydd yn chwalu hawsaf wrth ei wresogi, magnesiwm nitrad ynteu arian nitrad? Esboniwch.
3. Pam mae magnesiwm yn fwy adweithiol na chopor?
4. Eglurwch pam mae'r bwlb yn goleuo yn arbrawf B uchod.
5. Pam nad yw'r bwlb yn goleuo yn arbrawf A?
6. A fydd y bwlb yn B yn goleuo os defnyddir toddiant siwgr? Eglurwch.
7. Pa bâr o fetelau sy'n rhoi'r foltedd uchaf? Pam? haearn, zinc; copor, haearn; arian, magnesiwm
8. Yng nghwestiwn 7, pa fetel ym mhob pâr fydd y pegwn negatif?

10.5 Metelau yng nghramen y Ddaear

Rydym yn cael rhai metelau o'r môr, ond daw'r rhan fwyaf o **gramen** y ddaear. Cramen y Ddaear yw haen allanol y Ddaear. Dim ond tua 6 km o drwch yw hon dan y cefnforoedd, a thua 70 km o drwch dan y mynydd uchaf. Hyd yma, nid oes neb wedi llwyddo i gloddio twll trwyddi i gyrraedd yr haen nesaf!

Mae haearn yn fetel pwysig iawn. Rydym yn defnyddio tua naw gwaith mwy o haearn na'r holl fetelau eraill gyda'i gilydd. Mae'n cael ei wneud yn ddur a'i ddefnyddio ar gyfer pethau mawr fel pont Forth (uchod) yn ogystal â phethau bach fel nodwyddau.

Cyfansoddiad cramen y Ddaear

Mae cramen y Ddaear yn gymysgedd enfawr o nifer o wahanol gyfansoddion. Mae hefyd yn cynnwys *elfennau* fel sylffwr, copor, arian, platinwm ac aur. Mae'r rhain i'w cael heb gyfuno neu'n **frodorol** oherwydd eu bod yn anadweithiol. Petaech yn cloddio cramen y Ddaear ac yn chwalu'r holl gyfansoddion, byddech yn gweld bod bron ei hanner yn ocsigen! Dyma ei chyfansoddiad:

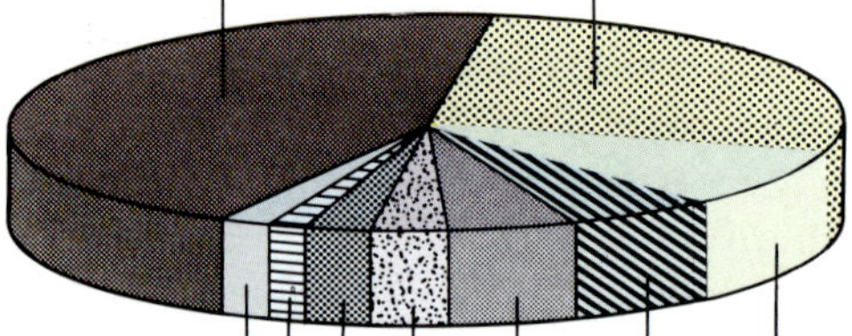

Mae bron dri chwarter cramen y Ddaear wedi'i wneud o ddau anfetel yn unig, sef ocsigen a silicon. Mae'r rhain i'w cael wedi cyfuno mewn cyfansoddion fel silicon deuocsid (**silica** neu **dywod**). Mae ocsigen i'w gael hefyd mewn cyfansoddion fel alwminiwm ocsid, haearn ocsid a chalsiwm carbonad.
Dim ond chwe metel yw gweddill y gramen yn bennaf. Alwminiwm yw'r mwyaf cyffredin o'r rhain, a haearn yw'r nesaf. Ni cheir yr un o'r chwech heb gyfuno, oherwydd eu bod i gyd yn fetelau adweithiol, sy'n 'hoffi' ffurfio cyfansoddion.

Mae rhai metelau yn brin

Edrychwch eto ar y siart cylch uchod. Mae'n dangos mai chwech yn unig o fetelau cyffredin sydd. Mae'r holl fetelau eraill *gyda'i gilydd* yn gwneud llai nag un hanner canfed rhan o gramen y Ddaear, felly nid ydynt yn gyffredin. Os yw metel yn ffurfio llai na milfed rhan o gramen y Ddaear, mae'n **brin**. Dyma rai o'r metelau prin:

copor	zinc	plwm	tun
mercwri	arian	aur	platinwm

Mae'r metelau prin yn ddrud. Er hynny, rydym yn eu defnyddio'n gyflym iawn, ac mae llawer o bobl yn pryderu y byddant wedi llwyr ddiflannu cyn bo hir.

Kimono priodasol wedi'i wneud o blatinwm, metel prin. Mae hwn yn werth £60 000.

Mwynau metel

Mae'r creigiau yng nghramen y Ddaear yn gymysgedd o nifer o wahanol gyfansoddion. Ond mae rhai yn cynnwys mwy o un cyfansoddyn metel, neu o un metel, a gall fod yn werth cloddio'r rhain i echdynnu'r metel. **Mwynau** yw'r enw ar greigiau y ceir metelau ohonynt. Dyma enghreifftiau isod:

Dyma dalp o **halen craig**, prif fwyn sodiwm. **Sodiwm clorid** yw hwn yn bennaf. Mae gan bob gwlad rywfaint o halen craig. Mae'r rhan fwyaf yn Rwsia a'r Unol Daleithiau.

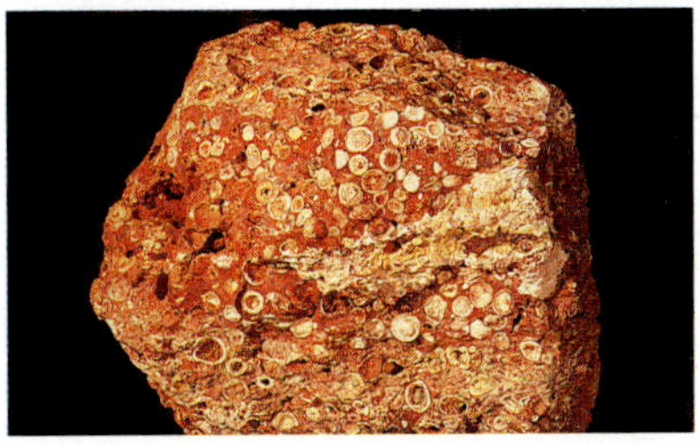

Dyma ddarn o **fawcsit**, prif fwyn alwminiwm. **Alwminiwm ocsid** yw hwn yn bennaf. Ceir symiau enfawr ohono yn Awstralia a Jamaica. Ond does dim ym Mhrydain.

Gan fod aur yn anadweithiol, fe'i ceir fel elfen rydd. Dyma dalp o aur sydd bron yn bur. Daw'r rhan fwyaf o aur y byd o Dde Affrica.

Cloddio neu beidio?

Cyn dechrau cloddio am fwyn, rhaid i'r cwmni cloddio benderfynu a yw'n economaidd. Rhaid iddo ateb cwestiynau fel y rhain:

1. Faint o fwyn sydd yno?
2. Faint o fetel y byddwn yn ei gael ohono?
3. A oes unrhyw broblemau arbennig ynglŷn â thynnu'r mwyn?
4. Beth fydd cost cloddio'r mwyn ac echdynnu'r metel ohono? (Bydd y gost yn cynnwys adeiladau, offer mwyngloddio, offer echdynnu, cludiant, tanwydd, cemegion, a chyflogau.)
5. Am faint y byddwn yn gallu gwerthu'r metel?
6. Felly, a fyddwn ni'n gwneud elw?

Bydd yr atebion i'r cwestiynau hyn yn newid o flwyddyn i flwyddyn. Os bydd cost tanwydd yn gostwng, a phris gwerthu'r metel yn codi, gall fod yn fuddiol cloddio mwyn o ansawdd isel neu **radd isel** hyd yn oed.

Rhaid i'r cwmni mwyngloddio feddwl hefyd am y gymuned leol. Efallai y bydd pobl yn pryderu y bydd llwch a phyllau a chreithiau yn difetha'r tirwedd. Efallai y byddant yn poeni hefyd y bydd y gwaith echdynnu yn achosi llygredd. Ar y llaw arall, mae'n bosibl y byddant yn croesawu'r ffaith y bydd mwyngloddio yn dod â swyddi newydd.

Mwyngloddio yn difetha tirwedd. Y dyddiau hyn, bydd llawer o gwmnïau yn mynd ati i glirio ac adfer y tir ar ôl gorffen mwyngloddio.

Cwestiynau

1. Beth yw'r brif *elfen* yng nghramen y Ddaear?
2. Beth yw'r *metel* mwyaf cyffredin yng nghramen y Ddaear? Pa un yw'r ail?
3. Mae aur i'w gael yn *frodorol* yng nghramen y Ddaear. Esboniwch.
4. A yw'n wir fod y metelau adweithiol yn gyffredin yng nghramen y Ddaear?
5. Beth yw metel *prin*? Enwch bedwar.
6. Defnyddir un metel yn fwy na'r lleill gyda'i gilydd. Pa un?
7. Beth yw mwyn metel?
8. Enwch brif fwyn: **a** sodiwm **b** alwminiwm
   Beth yw'r prif gyfansoddyn ym mhob mwyn?

10.6 Echdynnu ac ailgylchynu metelau

Ffyrdd o echdynnu metelau

Fe welsoch ar y tudalen diwethaf mai o **fwynau** y ceir metelau. Fel arfer, mae mwyn yn gyfansoddyn o'r metel, wedi'i gymysgu ag amhureddau. Ar ôl cloddio'r mwyn, rhaid ei ddadelfennu mewn rhyw ffordd, i gael y metel. **Echdynnu'r** metel yw'r enw ar hyn. Mae'r dull o echdynnu yn dibynnu ar ba mor adweithiol yw'r metel.

Po fwyaf adweithiol y metel, mwyaf anodd yw dadelfennu ei gyfansoddion.

Electrolysis yw'r ffordd fwyaf pwerus o ddadelfennu cyfansoddyn metel. Ond mae angen llawer o drydan i wneud hyn, felly mae'n ddull drud. Felly dim ond ar gyfer y metelau mwyaf adweithiol y caiff ei ddefnyddio, fel y gwelwch yn y tabl hwn.

Metel			Dulliau echdynnu o'r mwynau		
Potasiwm Sodiwm Calsiwm Magnesiwm Alwminiwm	metelau'n fwy adweithiol ↑	mwynau'n fwy anodd i'w dadelfennu ↑	Electrolysis	dull echdynnu yn fwy pwerus ↑	dull echdynnu yn ddrutach ↑
Zinc Haearn Plwm			Gwresogi â charbon neu garbon monocsid		
Copor			Rhostio mewn aer		
Arian Aur			I'w cael yn naturiol fel elfennau		

Enghreifftiau o'r gwahanol ddulliau o echdynnu

1 **Electrolysis.** Fe'i defnyddir i echdynnu sodiwm o halen craig. I ddechrau, mae'r mwyn yn cael ei ymoddi mewn tanciau dur enfawr:

sodiwm clorid → sodiwm + clorin

$$2NaCl(h) \rightarrow 2Na(h) + Cl_2(n)$$

2 **Gwresogi â charbon monocsid.** Defnyddir hyn i echdynnu haearn o fwyn haearn yn y ffwrnais chwyth (tudalen 146):

haearn(III) ocsid + carbon monocsid → haearn + carbon deuocsid

$$Fe_2O_3(s) + 3CO(n) \rightarrow 2Fe(h) + 3CO_2(n)$$

3 **Rhostio mewn aer.** Mae rhywfaint o gopor i'w gael yn frodorol. Ond mae'r rhan fwyaf i'w gael fel copor(I) sylffid, mewn mwyn o'r enw **pyrit copor**. Echdynnir y copor trwy rostio'r sylffid mewn aer:

copor(I) sylffid + ocsigen → copor + sylffwr deuocsid

$$Cu_2S(s) + O_2(n) \rightarrow 2Cu(h) + SO_2(n)$$

Hyd at gan mlynedd yn ôl, prin y defnyddid alwminiwm oherwydd ei bod yn anodd ei echdynnu. Yna ym 1886 datblygwyd y broses fodern o electrolysis. Gwnaed cerflun Eros yn Piccadilly Circus, Llundain, o alwminiwm ym 1893.

Ailgylchynu metelau

Mae metelau yn adnoddau **anadnewyddadwy**. Hynny yw, ar ôl cloddio mwyn, ni fydd mwyn newydd yn ffurfio i gymryd ei le. Felly daw'r cyflenwad i ben rhyw ddydd. Edrychwch ar y tabl:

Metel	Faint a ddefnyddir bob blwyddyn (miliwn tunnell fetrig)	Sawl blwyddyn cyn i'r metel ddod i ben
Haearn	800	114
Alwminiwm	12	350
Copor	8	45
Zinc	4.5	68
Plwm	4	23
Tun	0.25	18

Mae electrolysis alwminiwm yn ddrud iawn, oherwydd fod angen llawer o drydan. Gellir gwneud i ganiau cwrw alwminiwm ymdoddi am $\frac{1}{20}$ o'r gost.

Dim ond ffigurau bras yw'r rhain. Ond maent yn dangos pa mor ofalus y dylem ni fod. Mae'n gwneud synnwyr **ailgylchynu** metelau – hynny yw, toddi hen fetelau a'u defnyddio eto, yn hytrach na'u taflu. Ni fydd cwmni metel ond yn ailgylchynu metel os yw'n economaidd gwneud hynny. Rhaid i'r cwmni gyfrifo cost casglu'r sgrap, cost cludiant, ymdoddi, gwaredu amhureddau, a thalu cyflog y gweithwyr. Yn y dyfodol, wrth i fetelau fynd yn brinnach ac yn ddrutach, bydd ailgylchynu'n dod yn broses bwysicach.

Gellir gwahanu haearn sgrap oddi wrth fetelau eraill gan ddefnyddio magnet.

Bob blwyddyn bydd pobl ym Mhrydain yn taflu 10 000 miliwn o duniau. Mae'r metel ynddynt yn werth miliynau o bunnau. Ond yn anffodus nid yw'n hawdd gwahanu'r haen o dun oddi wrth y can dur.

Cwestiynau

1. Beth yw ystyr *echdynnu* metel?
2. Ar gyfer echdynnu sodiwm, enwch:
   y mwyn a ddefnyddir   y dull a ddefnyddir
   Pam mae'n rhaid ymdoddi'r mwyn yn gyntaf?
3. Mae alwminiwm yn fwy cyffredin na haearn yng nghramen y Ddaear, ond mae'n *ddrutach* hefyd. Awgrymwch pam.
4. Pam mae angen electrolysis ar gyfer echdynnu calsiwm?
   Pam *nad* oes ei angen ar gyfer echdynnu copor?
5. Mae metelau yn adnawdd anadnewyddadwy.
   Mae'n gwneud synnwyr eu hailgylchynu. Eglurwch y geiriau sydd wedi eu tanlinellu.
6. Pa un o briodweddau haearn y gellir ei defnyddio i'w wahanu oddi wrth fathau eraill o fetelau sgrap?

10.7 Defnyddio metelau

Metelau pur ac aloiau

Mae'r ffordd y defnyddir metel yn dibynnu ar ei **briodweddau**:

Gellir rholio alwminiwm pur yn llenni tenau iawn, sy'n eithaf cryf ond yn hawdd eu torri. Felly mae'n addas i wneud topiau poteli llaeth a ffoil coginio.

Mae plwm pur yn feddal, ac mae'n plygu'n hawdd heb ei wresogi. Mae'n gwrthsefyll cyrydiad hefyd. Felly fe'i defnyddir i amddiffyn brics o amgylch simneiau a ffenestri.

Mae'n hawdd tynnu copor pur yn wifrau, ac mae'n dargludo trydan yn ardderchog. Felly fe'i defnyddir ar gyfer gwifrau trydanol.

Weithiau y metel pur sydd fwyaf defnyddiol. Er enghraifft, nid yw copor yn gystal dargludydd os yw'n cynnwys amhureddau. Ond mae llawer o fetelau yn fwy defnyddiol pan *nad* ydynt yn bur. Haearn yw'r metel a ddefnyddir amlaf, ac anaml iawn y mae'n cael ei ddefnyddio'n bur:

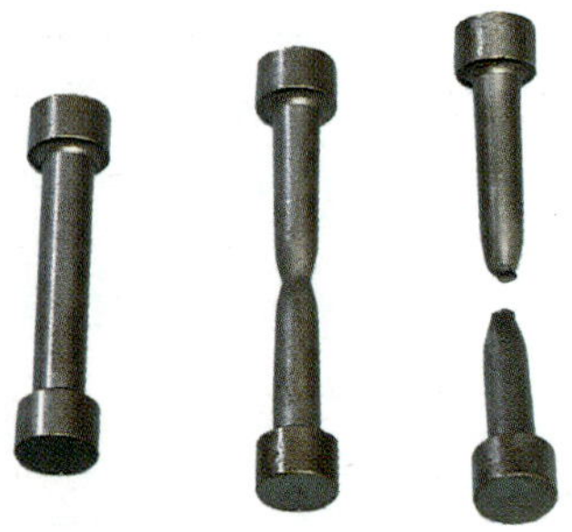

Nid yw haearn pur yn dda ar gyfer adeiladu pethau, oherwydd ei fod yn rhy feddal ac yn ymestyn yn hawdd. Mae'n rhydu'n hawdd hefyd.

Ond, o gymysgu ychydig o garbon (0.5%) â'r haearn, bydd yn mynd yn galetach a chryfach o lawer. Mae'n cael ei alw'n **ddur meddal**, a'i ddefnyddio ar gyfer adeiladau, pontydd, llongau a cheir.

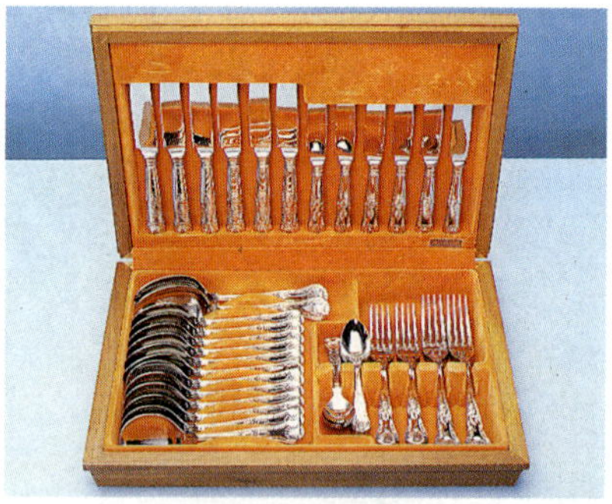

Pan gymysgir nicel a chromiwm gyda'r haearn, mae'n mynd yn galetach ac nid yw'n rhydu. Dyma'r dur gwrthstaen a ddefnyddir ar gyfer rhannau ceir, sinc y gegin a chyllyll a ffyrc.

Fe welwch fod priodweddau'r haearn wedi cael eu newid, trwy gymysgu sylweddau eraill ag ef. Gelwir y cymysgeddau yn **aloiau.**
Gellir newid priodweddau unrhyw fetel trwy gymysgu sylweddau eraill ag ef. Gelwir y cymysgeddau yn aloiau.
Metelau yw'r sylweddau a ychwanegir fel arfer, ond weithiau defnyddir anfetelau fel carbon neu silicon. Gwneir aloi fel arfer trwy ymdoddi'r prif fetel, yna toddi'r sylweddau eraill ynddo.

Defnyddio metelau pur

Mae'r tabl hwn yn sôn am ddefnyddio rhai metelau pur:

Metel	Defnydd	Priodweddau sy'n ei wneud yn addas
Sodiwm	Oerydd mewn adweithyddion niwclear	Dargludo gwres yn dda. Yn ymdoddi ar 98°C yn unig, felly bydd y metel poeth yn llifo ar hyd pibellau.
Alwminiwm	Ceblau trydan uwchben	Dargludo trydan yn dda (dim cystal â chopor, ond yn rhatach ac yn ysgafnach o lawer).
	Sosbenni	Dargludo gwres yn dda ac nid yw'n wenwynig.
Zinc	Rhoi haen ar haearn – haearn **galfanedig**	Diogelu'r haearn rhag rhydu.
Tun	Rhoi haen ar ganiau dur neu 'duniau'	Anadweithiol ac anwenwynig. Yn atal y dur rhag rhydu.
Mercwri	Thermomedrau	Hylif ar dymheredd ystafell. Yn ehangu wrth gael ei wresogi. Yn hawdd ei weld, ac nid yw'n gwlychu ochrau'r tiwb.

Sylwch na ddefnyddir sodiwm ar gyfer gwneud pethau – mae'n rhy adweithiol. Ond mewn adweithyddion niwclear mae'n cael ei ddiogelu'n ofalus rhag unrhyw adweithiau.

Defnyddio aloiau

Mae yna filoedd o wahanol aloiau. Dyma rai ohonynt!

Aloi	Ei wneud o	Priodweddau arbennig	Defnydd
Copronicel	75% copor 25% nicel	Gwydn, lliw arian deniadol	Darnau 'arian'
Dur gwrthstaen	70% haearn 20% cromiwm 10% nicel	Ddim yn rhydu	Rhannau ceir, sinc y gegin, cyllyll a ffyrc
Dwraliwm	96% alwminiwm 4% copor	Ysgafn, a chryfach nag alwminiwm	Rhannau awyren
Pres	70% copor 30% zinc	Caletach na chopor, nid yw'n cyrydu	Offerynnau cerdd
Efydd	95% copor 5% tun	Caletach na phres, nid yw'n cyrydu, soniarus	Cerfluniau, addurnau, clychau eglwysi
Sodr	70% tun 30% plwm	Ymdoddbwynt isel	Uno gwifrau a phibellau

Gallwch ddarganfod rhagor am aloiau haearn ar dudalen 147.

Cwestiynau

1 Pam mae haearn yn fwy defnyddiol ar ôl ei gymysgu ag ychydig o garbon?
2 Beth yw aloiau? Sut maent yn cael eu gwneud?
3 Esboniwch pam mae tun yn cael ei ddefnyddio i roi haen ar duniau bwyd.
4 Enwch aloi sydd:
a ag ymdoddbwynt isel **b** byth yn rhydu
5 Pa fetelau a ddefnyddir i wneud:
dur gwrthstaen? dwraliwm? efydd?

10.8 Rhagor am alwminiwm

O'r graig i'r gofod

Alwminiwm yw'r metel mwyaf cyffredin yng nghramen y Ddaear. Ei brif fwyn yw **bawcsit**, sef alwminiwm ocsid wedi'i gymysgu ag amhureddau fel tywod a haearn ocsid. Mae'r amhureddau yn rhoi lliw browngoch iddo.

Dyma'r camau wrth baratoi alwminiwm:

1 Yn gyntaf, mae daearegwyr yn cynnal profion ar greigiau i weld a oes digon o fawcsit yno i'w gloddio. Os yw'r profion yn foddhaol, mae cloddio'n dechrau.

2 Fel arfer mae bawcsit i'w gael ger yr wyneb, felly mae'n hawdd ei gloddio. Dyma fwynglawdd bawcsit yn Jamaica. Mae popeth yn cael ei orchuddio â llwch bawcsit browngoch.

3 O'r mwynglawdd, mae'r mwyn yn mynd i'r ffatri fawcsit, lle caiff ei drin i dynnu amhureddau. Y canlyniad yw **alwminiwm ocsid** gwyn, neu **alwmina**.

4 Rhaid mynd â'r alwmina i ffatri arall ar gyfer electrolysis. Bydd llawer o'r alwmina o Jamaica yn cael ei gludo ar longau i weithfeydd fel hwn, yng Nghanada neu'r UDA...

5 ...lle mae trydan yn rhatach. Yno defnyddir electrolysis i'w droi'n alwminiwm. Mae'r metel yn cael ei wneud yn llenni a blociau, a'i werthu i ddiwydiannau eraill.

6 Mae'n cael ei ddefnyddio i wneud caniau cwrw, ffoil coginio, sosbenni, beiciau rasio, erialau teledu, ceblau trydan, llongau, awyrennau a hyd yn oed rocedi gofod.

Golwg agosach ar yr electrolysis

Yng ngham 5 uchod fe welsoch chi fod alwminiwm i'w gael o alwmina trwy electrolysis.
Mae'r electrolysis yn digwydd mewn tanc dur enfawr. Mae graffit y tu mewn i'r tanc, a dyma'r catod. Mae blociau enfawr o graffit yn crogi yng nghanol y tanc, a'r rhain yw'r anodau.

Mae alwmina pur yn ymdoddi ar 2045°C. Byddai'n ddrud, ac yn beryglus, cadw'r tanc ar y tymheredd hwnnw. Yn hytrach, mae'r alwmina yn cael ei doddi mewn **cryolit** tawdd ar gyfer yr electrolysis. (Cyfansoddyn arall o alwminiwm yw cryolit, gydag ymdoddbwynt llawer is.)

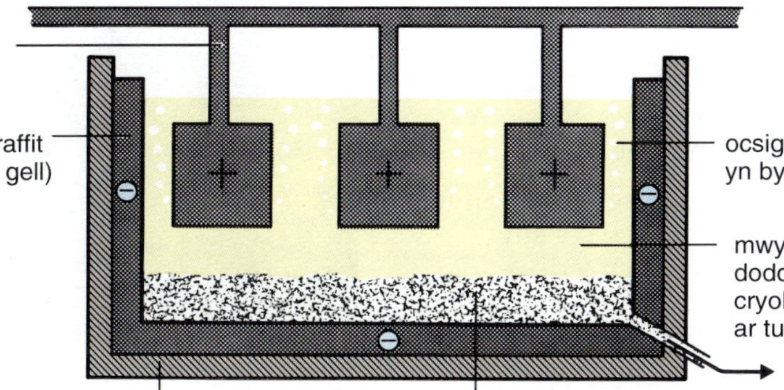

Y tanciau dur lle mae'r electrolysis yn digwydd.

Pan fydd yr alwmina yn toddi, mae ei ïonau alwminiwm ac ïonau ocsid yn rhydd i symud.

Yn y catod Mae'r ïonau alwminiwm yn derbyn electronau:

$4Al^{3+} + 12e^- \rightarrow 4Al$

Mae'r atomau alwminiwm yn ymgasglu, ac yn disgyn i waelod y gell fel metel tawdd. Mae hwn yn cael ei gasglu.

Yn yr anodau Mae'r ïonau ocsigen yn ildio electronau:

$6O^{2-} \rightarrow 3O_2 + 12e^-$

Mae nwy ocsigen yn byrlymu. Ond yn anffodus mae'n ymosod ar yr anodau graffit ac yn eu bwyta, felly rhaid eu newid o bryd i'w gilydd.

Rhai o briodweddau alwminiwm

1 Mae alwminiwm yn fetel gloyw, lliw arianlas.
2 Yn wahanol i'r rhan fwyaf o fetelau, mae ganddo ddwysedd isel - mae'n 'ysgafn'.
3 Mae'n dargludo gwres a thrydan yn dda.
4 Mae'n hydrin a hydwyth.
5 Nid yw'n wenwynig.
6 Nid yw'n gryf iawn yn bur, ond gellir ei gryfhau trwy ei gymysgu â metelau eraill i ffurfio aloiau (tudalen 142).

Mae'r priodweddau hyn yn golygu y gellir defnyddio alwminiwm ar gyfer llawer o bethau, fel y soniwyd yng ngham 6 ar y tudalen gyferbyn.

Mae'r trên tanddaearol hwn wedi'i wneud o alwminiwm, a gafodd ei gryfhau â symiau bach o fetelau eraill.

Cwestiynau

1 Copïwch a chwblhewch: Enw prif fwyn alwminiwm yw .... . Mae'n cael ei buro yn gyntaf i roi .... neu ......, sydd â'r fformwla .... Yna mae hwn yn cael ei .... i roi alwminiwm.
2 Lluniwch y gell ar gyfer electrolysis alwminiwm.
3 Pam mae'r ïonau alwminiwm yn symud i'r catod?
4 Beth sy'n digwydd yn y catod?
5 Pam mae'n rhaid adnewyddu'r anodau bob hyn a hyn?
6 Rhestrwch chwe defnydd ar gyfer alwminiwm. I bob un, nodwch pa rai o briodweddau'r metel sy'n ei wneud yn addas.

10.9 Rhagor am haearn

Echdynnu haearn

Haearn yw'r metel ail fwyaf cyffredin yng nghramen y Ddaear. I'w echdynnu, mae angen tri sylwedd:

1 **Mwyn haearn.** Prif fwyn haearn yw **haematit**. Haearn ocsid, Fe_2O_3, yw hwn yn bennaf, wedi'i gymysgu â thywod.
2 **Calchfaen.** Dyma graig gyffredin. Calsiwm carbonad, $CaCO_3$, yw hon yn bennaf.
3 **Golosg.** O lo y daw hwn, ac mae bron yn garbon pur.

Pentwr o fwyn haearn.

Mae'r tri sylwedd hyn yn cael eu cymysgu i roi cymysgedd o'r enw **llwyth**. Mae'r llwyth yn cael ei wresogi mewn popty tal o'r enw **ffwrnais chwyth**. Mae sawl adwaith yn digwydd, ac yn y diwedd cynhyrchir haearn hylif.

Yn y ffwrnais chwyth Mae ffwrnais chwyth fel simdde anferth, tua 30 m o uchder o leiaf. Mae'n cael ei wneud o ddur gyda leinin o frics gwrth-dân. Rhoddir y llwyth i mewn yn y pen uchaf. Chwythir aer poeth trwy'r gwaelod, gan wneud y llwyth yn loyw ac eiriasboeth. Mae'r adweithiau hyn yn digwydd:

1 Mae'r golosg yn adweithio ag ocsigen yn yr aer, gan roi **carbon deuocsid**:

$C(s) + O_2(n) \rightarrow CO_2(n)$

2 Mae'r calchfaen yn dadelfennu i roi **calsiwm ocsid** a **charbon deuocsid**:

$CaCO_3(s) \rightarrow CaO(s) + CO_2(n)$

3 Mae'r carbon deuocsid yn adweithio â rhagor o olosg, gan roi **carbon monocsid**:

$C(s) + CO_2(n) \rightarrow 2CO(n)$

4 Mae hwn yn adweithio â haearn ocsid yn y mwyn, gan roi **haearn** hylif:

$Fe_2O_3(s) + 3CO(n) \rightarrow 2Fe(h) + 3CO_2(n)$

Mae'r haearn yn diferu i waelod y ffwrnais.

5 Mae calsiwm ocsid o gam 2 yn adweithio â thywod yn y mwyn i ffurfio **calsiwm silicad** neu **slag**:

$CaO(s) + SiO_2(s) \rightarrow CaSiO_3(h)$

Mae'r slag yn llifo i lawr y ffwrnais ac yn arnofio ar yr haearn.
Cesglir y slag a'r haearn o waelod y ffwrnais. Wedi i'r slag ymsolido, bydd yn cael ei werthu, yn bennaf ar gyfer gwneud ffyrdd. Dim ond *ychydig* o'r haearn sy'n cael ymsolido, mewn mowldiau. Mae'r gweddill yn cael ei gario i ffwrdd, yn boeth, a'i droi'n ddur.

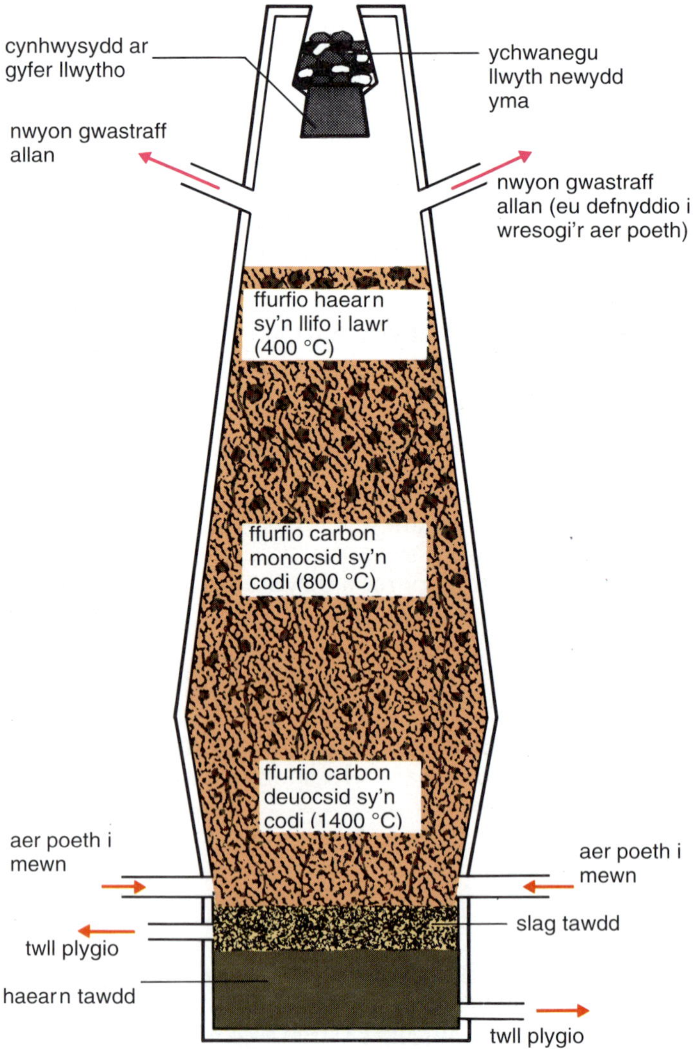

Haearn bwrw

Mae'r haearn o ffwrnais chwyth fel arfer yn cynnwys llawer o garbon (hyd at 4%) yn ogystal ag amhureddau eraill. Fe welsoch fod rhywfaint o haearn yn cael caledu mewn mowldiau neu **gastiau**. Dyma'r **haearn bwrw**. Mae'r carbon yn ei wneud yn galed iawn, ond hefyd yn frau – mae'n torri dan straen. Felly, y dyddiau hyn, dim ond ar gyfer pethau fel silindrau nwy, rheiliau a thanciau storio y caiff ei ddefnyddio, pethau nad ydynt yn debygol o blygu wrth eu defnyddio.

Cafodd y bont enwog yn Ironbridge ei gwneud o haearn bwrw. Cafodd ei hagor ym 1781 a hon oedd y bont haearn gyntaf yn y byd. Gwneir pontydd modern o ddur.

Dur

Mae'r rhan fwyaf o'r haearn o'r ffwrnais chwyth yn cael ei droi'n **ddur**. Aloi o haearn yw dur. Mae nifer o wahanol fathau, a phob un â gwahanol briodweddau. Dyma sut mae eu gwneud:

1 **Yn gyntaf, rhaid tynnu amhureddau diangen o'r haearn**. Gwneir hyn mewn **ffwrnais ocsigen**. Mae'r metel tawdd yn cael ei arllwys i'r ffwrnais, fel y dangosir ar y dde. Ychwanegir llawer o haearn sgrap hefyd. Yna ychwanegir rhywfaint o galsiwm ocsid, ac mae jet o ocsigen yn cael ei gynnau. Mae'r calsiwm ocsid yn adweithio â rhywfaint o'r amhureddau, gan ffurfio slag y gellir ei gasglu. Mae ocsigen yn adweithio â'r lleill, ac maent yn llosgi i ffwrdd.
   Ar gyfer rhai mathau o ddur, rhaid tynnu'r *holl* amhureddau o'r haearn. Ond haearn gydag ychydig o garbon yw llawer o fathau o ddur – digon o garbon i wneud y metel yn galed, ond nid yn frau. Felly rhaid mesur y carbon yn barhaus. Pan fydd yn gywir, mae'n rhaid diffodd yr ocsigen.

2 **Yna gellir ychwanegu elfennau eraill.** Fel y gwelsoch chi ar dudalen 142, mae gwahanol elfennau yn effeithio ar haearn mewn gwahanol ffyrdd. Mesurir yr elfennau ychwanegol yn ofalus, i reoli priodweddau'r dur yn union.

Haearn tawdd yn cael ei arllwys i ffwrnais ocsigen.

Mae miloedd o wahanol fathau o ddur. Dyma dri ohonynt:

Enw	Yn cynnwys	Priodwedd arbennig	Defnyddio ar gyfer
Dur meddal	99.5% Fe, 0.5% C	Caled ond hawdd ei weithio	Adeiladau, cyrff ceir
Dur caled	99% Fe, 1% C	Caled iawn	Llafnau ar offer torri
Durhaearn	84% Fe, 1% C, 15% Si	Nid yw asid yn effeithio arno	Tanciau a phibellau ffatrïoedd cemegol

Cwestiynau

1 Enwch y deunyddiau crai ar gyfer echdynnu haearn.
2 Ysgrifennwch hafaliad ar gyfer yr adwaith sy'n rhoi haearn.
3 Mae'r calsiwm carbonad yn helpu i buro'r haearn. Eglurwch sut, gyda hafaliadau.
4 Enwch nwy gwastraff o'r ffwrnais.
5 Mae'r slag a'r nwy gwastraff yn ddefnyddiol. Sut?
6 Beth yw haearn bwrw? Pam mae'n frau?
7 Eglurwch sut y gwneir dur meddal.
8 Beth sy'n gwneud *dur caled* yn galetach na dur meddal?
9 Eglurwch pam mae'r rhan fwyaf o haearn yn cael ei droi'n ddur.

10.10 Cyrydiad

Pan fydd aer, dŵr neu sylweddau eraill o'i gwmpas yn ymosod ar fetel, dywedwn fod y metel yn **cyrydu**:

Mae aer llaith yn ymosod ar botasiwm ymhen dim, a'i droi yn bwll o doddiant potasiwm hydrocsid.

Mae haearn hefyd yn cyrydu mewn aer llaith. A llawer math o ddur. **Rhwd** yw'r canlyniad, a'r broses yw **rhydu**. Mae'n digwydd yn arbennig o gyflym ger dŵr môr.

Ond mae aur yn anadweithiol a byth yn cyrydu. Cafodd masg aur y Brenin Tutankhamoun ei gladdu yn ei feddrod am dros 3000 o flynyddoedd, ac mae'n dal fel newydd.

Yn gyffredinol, po fwyaf adweithiol y metel, hawsaf mae'n cyrydu.

Cyrydiad haearn a dur

Rhydu yw'r enw ar gyrydiad haearn a dur. Mae'r haearn yn cael ei **ocsidio**. Mae angen aer yn ogystal â dŵr, fel mae'r profion hyn yn ei ddangos.

1 Aer sych

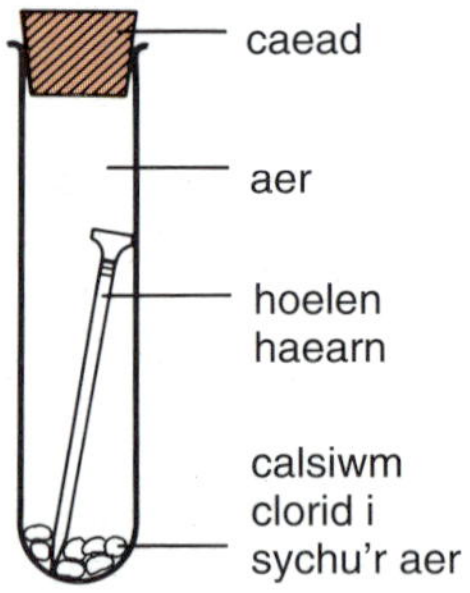

2 Dŵr wedi berwi

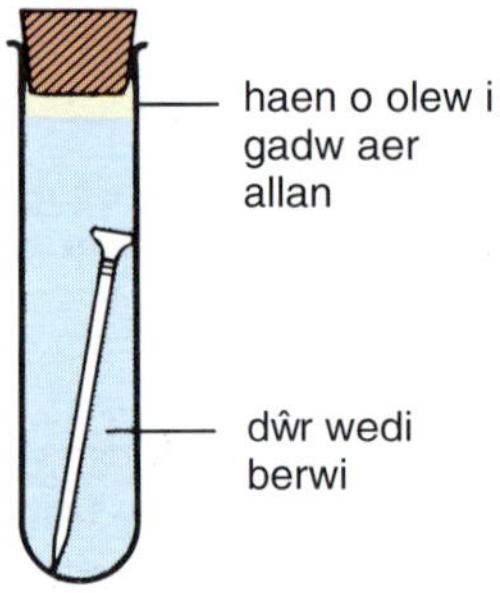

3 Aer a dŵr

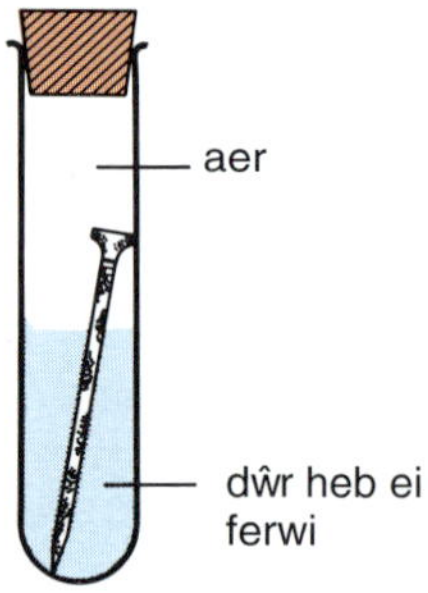

Nid yw hoelion 1 a 2 yn rhydu. Mae hoelen 3 yn rhydu.

Sut i atal rhydu. Wrth droi haearn yn ddur gwrthstaen, *nid* yw'n rhydu. Ond mae dur gwrthstaen yn rhy ddrud i ddefnyddio llawer ohono. Felly mae angen dulliau eraill o atal rhydu. Dyma rai. Yn bennaf, maent yn *rhoi haen o rywbeth ar y metel, i gadw aer a dŵr draw:*

1 **Paent.** Bydd pontydd dur a rheiliau yn cael eu peintio fel arfer. Defnyddir paent sy'n cynnwys plwm neu zinc yn bennaf, gan eu bod yn arbennig o dda am atal rhwd. Er enghraifft, mae paent 'plwm coch' yn cynnwys ocsid o blwm, Pb_3O_4.
2 **Saim.** Rhoddir haen o saim neu olew ar offer gweithio, ac ar rannau o beiriannau.

Trawstiau dur ar gyfer codi pontydd yn cael eu chwistrellu â phaent arbennig.

3 **Plastig.** Rhoddir haen o blastig ar ddur ar gyfer ei ddefnyddio mewn cadeiriau gardd, basgedi beic a raciau llestri. Mae plastig yn rhad a gellir gwneud iddo edrych yn ddeniadol.
4 **Galfanu.** Fel arfer bydd haearn ar gyfer siediau a biniau yn cael haen o zinc. Fe'i gelwir yn **haearn galfanedig.**
5 **Tunplatio.** Daw ffa pob mewn 'tuniau' o ddur â haen o dun tenau ar y ddwy ochr. Defnyddir tun oherwydd ei fod yn anadweithiol, ac nid yw'n wenwynig. Mae'n cael ei ddyddodi ar y dur trwy electrolysis, mewn proses o'r enw **tunplatio.**
6 **Platio cromiwm.** Defnyddir cromiwm i roi haen amddiffynnol, loyw ar ddur, ar gyfer bymper car er enghraifft. Fel tun, mae'r cromiwm yn cael ei ddyddodi trwy electrolysis.
7 **Diogelu aberthol.** Mae magnesiwm yn fwy adweithiol na haearn. Pan fydd bar o fagnesiwm yn cael ei osod ar ochr llong ddur, mae'n cyrydu yn lle'r dur. Pan fydd bron â diflannu gellir rhoi bar newydd yn ei le. Gelwir hyn yn **ddiogelu aberthol**, oherwydd bod y magnesiwm yn cael ei aberthu i ddiogelu'r dur. Gellir defnyddio zinc yr un ffordd.

Rhoddir haen o dun ar ganiau dur i gadw bwyd.

A yw alwminiwm yn cyrydu?

Mae alwminiwm yn fwy adweithiol na haearn, felly gallech ddisgwyl iddo gyrydu'n gyflymach mewn aer llaith. Mewn gwirionedd, mae alwminiwm glân yn dechrau cyrydu'n syth, ond daw'r adwaith i ben yn fuan. Mae'r lluniau hyn yn dangos pam.

Pan fydd haearn yn cyrydu, bydd darnau bach o rwd yn ymffurfio. Gall aer llaith fynd heibio i'r darnau at y metel. Ymhen amser, bydd yn rhydu'n llwyr.

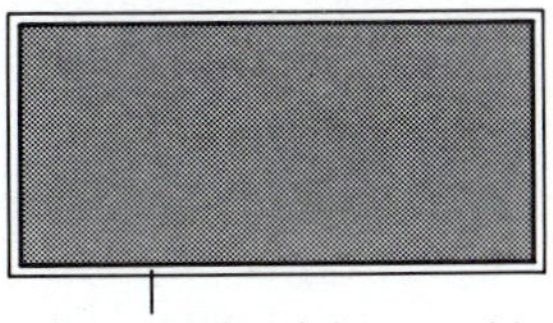

Ond wrth i alwminiwm adweithio ag aer, ffurfir haen wastad o alwminiwm ocsid. Mae'n selio wyneb y metel ac yn ei ddiogelu rhag ymosodiadau pellach.

Gellir gwneud yr alwminiwm ocsid yn fwy trwchus trwy electrolysis, i roi hyd yn oed mwy o ddiogelwch. **Anodeiddio** yw'r broses hon. Defnyddir yr alwminiwm fel anod y gell lle mae asid sylffwrig yn cael ei electroleiddio. Mae ocsigen yn ymffurfio yn yr anod gan adweithio â'r alwminiwm, felly mae'r haen ocsid yn tyfu. Defnyddir alwminiwm anodedig ar gyfer poptai, oergellau, offer coginio, sosbenni, fframiau ffenestri ac weithiau ar gyfer paneli mur ar adeiladau. Gellir lliwio'r haen ocsid i roi lliwiau llachar.

Defnyddir alwminiwm anodedig ar gyfer fframiau drws a ffenestri.

Cwestiynau

1 Beth yw *cyrydu*?
2 Pa ddau sylwedd sy'n achosi rhydu?
3 Nid yw haearn wedi'i dunplatio yn rhydu. Pam?
4 Mewn un dull o atal rhwd, nid oes haen o unrhyw beth yn cael ei roi ar yr haearn. Pa ddull yw hwn?
5 Eglurwch pam mae magnesiwm yn gallu atal rhydu haearn. Pam y byddai zinc hefyd yn gwneud y tro?
6 Pam nad yw alwminiwm yn cyrydu'n llwyr?
7 Sut gellir gwneud haen o alwminiwm ocsid yn fwy trwchus? Beth yw enw'r broses?

Cwestiynau ar Bennod 10

1 Darllenwch y darn canlynol am briodweddau ffisegol metelau.

Mae elfennau yn cael eu rhannu'n fetelau ac anfetelau. Mae pob metel yn ddargludydd trydanol. Mae gan lawer ohonynt ddwysedd uchel ac fel arfer maent yn hydwyth a hydrin. Mae'r holl briodweddau hyn yn dylanwadu ar y ffordd y defnyddir y metelau. Mae rhai metelau yn soniarus ac felly mae pwrpas arbennig ar eu cyfer.

a Eglurwch ystyr y geiriau a danlinellir.
b Mae copor yn hydwyth. Sut mae'r briodwedd hon yn ddefnyddiol mewn bywyd bob dydd?
c Mae alwminiwm yn cael ei guro a'i blygu i wneud fframweithiau mawr ar gyfer llongau ac awyrennau. Pa briodwedd sy'n bwysig wrth siapio'r metel hwn?
ch Enwch un metel sydd â dwysedd *isel*.
d Mae rhai metelau yn cael eu castio'n glychau. Pa briodweddau sydd eu hangen ar y metelau hyn?
dd Ychwanegwch y gair cywir: *Mae metelau yn dargludo .... a thrydan yn dda.*
e Enwch un o briodweddau ffisegol eraill metelau a rhowch ddwy enghraifft o sut mae'r briodwedd hon yn ddefnyddiol.

2 **a** Ysgrifennwch baragraff byr, fel yr un yng nghwestiwn 1, am briodweddau ffisegol anfetelau.
b Rhowch un ffordd y mae priodweddau *cemegol* anfetelau a metelau yn wahanol.

3 Dyma restr o fetelau yn nhrefn eu hadweithedd cemegol:
sodiwm (y mwyaf adweithiol)
calsiwm
magnesiwm
zinc
haearn
plwm
copor
arian (y lleiaf adweithiol)

a Pa elfen sy'n cael ei storio mewn olew?
b Pa elfennau a fydd yn adweithio â dŵr *oer*?
c Dewiswch un metel na fydd yn adweithio â dŵr oer ond a fydd yn adweithio ag ager. Lluniwch ddiagram o offer addas i ddangos yr adwaith hwn. (Rhaid i chi ddangos sut y cynhyrchir yr ager.)
ch Enwch y nwy a ryddheir yn **b** ac **c**.
d Enwch adweithydd arall sy'n adweithio â metelau i roi'r un nwy?
dd Pa fetelau *na* fydd yn adweithio ag ocsigen wrth eu gwresogi?
e Sut mae haearn yn adweithio wrth ei wresogi mewn ocsigen?
f Sut byddech chi'n disgwyl i
 i plwm **ii** calsiwm
adweithio wrth eu gwresogi mewn ocsigen?
(Awgrym: edrychwch ar y tabl ar dudalen 132 a'r gyfres adweithedd lawn ar dudalen 136.)

4 Edrychwch eto ar y rhestr o fetelau yng nghwestiwn 3. Oherwydd bod zinc yn fwy adweithiol na haearn, bydd yn tynnu'r ocsigen o haearn(III) ocsid wrth ei wresogi.

a Ysgrifennwch hafaliad geiriol ar gyfer yr adwaith.
b Penderfynwch a fydd y cemegion hyn yn adweithio â'i gilydd wrth eu gwresogi:
 i magnesiwm + plwm(II) ocsid
 ii copor + plwm(II) ocsid
 iii magnesiwm + copor(II) ocsid
c Ar gyfer y rhai sy'n adweithio:
 i disgrifiwch beth fyddech chi'n ei *weld*
 ii ysgrifennwch hafaliad geiriol
ch Beth yw enw'r math hwn o adwaith?

5 Wrth ychwanegu powdr magnesiwm at doddiant copor(II) sylffad, mae copor solid yn ymffurfio. Mae'r newid hwn yn digwydd oherwydd bod magnesiwm yn fwy adweithiol na chopor.

a Ysgrifennwch hafaliad geiriol ar gyfer yr adwaith.
b Defnyddiwch y rhestr o fetelau yng nghwestiwn 3 i benderfynu a fydd y rhain yn adweithio â'i gilydd:
 i haearn + toddiant copor(II) sylffad
 ii arian + toddiant calsiwm nitrad
 iii zinc + toddiant plwm(II) nitrad
c Ar gyfer y rhai sy'n adweithio:
 i disgrifiwch beth fyddech chi'n ei *weld*
 ii ysgrifennwch hafaliad geiriol
ch Beth yw enw'r math hwn o adwaith?

6 Dewiswch un metel i ffitio pob disgrifiad isod. (Rhaid i chi ddewis un gwahanol bob tro.) Ysgrifennwch enw'r metel. Yna ysgrifennwch hafaliad cytbwys ar gyfer yr adwaith sy'n digwydd.

a Metel sy'n llosgi mewn ocsigen.
b Metel sy'n adweithio ag ocsigen heb losgi.
c Metel sy'n adweithio'n ysgafn ag asid hydroclorig gwanedig.
ch Metel sy'n arnofio ar ddŵr ac yn adweithio'n ffyrnig ag ef.

7 Cafodd stribedi o ffoil copor a ruban magnesiwm eu glanhau â phapur tywod ac yna'u cysylltu fel y dangosir isod. Goleuodd y bwlb.

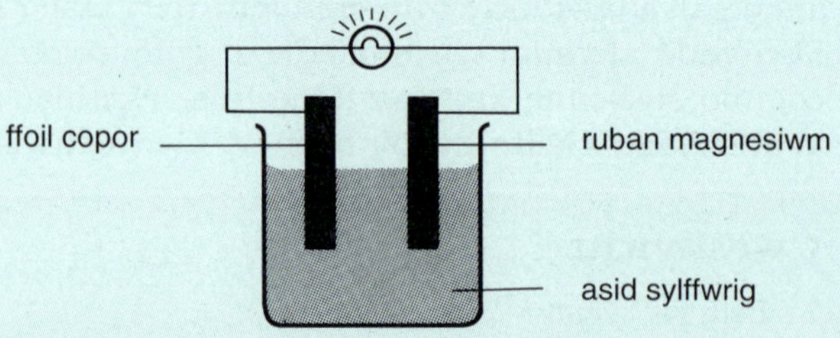

a Pam y cafodd y metelau eu glanhau â phapur tywod yn gyntaf?
b Enwch yr electrolyt a ddefnyddiwyd.

c Esboniwch pam y goleuodd y bwlb.
ch Pa un yw'r mwyaf adweithiol o'r ddau fetel?
d Pa un o'r ddau fetel sy'n rhyddhau electronau i'r gylched?
dd Beth allai gymryd lle'r bwlb i fesur y 'gwthiad' sy'n gwneud i'r electronau lifo?
e Pa newid egni sy'n digwydd pan fydd y bwlb yn goleuo?
f Beth yw enw'r math hwn o drefniant fel arfer?
ff Rhowch ddau reswm da pam na ellir defnyddio'r trefniant arbennig hwn fel batri masnachol.

8 Dim ond ychydig o elfennau sydd i'w cael heb gyfuno yng nghramen y Ddaear. Un enghraifft yw aur. Mae'r gweddill i'w cael fel cyfansoddion, a rhaid eu hechdynnu o'u mwynau. Fel arfer, gwneir hyn trwy wresogi â charbon, neu trwy electrolysis.
Mae rhywfaint o wybodaeth isod am echdyniad pedwar metel gwahanol.

Metel	Fformwla'r prif fwyn	Dull echdynnu
Haearn	Fe_2O_3	Gwresogi â charbon
Alwminiwm	$Al_2O_3.2H_2O$	Electrolysis
Copor	Cu_2S	Rhostio'r mwyn
Sodiwm	NaCl	Electrolysis

a Rhowch enw cemegol pob mwyn.
b Rhowch y pedwar metel yn nhrefn eu hadweithedd.
c Sut mae'r metelau mwy adweithiol yn cael eu hechdynnu o'u mwynau?
ch i Sut mae'r metel lleiaf adweithiol yn cael ei echdynnu o'i fwyn?
ii Pam na ellir defnyddio'r dull hwn ar gyfer y metelau mwy adweithiol?
d Mae mwynau haearn ac alwminiwm yn gymharol rad, ond mae metel alwminiwm yn llawer drutach na metel haearn. Pam?
dd Pa ddull fyddech chi'n ei ddefnyddio i echdynnu:
i potasiwm?
ii plwm?
iii magnesiwm?
(Awgrym: gweler y gyfres adweithedd ar dudalen 136.)
e Mae aur yn fetel a geir yn frodorol yng nghramen y Ddaear. Esboniwch ystyr *brodorol*.
f Ble dylai aur fynd yn eich rhestr ar gyfer **b**?
ff Enwch un metel arall sydd i'w gael yn frodorol.

9 Eglurwch pam mae'r metelau canlynol yn addas ar gyfer y pwrpas a nodir. (Dylai fod mwy nag un rheswm ym mhob achos.)
a Alwminiwm ar gyfer fframiau ffenestri
b Haearn ar gyfer pontydd
c Copor ar gyfer gwifro trydanol
ch Plwm ar gyfer toeau
d Zinc i roi haen ar ddur

10 Mae llawer o fetelau yn fwy defnyddiol ar ôl eu cymysgu ag elfennau eraill na phan maent yn fetel pur.
a Beth yw'r enw ar y cymysgeddau?
b Pa fetelau sydd yn y cymysgeddau hyn?
pres, sodr, dur gwrthstaen
c Disgrifiwch briodweddau defnyddiol y cymysgeddau yn **b**.

11 Mae bawcsit yn ddeunydd crai pwysig. Mae'n ocsid hydradol o un metel arbennig. Echdynnir y metel o'r ocsid trwy electrolysis.
a Pa fetel a echdynnir o fawcsit?
b Mae angen y cyfansoddyn cryolit hefyd ar gyfer yr echdynnu. Pam?
c O beth y gwneir yr electrodau?
ch i Wrth ba electrod y ceir y metel?
ii Ysgrifennwch hafaliad geiriol ar gyfer yr adwaith sy'n digwydd yn yr electrod hwn.
d i Pa gynnyrch a ryddheir yn yr electrod arall?
ii Mae hwn yn adweithio â'r electrod ei hun. Pa broblem y mae hyn yn ei hachosi?
dd Rhowch dri defnydd ar gyfer y metel a geir o fawcsit.
e I wella ei allu i wrthsefyll cyrydiad, mae'r metel yn aml yn cael ei anodeiddio. Sut y gwneir hyn? Beth sy'n digwydd i arwyneb y metel?

12 a Gwnewch ddiagram o ffwrnais chwyth. Rhowch gynnig arni yn gyntaf heb edrych ar y diagram ar dudalen 146. Dangoswch yn eglur ar eich diagram:
i lle mae aer yn cael ei 'chwythu' i'r ffwrnais
ii lle mae'r haearn tawdd yn cael ei gasglu
iii lle mae'r ail hylif yn cael ei gasglu
b i Enwch y tri deunydd crai a ychwanegir ym mhen uchaf y ffwrnais.
ii Beth yw pwrpas pob deunydd?
c i Beth yw enw'r ail hylif a dynnir o waelod y ffwrnais?
ii Pan fydd wedi ymsolido, a ellir ei ddefnyddio? Os gellir, enwch un ffordd o'i ddefnyddio.
ch i Enwch nwy gwastraff a ddaw o ben uchaf y ffwrnais.
ii A ellir defnyddio'r nwy hwn? Os gellir, ar gyfer beth?
d Ysgrifennwch hafaliad geiriol ar gyfer yr adwaith cemegol sy'n cynhyrchu'r haearn.
dd Defnyddir y rhan fwyaf o'r haearn a ddaw o'r ffwrnais chwyth i wneud dur. Pa elfen ar wahân i haearn sy'n bresennol yn y rhan fwyaf o ddur?

13 *alwminiwm aur haearn tun magnesiwm dur meddal calsiwm dur gwrthstaen*
a Yn y rhestr o fetelau ac aloiau uchod, dim ond pedwar sy'n gallu gwrthsefyll cyrydiad.
i Pa rai?
ii Eglurwch pam mae pob un yn gwrthsefyll cyrydiad.
b Pa fetelau neu aloiau eraill a fydd yn cyrydu gyflymaf? Esboniwch eich ateb.

11.1 Hydrogen

Hydrogen yw'r ysgafnaf o'r holl elfennau. Ar y Ddaear, mae i'w gael mewn llawer o gyfansoddion, fel dŵr a methan. Ond mae'r elfen rydd mor ysgafn fel ei bod wedi dianc ymhell uwchben y Ddaear, i'r atmosffer allanol.
Y tu allan i'r Ddaear, hydrogen yw'r elfen fwyaf cyffredin yn y Bydysawd. Pelen wynias o nwy yw'r Haul, dros filiwn kilometr ar draws, ac yn cynnwys hydrogen yn bennaf. Adweithiau niwclear sy'n cynhyrchu ei wres a'i olau, adweithiau lle mae hydrogen yn cael ei droi'n heliwm.

Heulwen - diolch i hydrogen!

Sut mae gwneud hydrogen?

Yn y labordy Mae'r rhan fwyaf o fetelau yn adweithio ag asidau, i roi hydrogen:

metel + asid → halwyn metel + hydrogen

Mae hon yn ffordd dda o wneud y nwy yn y labordy. Fel arfer, defnyddir zinc ac asid hydroclorig gwanedig. Dyma'r hafaliad:

zinc + asid hydroclorig → zinc clorid + hydrogen
$Zn(s) + 2HCl(dyfr) \rightarrow ZnCl_2(dyfr) + H_2(n)$

Dangosir yr offer isod. Sylwch sut mae casglu'r hydrogen. Mae'r dull yn gweithio oherwydd bod hydrogen yn ysgafnach nag aer.

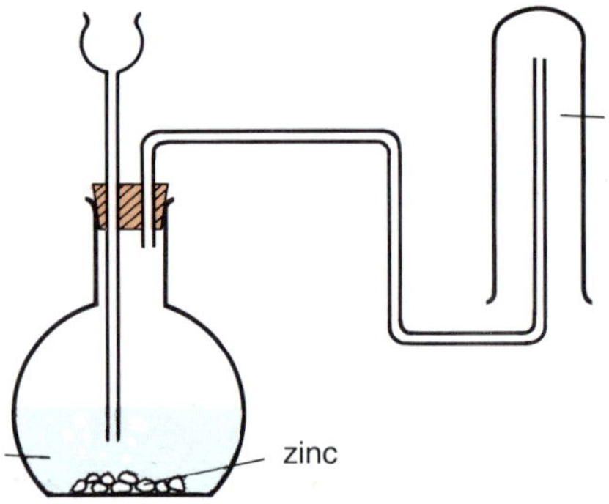

Mewn diwydiant Gwneir y rhan fwyaf o hydrogen trwy adweithio methan ag ager. (Yng ngwledydd Prydain, mae methan ar gael yn naturiol ar ffurf nwy Môr y Gogledd. Daw rhywfaint hefyd o olew crai.) Cymysgir y methan a'r ager a'u hanfon dros gatalyddion:

$$CH_4(n) + 2H_2O(n) \xrightarrow{\text{catalyddion}} CO_2(n) + 4H_2(n)$$

Tynnir y carbon deuocsid trwy ei doddi mewn dŵr – dan wasgedd, gan nad yw'n hydawdd iawn. Gadewir hydrogen ar ôl.

Ar un cyfnod, defnyddid hydrogen i lenwi llongau awyr, ond ym 1937 cafodd llong awyr o'r enw 'Hindenburg' ei dinistrio, a lladdwyd 35 teithiwr, pan ffrwydrodd ei hydrogen.

Priodweddau hydrogen

1 Dyma'r ysgafnaf o'r holl nwyon. Mae tua 20 gwaith yn ysgafnach nag aer.
2 Mae'n ddi-liw ac nid oes ganddo arogl.
3 Mae bron yn anhydawdd mewn dŵr.

4 Mae'n cyfuno ag ocsigen i ffurfio dŵr:

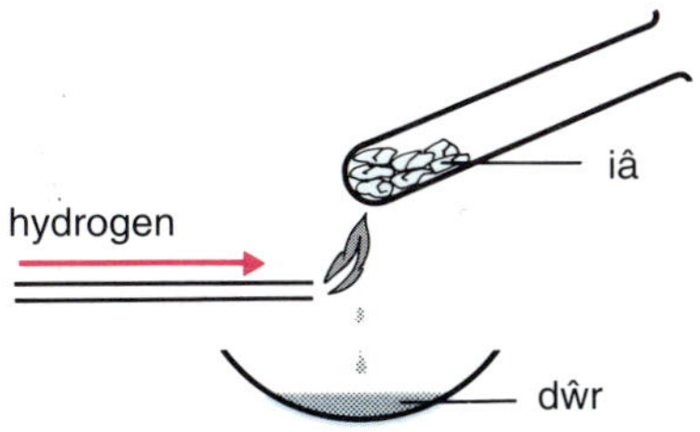

Mae jet o hydrogen yn llosgi â fflam las mewn aer neu ocsigen. Gellir ei gyddwyso'n ddŵr ar arwyneb oer.

Mae cymysgedd o'r ddau nwy yn ffrwydro wrth gael ei danio. Mae'r adwaith yn amlwg yn rhyddhau llawer o egni.

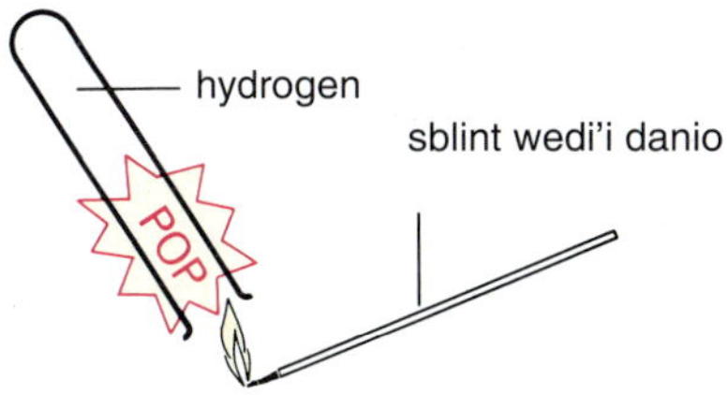

Pan fydd sblint wedi'i danio'n cael ei ddal wrth geg tiwb prawf yn llawn o hydrogen, mae'r nwy yn llosgi â sŵn popian gwichlyd. Dyma brawf ar gyfer hydrogen.

Ym mhob achos, yr adwaith yw:

$2H_2(n) + O_2(n) \rightarrow 2H_2O(n)$

Mae'r adwaith hwn yn rhyddhau cymaint o egni nes cael ei ddefnyddio i yrru rocedi i'r gofod. Mae'r hydrogen a'r ocsigen mewn tanciau yn y rocedi, ar ffurf hylif. Mae angen sicrhau nad ydynt yn gollwng neu'n cymysgu ar ddamwain, oherwydd byddai hynny'n achosi ffrwydrad. Efallai y bydd ceir yn llosgi hydrogen yn lle petrol rhyw ddydd. Gan fod hydrogen yn ffurfio dŵr wrth losgi, byddai hyn yn lleihau llygredd.

5 Mae hydrogen yn gweithio fel rhydwythydd, trwy dynnu ocsigen. Er enghraifft, mae copor(II) ocsid yn cael ei rydwytho'n gopor, trwy ei wresogi mewn llif o hydrogen. Dyma'r adwaith:

$CuO(s) + H_2(n) \rightarrow Cu(s) + H_2O(n)$

Mae plwm(II) ocsid yn cael ei rydwytho'n blwm yr un ffordd:

$PbO(s) + H_2(n) \rightarrow Pb(s) + H_2O(n)$

Gallech gynnal yr adweithiau hyn drwy ddefnyddio'r offer isod:

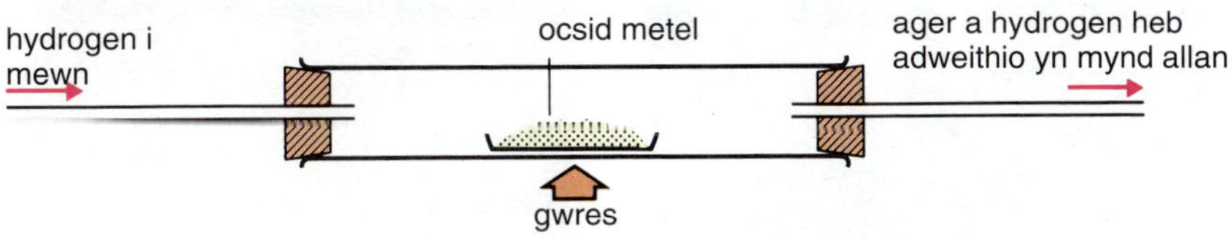

Sylwch fod yr hydrogen yn cael ei ocsidio'n ddŵr bob tro.

Defnyddio hydrogen

Defnyddir peth ohono fel tanwydd. Gan fod hydrogen yn ffurfio dŵr wrth losgi, yn hytrach na nwyon niweidiol, byddai hyn yn gostwng llygredd.

Mae rhywfaint ohono'n cael ei adweithio ag olewau llysiau i wneud margarîn.

Defnyddir rhywfaint i wneud toddyddion fel methanol (CH_3OH).

Hydrogen yw tanwydd 'car y dyfodol' fel hwn. Yn y peiriant, mae'r hydrogen yn llosgi mewn ocsigen, gan ryddhau egni.

Cwestiynau

1 Sut mae gwneud hydrogen yn y labordy fel arfer? Lluniwch ddiagram o'r offer a labelwch ef.

2 Enwch y deunydd crai ar gyfer gwneud y nwy mewn diwydiant.

3 Rhowch dair o briodweddau *cemegol* hydrogen.

4 Cwblhewch yr hafaliad:
$FeO(s) + H_2(n) \rightarrow$ ....

5 Rhestrwch *chwe* defnydd ar gyfer hydrogen.

11.2 Nitrogen

Mae nitrogen o'n cwmpas ym mhobman - dyna yw tua $\frac{4}{5}$ o'r aer. Dyma rai o'i briodweddau:

1 Mae'n nwy di-liw, heb arogl.
2 Nid yw'n hydawdd iawn mewn dŵr.
3 Mae'n anadweithiol iawn, o'i gymharu ag ocsigen. Ond mae'n adweithio â rhai sylweddau:
   (i) mae'n cyfuno â hydrogen, ym mhresenoldeb catalydd, i ffurfio amonia, NH_3.
   (ii) mae'n cyfuno ag ocsigen, ar dymheredd uchel, i ffurfio ocsidau fel nitrogen monocsid, NO, a nitrogen deuocsid, NO_2. Mae hyn yn digwydd mewn peiriannau ceir (tudalen 102). Mae'n digwydd hefyd pan geir mellt, a'r aer yn cael ei wresogi. Fel arfer, mae ocsidau nitrogen yn niweidiol ac yn achosi llygredd aer. Ond maent yn ddefnyddiol mewn ffordd arall, fel y gwelwch chi isod.

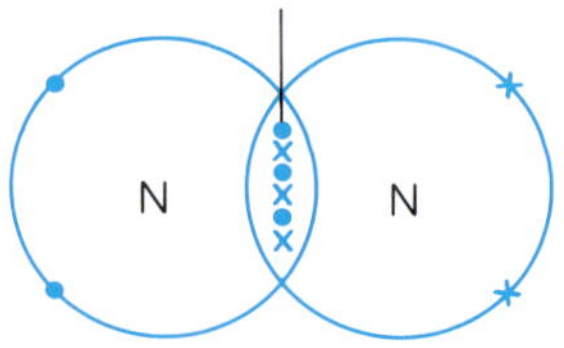

Y bondio mewn nitrogen. Gan fod tri phâr o electronau'n cael eu rhannu, mae'r bond yn un triphlyg. Gellir ei ddangos fel N≡N.

Pwysigrwydd nitrogen

Mae nitrogen yn hanfodol ar gyfer pethau byw. Mae ei angen ar gyfer gwneud cyfansoddion o'r enw **proteinau**, sy'n rhan o bob planhigyn ac anifail. Ni all pethau byw ddefnyddio nitrogen o'r aer i wneud proteinau. Yn hytrach, bydd planhigion yn ei gael o **nitradau** yn y pridd, a bydd anifeiliaid yn ei gael trwy fwyta planhigion. Dyma sy'n digwydd:

1 **Yn gyntaf, mae nitrogen o'r aer yn cael ei droi'n nitradau yn y pridd.** Mae'r newid yn digwydd mewn tair ffordd:

Gan fellt. Pan fydd mellt, bydd ocsidau o nitrogen yn ffurfio yn yr aer. Byddant yn toddi mewn glaw, gan wneud toddiant asidig. Bydd hwn yn adweithio â chyfansoddion yn y pridd i roi nitradau.

Gan facteria. Gall rhai bacteria newid nitrogen yn nitradau. Maent yn byw mewn pridd, neu mewn ymchwyddau o'r enw **gwreiddgnepynnau** ar wreiddiau planhigion fel meillion, pys a ffa.

Gan ddyn. Mewn diwydiant, mae nitrogen yn cael ei droi'n **wrteithiau**. Cyfansoddion fel potasiwm nitrad ac amoniwm nitrad yw'r rhain. Yna bydd ffermwyr yn rhoi'r gwrteithiau ar y pridd.

2 **Nesaf, bydd planhigion yn defnyddio'r nitradau hyn i wneud proteinau.** Mae'r nitradau yn toddi mewn dŵr, a bydd y planhigion yn amsugno'r toddiannau trwy eu gwreiddiau.
3 **Yna bydd anifeiliaid yn bwyta'r planhigion.** Byddant yn treulio'r proteinau planhigion, a'u troi'n broteinau y mae ar eu cyrff eu hangen. Bydd rhai anifeiliaid yn bwyta anifeiliaid eraill, a chael

protein yn y ffordd honno. Bydd bodau dynol yn gwneud y ddau: rydym yn cael protein planhigion o rawn a llysiau, a phrotein anifeiliaid o gig, pysgod, wyau, llaeth a chaws.

4 **Bydd protein gwastraff yn cael ei newid yn ôl yn nitradau.** Mewn pridd, mae bacteria sy'n bwydo ar y protein mewn planhigion ac anifeiliaid marw, ac mewn tail anifeiliaid. Maent yn ei newid yn ôl yn nitradau y gall planhigion eu defnyddio eto.

5 **Bydd rhai nitradau yn cael eu newid yn ôl yn nitrogen.** Mae rhai bacteria yn ymosod ar nitradau a'u newid yn ôl yn nitrogen, sy'n mynd yn ôl i'r aer. Gelwir y rhain yn **facteria dadnitreiddio** ac maent yn byw mewn priddoedd gwlyb trwm fel arfer.

Mae bacteria dadnitreiddio yn byw mewn pridd gwlyb trwm.

Y gylchred nitrogen

Gwelsoch uchod fod nitrogen yn cylchredeg rhwng yr aer, y pridd a phethau byw. Enw'r broses hon yw y gylchred nitrogen. Dyma lun ohoni:

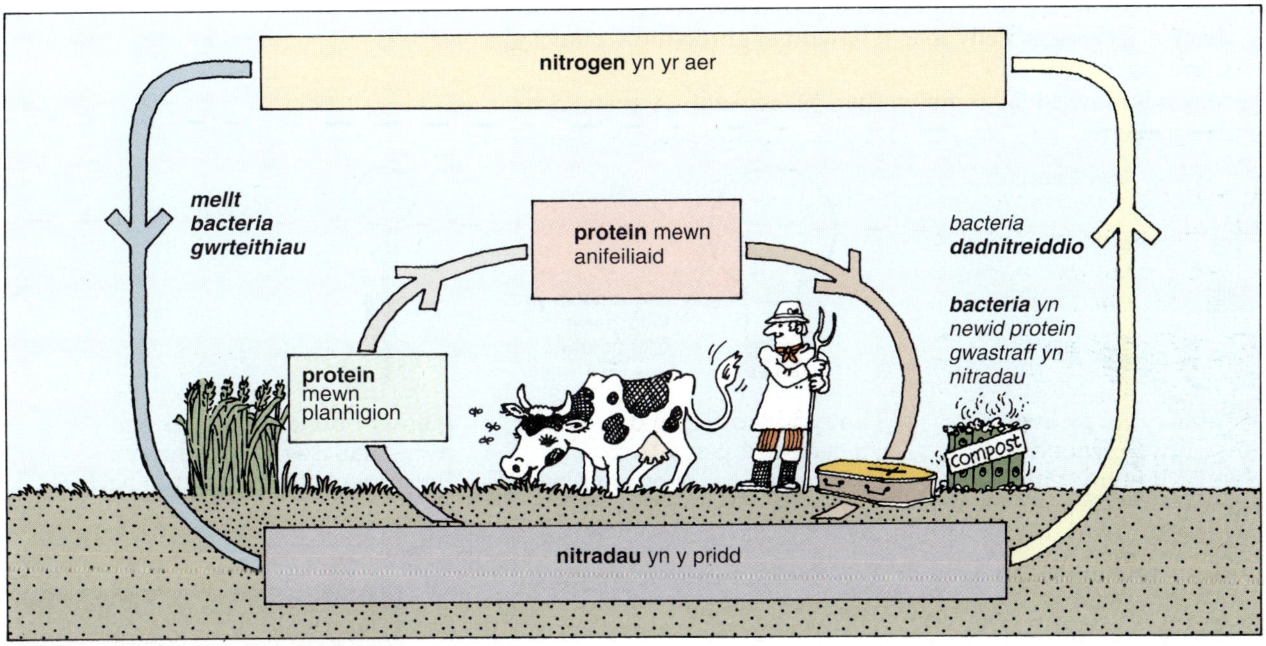

Ffyrdd eraill o ddefnyddio nitrogen

Mae'n hanfodol cael nitrogen ar gyfer byw, ond mae'n ddefnyddiol mewn nifer o ffyrdd eraill hefyd. Dyna pam y cynhyrchir tua 2500 tunnell fetrig ohono ym Mhrydain bob dydd, trwy ddistylliad ffracsiynol aer hylif. Defnyddir y nwy ar gyfer llenwi llefydd gwag mewn pecynnau bwyd a thanciau olew. Mae nitrogen hylif yn oer iawn, felly caiff ei ddefnyddio i rewi bwyd. Gweler hefyd dudalen 101.

Cwestiynau

1 Tynnwch lun o folecwl nitrogen. Gelwir y bond ynddo yn fond triphlyg. Allwch chi awgrymu pam?

2 Ym mha ffurf y bydd planhigion yn cymryd nitrogen?

3 Rhowch ddwy ffordd *naturiol* y bydd nitrogen yn cael ei droi'n nitradau yn y pridd.

4 Esboniwch sut mae protein gwastraff yn cael ei droi'n nitradau.

5 Beth mae bacteria dadnitreiddio yn ei wneud?

6 Gwnewch gopi o'r gylchred nitrogen.

7 Rhestrwch *5* defnydd i nitrogen mewn diwydiant.

8 Rhestrwch *5* cyfansoddyn nitrogen a'u fformwlâu.

11.3 Amonia

Nwy â'r fformwla NH_3 yw amonia.
Gallech ei wneud yn y labordy trwy wresogi unrhyw gyfansoddyn amoniwm, ag unrhyw alcali. Mae'r alcali yn dadleoli amoniwm o'r cyfansoddyn. Er enghraifft:

amoniwm clorid	+	calsiwm hydrocsid	→	calsiwm clorid	+	ager	+	amonia
$2NH_4Cl(s)$	+	$Ca(OH)_2(s)$	→	$CaCl_2(s)$	+	$2H_2O(n)$	+	$2NH_3(n)$

Yn wir, gellir defnyddio hyn i brofi am gyfansoddyn amoniwm. Os bydd cyfansoddyn yn rhyddhau amonia wrth ei wresogi ag alcali, rhaid ei fod yn gyfansoddyn amoniwm.

Priodweddau amonia

1 Nwy di-liw yw amonia gydag arogl hynod gryf.
2 Mae'n llai dwys nag aer.
3 Mae'n hawdd ei droi'n hylif, naill ai drwy ei oeri i –33 °C neu drwy ei gywasgu. Felly mae'n hawdd ei gludo mewn tanciau a silindrau.
4 Mae'n hydawdd iawn mewn dŵr. Mae arbrawf y pistyll yn dangos hyn:

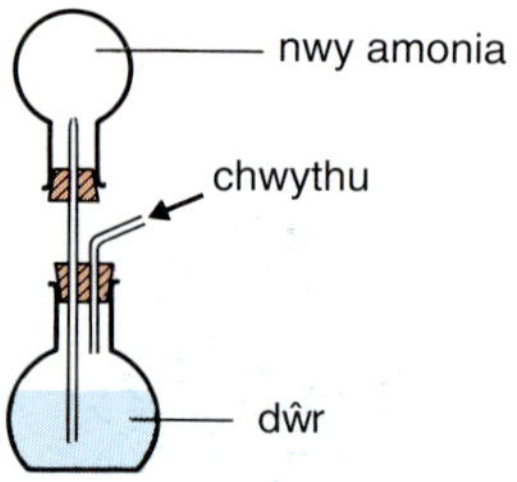

Trwy chwythu i'r tiwb cam, gallwch wneud i ddŵr godi i fyny'r tiwb syth.

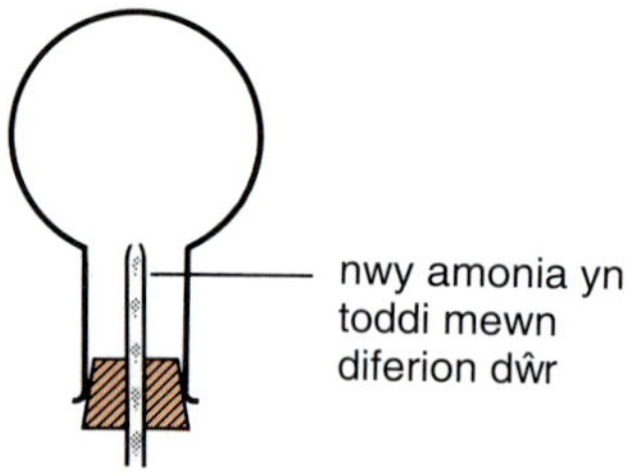

Pan fydd y diferion dŵr cyntaf yn cyrraedd pen y tiwb, byddant yn toddi bron yr holl amonia sydd yn y fflasg.

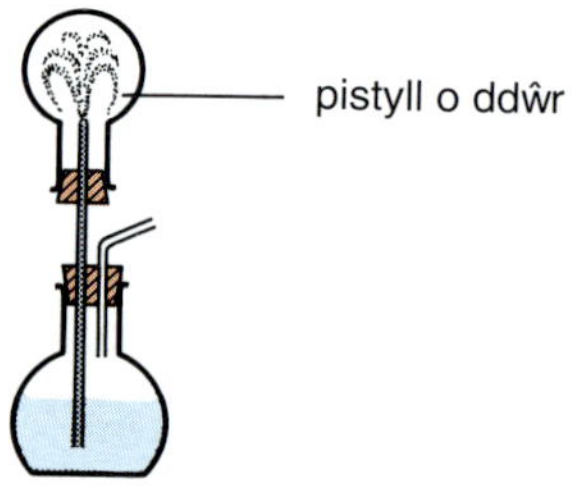

I lenwi'r bwlch a adewir gan y nwy, mae dŵr yn rhuthro i fyny'r tiwb a chreu pistyll bach.

5 Mae'n adweithio â nwy hydrogen clorid i ffurfio mwg gwyn:

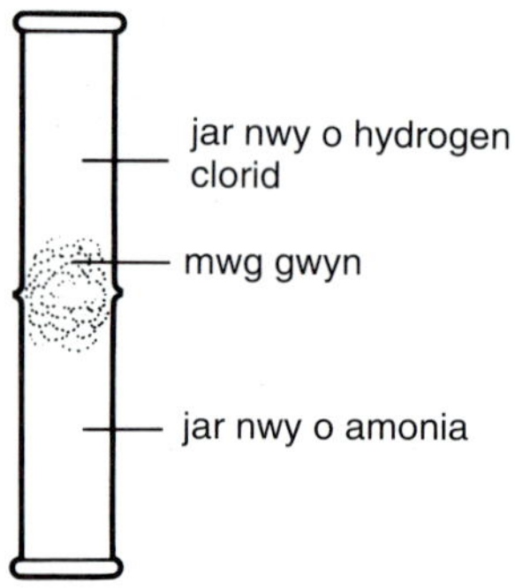

Gronynnau mân o amoniwm clorid solid yw'r mwg gwyn:

$NH_3(n) + HCl(n) \rightarrow NH_4Cl(s)$

Gellir defnyddio'r adwaith hwn i brofi a yw nwy yn amonia.

Gallwch brofi am amonia trwy ddefnyddio rhoden wydr wedi'i throchi mewn asid hydroclorig crynodedig. Mae'r mygdarth gwyn yn profi mai amonia yw'r nwy sy'n dod o'r bicer.

Priodweddau toddiant amonia

Dyma briodweddau toddiant o amonia mewn dŵr:

1 Mae'n troi papur litmws coch yn las – mae'n **alcalïaidd**. Mae hynny'n golygu ei fod yn cynnwys ïonau hydrocsid. Mae rhywfaint o'r amonia wedi adweithio â'r dŵr, gan ffurfio ïonau amoniwm ac ïonau hydrocsid:

$$NH_3(dyfr) + H_2O(h) \rightarrow NH_4^+(dyfr) + OH^-(dyfr)$$

Gan mai dim ond rhywfaint o'i folecylau sy'n ffurfio ïonau, mae amonia yn alcali **gwan**.

2 Gan fod toddiant amonia yn alcalïaidd, mae'n adweithio ag asidau i ffurfio halwynau. Er enghraifft, mae'n adweithio ag asid nitrig i ffurfio amoniwm nitrad:

$$NH_3(dyfr) + HNO_3(dyfr) \rightarrow NH_4NO_3(dyfr)$$

Mae amoniwm nitrad yn wrtaith pwysig.

Amoniwm nitrad, gwrtaith a wneir drwy adweithio amonia ag asid nitrig.

3 Mae'n adweithio â thoddiant o haearn(III) clorid i ffurfio gwaddod oren-frown:

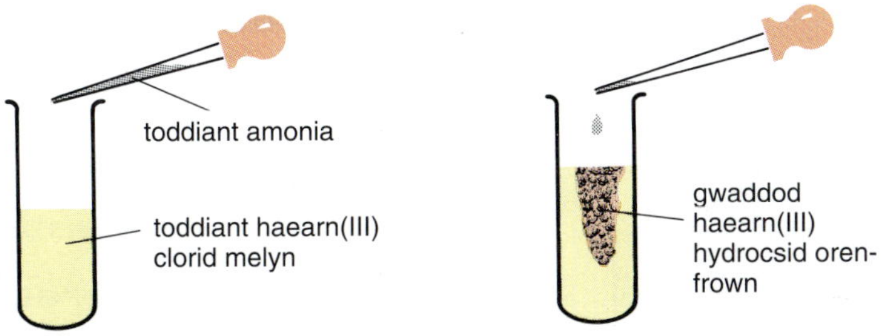

Mae toddiant haearn(III) clorid yn cynnwys ïonau Fe^{3+} ac Cl^-. Mae toddiant amonia yn cynnwys ïonau NH_4^+ ac OH^-.

Mae'r ïonau Fe^{3+} wedi uno â'r ïonau OH^- i ffurfio haearn(III) hydrocsid anhydawdd:

$$Fe^{3+}(dyfr) + 3OH^-(dyfr) \rightarrow Fe(OH)_3(s)$$

Yn yr un ffordd, mae toddiant amonia yn adweithio â thoddiannau o halwynau zinc, halwynau alwminiwm, halwynau haearn(II) a halwynau copor(II), i ffurfio hydrocsidau metel anhydawdd.

4 Gellir ei ddefnyddio i brofi am gyfansoddion copor(II):
(i) Os yw toddiant yn cynnwys cyfansoddyn copor(II), bydd yn adweithio â thoddiant amonia i roi gwaddod glas o gopor(II) hydrocsid.
(ii) Pan ychwanegir rhagor o doddiant amonia, bydd y gwaddod yn toddi eto, gan roi toddiant glas tywyll.
Mae'r toddiant glas yn profi bod cyfansoddyn copor(II) yn bresennol. Mae'r lliw glas tywyll yn digwydd oherwydd ïonau â'r fformwla $[Cu(NH_3)_4]^{2+}$.

Mae'r hylifau hyn yn cynnwys amonia. Fel alcalïau eraill, mae amonia yn ymosod ar saim. Gan ei fod yn alcali gwan, mae'n ddiogel i'w ddefnyddio mewn hylifau glanhau yn y tŷ.

Cwestiynau

1 Eglurwch sut y gallech brofi cyfansoddyn anhysbys i weld a yw'n gyfansoddyn amoniwm.
2 Ysgrifennwch dair priodwedd ffisegol amonia.
3 Disgrifiwch sut y byddech yn profi am nwy amonia gan ddefnyddio asid hydroclorig crynodedig a rhoden wydr.
4 Ysgrifennwch ddwy o briodweddau toddiant amonia sy'n dangos ei fod yn alcalïaidd.
5 Pam y defnyddir amonia mewn hylifau glanhau yn y tŷ?
6 Enwch y gwaddod sy'n ymffurfio pan ychwanegir toddiant amonia at doddiant zinc clorid.

11.4 Amonia ac asid nitrig mewn diwydiant

Gwneud amonia mewn diwydiant

Mewn diwydiant, o nitrogen a hydrogen y gwneir amonia. Y cam cyntaf yw cael y nwyon hyn.

(i) Gwneir **hydrogen** o fethan (nwy Môr y Gogledd) ac ager, fel y dangosir ar dudalen 152:

$$CH_4(n) \quad + \quad 2H_2O(n) \quad \xrightarrow{\text{catalyddion}} \quad CO_2(n) \quad + \quad 4H_2(n)$$

(ii) Ceir **nitrogen** trwy losgi hydrogen mewn aer. Nitrogen ac ocsigen yw aer yn bennaf, gydag ychydig bach o nwyon eraill. Dim ond yr ocsigen sy'n adweithio â hydrogen, gan ffurfio ager:

$$2H_2(n) + O_2(n) \rightarrow 2H_2O(n)$$

Wrth i ager gyddwyso, nitrogen yn bennaf yw'r nwy sydd ar ôl.

Rhan o ffatri amonia ICI yn Billingham, Cleveland.

Yr adwaith rhyngddynt Mae nitrogen yn anadweithiol. Iddo adweithio â hydrogen, defnyddir proses o'r enw **proses Haber**:

1 Cymysgir y ddau nwy. Mae'r cymysgedd yn cael ei lanhau neu ei **sgwrio** i gael gwared ar unrhyw amhureddau.

2 Yna mae'n cael ei gywasgu. Mae hyn yn gwthio'r molecylau nwy yn nes at ei gilydd.

3 Yna mae'n mynd i'r **trawsnewidydd**. Tanc crwn yw hwn sy'n cynnwys gwelyau o haearn poeth. Mae'r haearn yn gatalydd ar gyfer yr adwaith:

$$N_2(n) + 3H_2(n) \rightleftharpoons 2NH_3(n)$$

Mae'r adwaith yn **gildroadwy** (tudalen 73). Felly nid yw'n cael ei gwblhau. Mae cymysgedd o nitrogen, hydrogen ac amonia yn gadael y trawsnewidydd.

4 Oeri'r cymysgedd hwn nes i'r amonia gyddwyso. Yna mae'r nitrogen a'r hydrogen yn cael eu pwmpio yn ôl i'r catalydd, am gyfle arall i adweithio.

5 Mae'r amonia yn llifo i danciau a'i storio fel hylif, dan wasgedd.

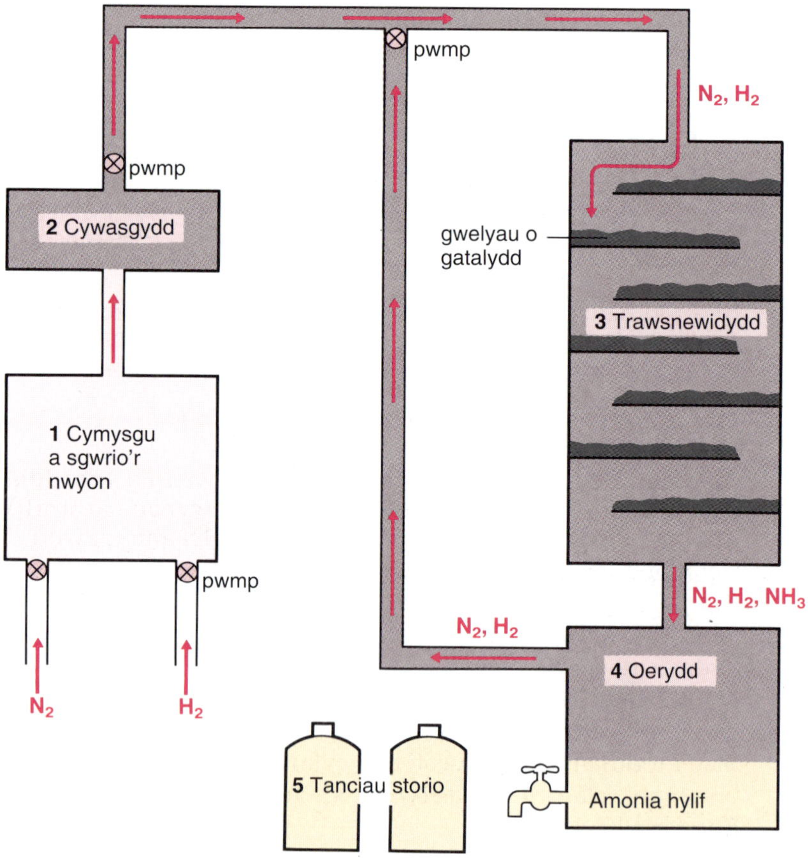

Defnyddio amonia

Defnyddir y rhan fwyaf o'r amonia o broses Haber i wneud **gwrteithiau**, fel amoniwm nitrad ac amoniwm sylffad. Defnyddir rhywfaint ohono i wneud hylifau glanhau'r tŷ, lliwurau, ffrwydron a neilon. Defnyddir llawer i wneud asid nitrig, fel y dangosir ar y tudalen nesaf.

Gwneud asid nitrig mewn diwydiant

Defnyddir llawer o amonia o broses Haber i wneud **asid nitrig**. Y deunyddiau crai ar gyfer asid nitrig yw **amonia, aer** a **dŵr**. Mae'r siart rhediad hwn yn dangos y camau yn y broses:

Amonia, NH_3

1 ei gymysgu ag **aer**
2 llifo dros gatalydd wedi'i wresogi (rhwyllen o blatinwm/rhodiwm)

Nitrogen monocsid, NO

$4NH_3(n) + 5O_2(n) \rightarrow 4NO(n) + 6H_2O(n)$

3 ei oeri
4 ychwanegu rhagor o aer

Nitrogen deuocsid, NO_2

$2NO(n) + O_2(n) \rightarrow 2NO_2(n)$

5 ychwanegu rhagor o aer
6 ei gymysgu â **dŵr**

Asid nitrig, HNO_3

$4NO_2(n) + O_2(n) + 2H_2O(h) \rightarrow 4HNO_3(dyfr)$

Rhan o ffatri asid nitrig ICI yn Billingham. Cafodd ei chodi'n agos at ffatri amonia ICI. Allwch chi esbonio pam?

Y canlyniad cyffredinol yw fod amonia yn cael ei ocsidio'n asid nitrig. Rhaid i beirianwyr cemegol wneud yn siŵr nad oes dim nitrogen monocsid na nitrogen deuocsid yn gallu dianc o'r ffatri, gan fod y nwyon hyn yn achosi glaw asid. Hefyd, pe byddai rhywfaint o asid nitrig yn mynd i lawr y draen, byddai'n cyrraedd yr afon, gan ladd pysgod a bywyd arall yr afon.

Defnyddio asid nitrig

Defnyddir y rhan fwyaf o'r asid nitrig i wneud **gwrteithiau**.
Defnyddir rhywfaint i wneud ffrwydron fel trinitrotolwen (TNT).
Defnyddir rhywfaint i wneud neilon a *Terylene*.
Defnyddir rhywfaint ar gyfer gwneud cyffuriau.

Cwestiynau

1 O nitrogen a hydrogen y gwneir amonia.
 a Sut y ceir y nitrogen a'r hydrogen?
 b Beth yw enw'r broses ar gyfer gwneud amonia?
 c Pa gatalydd a ddefnyddir? Beth yw ei waith?
 ch Ysgrifennwch hafaliad ar gyfer yr adwaith.
 d Mae'r adwaith yn *gildroadwy*. Beth yw ystyr hynny?

2 **a** Enwch y deunyddiau crai ar gyfer gwneud asid nitrig.
 b Ysgrifennwch hafaliadau geiriol ar gyfer y tri adwaith sy'n digwydd wrth ei gynhyrchu.
 c Canlyniad yr adweithiau yw fod amonia'n cael ei *ocsidio* yn asid nitrig. Beth yw ystyr hynny?
 ch Ar gyfer beth y defnyddir asid nitrig yn bennaf?

11.5 Gwrteithiau

Mae angen rhagor o fwyd arnom

Bob blwyddyn, mae poblogaeth y byd yn tyfu, fel mae'r graff hwn yn ei ddangos:

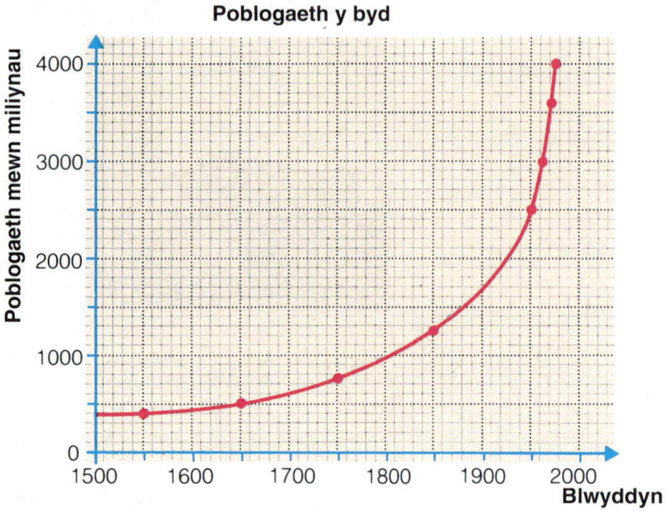

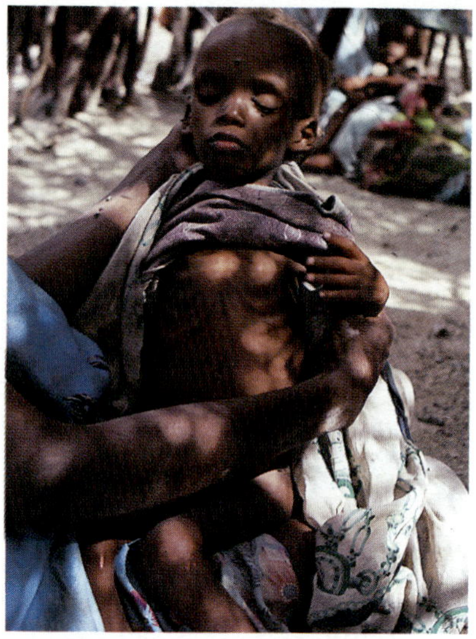

Bob dydd, bydd dros 40 000 o blant yn marw mewn gwledydd tlawd. Newyn sy'n bennaf gyfrifol am hyn.

Ar hyn o bryd, mae yna tua phedair mil o filiynau o bobl ar y Ddaear, ac mae o leiaf un o bob wyth ohonynt yn newynu. Erbyn y flwyddyn 2000, bydd y broblem hyd yn oed yn fwy difrifol. Rydym yn dibynnu ar blanhigion am ein holl fwyd. Daw bara o wenith, ac mae ffa pob hyd yn oed yn dechrau eu taith mewn caeau. Mae angen glaswellt a chnydau eraill ar anifeiliaid er mwyn iddynt roi llaeth a chig. Felly un ffordd o drin y broblem newyn yw tyfu rhagor o blanhigion. Ond ni fyddant yn tyfu'n iawn os nad yw'r pridd mewn cyflwr da.

Pam mae ar blanhigion angen pridd

Mae ar blanhigion angen **dŵr** o'r pridd. Mae arnyn nhw angen gwahanol **elfennau** hefyd. Y tair bwysicaf yw **nitrogen, potasiwm** a **ffosfforws**.

Mae nitrogen yn hanfodol ar gyfer proteinau, sy'n gwneud coesynnau cryf a dail iach.

Mae potasiwm yn helpu planhigyn i oroesi rhew a gwrthsefyll haint.

Mae angen ffosfforws i wneud i wreiddiau dyfu ac i hadau ymffurfio.

Mae angen meintiau llai o **galsiwm, magnesiwm, sodiwm** a **sylffwr** ar blanhigion hefyd, ac ychydig bach o **gopor, haearn, zinc, manganis** a **boron**. Byddant yn cael y rhain i gyd o gyfansoddion yn y pridd, ar ffurf toddiannau, trwy eu gwreiddiau.

Gwrteithiau

Bydd planhigion yn defnyddio nitrogen, ffosfforws a photasiwm yn gyflymach na'r elfennau eraill. Bydd ychydig yn dychwelyd i'r pridd mewn tail anifeiliaid, a phan fydd planhigion ac anifeiliaid marw yn pydru. Rhoddir rhywfaint o nitrogen yn ôl hefyd gan fellt a bacteria (tudalen 154). Ond nid yw'n ddigon. Cyn hir, mae'r pridd yn rhy sâl ar gyfer cnydau newydd. Felly rhaid rhoi'r elfennau coll yn ôl trwy ychwanegu **gwrteithiau** fel y cemegion hyn:

amoniwm nitrad NH_4NO_3
calsiwm nitrad $Ca(NO_3)_2$
sodiwm nitrad $NaNO_3$
wrea $CO(NH_2)_2$

amoniwm sylffad $(NH_4)_2SO_4$
potasiwm sylffad K_2SO_4
amoniwm ffosffad $(NH_4)_3PO_4$
toddiant amonia NH_3(*dyfr*)

Gallwch weld y bydd amoniwm ffosffad yn rhoi nitrogen a ffosfforws yn ôl yn y pridd. Beth am botasiwm sylffad? Neu wrea?

Dewis gwrtaith Cymysgedd o gemegion yw gwrteithiau sydd ar werth fel arfer. Maent wedi'u gwneud ar gyfer gwahanol briddoedd a chnydau. Er enghraifft, mae rhai yn cynnwys mwy o nitrogen nag eraill. Gall ffermwr gael profi ei bridd i ddarganfod pa elfennau sydd ar goll.
Er enghraifft, efallai ei fod am dyfu glaswellt i fwydo gwartheg. Mae angen llawer o nitrogen ar laswellt. Felly, os yw ei bridd yn brin o nitrogen, byddai'r bag cyntaf o wrtaith uchod yn fwy gwerthfawr iddo.

Problemau gyda gwrteithiau Mae llawer o wrteithiau yn **nitradau**, fel y gwelwch o'r rhestr uchod. Maent yn hydawdd mewn dŵr, felly mae'n hawdd i blanhigion eu cymryd. Ond mae'n hawdd i law eu golchi o'r pridd hefyd. Yn ogystal, pan fydd y dŵr glaw yn llifo i afonydd, bydd y nitradau yn achosi llygredd (tudalen 112).
Mae wrea hefyd yn cynnwys nitrogen, ond mae bron yn anhydawdd. Mae hynny'n golygu ei fod yn gweithio'n araf ar blanhigion, ond nid yw'n cael ei olchi ymaith.

Mae'r cymysgedd gwrtaith yn y bag hwn yn cynnwys 20% nitrogen, 8% ffosfforws ac 14% potasiwm...

...a hwn yn cynnwys 10% nitrogen, 25% ffosfforws a 15% potasiwm.

Peiriant yn taenu tail anifeiliaid. Mae'n cynnwys y gwrtaith naturiol, wrea, ymhlith eraill.

Bydd ffermwyr gwartheg yn defnyddio gwrteithiau nitrogen i helpu'r glaswellt i dyfu.

Cwestiynau

1 Enwch y tair brif elfen sydd eu hangen ar blanhigion, a nodwch pam maent yn bwysig.
2 Sut mae planhigion yn cael yr elfennau angenrheidiol?
3 Beth yw gwrtaith a pham mae'n cael ei ddefnyddio?
4 Enwch dri gwrtaith a fyddai'n rhoi nitrogen yn ôl yn y pridd.
5 Enwch un gwrtaith *naturiol* a geir mewn tail.
6 Gall gwrteithiau achosi llygredd dŵr. Eglurwch pam.

11.6 Golwg ar ffatri wrtaith

Beth mae'r ffatri yn ei gynhyrchu

Bydd ffatri wrtaith fodern yn gwneud dau brif fath o wrtaith:

1 **gwrtaith N** ar gyfer ffermwyr sydd ond eisiau nitrogen. Yng ngwledydd Prydain, amoniwm nitrad, NH_4NO_3, fydd hwn yn bennaf.
2 **gwrteithiau cyfansawdd NPK** ar gyfer ffermwyr sydd eisiau nitrogen, ffosfforws a photasiwm. Fel arfer mae'r rhain yn gymysgedd o amoniwm nitrad, amoniwm ffosffad a photasiwm clorid.

Efallai y bydd y ffatri'n gwneud gwrteithiau eraill hefyd, ond llawer llai ohonynt.

Mae gwrteithiau'n cael eu gwneud gydol y flwyddyn, ond tymhorol yw'r gwerthiant. Gallai pelen orwedd mewn twmpath 20 metr am fisoedd. Rhaid iddo fod yn addas i'w storio heb golli ei siâp na glynu wrth y lleill.

Y broses gynhyrchu

Mae'r diagram hwn yn dangos y deunyddiau crai sydd eu hangen ar y ffatri i wneud 1000 tunnell fetrig o wrtaith N a 1000 tunnell fetrig o wrtaith cyfansawdd y dydd, a'r camau yn y broses gynhyrchu; ystyr t/dydd yw *tunnell fetrig y dydd*.

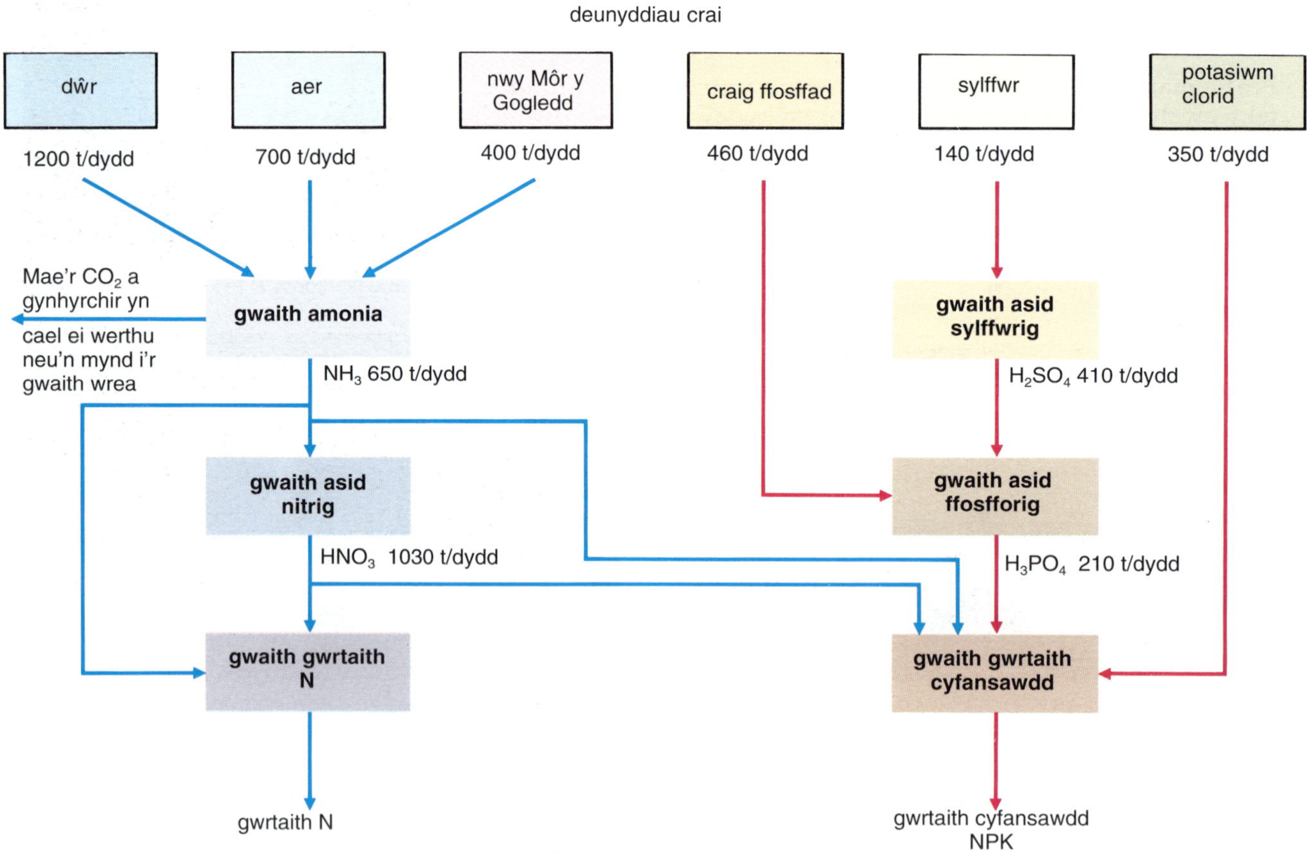

Fe welwch fod y ffatri'n fwy nag un uned. Mae'n chwech o weithfeydd ar wahân wedi'u hadeiladu'n agos at ei gilydd ar yr un safle. Mae pob gwaith yn cael ei reoli i wneud y swm cywir o sylwedd ar yr amser iawn.

Mollie Travis, swyddog personél: 'Mae'n rhaid i unrhyw ffatri newydd gael staff beth amser cyn dechrau cynhyrchu. Buom yn cynnal cyrsiau hyfforddi i weithwyr lleol chwe mis cyn agor.'

Michael Nelson, peiriannydd cemegol: 'Mae fy ngwaith i'n ymwneud â'r amgylchedd yn bennaf. Byddwn yn arolygu'r nwyon a'r hylifau gwastraff sy'n gadael y ffatri, i wneud yn siŵr eu bod yn ddiogel.'

Graham Taylor, technegydd: 'Fi? Newydd orffen y sifft nos ydw i. Mae ffatri wrtaith fel hyn yn dal i fynd 24 awr y dydd, bob dydd. Rhaid iddi wneud hynny i fod yn economaidd.'

Dewis safle'r ffatri

Mae angen i gwmni sy'n ystyried safle newydd ar gyfer ffatri wrtaith ystyried pethau fel hyn:

1 **Agos at ddeunyddiau crai.** Er enghraifft, mae potasiwm clorid yn cael ei gloddio ger Whitby yn Swydd Efrog. A ddylem ni adeiladu'n agos at y fan honno?
2 **Agos at borthladdoedd.** Rhaid i ni fewnforio sylffwr a ffosffad. Rydym am allforio gwrtaith. A ddylem fod yn agos at borthladd?
3 **Y rhwydwaith ffyrdd.** Byddwn yn dosbarthu gwrtaith ledled y wlad. A ydym ni'n agos at brif ffyrdd?
4 **Y cyflenwad dŵr.** Mae angen cannoedd o dunelli o ddŵr arnom bob dydd fel deunydd crai, ac ar gyfer oeri. Oes dŵr ar gael yma?
5 **Y cyflenwad nwy.** Mae angen nwy o Fôr y Gogledd arnom fel deunydd crai, ac fel tanwydd. A oes problemau ynglŷn â chael nwy yma?
6 **Y gweithlu.** Allwn ni gael y mathau cywir o weithwyr yn lleol? A fyddwn ni'n gallu denu staff allweddol o ardaloedd eraill?
7 **Cost tir.** A oes rhywle rhatach y dylem ni fynd iddo?
8 **Grantiau'r Llywodraeth.** A oes unrhyw grantiau arbennig ar gyfer agor ffatri yn yr ardal hon?
9 **Pobl leol yn gwrthwynebu.** Efallai y byddant yn pryderu y bydd y ffatri yn llygru'r aer, neu afon, neu'n gwneud gormod o sŵn, neu'n difetha golygfa. A fyddwn ni'n gallu tawelu eu meddyliau?

Mae'r cwmni yn annhebygol o ddod o hyd i safle perffaith. Rhaid iddo bwyso a mesur yr holl ffactorau hyn a dewis y safle gorau.

Emily Bcnoon, oomogydd: 'Mown gwirionedd, mae rheolau cyfreithiol llym o ran faint o N, P a K sydd mewn gwrteithiau. Mae gennym beiriannau sy'n mesur y cynnwys yn awtomatig. Ond byddwn yn mesur hyn yn y labordy hefyd.'

Cwestiynau

Mae'n bosibl y bydd yn rhaid i chi droi'n ôl at dudalennau 158 a 159 i ateb rhai o'r cwestiynau hyn.

1 Beth yw'r ddau brif fath o wrtaith y mae ffatri'n debygol o'u gwneud? Pa gemegion y mae'r rhain yn eu cynnwys fel arfer?
2 Beth yw'r deunyddiau crai sydd eu hangen ar y ffatri?
3 Rhestrwch yr asidau y mae'r ffatri yn eu gwneud.
4 Ar gyfer beth y defnyddir y sylffwr?
5 Defnyddir nwy o Fôr y Gogledd fel deunydd crai. Ar gyfer pa broses? Ysgrifennwch hafaliad yr adwaith.
6 Ysgrifennwch hafaliadau geiriol am yr adweithiau wrth wneud asid nitrig o amonia.
7 Rhestrwch yr holl ffyrdd y gallai ffatri wrtaith achosi llygredd.
8 Wrth ddewis safle ffatri, pa *bedwar* ffactor yw'r pwysicaf yn eich barn chi? Eglurwch eich dewis.

Cwestiynau ar Bennod 11

1 Yr adwaith sy'n digwydd pan fydd hydrogen yn llifo dros haearn(II) ocsid yw:

$FeO(s) + H_2(n) \rightarrow Fe(s) + H_2O(n)$

a Cwblhewch y brawddegau isod.
Yn yr adwaith, mae'r haearn(II) ocsid yn .... yn haearn a'r hydrogen yn .... yn ddŵr. Yn yr adwaith, mae hydrogen yn gweithredu fel ....
b Lluniwch ddiagram o'r offer y gellir ei ddefnyddio i ddangos yr adwaith yn y labordy.
c Awgrymwch pam mai carbon monocsid ac nid hydrogen sy'n cael ei ddefnyddio mewn diwydiant i echdynnu haearn o haearn ocsid.
ch Rhowch un defnydd ar gyfer hydrogen mewn diwydiant.

2 Dyma baragraff am yr elfen nitrogen. Ewch ati i'w ailysgrifennu gan ddewis yr eitem gywir o bob pâr mewn cromfachau.
(Cymysgedd/cyfansoddyn) yw aer sy'n cynnwys ($\frac{1}{5}$/$\frac{4}{5}$) o nitrogen. Symbol nitrogen yw (N/N_2) ac mae'r nwy wedi'i wneud o (folecylau/atomau) a ddangosir gan y fformwla (N/N_2). Felly, mae'n nwy (monatomig/deuatomig). Mae ar blanhigion angen nitrogen i wneud (proteinau/siwgrau). Mae'r rhan fwyaf o blanhigion yn methu cymryd nitrogen yn uniongyrchol o'r (dŵr/aer), felly rhaid sefydlogi rhywfaint ar y nwy. Mae rhywfaint yn cael ei sefydlogi gan (law/fellt) a pheth gan (ddail/facteria), ond mae'r rhan fwyaf yn cael ei sefydlogi'n artiffisial trwy wneud (llygryddion/gwrteithiau). Ar gyfer y rhain, mae'r nitrogen yn cael ei adweithio'n gyntaf â (hydrogen/ocsigen) i roi'r (nwy/solid) amonia. Mae hwn yn cael ei droi'n asid (sylffwrig/nitrig), a ddefnyddir i wneud gwrteithiau fel amoniwm nitrad.

3 Nodwch lle dylai'r geiriau canlynol fod yn y diagram isod. Er enghraifft, **aer** yw **a**. Bydd angen i chi ddefnyddio rhai geiriau ddwywaith.

nitrogen	*aer*	*amonia*
nitradau	*proteinau*	*bacteria*

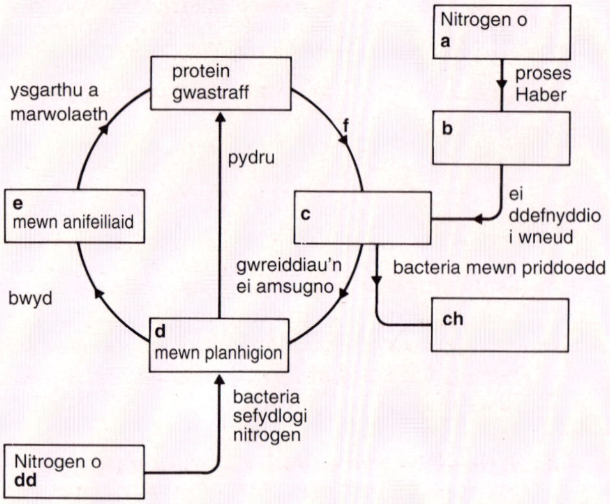

4 Gellir defnyddio'r offer hwn i baratoi toddiant amonia *yn ddiogel* mewn dŵr:

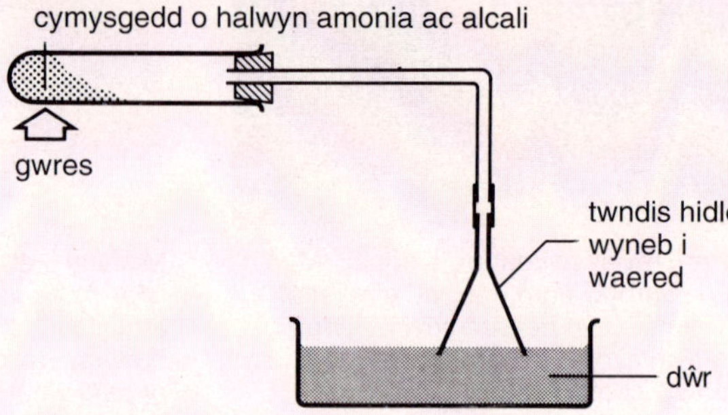

Mae nwy amonia yn cael ei ryddhau pan wresogir y tiwb prawf.
a Enwch ddau gyfansoddyn y gellir eu gwresogi gyda'i gilydd yn y tiwb prawf.
b Ysgrifennwch hafaliad ar gyfer yr adwaith.
c Pam y byddai'n beryglus rhoi'r tiwb gwydr yn y dŵr, *heb* ddefnyddio'r twndis hidlo? (Awgrym: meddyliwch am arbrawf y pistyll.)
ch Os ychwanegir ychydig ddiferion o doddiant litmws at y dŵr yn y cafn, pa newid lliw a fyddai i'w weld yn ystod yr arbrawf?
d Petai toddiant gwanedig o asid nitrig yn cymryd lle'r dŵr, pa halwyn a fyddai'n cael ei ffurfio yn y cafn?

5 Mae'r diagram yn dangos offer ar gyfer arbrawf i wneud amonia. Mae X ac Y yn ddwy chwistrell nwy, wedi'u cysylltu wrth diwb hylosgi A. Ar y dechrau, roedd chwistrell X yn cynnwys 75 cm^3 o hydrogen a chwistrell Y yn cynnwys 25 cm^3 o nitrogen.

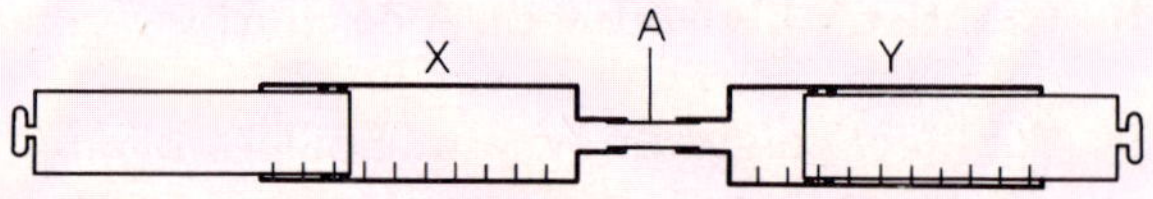

a Copïwch y diagram, gan labelu'r nwyon.
b Sut byddech chi'n gwneud i'r nwyon gymysgu â'i gilydd?
c Mae angen catalydd ar yr adwaith. Pam?
ch Enwch gatalydd addas.
d Ble dylid gosod y catalydd? Rhowch y catalydd ar eich diagram.
dd Ble dylid gwresogi'r offer? Dangoswch hyn ar eich diagram.
e Sut byddech chi'n dangos bod rhywfaint o amonia wedi'i wneud ar ddiwedd yr arbrawf?

6 Edrychwch ar gwestiwn 2. Lluniwch gwestiwn tebyg am briodweddau amonia. Defnyddiwch gromfachau i gynnig dewisiadau y gallai disgybl arall ddewis rhyngddynt.

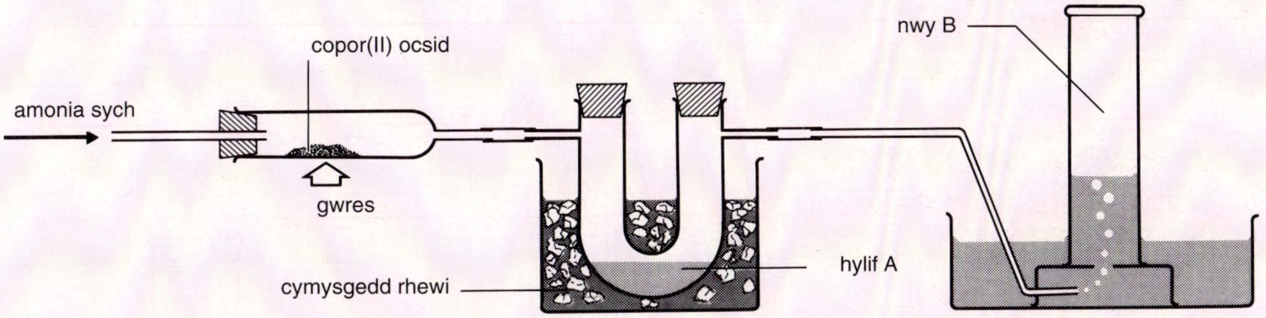

7 Gan ddefnyddio'r offer uchod, mae amonia sych yn llifo dros gopor(II) ocsid wedi'i wresogi. Mae'r nwyon sy'n cael eu rhyddhau yn llifo trwy diwb-U wedi'i oeri. Mae hylif (A) yn ymffurfio yn y tiwb-U a nwy di-liw (B) yn ymgasglu yn y jar nwy.
a Mae'r copor(II) ocsid yn cael ei rydwytho'n gopor. Beth fyddech chi'n ei weld wrth i'r nwy lifo dros y copor ocsid wedi'i wresogi?
b Pam mae cymysgedd rhewi o gwmpas y tiwb-U?
c Gwelir bod hylif A yn troi papur cobalt clorid glas yn binc a bod ganddo ymdoddbwynt o 100 °C. Nodwch beth yw hylif A.
ch A yw nwy B yn hydawdd ynteu'n anhydawdd mewn dŵr?
d Nodwch beth yw nwy B. (Awgrym: edrychwch ar y cemegion eraill yn yr adwaith hwn.)
dd Ysgrifennwch hafaliad geiriol ar gyfer yr adwaith.
e Mae'r copor ocsid yn cael ei *rydwytho* gan yr amonia. Eglurwch ystyr hyn.
f Sut bydd màs y tiwb wedi'i wresogi, a'i gynnwys, yn newid yn ystod yr adwaith?

8 Mae gwneud amonia ac asid nitrig yn brosesau diwydiannol pwysig iawn.

A AMONIA
a Enwch y deunyddiau crai a ddefnyddir.
b Pa ddau nwy sy'n adweithio â'i gilydd?
c Pam mae'r ddau nwy yn cael eu sgwrio?
ch Pam mae'r cymysgedd yn llifo dros haearn?
d Beth sy'n digwydd i'r nitrogen a'r hydrogen sydd *heb adweithio*?
dd Pam mae'r amonia a gynhyrchir yn cael ei storio ar wasgedd uchel?

B ASID NITRIG
a Enwch y deunyddiau crai a ddefnyddir.
b Pa gemegion sy'n adweithio â'i gilydd i ffurfio asid nitrig?
c Beth fyddai'n digwydd petai'r rhwyllen sy'n cynnwys platinwm a rhodiwm yn cael ei thynnu?
ch Pam mae'n rhaid cadw golwg ar y gwaith cemegion drwy'r amser rhag ofn i gemegion ollwng?

9 Ysgrifennwch hafaliadau ar gyfer yr adweithiau cemegol yng nghwestiwn 8.

10 Ysgrifennwch baragraff yn egluro pam mae amonia ac asid nitrig yn gemegion pwysig iawn.

11 Mae cyfansoddion amoniwm a nitradau yn hynod bwysig fel gwrteithiau.
a Pam mae'r cyfansoddion hyn yn helpu planhigion i dyfu?
b Enwch un gwrtaith *naturiol.*
c Enwch ddau gyfansoddyn sy'n cynnwys nitrogen a gynhyrchir i'w defnyddio fel gwrteithiau. Ysgrifennwch fformwlâu cemegol y cyfansoddion hyn.
ch Enwch ddwy elfen ar wahân i nitrogen y mae ar blanhigion eu hangen, ac eglurwch eu pwysigrwydd i blanhigion.
d Pam mae rhai gwrteithiau yn anaddas ar gyfer llysiau sy'n tyfu'n gyflym, fel letys?
dd Mae rhai gwrteithiau yn asidig. Beth sy'n cael ei ychwanegu at briddoedd fel arfer i gywiro lefel yr asidedd?
e Os yw tir yn cael ei ffermio'n ddwys, mae arno angen gwrtaith yn gyson. Esboniwch pam.
f Mae gan wrteithiau nifer o fanteision. Ond mae llawer o bobl yn pryderu fod ffermwyr yn defnyddio mwy a mwy o wrteithiau, yn enwedig nitradau. Allwch chi awgrymu pam y maent yn poeni?

12 Mae nwy amonia yn cael ei fyrlymu i doddiant copor(II) sylffad. Mae gwaddod glas yn ymffurfio i ddechrau. Yna mae hwn yn troi'n doddiant glas tywyll.
a Beth yw'r gwaddod glas? (Awgrym: cofiwch fod toddiant amonia yn cynnwys ïonau hydrocsid.)
b Esboniwch pam mae'r lliw yn tywyllu wrth ychwanegu rhagor o nwy amonia.
c A yw'r cyfansoddyn glas tywyll yn hydawdd ynteu'n anhydawdd mewn dŵr?
ch Mae'r adwaith amonia hwn yn ddefnyddiol. Eglurwch pam.

13 Mae asid nitrig yn gweithredu fel cyfrwng ocsidio ac fel asid. Nodwch pa ffordd y mae'n ymddwyn pan:
a mae'n cael ei niwtralu gan sodiwm hydrocsid.
b mae'n adweithio â charbonad gan roi nwy carbon deuocsid.
c mae'n adweithio â chopor gan ryddhau nwy nitrogen deuocsid.
ch mae'n adweithio â chopor ocsid i ffurfio copor nitrad.
d mae'n adweithio â llwch lli sych, gan wneud iddo danio.
dd mae'n adweithio â magnesiwm, gan roi nwy brown tywyll.
e mae'n troi toddiant litmws yn goch.

12.1 Ocsigen

Gwneud ocsigen yn y labordy

Mae'r diagram ar y dde yn dangos un ffordd o wneud ocsigen yn y labordy. Mae hydrogen perocsid yn hylif clir di-liw, â'r fformwla H_2O_2. Mae'n dadelfennu yn ddŵr ac ocsigen fel hyn:

$2H_2O_2(dyfr) \rightarrow 2H_2O(h) + O_2(n)$

Mae'r adwaith yn araf iawn, felly ychwanegir manganis(IV) ocsid du fel catalydd. Nid yw ocsigen yn hydawdd iawn mewn dŵr. Sut gellir dweud hyn o weld yr offer?

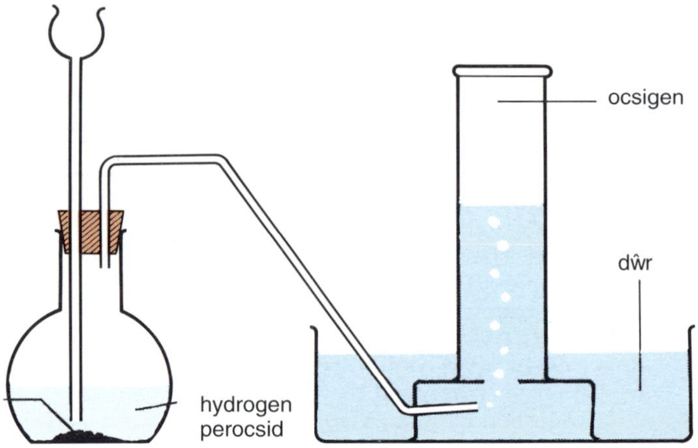

Priodweddau ocsigen

1 Mae'n nwy clir, di-liw, heb arogl.
2 Dim ond ychydig yn hydawdd mewn dŵr yw ocsigen.
3 Mae'n adweithiol iawn. Mae'n adweithio â llawer iawn o sylweddau i gynhyrchu **ocsidau**, a bydd yr adweithiau fel arfer yn rhyddhau llawer o egni. I ni, y ddau adwaith pwysicaf yw **resbiradaeth** a **hylosgi tanwyddau.**

Resbiradaeth Dyma'r broses sy'n ein cadw ni'n fyw. Yn ystod resbiradaeth, mae ocsigen yn adweithio â glwcos yn ein cyrff. Mae'r adwaith yn cynhyrchu carbon deuocsid, dŵr, ac egni angenrheidiol:

glwcos + ocsigen → carbon deuocsid + dŵr + egni

Daw'r glwcos o fwyd wedi'i dreulio, a'r ocsigen o'r aer:

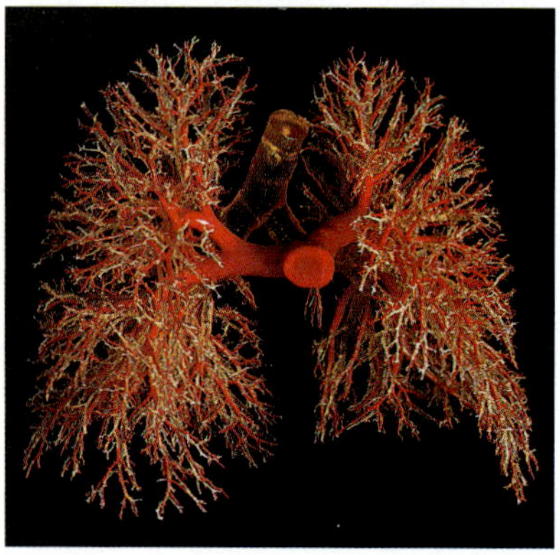

Wrth i ni fewnanadlu, mae aer yn teithio i'n hysgyfaint. Mae'n mynd ar hyd tiwbiau mân i arwyneb yr ysgyfaint. Yno mae'r ocsigen yn tryledu trwy'r arwyneb ac i'r gwaed.

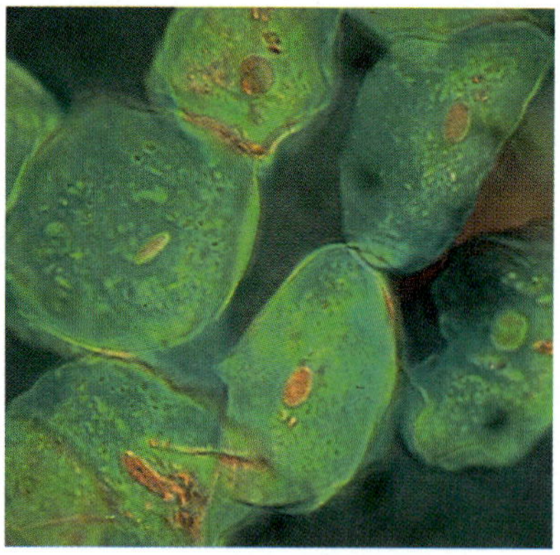

Mae'r gwaed yn ei gario i'r celloedd, ynghyd â glwcos o fwyd wedi'i dreulio. Mae miliynau o gelloedd yn y corff. Mae resbiradaeth yn digwydd ym mhob un.

Mae'r egni o resbiradaeth yn gwneud i'n calonnau a'n cyhyrau barhau i weithio. Mae'n ein cadw ni'n gynnes hefyd.

Mae'r carbon deuocsid a'r dŵr yn pasio o'r celloedd yn ôl i'r gwaed. Mae'r gwaed yn eu cario i'r ysgyfaint, ac rydym yn eu hallanadlu. Mae resbiradaeth yn digwydd yng nghelloedd *popeth* byw, nid pobl yn unig. Mae pysgod yn defnyddio'r ocsigen sydd wedi toddi mewn dŵr, ac yn ei gymryd trwy eu tagellau. Bydd planhigion yn defnyddio ocsigen o'r aer, ac yn ei gymryd trwy dyllau bach yn eu dail.

Hylosgi tanwyddau Sylweddau rydym yn eu llosgi i gael egni yw tanwyddau – egni ar ffurf gwres fel arfer. Mae angen ocsigen i losgi:

Mae nwy Môr y Gogledd yn danwydd. **Methan** yw hwn yn bennaf. Caiff ei bwmpio o'r môr i drefi a dinasoedd.

Mewn cwcer nwy, mae'r methan yn cymysgu ag aer. Wrth ei gynnau, mae'r methan yn adweithio ag ocsigen yr aer.

Mae'r adwaith yn rhyddhau egni ar ffurf gwres a golau. Defnyddir y gwres i goginio bwyd.

Mae methan yn cael ei losgi mewn tanau nwy hefyd, ac mewn systemau gwres canolog nwy. Defnyddir yr egni o'r adwaith i gynhesu tai a gwresogi dŵr:

methan + ocsigen → carbon deuocsid + dŵr + egni

$CH_4(n) + 2O_2(n) \rightarrow CO_2(n) + 2H_2O(n)$ + egni

Defnyddir petrol, olew, glo a phren hefyd fel tanwyddau. Mae pob un yn gymysgedd o gyfansoddion sy'n cynnwys carbon a hydrogen. Pan fyddant yn llosgi mewn digonedd o ocsigen, mae'r cwbl yn cynhyrchu carbon deuocsid, dŵr ac egni.
Os ychydig o ocsigen sydd ar gael, cynhyrchir **carbon monocsid** (CO) yn hytrach na charbon deuocsid. Mae hyn yn broblem oherwydd bod carbon monocsid yn nwy gwenwynig iawn.

Prawf am ocsigen Mae pethau'n llosgi'n llawer cyflymach mewn ocsigen pur nag mewn aer. Y rheswm am hyn yw fod yr ocsigen mewn aer yn cael ei **wanedu** gan nitrogen a nwyon eraill. Mae hyn yn rhoi ffordd i ni brofi nwy anhysbys i weld a yw'n ocsigen:

1 Mae sblint pren yn cael ei gynnau. Yna mae'r fflam yn cael ei diffodd. Mae'r sblint yn dal yn loyw oherwydd bod y pren yn adweithio â'r ocsigen mewn aer.
2 Mae'r sblint gloyw yn cael ei roi yn y nwy anhysbys.
3 Os ocsigen yw'r nwy, mae'r sblint yn ailgynnau'n syth.

Y prawf am ocsigen

Cwestiynau

1 Lluniwch ddiagram wedi'i labelu i ddangos sut byddech chi'n gwneud ocsigen o hydrogen perocsid.
2 Mae'r dull hwn yn cynhyrchu ocsigen 'llaith'. Pam? Allwch chi awgrymu ffordd o'i sychu?
3 Beth yw resbiradaeth? Ble mae'n digwydd?
4 Sut mae pysgod yn cael ocsigen ar gyfer resbiradaeth?
5 Beth yw tanwydd? Rhowch bedair enghraifft.
6 Ysgrifennwch yr hafaliadau ar gyfer resbiradaeth, a llosgi methan. Ym mha ffordd y maent yn debyg?
7 Sut byddech chi'n profi nwy i weld a yw'n ocsigen?

12.2 Ocsidau

Ar dudalen 166 fe welsoch fod ocsigen yn adweithio â nifer o sylweddau i ffurfio **ocsidau**. Mae gwahanol fathau o ocsidau, fel y gwelwch isod.

Ocsidau basig

Edrychwch ar y ffordd y mae'r metelau hyn yn adweithio ag ocsigen:

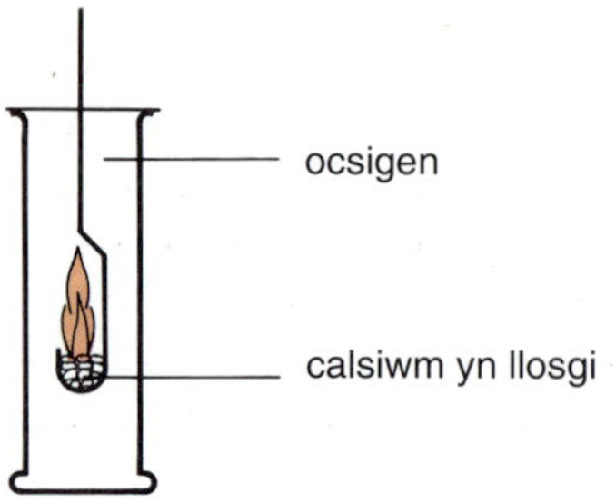

Mae rhywfaint o ronynnau calsiwm yn cael eu cynnau dros fflam Bunsen, ac yna'n cael eu rhoi mewn jar o ocsigen. Maent yn llosgi'n llachar, gan adael solid gwyn o'r enw **calsiwm ocsid**:

$2Ca(s) + O_2(n) \rightarrow 2CaO(s)$

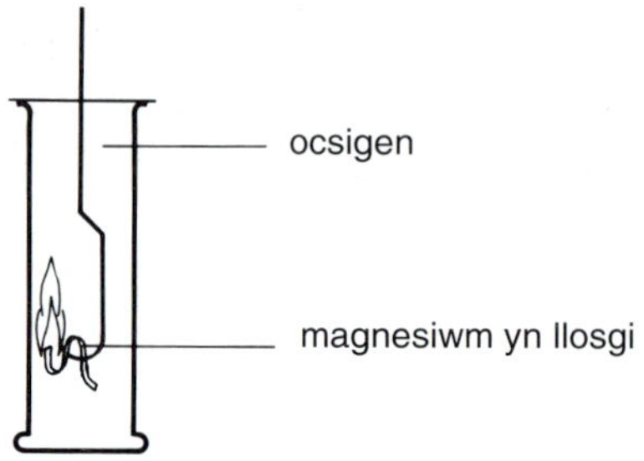

Mae ruban magnesiwm yn cael ei gynnau dros fflam Bunsen, a'i roi mewn jar o ocsigen. Mae'n llosgi â fflam wen lachar, gan adael lludw gwyn o'r enw **magnesiwm ocsid**:

$2Mg(s) + O_2(n) \rightarrow 2MgO(s)$

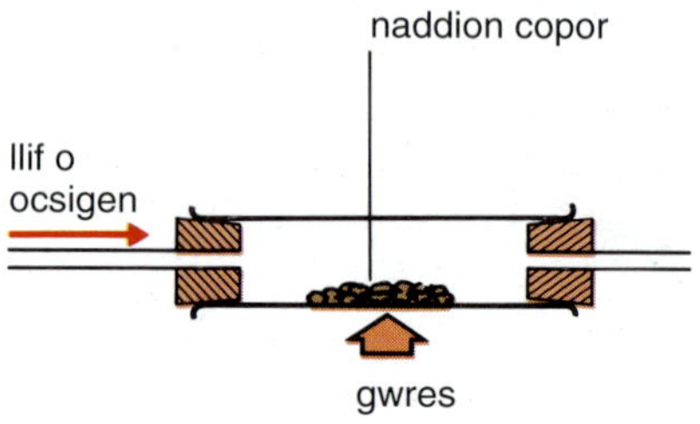

Mae copor yn rhy anadweithiol i gynnau mewn ocsigen. Ond wrth ei wresogi mewn llif o'r nwy, mae ei arwyneb yn troi'n ddu. **Copor(II) ocsid** yw'r sylwedd du:

$2Cu(s) + O_2(n) \rightarrow 2CuO(s)$

Mae'r ffordd y mae pob metel yn adweithio yn dibynnu ar ei **adweithedd**. Mae'r adwaith diwethaf uchod yn cynhyrchu copor(II) ocsid, sy'n anhydawdd mewn dŵr. Ond mae'n toddi mewn asid gwanedig:

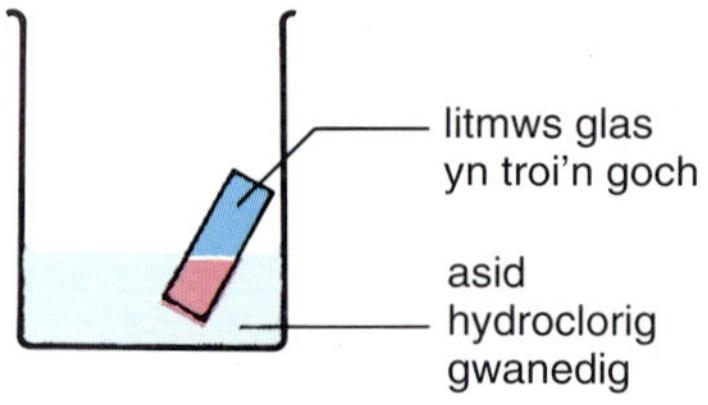

Dyma asid hydroclorig gwanedig. Mae'n troi papur litmws glas yn goch.

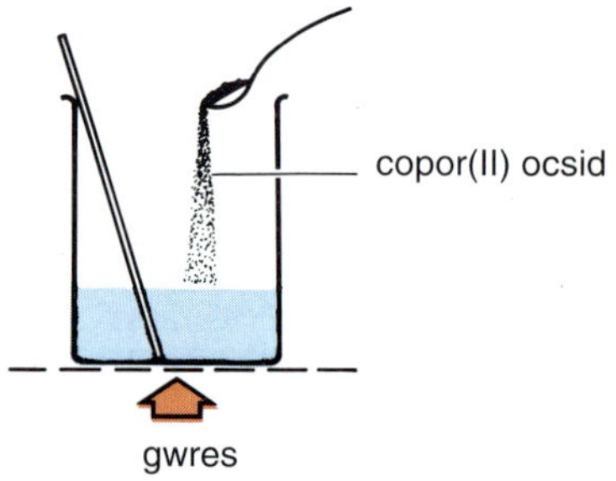

Mae copor(II) ocsid yn toddi ynddo wrth ei wresogi. Ond ymhen amser, ni fydd rhagor yn toddi.

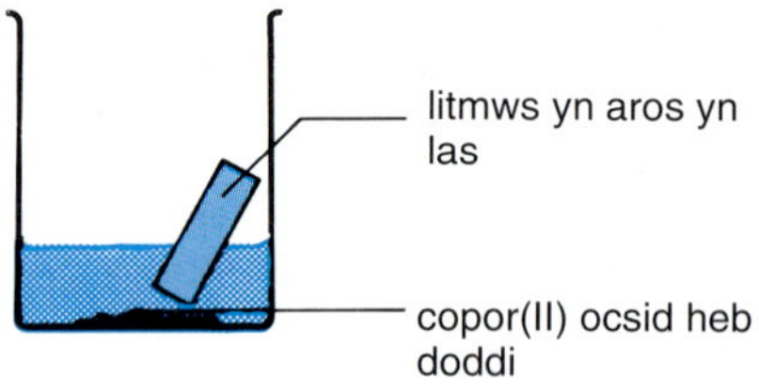

Nid yw'r hylif a gynhyrchir yn cael unrhyw effaith ar litmws glas. Felly mae'r ocsid wedi **niwtralu** yr asid.

Gelwir copor(II) ocsid yn **fas**, neu **ocsid basig,** oherwydd ei fod yn gallu niwtralu asid. Y cynhyrchion yw halwyn a dŵr:

bas + asid → halwyn + dŵr

$CuO(s) + 2HCl(dyfr) \rightarrow CuCl_2(dyfr) + H_2O(h)$

Mae calsiwm ocsid a magnesiwm ocsid yn ymddwyn yr un ffordd – gallan nhw niwtralu asid hefyd, felly maent yn ocsidau basig.

Yn gyffredinol, bydd metelau yn adweithio ag ocsigen i ffurfio ocsidau basig.

Ocsidau asidig

Edrychwch nawr ar y ffordd y mae'r anfetelau hyn yn adweithio ag ocsigen:

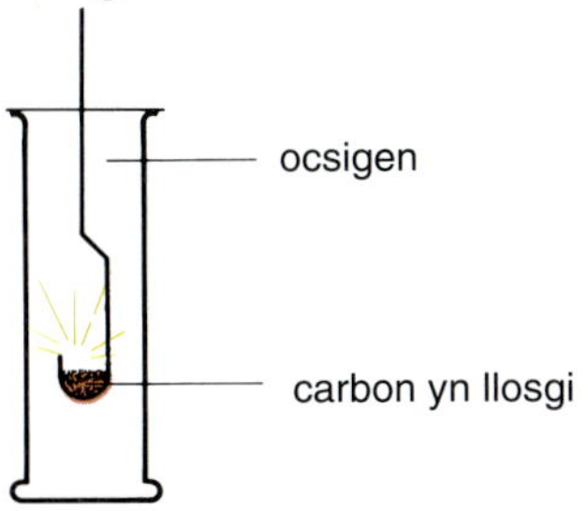

Mae powdr carbon yn cael ei wresogi dros Bunsen, nes ei fod yn gochias. Yna mae'n cael ei roi mewn jar o ocsigen. Mae'n tywynnu'n goch llachar a ffurfir y nwy **carbon deuocsid**:
$C(s) + O_2(n) \rightarrow CO_2(n)$

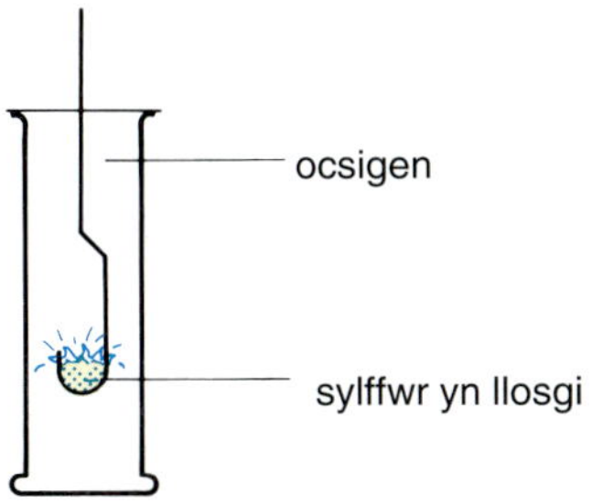

Mae sylffwr yn cynnau dros fflam Bunsen, ac yn llosgi â fflam las. Mewn ocsigen pur mae'n llosgi hyd yn oed yn fwy llachar. Y cynnyrch yw **sylffwr deuocsid**, sy'n nwy:
$S(s) + O_2(n) \rightarrow SO_2(n)$

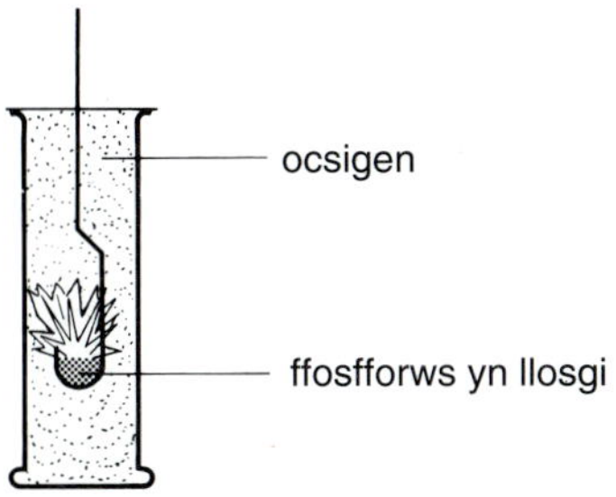

Mae ffosfforws yn mynd ar dân mewn aer neu ocsigen, heb gael ei wresogi. (Dyna pam mae'n cael ei storio dan ddŵr.) Mae solid gwyn o'r enw **ffosfforws pentocsid** yn ymffurfio:
$P_4(s) + 5O_2(n) \rightarrow P_4O_{10}(s)$

Mae'r adwaith cyntaf uchod yn cynhyrchu carbon deuocsid, sydd ychydig yn hydawdd mewn dŵr:

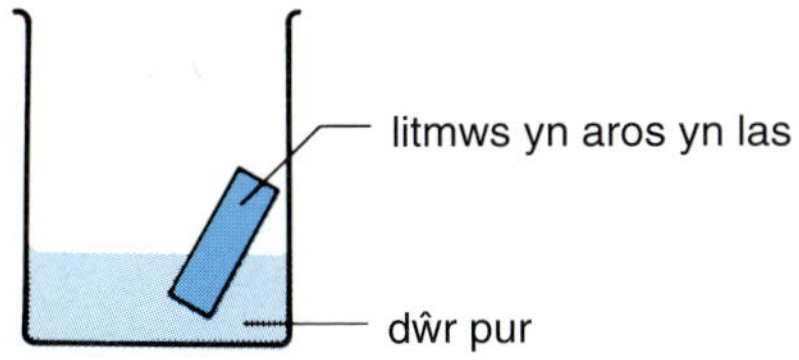

Dyma ddŵr pur. Mae'n niwtral. Mae hynny'n golygu nad yw'n cael unrhyw effaith ar bapur litmws coch *na* glas.

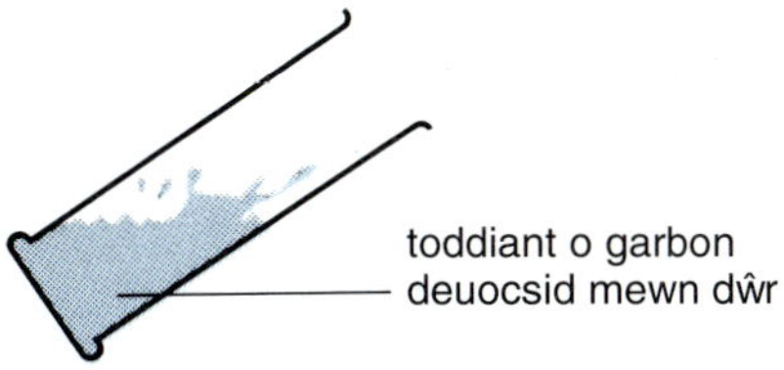

O'i dywallt i'r jar o garbon deuocsid a'i ysgwyd yn dda, mae rhywfaint o'r carbon deuocsid yn toddi ynddo.

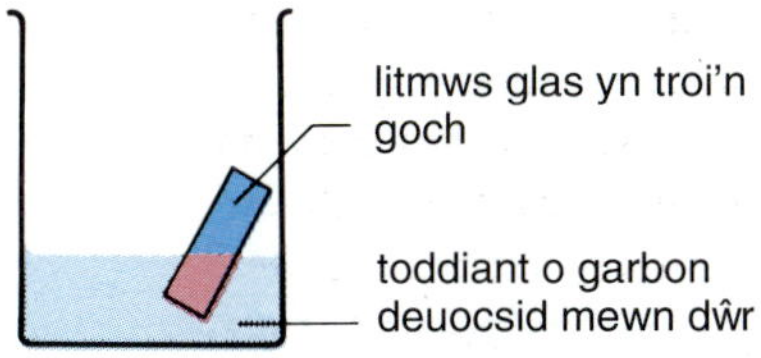

Mae'r toddiant yn troi papur litmws glas yn goch, felly mae'n **asidig**. Fe'i gelwir yn **asid carbonig**.

Mae carbon deuocsid yn cael ei alw'n **ocsid asidig** oherwydd ei fod yn toddi i ffurfio asid. Mae sylffwr deuocsid a ffosfforws pentocsid hefyd yn toddi mewn dŵr i ffurfio asidau, felly mae'r rhain hefyd yn ocsidau asidig.
Yn gyffredinol, mae anfetelau'n adweithio ag ocsigen i ffurfio ocsidau asidig.

Ocsidau niwtral

Mae nitrogen yn ffurfio'r ocsid asidig **nitrogen deuocsid**, NO_2. Ond mae hefyd yn ffurfio ocsid nad yw'n asidig, o'r enw **deunitrogen ocsid**, N_2O. Mae deunitrogen ocsid yn eithaf hydawdd mewn dŵr, ond mae'r toddiant yn niwtral – nid yw'n effeithio ar litmws. Felly mae deunitrogen ocsid yn **ocsid niwtral**. Enghraifft arall o ocsid niwtral yw carbon monocsid, CO.

Cwestiynau

1 Sut gallech chi ddangos bod magnesiwm ocsid yn fas?
2 Copïwch a chwblhewch: Fel arfer mae metelau yn ffurfio ocsidau ...... tra bo anfetelau yn ffurfio ocsidau ....
3 Pam mae ffosfforws yn cael ei storio dan ddŵr?
4 Pa newid lliw y byddech yn ei weld wrth ychwanegu toddiant litmws at doddiant o ffosfforws pentocsid?
5 Enwch ddau ocsid anfetel sy'n *niwtral*.

12.3 Sylffwr a sylffwr deuocsid

Sylffwr

Ceir sylffwr o ddwy ffynhonnell:

1 Daw'r rhan fwyaf o welyau sylffwr tanddaearol mawr yng Ngwlad Pwyl, México a'r Unol Daleithiau.
2 Mae rhywfaint yn cael ei echdynnu o olew crai a nwy naturiol.

Mae peth olew crai a nwy naturiol yn cynnwys canran uchel o sylffwr. Os yw'r olew neu'r nwy yn cael ei losgi, mae sylffwr deuocsid yn ymffurfio. Mae hyn yn achosi llygredd aer a glaw asid. Felly mae'n rhaid i gwmnïau olew dynnu'r sylffwr cyn y gellir defnyddio'r olew neu'r nwy.

Priodweddau sylffwr

1 Mae'n solid melyn brau.
2 Mae wedi'i wneud o folecylau siâp coron, pob un ag wyth atom.
3 Oherwydd ei fod yn folecylaidd, mae ei ymdoddbwynt yn eithaf isel (115 °C). Mae'n toddi'n hawdd mewn fflam Bunsen.
4 Fel anfetelau eraill, nid yw'n dargludo trydan.
5 Fel y rhan fwyaf o anfetelau, mae'n anhydawdd mewn dŵr.
6 Mae'n adweithio â metelau i ffurfio sylffidau. Gyda haearn mae'n ffurfio haearn(II) sylffid:
   $Fe(s) + S(s) \rightarrow FeS(s)$
7 Mae'n llosgi mewn ocsigen i ffurfio sylffwr deuocsid:
   $S(s) + O_2(n) \rightarrow SO_2(n)$

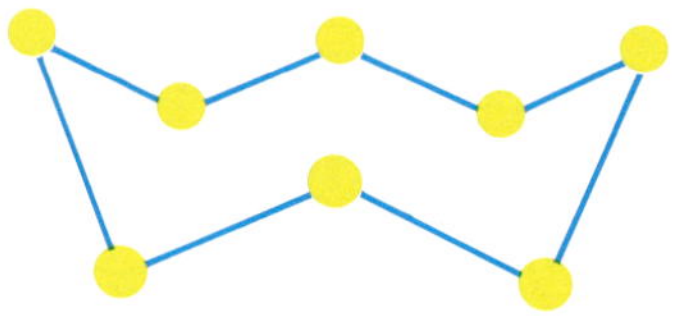

Molecwl o sylffwr.

Defnyddio sylffwr

Defnyddir y rhan fwyaf ohono i wneud asid sylffwrig. Ychwanegir rhywfaint at rwber i'w wneud yn wydn a chryf. Defnyddir rhywfaint i wneud cyffuriau, plaleiddiaid, matsys a phapur.

Defnyddir rhywfaint i wneud concrit arbennig o'r enw **concrit sylffwr**. Yn wahanol i goncrit cyffredin, nid yw asid yn ymosod arno. Felly caiff ei ddefnyddio ar gyfer lloriau a muriau mewn ffatrïoedd lle gallai asid gael ei ollwng.

Mae gan sylffwr ddwy ffurf risialog neu alotropau. Dyma risial o sylffwr rhombig, y ffurf sefydlog ar dymheredd ystafell.

Ond os gwresogwch chi sylffwr rhombig dros 96 °C, mae'r molecylau'n newid trefn i ffurfio grisialau siâp nodwyddau o sylffwr monoclinig.

Defnyddio concrit sylffwr ar gyfer llawr ffatri sy'n electroplatio â chopor. Bydd galwyni o asid sylffwrig yn cael eu defnyddio ar gyfer y broses electroplatio a byddai concrit cyffredin yn cyrydu mewn amgylchedd mor asidig.

Sylffwr deuocsid

Mae sylffwr deuocsid yn cael ei ffurfio wrth i sylffwr losgi mewn aer. Ei fformwla yw SO_2. Dyma ei briodweddau:

1 Mae'n nwy di-liw, ac iddo arogl cryf iawn sy'n eich mygu.
2 Mae'n drymach nag aer.
3 Mae'n hydawdd mewn dŵr. Mae'r toddiant yn asidig oherwydd bod y nwy yn adweithio â dŵr i ffurfio **asid sylffwrus**, H_2SO_3:

$$H_2O(h) + SO_2(n) \rightarrow H_2SO_3(dyfr)$$

Felly, mae sylffwr deuocsid yn ocsid asidig. Mae'r asid yn dadelfennu'n hawdd yn sylffwr deuocsid a dŵr eto.

4 Mae'n gweithredu fel cannydd pan fydd yn llaith neu mewn toddiant. Bydd rhai pethau lliw yn colli lliw wrth golli ocsigen – hynny yw, wrth gael eu **rhydwytho**. Mae sylffwr deuocsid yn eu cannu trwy eu rhydwytho.
5 Pan fydd yn dianc i'r aer o bibellau gwacáu ceir ac o ffatrïoedd, mae'n achosi llygredd aer. Mae'n ymosod ar system anadlu pobl ac anifeiliaid. Mae'n toddi mewn glaw i roi glaw asid. Mae hwn yn difrodi adeiladau, gwaith metel a phlanhigion.

Cafodd y coed hyn eu lladd gan sylffwr deuocsid, a doddodd mewn glaw i roi *glaw asid.*

Defnyddio sylffwr deuocsid

Defnyddir rhywfaint i gannu gwlân, sidan a mwydion pren ar gyfer gwneud papur newydd. Defnyddir rhywfaint ar gyfer paratoi diodydd ysgafn, jam a ffrwythau wedi'u sychu, oherwydd ei fod yn atal twf bacteria a llwydni. Ond defnyddir y rhan fwyaf i wneud asid sylffwrig, fel y dangosir ar dudalen 172.

Papur sgrap yn cael ei ailgylchynu ar gyfer papurau newydd. Y cam nesaf yw cannu'r papur â sylffwr deuocsid.

Dyma lun o ddarnau tatws. Mae'r rhai ar y chwith wedi'u trin â sylffwr deuocsid rhag iddynt droi'n frown.

Cwestiynau

1 Beth yw 2 ffynhonnell sylffwr?
2 Mae sylffwr yn adweithio â phlwm i ffurfio plwm(II) sylffid. Ysgrifennwch hafaliad ar gyfer yr adwaith.
3 Ysgrifennwch 3 defnydd ar gyfer sylffwr.
4 Eglurwch pam mae sylffwr deuocsid yn gwneud glaw asid.
5 Mae sylffwr deuocsid yn drymach nag aer. Sut y gallai hynny effeithio ar lygredd tybed?
6 Ysgrifennwch 3 defnydd ar gyfer sylffwr deuocsid.

12.4 Asid sylffwrig a sylffadau

Sut mae gwneud asid sylffwrig?

Mae mwy o asid sylffwrig yn cael ei gynhyrchu bob blwyddyn nag o unrhyw gemegyn arall. Trwy'r Broses Gyffwrdd y gwneir y rhan fwyaf ohono. Y deunyddiau crai yw sylffwr, aer a dŵr. Mae'r siart rhediad hwn yn dangos y broses:

Sylffwr

↓ 1 ei losgi mewn **aer**

Sylffwr deuocsid, SO_2

$S(s) + O_2(n) \rightarrow SO_2(n)$

↓ 2 ei gymysgu â rhagor o aer
3 ei basio dros bedwar neu bump gwahanol wely o gatalydd (gronynnau o vanadiwm(V) ocsid) ar 450 °C

Sylffwr triocsid, SO_3

$2SO_2(n) + O_2(n) \rightleftharpoons 2SO_3(n)$

↓ 4 ei doddi mewn asid sylffwrig crynodedig

Hylif mygdarthol trwchus o'r enw **olewm**

↓ 5 ei gymysgu'n ofalus â dŵr

Asid sylffwrig crynodedig, H_2SO_4

$H_2O(h) + SO_3(n) \rightarrow H_2SO_4(h)$

Rhan o waith asid sylffwrig ICI yn Billingham.

Mae'r rhybudd hwn i'w weld ar bob cynhwysydd a thancer sy'n cynnwys asid sylffwrig. Beth yw'r neges?

Pethau i'w nodi am y Broses Gyffwrdd

1 Mae'r adwaith rhwng sylffwr deuocsid ac ocsigen yn **gildroadwy**. Mae'r cymysgedd nwy yn llifo dros sawl gwely o gatalydd er mwyn cael cynnyrch uchel o sylffwr triocsid.
2 Ni fydd y catalydd yn gweithio dan 400 °C. Felly ar dymheredd is, byddai'r adwaith yn rhy araf. Ac ar dymheredd uwch, mae cynnyrch y sylffwr triocsid yn gostwng. Felly gwneir yr adwaith ar 450 °C fel cyfaddawd.
3 Mae llosgi sylffwr mewn aer yn **ecsothermig** – mae'n rhyddhau gwres. Felly hefyd yr adwaith rhwng sylffwr deuocsid ac ocsigen.
4 Defnyddir y gwres a ddaw o'r adweithiau hyn i wneud ager. Yna defnyddir yr ager i wneud trydan, neu caiff ei werthu i ffatrïoedd lleol ar gyfer gwresogi. Mae hyn yn helpu i dalu cost rhedeg y gwaith.
5 Rhaid i'r peirianwyr wneud yn siŵr nad oes unrhyw sylffwr deuocsid na sylffwr triocsid nac asid yn dianc o'r gwaith, oherwydd byddai hynny'n achosi llygredd difrifol.

Mae asid sylffwrig yn gemegyn peryglus i'w storio a'i gludo. Os yn bosibl, bydd y gwaith asid yn cael ei godi'n agos at y prif ddefnyddwyr, i gadw costau cludiant yn isel.

Defnyddio asid sylffwrig

Defnyddir y rhan fwyaf ohono i wneud gwrteithiau fel amoniwm sylffad. Defnyddir rhywfaint i wneud paent, glanedyddion disebon, sebon, lliwurau a phlastig. Defnyddir rhywfaint fel asid batri. Mewn gwirionedd, mae bron pob diwydiant yn defnyddio rhywfaint o asid sylffwrig. (Dyma'r asid rhataf i'w brynu.)

Dyma ddigwyddodd wrth ychwanegu asid sylffwrig crynodedig at ddwy lwyaid o siwgr.

Priodweddau asid sylffwrig

Yr asid crynodedig Dyma ei briodweddau:

1 Mae'n hylif di-liw tebyg i olew.

2 Yn boeth, mae'n gweithredu fel ocsidydd. Bydd yn ocsidio metelau yn sylffadau. Er enghraifft, mae'n ocsidio copor fel hyn:

$$Cu(s) + 2H_2SO_4(h) \rightarrow CuSO_4(dyfr) + 2H_2O(h) + SO_2(n)$$

Pan fydd yn gweithredu fel ocsidydd, mae ef ei hun yn cael ei rydwytho yn sylffwr deuocsid, sy'n byrlymu ymaith fel nwy.

3 Mae'n gweithio fel **dadhydradydd**. Ystyr hynny yw ei fod yn gallu tynnu dŵr. Mae'n troi grisialau copor(II) sylffad glas yn bowdr gwyn trwy dynnu dŵr grisialu:

$$CuSO_4.5H_2O(s) - 5H_2O(h) \rightarrow CuSO_4(s)$$

Mae hefyd yn dadhydradu siwgr, papur a phren. Mae'r sylweddau hyn i gyd wedi'u gwneud o garbon, hydrogen ac ocsigen. Mae'r asid yn tynnu'r hydrogen ac ocsigen fel dŵr, gan adael carbon ar ôl.

Oherwydd ei fod yn gweithredu fel dadhydradydd, gellir defnyddio asid sylffwrig crynodedig hefyd i sychu nwyon, cyn belled na fydd yn adweithio â nhw. Er enghraifft, fe'i defnyddir i sychu hydrogen clorid (tudalen 176).

Yr asid gwanedig Mae ganddo briodweddau asid cyffredin:

1 Mae'n troi litmws glas yn goch.

2 Mae'n adweithio â metelau i roi hydrogen, a halwynau o'r enw **sylffadau.**

3 Mae'n adweithio ag ocsidau metel a hydrocsidau i roi sylffadau a dŵr.

4 Mae'n adweithio â charbonadau i roi sylffadau, dŵr a charbon deuocsid.

Gwneir yr asid gwanedig trwy ychwanegu asid crynodedig at ddŵr yn ofalus (byth yn y drefn groes, oherwydd caiff cymaint o wres ei gynhyrchu fel y gallai asid dasgu ac achosi difrod).

Prawf am sylffadau

Mae'r rhan fwyaf o sylffadau yn hydawdd mewn dŵr. Ond mae sylffadau plwm, calsiwm a bariwm yn anhydawdd. Mae hyn yn rhoi ffordd o brofi am sylffadau.

I weld a yw toddiant anhysbys yn cynnwys sylffad, dyma'r camau:

1 Yn gyntaf, ychwanegu ychydig ddiferion o asid hydroclorig, i'w asidio.

2 Yna ychwanegu ychydig ddiferion o doddiant bariwm clorid.

3 Os oes sylffad yn bresennol, mae gwaddod gwyn yn ymffurfio. Y gwaddod gwyn yw bariwm sylffad, $BaSO_4$.

Cwestiynau

1 Enwch: **a** y broses **b** y deunyddiau crai **c** y catalydd ar gyfer gwneud asid sylffwrig.

2 Pa nwy sy'n cael ei ryddhau pan fydd asid sylffwrig crynodedig yn gweithredu fel ocsidydd?

3 Eglurwch pam mae asid sylffwrig crynodedig:
a yn troi copor(II) sylffad glas yn wyn
b yn golosgi siwgr **c** yn cael ei ddefnyddio i sychu nwyon

4 Disgrifiwch y prawf ar gyfer sylffadau.

12.5 Clorin

Sut mae gwneud clorin?

Mae clorin yn adweithiol iawn, felly nid yw byth i'w gael fel elfen rydd mewn natur. Mae'n digwydd yn bennaf ar ffurf cyfansoddyn **sodiwm clorid**, neu halen craig.

Mewn diwydiant Mae clorin yn cael ei wneud trwy electroleiddio sodiwm clorid tawdd (tudalen 140) neu heli (tudalen 82). Toddiant crynodedig o sodiwm clorid mewn dŵr yw heli.

Yn y labordy Mae'n haws gwneud clorin o asid hydroclorig yn y labordy. Defnyddir **ocsidydd** i dynnu hydrogen o'r asid, gan adael clorin:

$$2HCl(\mathit{dyfr}) + \underset{\text{o'r ocsidydd}}{[O]} \rightarrow H_2O(h) + Cl_2(n)$$

Mae manganis(IV) ocsid yn ocsidydd addas. Dangosir yr offer isod. Rhaid ei osod mewn cwpwrdd gwyntyllu.

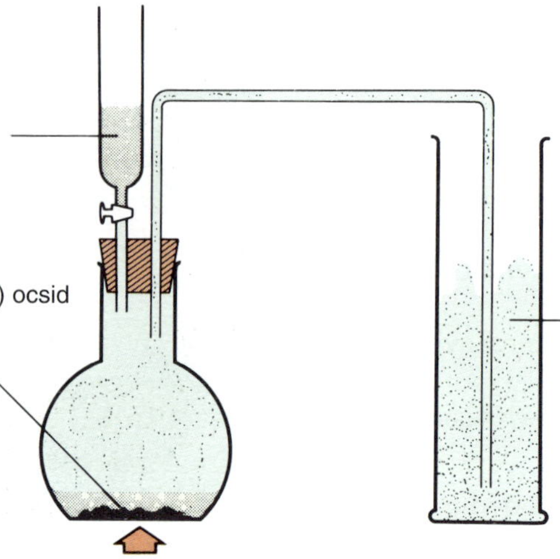

Rhaid gwresogi'r cymysgedd yn ysgafn wrth i'r asid crynodedig gael ei ddiferu ar y manganis(IV) ocsid. Edrychwch ar y ffordd y cesglir y nwy. A yw'r nwy yn drymach ynteu'n ysgafnach nag aer?

Defnyddir clorin i steryllu'r dŵr mewn pyllau nofio

Priodweddau clorin

1 Mae'n nwy melynwyrdd ag arogl myglyd, cryf iawn.
2 Mae'n drymach nag aer.
3 Mae'n wenwynig i bopeth byw. Yn wir, cafodd ei ddefnyddio fel arf yn y Rhyfel Byd Cyntaf.
4 Mae'n hydawdd mewn dŵr. **Dŵr clorin** yw enw'r toddiant. Mae'n asidig am fod clorin yn adweithio â dŵr i ffurfio *dau* asid:

$$Cl_2(n) + H_2O(h) \rightarrow \underset{\text{asid hydroclorig}}{HCl(\mathit{dyfr})} + \underset{\text{asid hypoclorus}}{HOCl(\mathit{dyfr})}$$

Mae asid hypoclorus yn dadfeilio'n araf eto, gan ryddhau ocsigen:

$$2HOCl(\mathit{dyfr}) \rightarrow 2HCl(\mathit{dyfr}) + O_2(n)$$

Milwr yn y Rhyfel Byd Cyntaf, yn barod am ymosodiad nwy clorin.

5 Mae dŵr clorin yn gannydd. Mae hyn oherwydd bod yr asid hypoclorus ynddo yn gallu colli ocsigen i sylweddau eraill – gall eu **hocsidio**. Bydd rhai sylweddau lliw yn troi'n ddi-liw wrth gael eu hocsidio.

6 Fel canyddion eraill, mae dŵr clorin hefyd yn gweithredu fel steryllydd – mae'n lladd bacteria a germau eraill.

7 Mae clorin yn adweithiol iawn. Mae'n cyfuno â nifer o anfetelau a'r rhan fwyaf o fetelau:

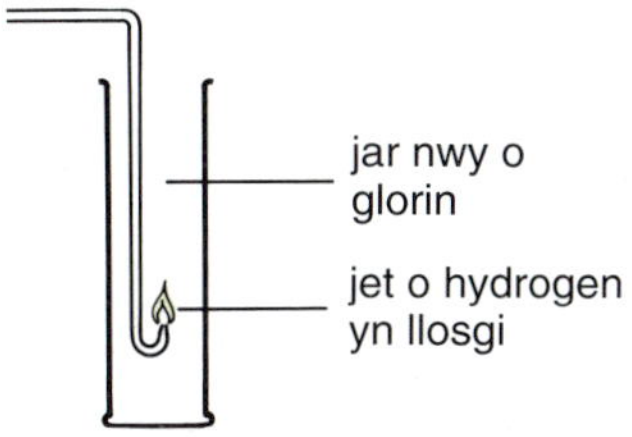

Mae hydrogen yn llosgi ynddo i ffurfio hydrogen clorid:

$H_2(n) + Cl_2(n) \rightarrow 2HCl(n)$

Gall hwn fod yn adwaith ffrwydrol.

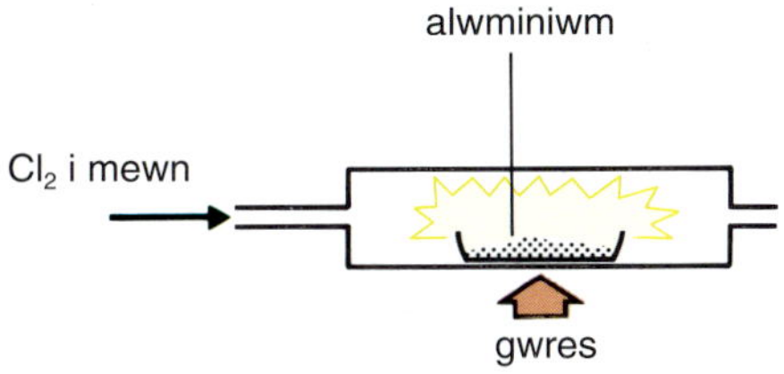

Wrth iddo lifo dros alwminiwm wedi'i wresogi, mae'r metel yn mynd yn wyn gloyw ac yn troi'n alwminiwm clorid:

$2Al(s) + 3Cl_2(n) \rightarrow 2AlCl_3(s)$

Gallwch ddarllen am ei adwaith â haearn ar dudalen 127.

8 Os bydd clorin yn byrlymu i doddiant haearn(II) clorid, ffurfir haearn(III) clorid:

$2FeCl_2(dyfr) + Cl_2(n) \rightarrow 2FeCl_3(dyfr)$

9 Mae clorin yn dadleoli halogenau eraill o doddiannau o'u cyfansoddion. Er enghraifft, mae toddiant potasiwm bromid yn ddi-liw, ond mae'n troi'n oren wrth i glorin fyrlymu trwyddo, oherwydd bod y bromin yn cael ei ddadleoli:

$2KBr(dyfr) + Cl_2(n) \rightarrow 2KCl(dyfr) + Br_2(dyfr)$

di-liw oren

Mae toddiant o botasiwm ïodid hefyd yn newid lliw:

$2KI(dyfr) + Cl_2(n) \rightarrow 2KCl(dyfr) + I_2(dyfr)$

di-liw browngoch

Mae'r adweithiau hyn yn dangos bod clorin yn fwy **adweithiol** na bromin neu ïodin – gall eu gyrru o'u cyfansoddion.

Profi am glorin yn y labordy. Mae'r nwy yn cannu litmws llaith. Allwch chi esbonio pam?

Defnyddio clorin

Defnyddir ef i steryllu dŵr yfed, a'r dŵr mewn pyllau nofio. Defnyddir ef i wneud polyfinylclorid (PVC). Hefyd, canyddion, plaleiddiaid, chwynleiddiaid a thoddyddion fel tetracloroethan (ar gyfer sychlanhau) a trichloroethan (ar gyfer hylif cywiro). Ond bydd y rhan fwyaf ohono'n cael ei droi'n asid hydroclorig.

Cafodd pob un o'r rhain eu gwneud gyda chlorin. Cofiwch ei bod yn beryglus cymysgu canyddion a germleiddiaid a wneir o glorin, gyda mathau eraill. Gallai'r adwaith fod yn ffrwydrol.

Cwestiynau

1 Disgrifiwch sut y byddech chi'n gwneud clorin yn y labordy, a darluniwch yr offer.

2 Esboniwch pam mae toddiant o glorin mewn dŵr:
   a yn asidig **b** yn gallu cannu pethau
   c yn rhyddhau ocsigen yn araf

3 Sut byddech chi'n profi am glorin yn y labordy?

4 Ysgrifennwch hafaliadau i ddangos sut mae clorin yn adweithio â: sodiwm; haearn; toddiant sodiwm ïodid.
   Beth fyddai i'w *weld* yn yr adwaith olaf?

5 Rhestrwch *bum* defnydd ar gyfer clorin.

12.6 Hydrogen clorid, asid hydroclorig a chloridau

Hydrogen clorid

Gallech wneud hydrogen clorid yn y labordy drwy ddiferu asid sylffwrig crynodedig ar unrhyw glorid. Sodiwm clorid yw'r un rhataf i'w ddefnyddio. Dyma'r adwaith:

$NaCl(s) + H_2SO_4(h) \rightarrow NaHSO_4(dyfr) + HCl(n)$

sodiwm hydrogen sylffad

Defnyddir asid sylffwrig crynodedig hefyd i sychu'r nwy:

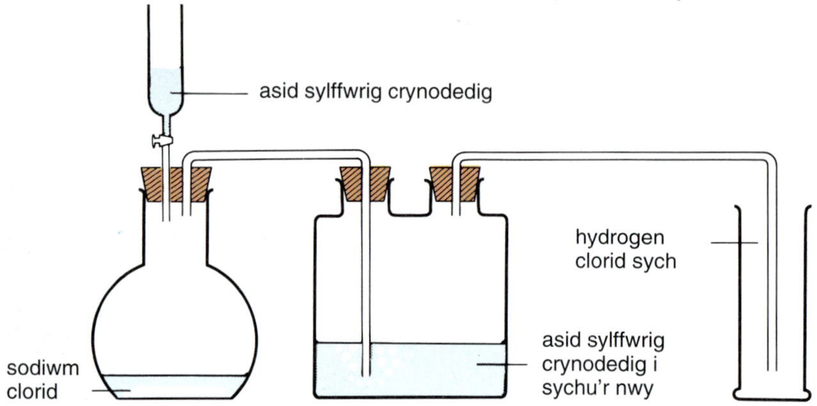

Priodweddau hydrogen clorid

1 Mae'n drymach nag aer. (Sut gallwch ddweud hyn o'r diagram?)
2 Mae ganddo arogl cryf iawn, ac mae'n annifyr i'r llygaid a'r ysgyfaint.
3 Mae'n toddi'n hawdd iawn mewn dŵr i ffurfio **asid hydroclorig**. Fel pob asid, mae hwn yn cynnwys ïonau hydrogen:

   $HCl(dyfr) \rightarrow H^+(dyfr) + Cl^-(dyfr)$

4 Mae hydrogen clorid yn adweithio ag amonia i ffurfio mwg gwyn, sef gronynnau mân o amoniwm clorid solid:

   $NH_3(n) + HCl(n) \rightarrow NH_4Cl(s)$

   Defnyddir yr adwaith hwn i brofi am amonia, neu hydrogen clorid.

Asid hydroclorig

Gwelsoch fod hydrogen clorid yn toddi mewn dŵr, i ffurfio asid hydroclorig. Dyma sut mae gwneud yr asid mewn diwydiant. Yn gyntaf, gwneir hydrogen clorid trwy losgi hydrogen mewn clorin. Yna mae'r nwy yn llifo i dyrau amsugno i'w doddi mewn dŵr.

Priodweddau'r asid Mae'n adweithio mewn ffyrdd sy'n nodweddiadol o asid. Mae'n:

1 Adweithio â metelau i roi hydrogen a halwynau o'r enw **cloridau.**
2 Adweithio ag ocsidau metel a hydrocsidau metel i roi cloridau a dŵr.
3 Adweithio â charbonadau i roi cloridau, dŵr a charbon deuocsid.

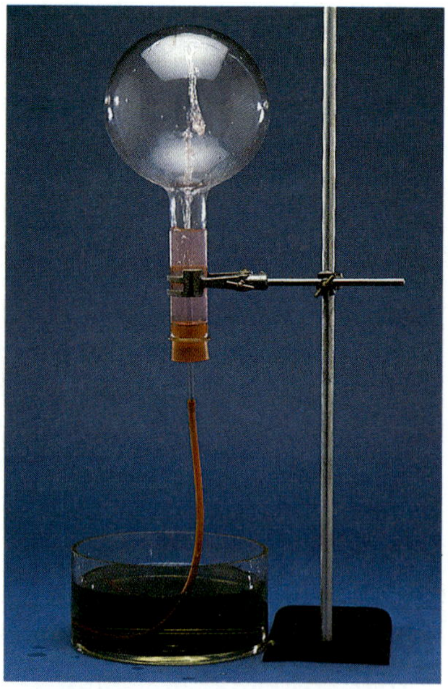

Mae hydrogen clorid mor hydawdd mewn dŵr fel y gallwch wneud arbrawf y pistyll ag ef (tudalen 156).

Daw llawer o halen gwledydd Prydain o fwyngloddiau tanddaearol yn Swydd Gaer. Dyma'r halen yn cael ei gloddio.

Sodiwm clorid

Sodiwm clorid (NaCl) yw'r clorid pwysicaf un.

1 Mae i'w gael yn naturiol fel halen craig, ac mewn dŵr môr.
2 Mae'n fan cychwyn ar gyfer nifer o gemegion eraill. Er enghraifft, mae electroleiddio sodiwm clorid tawdd yn rhoi sodiwm a chlorin. Mae electroleiddio toddiant crynodedig (heli) yn rhoi sodiwm hydrocsid, clorin a hydrogen. Gwneir sodiwm carbonad a sodiwm hydrogen carbonad o sodiwm clorid hefyd.
3 Mae'n gwella blas bwyd. Ond yn bwysicach, mae'n rhoi ïonau sodiwm i chi, sy'n hanfodol ar gyfer hylifau'r corff. Ond, mae meddygon o'r farn fod gormod o halen yn gallu achosi pwysedd gwaed uchel.
4 Mae'n cael ei ddefnyddio i doddi iâ ar y ffyrdd yn y gaeaf. Ond gall hyn gael effaith niweidiol ar bethau fel ceir, tryciau a pholion lamp, oherwydd bod sodiwm clorid yn gwneud i haearn rydu'n gynt.

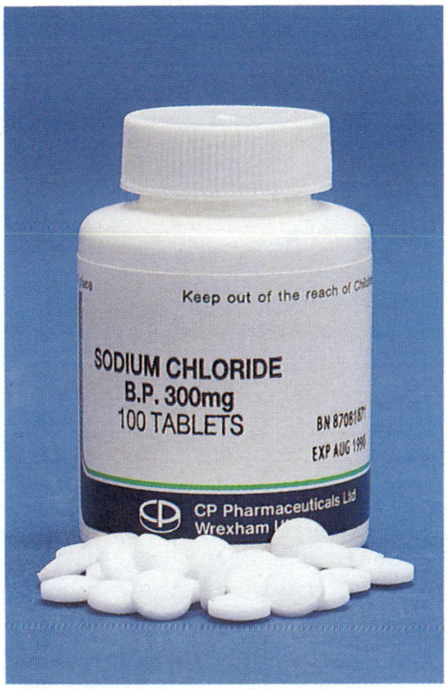

Mae'ch corff yn colli sodiwm clorid mewn chwys. Gallech deimlo wedi blino'n llwyr. Felly mewn hinsoddau poeth, bydd pobl yn aml yn gorfod cymryd tabledi halen.

Profi am gloridau

Dim ond arian a phlwm clorid sy'n anhydawdd mewn dŵr. Mae pob un arall yn hydawdd. Dyma sail y prawf am gloridau.
I weld a yw toddiant anhysbys yn cynnwys clorid, dyma'r camau:
1 Yn gyntaf, ychwanegu ychydig ddiferion o asid nitrig, i asidio'r toddiant.
2 Yna ychwanegu ychydig o doddiant arian nitrad.
3 Os oes clorid yn bresennol, bydd gwaddod gwyn o arian clorid yn ymffurfio.

Cwestiynau

1 Rhowch ddwy o briodweddau *ffisegol* hydrogen clorid.
2 Copïwch a chwblhewch: Gelwir toddiant o ..... clorid mewn dŵr yn asid ...... Mae'n adweithio â metelau i roi .... Mae pob un o'r rhain yn hydawdd ar wahân i .... a ....
3 Enwch dri chemegyn a wneir o sodiwm clorid.
4 Esboniwch pam mae sodiwm clorid yn gallu gwneud i iâ ymdoddi. (Awgrym: edrychwch ar Bennod 1.)
5 Disgrifiwch sut byddech chi'n profi toddiant i weld a yw'n cynnwys clorid.

Cwestiynau ar Bennod 12

1 Edrychwch ar bob disgrifiad isod yn ei dro. Dywedwch a yw'n sôn am ocsigen, ynteu sylffwr, ynteu clorin.
a Eithaf hydawdd mewn dŵr
b Solid ar dymheredd ystafell
c Adweithio â metelau i ffurfio ocsidau
ch Yn bodoli mewn mwy nag un ffurf solid
d Pan yw'n llaith, mae'n tynnu'r lliw o liwurau
dd Llosgi mewn aer â fflam las
e Adweithio â hydrogen i ffurfio dŵr
f Nwy gwenwynig
ff Cael ei ychwanegu at rwber i'w wneud yn wydn a chryf
g Yn ailgynnau sblint gloyw
ng Di-liw
h Adweithio ag elfennau eraill i ffurfio cloridau
i Ffurfio ocsid nwyol sy'n achosi glaw asid wrth ei losgi

2 Mae ocsigen yn adweithio â llawer o wahanol elfennau.
a Copïwch a chwblhewch y tabl canlynol i ddangos canlyniadau arbrofion hylosgi a gynhelir gan ddefnyddio jariau o nwy ocsigen.

Elfen	Beth fyddai i'w weld yn y jar nwy
potasiwm	
calsiwm	
carbon	
ffosfforws	
magnesiwm	
copor	
sylffwr	

b Pa elfen nad oes angen ei gwresogi?
c Pa elfen nad yw'n cynnau?
ch Yn achos potasiwm, mae'r cynnyrch yn hydawdd mewn dŵr. Pa rai o'r cynhyrchion eraill sy'n hydawdd mewn dŵr?
d Pa gynhyrchion sy'n rhoi toddiannau dyfrllyd sy'n asidig?
dd Pa rai o'r elfennau sy'n ffurfio ocsidau basig?

3 Mae'r elfennau sylffwr ac ocsigen yn yr un grŵp yn Nhabl yr Elfennau, felly mae ganddynt briodweddau tebyg. Ond mae yna rai gwahaniaethau rhyngddynt hefyd. Defnyddiwch yr wybodaeth ar dudalennau 166-171 i ateb y cwestiynau hyn.
a Mae ocsigen yn anfetel. A yw sylffwr yn anfetel?
b A yw'r elfennau yn edrych yn debyg ar dymheredd ystafell? Esboniwch eich ateb.
c Mae'r ddwy elfen yn folecylaidd. Pa fath o fondio sydd yn eu molecylau?
ch Ym mha ffordd y mae eu molecylau yn wahanol?
d Mae sylffwr yn cyfuno â hydrogen i ffurfio'r nwy hydrogen sylffid, H_2S. Enwch un ffordd y mae hwn yn wahanol i'r cyfansoddyn a ffurfir rhwng ocsigen a hydrogen.

4 Mae'r diagramau canlynol yn cynrychioli molecylau o wahanol sylweddau sy'n cynnwys sylffwr.
a Ysgrifennwch fformwla cemegol pob sylwedd, yna enwch y sylwedd.

i

ii

iii
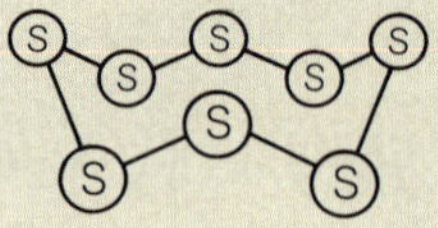

iv

v
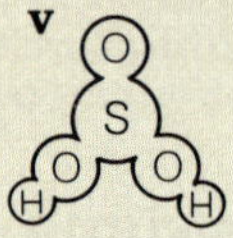

b Sut byddech chi'n newid:
sylwedd **iii** yn sylwedd **i**?
sylwedd **i** yn sylwedd **ii**?
sylwedd **i** yn sylwedd **v**?

Isod mae siart rhediad ar gyfer y Broses Gyffwrdd.

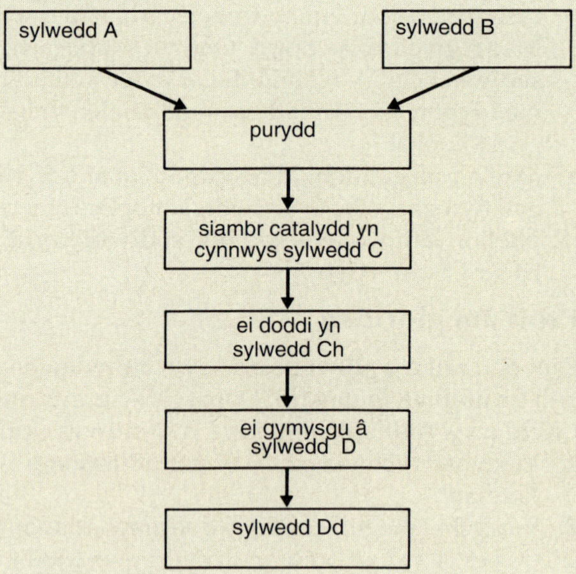

a Enwch sylweddau A, B, C, Ch, D ac Dd.
b Pam y defnyddir catalydd?
c Ysgrifennwch hafaliad cemegol ar gyfer yr adwaith sy'n digwydd ar y catalydd.
ch Pam mae cynhyrchu sylwedd Dd yn bwysig iawn? Rhowch dri rheswm.
d Copïwch y siart rhediad, gan ysgrifennu enwau'r gwahanol sylweddau yn llawn.

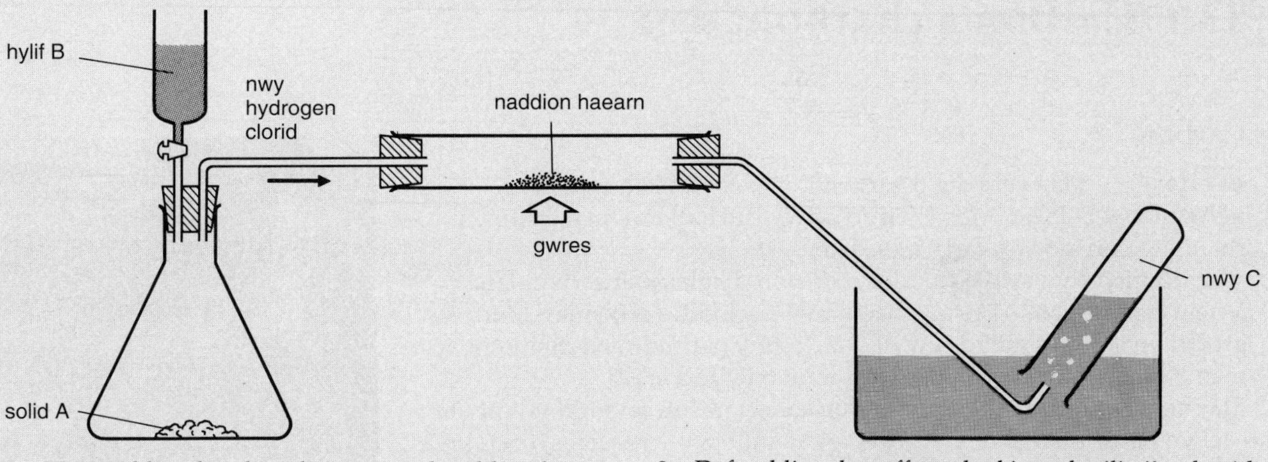

6 Mae'r tabl canlynol yn dangos priodweddau rhai ocsidau.

Ocsid	Cyflwr ar 20 °C	Wrth ei ychwanegu at ddŵr: Rhyddhau egni?	Wrth ei ychwanegu at ddŵr: pH y toddiant
Magnesiwm ocsid	solid	nac ydy	dros 7
Calsiwm ocsid	solid	ydy	dros 7
Copor(II) ocsid	solid	nac ydy	—
Sylffwr deuocsid	nwy	ydy	dan 7
Carbon deuocsid	nwy	nac ydy	dan 7

a Pam na roddir pH ar gyfer copor(II) ocsid?
b Pa 2 gyfansoddyn sy'n adweithio wrth eu hychwanegu at ddŵr? Rhowch reswm am eich dewis.
c Pa 2 gyfansoddyn sy'n cynnwys anfetelau'n unig?
ch O'r wybodaeth yn y tabl, pa gasgliadau y dewch iddynt am:
  i pH toddiannau o ocsidau?
  ii cyflwr ocsidau ar dymheredd ystafell (20 °C)

7 Gall asid sylffwrig weithredu fel dadhydradydd ac ocsidydd, yn ogystal ag fel asid. Penderfynwch sut mae'n ymddwyn yn yr achosion hyn:
a Yn troi litmws glas yn goch.
b Yn adweithio â magnesiwm i roi hydrogen.
c O'i ddefnyddio i sychu nwy hydrogen clorid.
ch Yn niwtralu sodiwm hydrocsid i ffurfio halwyn.
d Yn adweithio â chopor i ryddhau sylffwr deuocsid.
dd Yn troi siwgr yn ddu.
e Yn troi copor sylffad glas yn wyn.
f Yn cynhyrchu carbon deuocsid wrth ei ychwanegu at garbonad.

8 **a** Edrychwch eto ar yr adweithiau yng nghwestiynau 7. Nodwch ar gyfer pob un a ddylai'r asid sylffwrig fod yn grynodedig, yn wanedig ynteu unrhyw un o'r ddau.
b I wneud asid sylffwrig gwanedig, rhaid ychwanegu'r asid crynodedig yn ofalus at ddŵr, a *byth* yn y drefn arall. Eglurwch pam.

9 Defnyddiwyd yr offer uchod i ymchwilio i'r adwaith rhwng hydrogen clorid a naddion haearn.
a Enwch sylwedd addas ar gyfer solid A.
b Enwch sylwedd addas ar gyfer hylif B.
c Mae'r adwaith rhwng haearn ac asid hydroclorig yn ecsothermig. Beth welech chi yn y tiwb hylosgi?
ch Mae nwy C yn llosgi â sŵn popian gwichlyd. Beth ydyw?
d Awgrymwch enw ar gyfer y cynnyrch sydd ar ôl yn y tiwb hylosgi ar ddiwedd yr adwaith.
dd Ysgrifennwch hafaliad geiriol am yr adwaith.
e Gallai'r offer fod yn beryglus. Awgrymwch pam.

10 Pan roddir darn o bapur litmws glas llaith mewn jar nwy yn llawn o glorin, mae'r litmws yn newid lliw. Yn gyntaf, mae'r lliw glas yn troi'n goch, yna mae'r lliw coch yn diflannu'n gyflym, gan adael y papur yn wyn.
a Eglurwch pam mae'r papur yn troi'n goch.
b Eglurwch pam mae'r lliw coch yn diflannu wedyn.

11 Mae nwy clorin yn llifo trwy ddau doddiant, fel y dangosir isod.

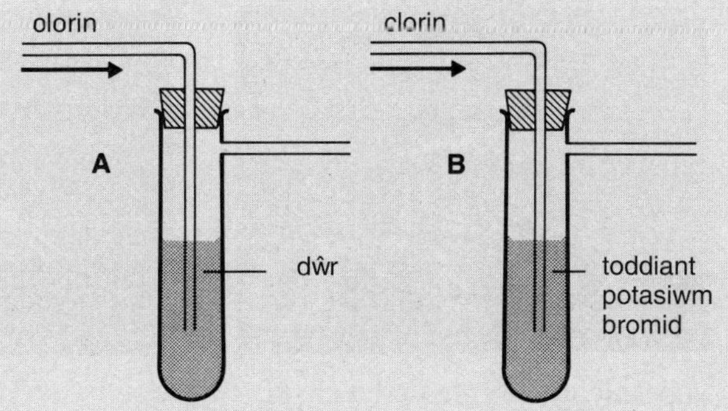

a Beth fyddech chi'n ei *weld* ym mhob tiwb prawf?
b Pa gemegyn/gemegion a ffurfir ym mhob tiwb?
c Ysgrifennwch hafaliadau geiriol a chemegol ar gyfer y ddau adwaith.
ch Pa un o'r adweithiau sy'n ddadleoliad?
d Ysgrifennwch hafaliad geiriol ar gyfer adwaith dadleoli tebyg, gan ddefnyddio clorin.

13.1 Carbon a charbonadau

Carbon

Mae diemwnt mor galed fel y gellir ei ddefnyddio i dorri cerrig. Mae ymyl o ddiemwnt ar yr olwyn dorri hon.

Yr elfen Mae ychydig o garbon i'w gael fel elfen rydd yng nghramen y Ddaear. Mae ganddo ddwy ffurf, diemwnt a graffit. Y rhain yw dau alotrop carbon (tudalen 50).
Mae **diemwnt** yn sylwedd caled, clir sy'n disgleirio mewn golau. Mae'n brin. Yn Ne Affrica y mae'n cael ei gloddio'n bennaf. Mae **graffit** yn solid seimllyd tywyll. Mae'n fwy cyffredin na diemwnt ac mae'n cael ei gloddio yn México a nifer o lefydd eraill.
Mae **sercol** a **huddygl** hefyd yn ffurfiau ar graffit, ond nid ydynt i'w cael yn naturiol. Maent yn cael eu gwneud trwy wresogi glo neu bren neu esgyrn anifeiliaid mewn ychydig iawn o aer.

Cyfansoddion carbon Mae carbon hefyd i'w gael yn naturiol mewn miloedd o gyfansoddion.

1 Mae i'w gael fel **carbon deuocsid** yn yr aer.
2 Mae carbon mewn **proteinau, carbohydradau** a chyfansoddion eraill sy'n rhan o bethau byw.
3 Mae glo, pren a nwy naturiol yn gymysgeddau o gyfansoddion carbon.
4 Fe'i ceir mewn llawer o greigiau, fel **carbonadau**.
Yn y bennod hon, byddwn yn edrych ar rai o'r cyfansoddion carbon hyn, gan ddechrau â'r carbonadau.

Carbonadau

Cyfansoddion sy'n cynnwys yr ïon carbonad, CO_3^{2-} yw carbonadau. Dwy enghraifft yw sodiwm carbonad a chalsiwm carbonad. Na_2CO_3 yw fformwla **sodiwm carbonad**. Fe'i gelwir yn aml yn **soda golchi**, a chaiff ei ddefnyddio i wneud gwydr, ac i feddalu dŵr (tudalen 110).
$CaCO_3$ yw fformwla **calsiwm carbonad**. Mae'n dod mewn sawl ffurf, gan gynnwys **calchfaen, sialc** a **marmor**:

Mae calchfaen yn galed a chryf. Dyna yw Eglwys Gadeiriol Sant Paul yn Llundain. Cafodd ei chwblhau ym 1708.

Mae'r Ceffyl Gwyn yn Westbury wedi'i grafu o greigiau sialc. Nid yw sialc mor galed â chalchfaen.

Mae marmor yn galed iawn, a gellir ei wneud yn llyfn iawn. Cafodd ei ddefnyddio'n aml i wneud cerfluniau.

Calchfaen yw'r ffurf fwyaf cyffredin ar galsiwm carbonad. Ar wahân i adeiladu, mae ganddo sawl defnydd arall:

1 Defnyddir ef i echdynnu **haearn** yn y ffwrnais chwyth (tudalen 146).

2 Caiff ei wresogi â thywod a sodiwm carbonad i wneud **gwydr.**
3 Caiff ei wresogi â chlai i wneud powdr llwyd o'r enw **sment**. Pan ychwanegir dŵr, mae sment yn setio'n dalp caled.
4 Wrth ei wresogi, mae calchfaen yn dadelfennu'n galch brwd neu **galsiwm ocsid**, sylwedd gwyn.

$CaCO_3(s) \rightarrow CaO(s) + CO_2(n)$

Mae'r adwaith hwn yn cael ei gynnal ar raddfa fawr mewn odynnau calch. Pan fydd dŵr yn diferu ar dalpiau o galsiwm ocsid, bydd y talpiau'n poethi, yn chwyddo ac yn chwalu'n friwsion. Dyma galch tawdd neu **galsiwm hydrocsid**:

$CaO(s) + H_2O(h) \rightarrow Ca(OH)_2(s)$

Mae calsiwm carbonad, calsiwm ocsid a chalsiwm hydrocsid yn fasau. Maent yn rhad hefyd. Felly bydd ffermwyr yn eu taenu ar ffurf powdr ar bridd sy'n rhy asidig. Ychwanegir calsiwm hydrocsid hefyd at wastraff hylif o ffatrïoedd, i niwtralu unrhyw asidau ynddo (tudalen 123).

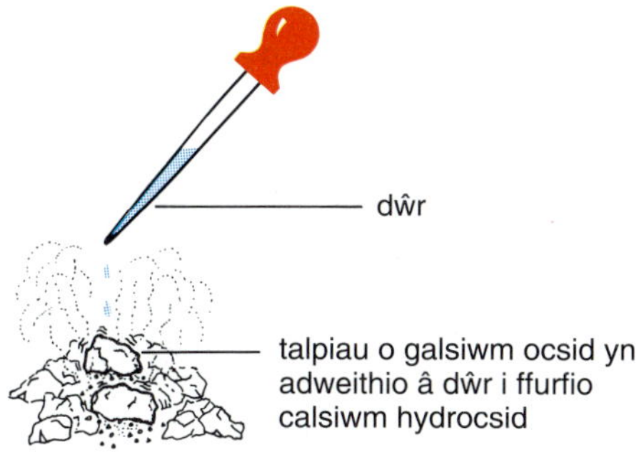

Priodweddau carbonadau

1 Maent yn anhydawdd mewn dŵr, ar wahân i garbonadau sodiwm, potasiwm ac amoniwm.
2 Maent yn adweithio ag asidau i ffurfio halwyn, dŵr a charbon deuocsid.
3 Wrth eu gwresogi, mae'r rhan fwyaf yn ymchwalu'n garbon deuocsid ac ocsid. Uchod gwelwyd sut mae calsiwm carbonad yn ymchwalu. Mae copor(II) carbonad yn dadelfennu yr un ffordd:

$CuCO_3(s) \rightarrow CuO(s) + CO_2(n)$
gwyrdd du

Ond nid yw gwres yn effeithio ar garbonadau sodiwm a photasiwm. (Po fwyaf adweithiol y metel, mwyaf sefydlog ei gyfansoddion.)
4 Mae carbonadau metel yn adweithio â dŵr a charbon deuocsid i ffurfio **hydrogen carbonadau metel**. Er enghraifft:

sodiwm carbonad + dŵr + carbon deuocsid → sodiwm hydrogen carbonad

$Na_2CO_3(s) + H_2O(h) + CO_2(n) \rightarrow 2NaHCO_3(dyfr)$

Gelwir sodiwm hydrogen carbonad yn aml yn **soda bicarbonad** neu **soda pobi**. Bydd yn dadelfennu wrth ei wresogi, gan ryddhau carbon deuocsid:

$2NaHCO_3(s) \rightarrow Na_2CO_3(s) + CO_2(n) + H_2O(n)$

Defnyddir soda pobi wrth bobi bara. Mae gwres y popty yn achosi iddo ddadelfennu, ac mae'r carbon deuocsid yn gwneud i'r bara 'godi'.

Sodiwm hydrogen carbonad yw soda bicarbonad. Sodiwm hydrogen carbonad yn gymysg â phethau eraill yw powdr pobi.

Gwnaed y deisen hon â phowdr pobi. Nwy carbon deuocsid sy'n achosi'r tyllau bach.

Cwestiynau

1 Enwch a disgrifiwch alotropau carbon.
2 Enwch dair gwahanol ffurf ar galsiwm carbonad.
3 Ysgrifennwch ddau enw am: **a** CaO **b** $Ca(OH)_2$
Sut mae gwneud yr ail gyfansoddyn o'r cyntaf?
4 Pam mae calsiwm carbonad, calsiwm ocsid a chalsiwm hydrocsid weithiau'n cael eu taenu ar gaeau?
5 Ysgrifennwch hafaliad cytbwys ar gyfer dadelfeniad magnesiwm carbonad wrth ei wresogi.
6 Ysgrifennwch hafaliad geiriol i ddisgrifio dadelfennu soda pobi yn y popty.
7 Beth yw fformwla potasiwm hydrogen carbonad?

13.2 Ocsidau carbon

Carbon deuocsid

Mae ychydig o nwy carbon deuocsid yn yr aer. Cynhyrchir rhywfaint o hwn trwy **resbiradaeth**, sy'n digwydd ym mhopeth byw (tudalen 166). A daw rhywfaint drwy losgi **tanwyddau** – glo, olew, nwy a phren. Mae'r holl danwyddau hyn wedi'u gwneud o gyfansoddion carbon.

Sut i wneud carbon deuocsid yn y labordy Y ffordd arferol yw ychwanegu asid hydroclorig gwanedig at galsiwm carbonad:

$CaCO_3(s) + 2HCl(dyfr) \rightarrow CaCl_2(dyfr) + H_2O(h) + CO_2(n)$

Dangosir yr offer isod:

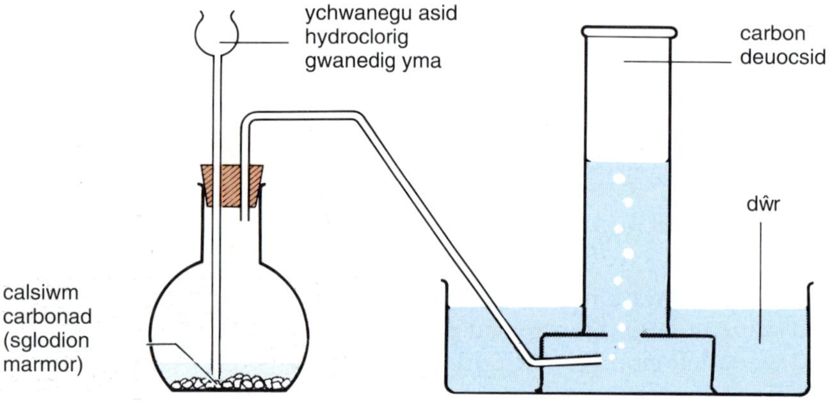

Defnyddir carbon deuocsid solid, neu iâ sych, ar awyrennau i gadw bwyd yn oer.

Priodweddau carbon deuocsid Dyma'r prif rai:

1 Mae'n nwy di-liw, heb arogl.
2 Mae'n llawer trymach nag aer.
3 Wrth ei oeri i –78 °C, mae'n troi'n solid yn syth. Gelwir carbon deuocsid solid yn **iâ sych**. Mae'n sychdarthu wrth ei wresogi.
4 Nid yw carbon deuocsid yn cynnal hylosgiad fel arfer:

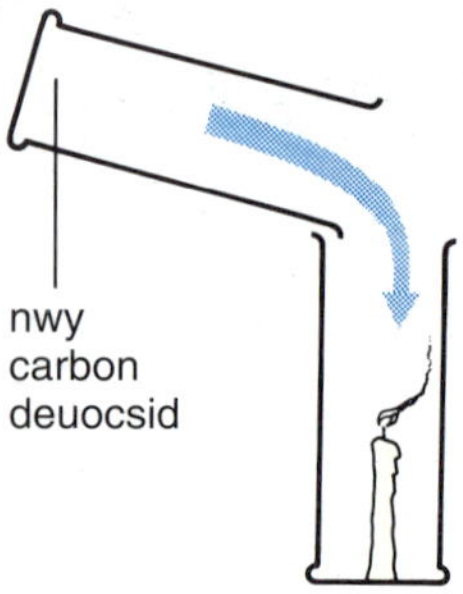

Er enghraifft, bydd yn diffodd cannwyll a sylweddau eraill sy'n llosgi. Am y rheswm hwn mae i'w gael mewn diffoddyddion tân.

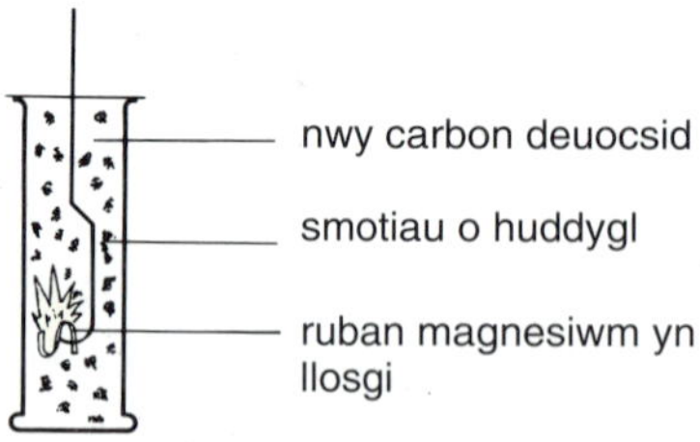

Ond *fe fydd* metelau adweithiol iawn fel magnesiwm yn llosgi ynddo:

$2Mg(s) + CO_2(n) \rightarrow 2MgO(s) + C(s)$

Mae magnesiwm yn tynnu ei ocsigen ac yn gadael y carbon fel huddygl.

Defnyddir diffoddyddion tân carbon deuocsid yn bennaf ar gyfer tanau trydanol.

5 Mae ychydig yn hydawdd mewn dŵr, gan ffurfio toddiant asidig o'r enw asid carbonig (t. 169) sy'n asid gwan iawn.

6 Mae'n adweithio ag alcalïau i ffurfio **carbonadau**. Er enghraifft:

$CO_2(n) + 2NaOH(dyfr) \rightarrow Na_2CO_3(dyfr) + H_2O(h)$

Gellir defnyddio'r adwaith hwn i dynnu carbon deuocsid o'r aer.

Prawf am garbon deuocsid Mae angen **dŵr calch** ar gyfer hyn. Toddiant o galsiwm hydrocsid mewn dŵr yw dŵr calch. Mae carbon deuocsid yn gwneud iddo droi'n llaethog, oherwydd bod gwaddod gwyn mân yn ymffurfio. Ond wrth i ragor o garbon deuocsid fyrlymu trwyddo, mae'r gwaddod yn diflannu.
Calsiwm carbonad yw'r gwaddod, a dyma'r adwaith:

$Ca(OH)_2(dyfr) + CO_2(n) \rightarrow CaCO_3(s) + H_2O(h)$

Mae'n diflannu eto gan ei fod yn adweithio â rhagor o garbon deuocsid i ffurfio calsiwm hydrogen carbonad, sy'n hydawdd:

$CaCO_3(s) + CO_2(n) + H_2O(h) \rightarrow Ca(HCO_3)_2(dyfr)$

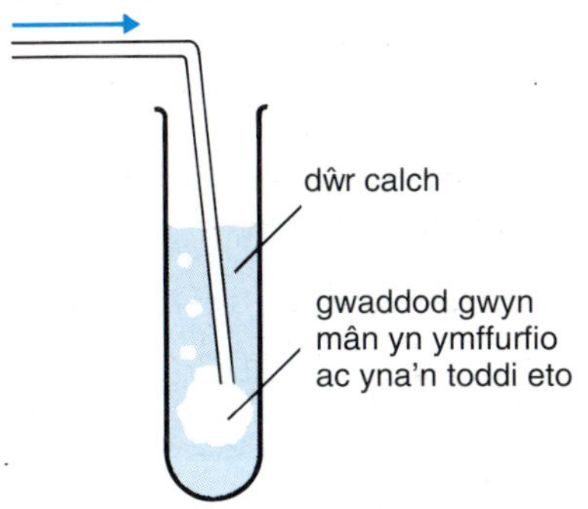

Y prawf am garbon deuocsid.

Defnyddio carbon deuocsid Dyma'r prif ddefnyddiau:

1 Mae'n cael ei ddefnyddio mewn diffoddyddion tân.
2 Mae'n rhoi swigod mewn diodydd fel *coke* a lemonêd. Dim ond ychydig yn hydawdd yw carbon deuocsid, ond mae'n cael ei fyrlymu i'r diodydd hyn dan wasgedd, i wneud i fwy doddi. Wrth agor y poteli mae'n dianc eto, ac mae hynny'n creu swigod.
3 Defnyddir carbon deuocsid solid (iâ sych) i gadw bwyd wedi rhewi.

Carbon monocsid

Pan fydd cyfansoddion carbon yn llosgi mewn digonedd o aer maent yn ffurfio **carbon deuocsid**. Ond pan fydd yr aer yn brin, **carbon monocsid** (CO) sy'n cael ei gynhyrchu. Er enghraifft, mae'n ymffurfio pan fydd petrol yn llosgi mewn peiriannau ceir ac wrth ysmygu sigaréts.

Mae'r aer dros wledydd Prydain yn cynnwys tua 8½ miliwn tunnell fetrig o garbon monocsid, o beiriannau ceir yn bennaf. Yn ffodus, nid yw'n ddigon crynodedig i wenwyno pawb! Ond mae'n niweidiol i bobl â chlefyd y galon.

Priodweddau carbon monocsid

1 Mae'n nwy di-liw heb unrhyw arogl.
2 Mae'n anhydawdd mewn dŵr.
3 Mae'n wenwynig. Os bydd yn mynd i'ch gwaed, bydd yn adweithio â'r **haemoglobin** yn eich celloedd gwaed coch. Haemoglobin yw'r sylwedd sy'n cario ocsigen o amgylch y gwaed. Mae carbon monocsid yn ei rwystro rhag gweithio trwy ffurfio **carbocsihaemoglobin**. Gallai hyn eich lladd oherwydd diffyg ocsigen.
4 Mae'n gweithio fel rhydwythydd, trwy dynnu ocsigen. Er enghraifft, mae'n rhydwytho plwm(II) ocsid yn blwm:

$PbO(s) + CO(n) \rightarrow Pb(s) + CO_2(n)$

Mewn ffwrnais chwyth mae'n rhydwytho haearn(III) ocsid yn haearn (tudalen 146).

Cwestiynau

1 Mae tudalen 182 yn dangos dau adweithydd ar gyfer gwneud carbon deuocsid. Awgrymwch ddau arall a fyddai'n gweithio yn eu lle.
2 Nawr awgrymwch ffordd wahanol o wneud y nwy.
3 Mae carbon deuocsid yn *sychdarthu*. Beth yw ystyr hyn?
4 Disgrifiwch y prawf am garbon deuocsid.
5 Rhowch dri defnydd i garbon deuocsid, gan egluro bob tro pam mae'n addas.
6 Esboniwch pam mae carbon monocsid yn wenwynig.
7 Mae carbon monocsid yn rhydwytho haearn ocsid (Fe_2O_3) yn haearn. Ysgrifennwch hafaliad cytbwys ar gyfer yr adwaith.

13.3 Carbon mewn pethau byw

Mae popeth byw yn cynnwys cyfansoddion carbon:

Mae tua 4% o garbon mewn glaswellt yn ôl ei bwysau.

Mae cragen galed y chwilen hon bron yn 40% o garbon.

Mae pobl yn cynnwys cannoedd o wahanol gyfansoddion carbon. Mae tua 20% o'r baban hwn yn garbon.

O aer i bethau byw

Carbon deuocsid yw ffynhonnell yr holl gyfansoddion carbon mewn pethau byw. Dyma sy'n digwydd:

1 Yn gyntaf, mae planhigion yn cymryd carbon deuocsid o'r aer, a dŵr o'r pridd, i wneud siwgr o'r enw **glwcos. Ffotosynthesis** yw enw'r broses hon. Mae'n digwydd yn nail y planhigyn. Mae angen egni gwres ac egni golau o heulwen. Mae cloroffyl, y sylwedd gwyrdd mewn dail, yn gweithredu fel catalydd ar gyfer yr adwaith:

$$\text{carbon deuocsid} + \text{dŵr} \xrightarrow[\text{cloroffyl}]{\text{heulwen}} \text{glwcos} + \text{ocsigen}$$

$$6CO_2(n) + 6H_2O(h) \rightarrow C_6H_{12}O_6(s) + 6O_2(n)$$

Sylwch fod ffotosynthesis yn cynhyrchu **ocsigen** yn ogystal â glwcos. Mae'r ocsigen yn mynd i'r aer. Bob blwyddyn, bydd planhigion yn rhoi miliynau o dunelli o ocsigen yn yr aer. Yr un pryd, byddwn ninnau'n cymryd miliynau o dunelli ohono o'r aer ar gyfer resbiradaeth (gweler isod) ac ar gyfer llosgi tanwyddau. Heb ffotosynthesis byddai ein cyflenwad ocsigen yn diflannu.

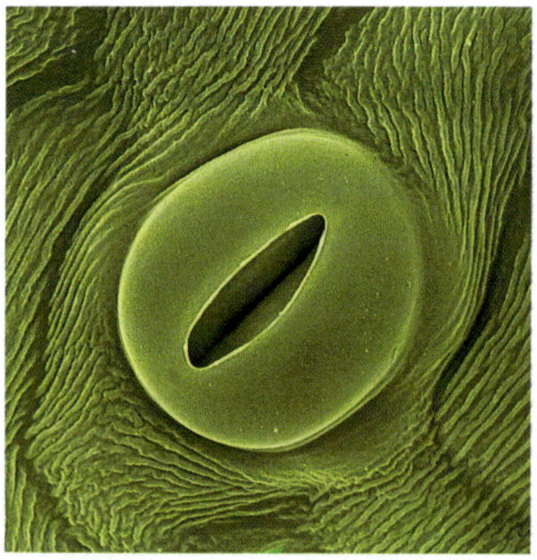

Mae planhigion yn cymryd carbon deuocsid ac yn rhyddhau ocsigen trwy dyllau bach yn eu dail. Dyma dwll mewn deilen wenith, wedi'i chwyddhau 5000 o weithiau.

2 Y tu mewn i'r planhigyn, newidir y glwcos yn **starts, proteinau** a chyfansoddion carbon eraill sy'n angenrheidiol i'r gwreiddiau, coesynnau a dail. I wneud proteinau, mae ar y planhigyn angen nitrogen hefyd, ac ychydig o sylffwr, sy'n dod o'r pridd.

3 Yna bydd anifeiliaid yn cael cyfansoddion carbon trwy fwyta planhigion. A bydd pobl yn bwyta anifeiliaid a phlanhigion.

O bethau byw i aer

Mae carbon deuocsid yn mynd yn ôl i'r aer fel hyn:

1 Mae planhigion ac anifeiliaid yn rhyddhau carbon deuocsid yn ystod **resbiradaeth**. Resbiradaeth yw'r adwaith sy'n rhoi'r egni angenrheidiol i bethau byw. Mae'n digwydd yn eu celloedd:

glwcos + ocsigen → carbon deuocsid + dŵr + egni

Sylwch fod hwn yn adwaith croes i ffotosynthesis.

Mae fforestydd trofannol a jyngl yn bwysig wrth sicrhau nad yw ein hocsigen yn dod i ben.

Yn ystod ffotosynthesis, mae egni gwres a golau yn cael eu cymryd i mewn a'u storio fel egni cemegol mewn glwcos. Mae resbiradaeth yn rhyddhau'r egni sydd wedi'i storio yn y glwcos.

2 Mae bacteria yn bwyta planhigion ac anifeiliaid marw, gan gynhyrchu carbon deuocsid yr un pryd.

3 Mae pren, glo, olew a nwy naturiol i gyd wedi'u gwneud o gyfansoddion carbon. (Mae pob un wedi'i ffurfio o weddillion pethau byw.) Mae pob un ohonynt yn cynhyrchu carbon deuocsid wrth eu llosgi mewn digonedd o aer.

...allanadlu carbon deuocsid, wrth resbiradu.

Y gylchred garbon

Fe welsoch uchod fod carbon deuocsid yn cael ei dynnu o'r aer gan blanhigion, a'i roi yn ei ôl wedyn mewn ffyrdd eraill. Y **gylchred garbon** yw enw'r broses:

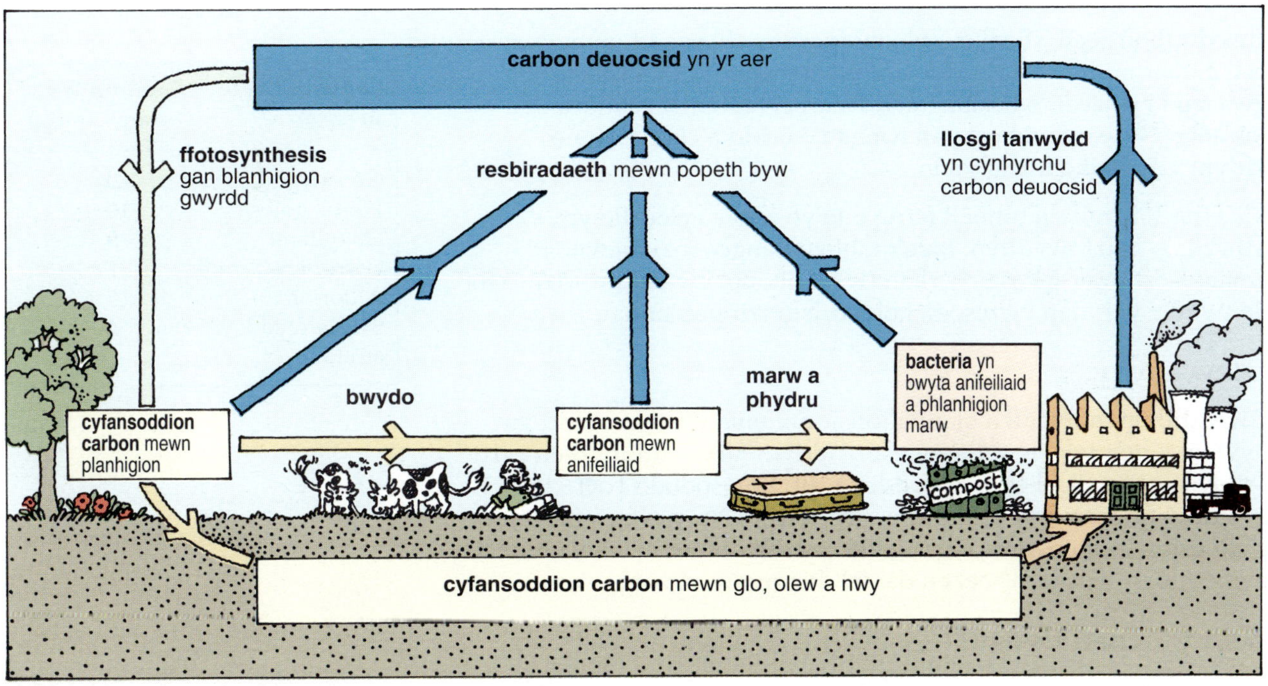

Gormod o garbon deuocsid? Mae llawer o wyddonwyr yn credu y gallem ni ddrysu'r gylchred garbon trwy losgi gormod o danwydd. Gallai hyn roi gormod o garbon deuocsid yn yr aer. Yna gallai'r nwy weithredu fel blanced o amgylch y Ddaear, yn cadw'r gwres i mewn. Mae gwyddonwyr yn galw hyn yn **effaith tŷ gwydr**. Mae'n golygu y gallai'r Ddaear fynd yn rhy gynnes, felly byddai'r tywydd yn newid a'r iâ o amgylch y pegynau yn ymdoddi, gan achosi llifogydd mawr.

Cwestiynau

1 Beth yw ffotosynthesis? Ym mha ran o'r planhigyn y mae'n digwydd?

2 Disgrifiwch sut mae carbon deuocsid o'r aer yn cael ei droi'n brotein yn eich corff.

3 Disgrifiwch dair ffordd y mae carbon deuocsid yn cael ei ddychwelyd i'r aer. Rhowch hafaliadau os gallwch chi.

4 Resbiradaeth yw'r adwaith croes i ffotosynthesis. Eglurwch pam.

13.4 Y tanwyddau ffosil

O olew, glo a nwy y daw'r rhan fwyaf o'r egni a ddefnyddir i goginio bwyd, gyrru ceir a'n cadw'n gynnes.

1 Mae glo, olew a nwy yn **danwyddau ffosil**. Ystyr hynny yw eu bod yn weddillion planhigion ac anifeiliaid a oedd yn byw filiynau o flynyddoedd yn ôl.
2 Mae pob un wedi'i wneud o gyfansoddion carbon.
3 Maent yn cael eu defnyddio fel tanwyddau oherwydd eu bod yn rhyddhau digonedd o egni gwres wrth losgi.
4 Maent yn cynhyrchu carbon deuocsid ac anwedd dŵr yn ogystal ag egni wrth losgi. Er enghraifft, mae nwy Môr y Gogledd (methan) yn llosgi fel hyn:

$$CH_4(n) + 2O_2(n) \rightarrow CO_2(n) + 2H_2O(n) + \text{egni}$$

Glo

Gweddillion coed, rhedyn a phlanhigion eraill a oedd yn byw mor bell â thair miliwn o flynyddoedd yn ôl yw glo. Cawsant eu gwasgu i'r ddaear, o bosibl gan ddaeargrynfâu neu echdoriadau folcanig. Gwasgwyd hwy gan haenau o bridd a chreigiau nes iddynt ddadfeilio'n araf yn lo.

Mae tua 105 miliwn tunnell fetrig o lo yn cael eu cloddio ym Mhrydain bob blwyddyn. Mae'r tabl yn dangos mai mewn gorsafoedd pŵer y llosgir y rhan fwyaf ohono, i wneud trydan. Yna defnyddir y trydan i wresogi, goleuo, a gyrru peiriannau.

Defnyddio glo ar gyfer	Faint (miliwn tunnell fetrig)
Gorsafoedd pŵer	80
Poptai golosg	10
Diwydiant	9
Gwresogi cartrefi	7
Allforion	5
Swyddfeydd, ysbytai ac ati	4

Olew a nwy

Gweddillion miliynau o blanhigion ac anifeiliaid bach a oedd yn byw yn y môr yw olew a nwy. Ar ôl iddynt farw, suddodd eu cyrff i wely'r môr a chael eu gorchuddio â silt. Ymosododd bacteria ar y gweddillion marw, gan eu troi'n olew a nwy. Yn y cyfamser, cafodd y silt ei gywasgu'n araf yn graig. Diferodd yr olew a'r nwy i rannau mandyllog y graig, a chael eu dal fel dŵr mewn sbwng.

Beth yw rhan trydan?

Nid yw trydan yn danwydd ynddo'i hunan. Ond mae'n cael ei wneud o danwyddau:

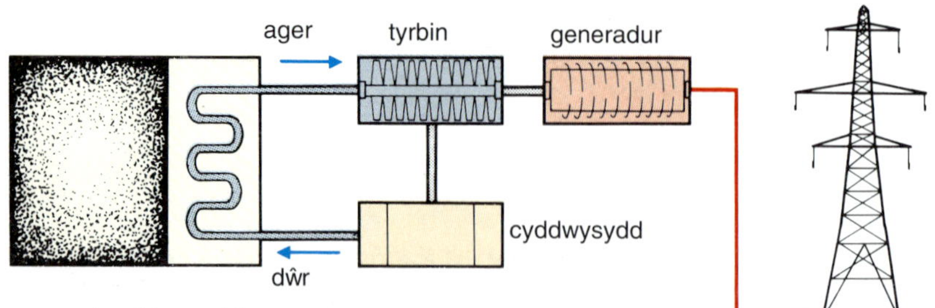

Er mai dan y môr y cafodd olew ei ffurfio, mae llawer o ffynhonnau olew ar dir sych. Filiynau o flynyddoedd yn ôl, gyrrodd symudiadau yng nghramen y Ddaear rai gwelyau môr tuag i fyny gan ffurfio tir.

Problemau llosgi tanwyddau ffosil

Mae nwy Môr y Gogledd yn llosgi'n lân, heb fwg na mygdarth. Ond mae rhai tanwyddau olew yn cynnwys cyfansoddion sylffwr. Mae'r rhain yn ffurfio **sylffwr deuocsid** wrth losgi, ac mae hyn yn llygru'r atmosffer. Mae ambell fath o lo yn cynhyrchu llawer o fwg a mygdarth niweidiol llawn tar. Rhaid iddo gael ei droi'n 'ddi-fwg' cyn y gellir ei ddefnyddio mewn ffatrïoedd a chartrefi. Gwneir hyn trwy wresogi'r glo yn absenoldeb aer. Anfonir **nwy glo** a **chol-tar** o'r glo, gan adael tanwydd o'r enw **golosg** ar ôl.

Tanwyddau di-fwg. Mae'r rhain yn llosgi'n llawer glanach na glo cyffredin. Ond maent yn dal i gynhyrchu sylffwr deuocsid, oherwydd eu bod yn cynnwys cyfansoddion sylffwr.

Nid tanwyddau'n unig...

Mae olew crai yn gymysgedd o nifer o gyfansoddion carbon. Y cam cyntaf yw ei wahanu'n grwpiau o gyfansoddion tebyg (tudalen 197). Defnyddir rhai o'r rhain fel tanwyddau. Ond mae eraill yn cael eu troi'n blastigion, ffibrau, cyffuriau, plaleiddiaid a glanedyddion. Fel tanwydd y defnyddir y rhan fwyaf o'r glo. Ond defnyddir golosg yn y ffwrnais chwyth i rydwytho mwyn haearn yn haearn. A defnyddir col-tar i wneud pethau fel inc, glanedyddion a phlaleiddiaid. (Yn wir, gellir gwneud unrhyw beth a wneir o olew o lo hefyd. Ond byddai'n costio mwy ar hyn o bryd.)

Faint sydd ar ôl?

Mae'r diagram hwn yn dangos sut rydym yn dibynnu ar lo, olew a nwy.

Lle cafodd Prydain ei hegni ym 1984

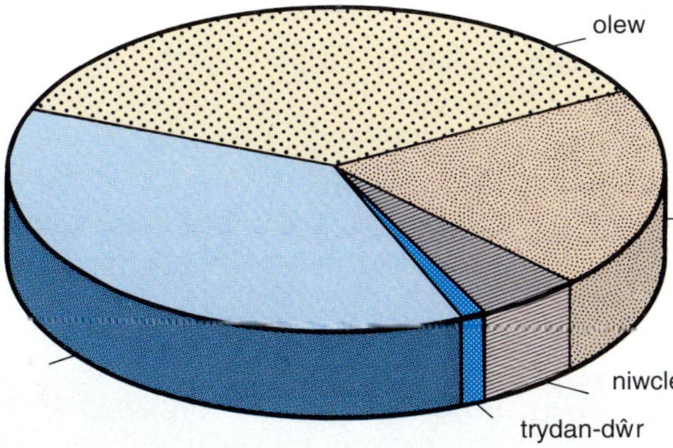

Ond ni all hyn barhau. Bydd y rhan fwyaf o'r olew a'r nwy wedi gorffen erbyn y flwyddyn 2000. Ac erbyn 2200 bydd y rhan fwyaf o'r glo wedi dod i ben. Disgwylir y bydd hyd yn oed yr uraniwm ar gyfer gorsafoedd pŵer niwclear wedi gorffen ymhen tua 30 o flynyddoedd. Felly mae gwyddonwyr yn chwilio am ffynonellau eraill o egni. Gallwch ddarllen am y rhain ar y ddau dudalen nesaf.

Beth sy'n gwneud tanwydd da?
Dyma'r deg cwestiwn allweddol...

1 A yw'n cynnau'n hawdd?
2 A yw'n llosgi'n gyson?
3 A yw'n rhyddhau llawer o egni?
4 A yw'n llygru'r aer?
5 A yw'n gadael llawer o ludw ar ôl?
6 A oes digon ohono?
7 A yw'n ddrud iawn?
8 A yw'n hawdd a diogel ei storio?
9 A yw'n hawdd a diogel ei gludo?
10 A fyddai'n well ei ddefnyddio ar gyfer rhywbeth arall?

Cwestiynau

1 Beth yw ystyr y term *tanwydd ffosil*?
2 Disgrifiwch sut cafodd glo ei ffurfio.
3 Ar gyfer beth y defnyddir glo yn bennaf ar hyn o bryd?
4 Mae olew a nwy i'w cael gyda'i gilydd fel arfer. Pam?
5 Sut y gwneir golosg o lo?
6 Enwch dri chynnyrch a wneir o gol-tar.
7 Er bod golosg yn lanach na glo, gall achosi llygredd. Esboniwch pam.
8 Pam mae angen i ni ddarganfod ffurfiau eraill o egni?
9 Gan ddefnyddio'r rhestr o ddeg cwestiwn uchod, penderfynwch a fyddai: **a** papur **b** ruban magnesiwm yn danwydd da.

13.5 Ffynonellau eraill o egni

Ar y ddau dudalen diwethaf buoch yn darllen am danwyddau ffosil. Mae'r rhain yn ffynonellau egni **anadnewyddadwy.** Yn hwyr neu'n hwyrach, byddant yn dod i ben. Felly mae gwyddonwyr yn chwilio am ffynonellau eraill i gymryd eu lle.

Pŵer y gwynt

Ers talwm, roedd llawer o felinau gwynt yn cael eu defnyddio, ar gyfer malu ŷd a phwmpio dŵr. Nawr mae peirianwyr yn gweithio ar felinau gwynt i yrru generaduron trydan. Un syniad yw adeiladu'r melinau gwynt ar ynysoedd artiffisial yng nghanol y môr. Ni fyddent i'w gweld, ond ni fyddai prinder gwynt.

Melinau gwynt i gynhyrchu trydan ar Ynys Orkney. Mae gwyddonwyr o'r farn y gallai pŵer y gwynt gyflenwi dros hanner ein hanghenion trydan presennol. Ond mae angen rhagor o ymchwil, yn enwedig ar gyfer melinau gwynt allan yn y môr.

Pŵer yr Haul

Mae'r egni sy'n cyrraedd y Ddaear o'r Haul bob blwyddyn tua 15 000 gwaith yn fwy na'n hanghenion egni. Mae llawer o waith ymchwil ar y gweill i ganfod ffyrdd o ddefnyddio **pŵer yr Haul** (pŵer solar). Un ffordd syml yw gosod paneli solar ar do adeiladau. Mae'r paneli hyn yn amsugno heulwen ac yn ei ddefnyddio i wresogi dŵr. Ond arbed egni ar raddfa fach yn unig y mae hynny. Cynllun mwy uchelgeisiol yw defnyddio drychau enfawr i grynodi pelydrau'r Haul. Yna byddai'r gwres o'r pelydrau yn cael ei ddefnyddio i gynhyrchu ager, ar gyfer troi tyrbinau i wneud trydan.

Pŵer y llanw

Cafwyd llawer o syniadau am gael egni o donnau. Un cynllun yw'r **morglawdd llanw**. Mae'r llun isod yn dangos morglawdd llanw yn Llydaw. Mae'r llanw yn cynhyrchu trydan wrth iddo lifo trwy dyrbinau sydd wedi'u gosod yn y mur concrit. Mae cynlluniau i adeiladu morglawdd tebyg ar draws Afon Hafren ym Mryste a'r Mersi yn Lerpwl. Ond mae'n bosibl y byddant yn rhy ddrud i'w codi.

Paneli solar ar do sy'n wynebu'r de. Maent yn helpu i ostwng biliau tanwydd trwy ddal gwres yr Haul i gynhesu dŵr.

Y morglawdd llanw ar aber Afon Rance yn Llydaw. Mae chwe afon ym Mhrydain â morydau llanw a fyddai'n addas ar gyfer morgloddiau.

Pŵer trydan-dŵr

Pan fydd glaw yn disgyn ar dir uchel, gellir dal y dŵr mewn argae ac yna'i ddefnyddio i yrru tyrbinau mewn **gorsaf trydan-dŵr**, wrth iddo lifo i dir is. Ym Mhrydain, mae llai nag 1% o'n hegni yn dod o bŵer trydan-dŵr. Mae'n gwneud synnwyr economaidd adeiladu rhagor o orsafoedd trydan-dŵr yn y dyfodol.

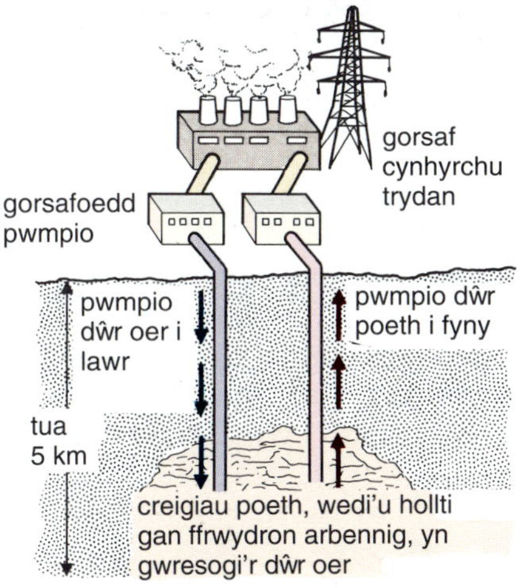

Defnyddio creigiau poeth i wresogi dŵr. Gallai egni geothermol ateb tua 10% o'n gofynion trydan presennol.

Pŵer o greigiau poeth

Yng nghrombil y Ddaear, mae'r graig yn boeth. Po ddyfnaf yr ewch, poethaf ydyw. Daw'r gwres o greigiau tawdd sy'n gorwedd dan gramen y Ddaear. Gellid defnyddio'r **egni geothermol** hwn i wresogi dŵr i gartrefi a diwydiant, a gwneud ager ar gyfer trydan. Maen nhw wedi bod yn arbrofi fel hyn yn Rosemanowes yng Nghernyw. Y bwriad yw pwmpio dŵr bum kilometr i lawr at greigiau gwenithfaen, lle mae'r tymheredd yn 200 °C, ac yna pwmpio'r dŵr poeth yn ôl i'r wyneb.

Pŵer o'r biomas

Ystyr **biomas** yw deunydd planhigol. Mae planhigion yn casglu egni o'r Haul ac yn ei storio fel egni cemegol. Rydym yn rhyddhau'r egni hwn wrth losgi glo neu bren. Ond nid dyna'r unig ffordd. Mae planhigion yn cynhyrchu methan wrth bydru. Dechreuodd gwastraff anifeiliaid fel planhigion, ac mae hwn hefyd yn pydru i roi methan. Gellir casglu'r methan a'i ddefnyddio i wresogi, neu i gynhyrchu trydan.

Treuliadur carthion. Mae bacteria yn torri carthion i ffurfio methan, a hwnnw yn ei dro yn rhedeg y gwaith carthion. Gellir defnyddio'r un broses bellach i wneud nwy o lystyfiant sy'n pydru.

Ffordd arall o ddefnyddio egni biomas. Yn Brasil, defnyddir siwgr cansen, wedi'i droi'n alcohol, fel tanwydd peiriannau.

Cwestiynau

1 Mae glo yn egni anadnewyddadwy. Beth yw ystyr hynny?

2 Eglurwch sut y gallai paneli solar helpu i arbed egni yn y cartref.

3 Sut mae morglawdd llanw yn gweithio?

4 **a** Beth yw egni geothermol?
b Eglurwch sut gallwn ei ddefnyddio.

5 Eglurwch sut y gellir defnyddio gwastraff anifeiliaid fel ffynhonnell egni. Ysgrifennwch hafaliad cytbwys ar gyfer yr adwaith sy'n cynhyrchu'r egni.

6 Pa rai o'r rhain sy'n ffynonellau egni adnewyddadwy?
a yr Haul **b** glaw **c** gwynt
ch y llanw **d** creigiau poeth **dd** biomas

13.6 Alcanau

Cyfansoddion organig

Fe welsoch ar dudalen 184 fod popeth byw yn cynnwys cyfansoddion carbon. Mae'r un peth yn wir am lo, olew a nwy, gan eu bod hwythau'n bethau byw ar un cyfnod.
Gelwir y cyfansoddion carbon hyn yn aml yn gyfansoddion organig. (Ystyr *organig* yw *rhywbeth byw.*)
Mae bron i dair miliwn o gyfansoddion carbon y gwyddom ni amdanynt. Mae'r nifer yn enfawr oherwydd y gall atomau carbon uno'n hawdd i wneud cadwyni o wahanol hyd. Fel y rhain:

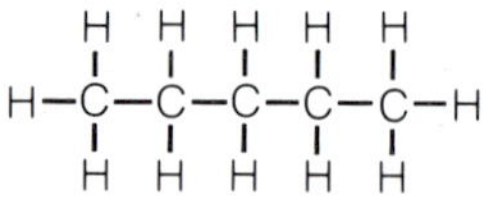

Yn y molecwl hwn, mae 5 atom carbon wedi uno i wneud cadwyn.

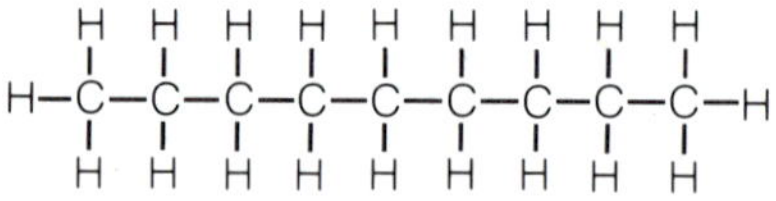

Mae gan y gadwyn hon 9 atom carbon.

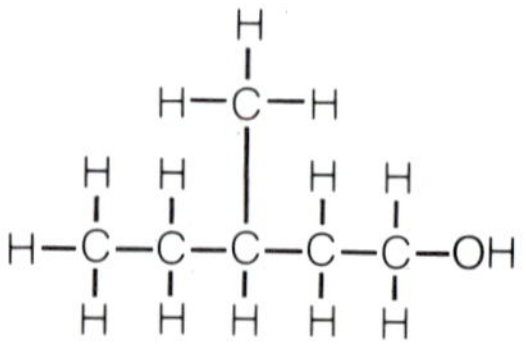

Yma mae 6 atom carbon yn ffurfio cadwyn ganghennog.

Mae'r atomau carbon yn uno trwy rannu electronau â'i gilydd i wneud **bondiau cofalent** (tudalen 46).
Edrychwch eto ar y molecylau uchod. Dim ond hydrogen a charbon sydd yn y ddau gyntaf, felly gelwir y cyfansoddion yn **hydrocarbonau.**
Cyfansoddion organig sy'n cynnwys hydrogen a charbon yn unig yw hydrocarbonau.
Mae'r molecwl diwethaf uchod yn cynnwys ocsigen, felly *nid* yw'r cyfansoddyn hwn yn hydrocarbon.

Alcanau

Gellir trefnu hydrocarbonau yn deuluoedd o gyfansoddion sy'n debyg mewn rhyw ffordd. Yr alcanau yw'r teulu symlaf. Mae'r tabl hwn yn dangos y pedwar alcan cyntaf:

Enw	Methan	Ethan	Propan	Bwtan
Fformwla	CH_4	C_2H_6	C_3H_8	C_4H_{10}
Adeiledd y molecwl	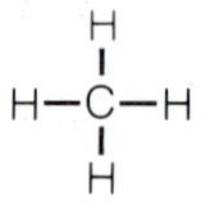	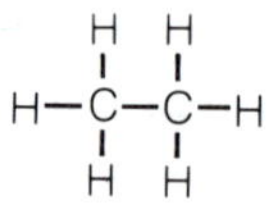	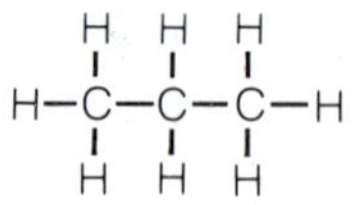	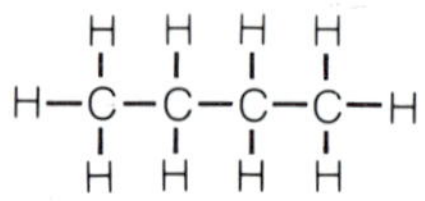
Nifer yr atomau carbon yn y gadwyn	1	2	3	4
Berwbwynt	−164 °C	−87 °C	−42 °C	−0.5 °C

mae'r berwbwynt yn codi yn ôl hyd y gadwyn

Mae nifer yr atomau carbon yn y gadwyn yn cynyddu 1 bob tro.
Cyfres homologaidd yw enw teulu o gyfansoddion fel hyn.

Pethau i'w cofio am yr alcanau

1 Mae'r pedwar alcan yn y tabl yn nwyon ar dymheredd ystafell. Ond mae berwbwynt yn cynyddu yn ôl hyd y gadwyn, felly mae'r 12 alcan nesaf yn hylifau a'r gweddill yn solidau.

2 Mae alcanau i'w cael mewn nwy naturiol ac olew crai. Methan yw nwy naturiol yn bennaf, gydag ychydig o ethan, propan a bwtan. Mae olew crai yn gymysgedd llawer mwy cymhleth o hydrocarbonau, a gall gynnwys alcanau gyda hyd at 100 atom carbon yn eu molecylau.

3 Ym mhob molecwl alcan, mae pob atom carbon yn ffurfio pedwar bond sengl. Dangosir bondio ethan ar y dde.

4 Mae alcanau yn anadweithiol. Er enghraifft, nid yw asidau ac alcalïau yn cael unrhyw effaith arnynt. Ond maent yn llosgi'n dda mewn cyflenwad o ocsigen, gan ffurfio carbon deuocsid ac anwedd dŵr. Mae'r adweithiau yn rhyddhau digonedd o wres, felly defnyddir alcanau fel tanwyddau yn aml. Dyma'r adwaith wrth i bropan losgi:

$C_3H_8(n) + 5O_2(n) \rightarrow 3CO_2(n) + 4H_2O(n)$ + gwres

Defnyddir propan a bwtan fel nwy gwersylla, ac mewn taniwr sigarét. Bwtan yw nwy calor yn bennaf. A defnyddir nwy naturiol (nwy Môr y Gogledd) ar gyfer coginio a gwresogi mewn cartrefi.

rhannu un pâr o electronau (bond sengl)

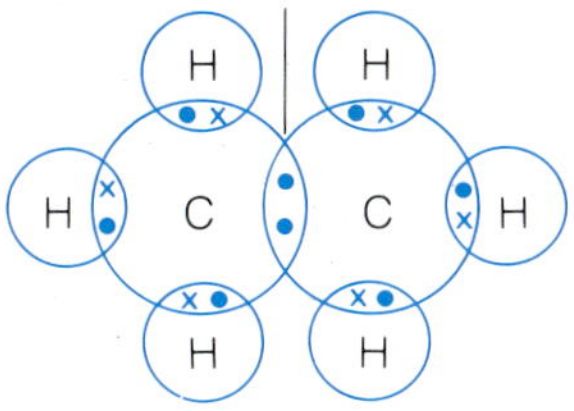

Y bondio mewn ethan.

Isomerau

Edrychwch ar y ddau folecwl hyn:

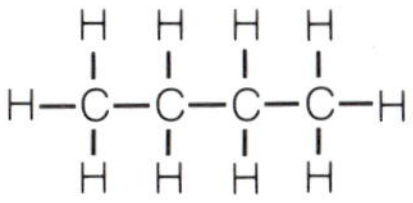

Dyma folecwl **bwtan**, sydd â'r fformwla C_4H_{10}. Mae ganddo gadwyn syth o atomau carbon.

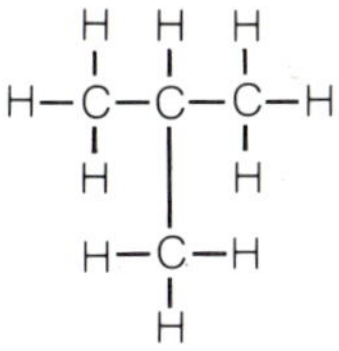

Dyma folecwl **methyl propan**, sydd hefyd â'r fformwla C_4H_{10}. Ond y tro hwn mae'r gadwyn garbon yn ganghennog.

Felly, yr un fformwla sydd i'r ddau gyfansoddyn, ond mae gwahanol adeileddau i'w molecylau. Fe'u gelwir yn **isomerau. Cyfansoddion â'r un fformwla, ond gwahanol adeileddau molecylaidd, yw isomerau.**
Mae gan yr holl alcanau, o bwtan ymlaen, isomerau.

Mynyddwr yn defnyddio nwy gwersylla.

Cwestiynau

1 Ysgrifennwch fformwlâu'r pedwar alcan cyntaf.
2 **a** Awgrymwch fformwla'r ddau alcan nesaf, a lluniwch adeiledd eu molecylau.
b Nawr awgrymwch eu berwbwyntiau.
3 A fydd alcanau yn dargludo trydan? Esboniwch.
4 Lluniwch ddiagram i ddangos y *bondio* mewn:
a methan **b** ethan
5 Pam mae propan yn cael ei ddefnyddio fel tanwydd? Ysgrifennwch hafaliad cytbwys ar gyfer ei hylosgiad.
6 Mae'n beryglus llosgi hydrocarbonau heb ddigon o aer. Allwch chi feddwl pam?
7 Yr alcan nesaf ar ôl bwtan yw pentan. Ei fformwla yw C_5H_{12} ac mae ganddo dri isomer. Allwch chi ddarlunio'r tri?

13.7 Alcenau

Ar y ddau dudalen diwethaf fe welsoch yr **alcanau**. Mae teulu arall o hydrocarbonau o'r enw **alcenau**. Y ddau alcen cyntaf yw **ethen** a **phropen**. Mae eu hadeileddau molecylaidd i'w gweld isod. Cymharwch nhw â'r alcanau cyfatebol:

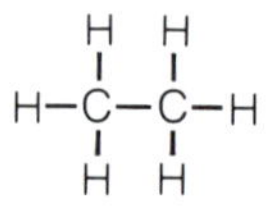

ethan, C_2H_6

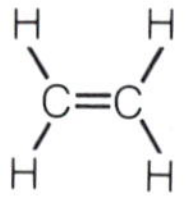

ethen, C_2H_4

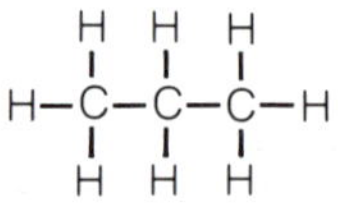

propan, C_3H_8

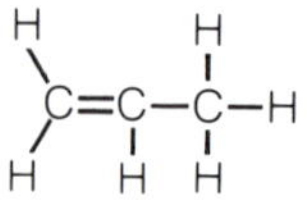

propen, C_3H_6

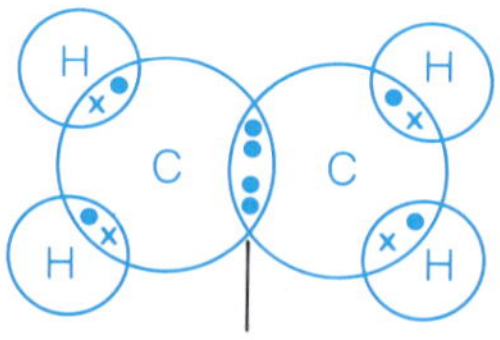

Y bondio mewn ethen.

Ym mhob un o'r molecylau uchod, mae pob atom carbon yn ffurfio pedwar bond. Dim ond *bondiau sengl* sydd rhwng atomau carbon mewn molecylau alcan, ond ym mhob molecwl alcen mae un *bond dwbl* rhwng atomau carbon.

Mae molecylau alcen yn cynnwys un bond dwbl rhwng atomau carbon.

Mae alcenau yn fwy adweithiol nag alcanau

O alcanau y gwneir alcenau (tudalen 197). Maent yn debyg i alcanau mewn rhai ffyrdd. Er enghraifft, mae ethen a phropen yn nwyon, fel ethan a phropan. Maent yn llosgi mewn ocsigen hefyd, gan ffurfio carbon deuocsid ac anwedd dŵr, ac yn rhyddhau digonedd o wres:

$C_2H_4(n) + 3O_2(n) \rightarrow 2CO_2(n) + 2H_2O(n)$ + gwres

Ond, mae gwahaniaeth pwysig rhwng y ddau deulu o gyfansoddion. Mae alcanau yn gyfansoddion **anadweithiol**. Ond mae alcenau yn **adweithiol**, oherwydd eu bondiau dwbl. Mae ethen yn adweithio â hydrogen fel hyn:

ethen ethan

Gwneir alcenau o rai o'r alcanau mewn olew, trwy broses o'r enw cracio. Dyma'r gwaith cracio ym mhurfa Esso yn Fawley.

Mae'r molecwl ethen yn gallu 'adio' hydrogen ato'i hun, oherwydd gall y bond dwbl dorri i ffurfio bondiau sengl. Gelwir hyn yn adwaith **adio**. Mae pob atom carbon yn ffurfio bondiau gyda phedwar atom arall, yn hytrach na thri.

Gelwir ethen yn **annirlawn** (ddim yn llawn) gan fod ei folecylau yn gallu derbyn rhagor o atomau. Ond mae ethan yn **ddirlawn** (yn llawn) gan na all ei folecylau gynnwys rhagor o atomau – does dim bondiau dwbl i'w torri, ac mae gan bob atom carbon bedwar bond sengl eisoes.

Mae alcanau yn ddirlawn. Ond mae alcenau yn annirlawn, ac mae hynny'n eu gwneud yn fwy adweithiol nag alcanau.

Profion am annirlawnder Gallwch brofi hydrocarbon mewn dwy ffordd i weld a yw'n alcan ynteu'n alcen:

1 Gallwch ychwanegu dŵr bromin. Toddiant oren o fromin mewn dŵr yw dŵr bromin. Mae'n troi'n ddi-liw ym mhresenoldeb alcen, oherwydd bod y bromin yn adio at yr alcen, i ffurfio cyfansoddyn di-liw. Er enghraifft:

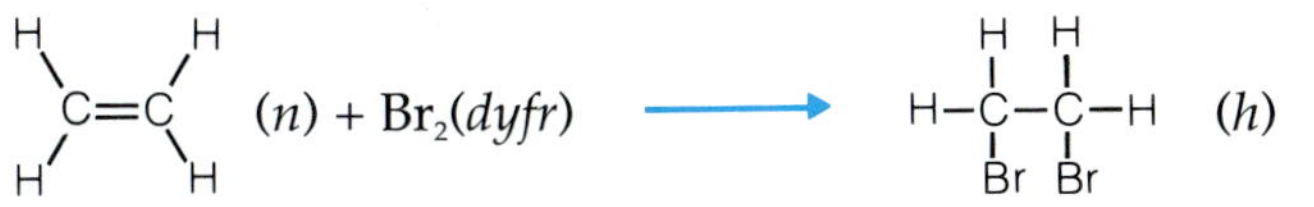

ethen 1,2-deubromoethan

2 Gallwch ychwanegu toddiant potasiwm manganad(VII) asidiedig. Mae hwn yn borffor, ond yn troi'n ddi-liw os oes alcen yn bresennol.

Polymeriad

Oherwydd eu bondiau dwbl, gall molecylau alcen uno â'i gilydd, mewn adwaith pwysig o'r enw **polymeriad.**

Yn ystod polymeriad, mae llawer o folecylau bach yn uno i wneud molecylau mawr iawn.

Monomerau yw enw'r molecylau bach, a'r molecylau mawr iawn yw'r **polymerau**. (Ystyr *poly-* yw *llawer*.)

Pan wresogir ethen dan wasgedd uchel, mae ei folecylau'n uno i ffurfio **polythen**:

Rhai o'r pethau y gellir eu gwneud o bolythen.

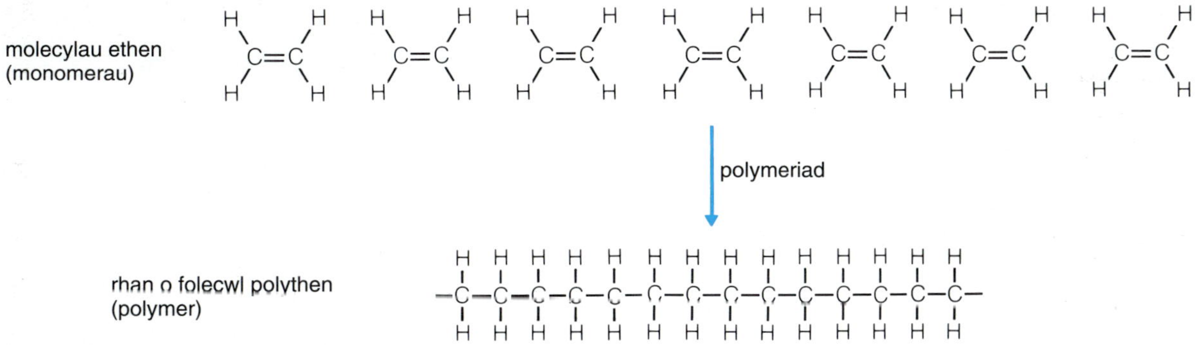

Gall hyd at 50 000 o folecylau ethen uno fel hyn i wneud un molecwl o bolythen.

Solid yw polythen. Mae'n anadweithiol gan mai dim ond bondiau carbon sengl sydd ynddo. Gellir ei rolio'n haenau tenau a'i fowldio'n wahanol siapiau. Gan ei fod yn hawdd ei fowldio, fe'i gelwir yn **blastig**. Gallwch ddarganfod mwy amdano, ac am blastigion eraill, ar dudalen 198.

Cwestiynau

1 Beth yw'r gwahaniaeth rhwng molecwl ethan a molecwl ethen?

2 Mae alcenau yn *annirlawn*. Beth yw ystyr hynny? Beth yw effaith hynny?

3 Ysgrifennwch hafaliad i ddangos sut mae ethen yn adweithio â dŵr bromin. Pa newid y byddech yn ei *weld*?

4 Darluniwch folecwl â'r fformwla C_3H_6. *Propen* yw enw'r sylwedd hwn. I ba grŵp y mae'n perthyn?

5 Beth yw adwaith polymeriad?

6 Ni fydd ethan yn polymeru. Esboniwch pam.

7 Lluniwch ddiagram i ddangos sut mae ethen yn polymeru.

13.8 Alcoholau

Alcoholau

Rydych eisoes wedi gweld dau grŵp o gyfansoddion organig, yr alcanau a'r alcenau. Mae yna grŵp arall o'r enw **alcoholau**.
Y ddau alcohol symlaf yw **methanol** ac **ethanol**.

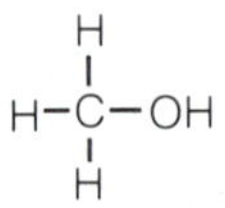

methanol, CH_3OH

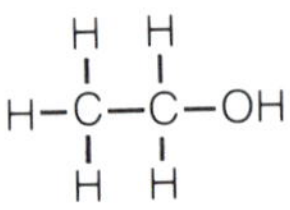

ethanol, C_2H_5OH

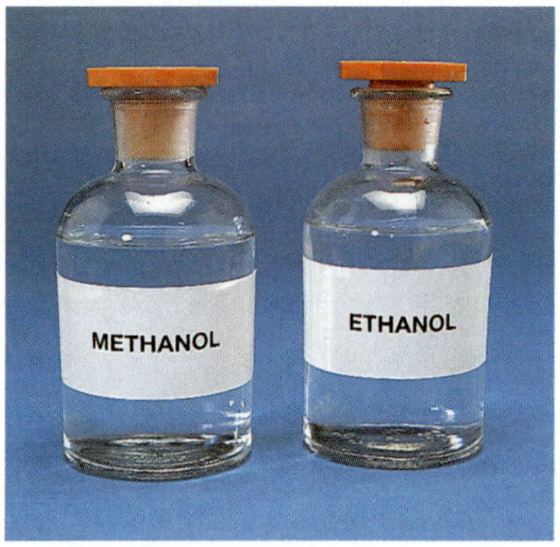

Y ddau alcohol symlaf.

Sylwch fod gan y ddau gyfansoddyn grŵp -OH.
Cyfansoddyn organig sy'n cynnwys grŵp -OH yw alcohol.

Ethanol

Ethanol yw'r enwocaf o bob alcohol. Yn aml, caiff ei alw'n 'alcohol' yn unig.
Mae'n doddydd da – mae'n toddi llawer o sylweddau sy'n anhydawdd mewn dŵr. Mae'n anweddu'n gyflym hefyd. Felly mae'n cael ei ddefnyddio mewn glud, paent, farnais, inc argraffu, diaroglydd, *cologne* a phersawr. Mae'n cael ei ddefnyddio hefyd fel deunydd crai ar gyfer gwneud sylweddau eraill, fel rwber synthetig a chyflasynnau.
Mae ethanol yn enwog am reswm arall hefyd – mae'n gwneud pobl yn feddw. Mae cwrw, gwin a phob diod alcoholig yn cynnwys rhywfaint o ethanol.

Defnyddir ethanol mewn gwin a phersawr.

Gwirod methyl Ethanol yw hwn yn bennaf, wedi'i gymysgu ag ychydig o fethanol, sy'n wenwynig. Ychwanegir lliw a blas drwg i atal pobl rhag ei yfed.

Priodweddau ethanol

1 Mae'n hylif clir, di-liw sy'n berwi ar 78 °C.

2 Mae'n beryglus yfed yr hylif pur, ac mae hyd yn oed toddiannau gwanedig yn effeithio ar y corff. Ar y dechrau, mae toddiant gwanedig yn gwneud i chi ymlacio, ond mae gormod yn achosi 'meddwdod', gyda chur yn y pen, pen yn troi a chwydu. Dros gyfnod o amser, gall wneud niwed parhaol i'ch iau (afu).

3 Mae'n llosgi'n dda mewn aer neu ocsigen, gan ryddhau gwres:
$C_2H_5OH(h) + 3O_2(n) \rightarrow 2CO_2(n) + 3H_2O(n)$
Fel gwirod methyl, bydd yn aml yn cael ei losgi fel tanwydd mewn **lampau gwirod**. Defnyddir y rhain gan bobl sy'n gwneud gemwaith, ac weithiau i goginio.

4 Mae ethanol yn cael ei ocsidio'n araf yn **asid ethanoig** gan facteria yn yr aer:
$C_2H_5OH(h) + O_2(n) \rightarrow CH_3COOH(dyfr) + H_2O(h)$
Yr adwaith hwn yw'r rheswm fod gwin yn 'troi'n sur' wrth gael ei adael yn agored mewn aer. Ond gellir ocsidio'r ethanol yn llawer cyflymach yn y labordy trwy ei wresogi ag ocsidydd fel potasiwm deucromad(VI).

Yn anffodus, mae rhai pobl yn mynd yn gaeth i ethanol. Maent yn troi'n alcoholwyr.

Gwneud ethanol ar gyfer diwydiant

O ethen a dŵr y gwneir ethanol i'w ddefnyddio fel toddydd. Cymysgir ethen ag ager a'i anfon dros gatalydd. Mae'r adwaith adio hwn yn digwydd:

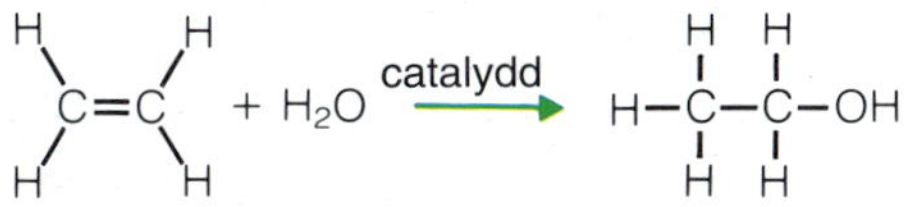

ethen ethanol

Mewn gwirionedd, toddiant o ethanol mewn dŵr yw'r cynnyrch. Yna tynnir y rhan fwyaf o'r dŵr trwy ddistyllu ffracsiynol (tudalen 20).

O rawnwin wedi'u gwasgu y gwneir gwin. Yn wahanol i gwrw, nid oes angen ychwanegu burum - mae crwyn grawnwin yn cynnwys burum naturiol.

Gwneud ethanol trwy eplesiad

Trwy **eplesiad** y gwneir yr ethanol mewn diodydd alcoholig. Yn ystod yr eplesu, mae glwcos o ffrwythau, llysiau neu rawn fel **barlys,** yn cael ei droi'n ethanol gan gatalyddion naturiol o'r enw **ensymau**. Mae'r ensymau i'w cael mewn **burum**.

glwcos	ensymau mewn → burum	ethanol +	carbon deuocsid
$C_6H_{12}O_6(s)$		$2C_2H_5OH(h)$ +	$2CO_2(n)$

Er enghraifft, gwneir cwrw o farlys trwy eplesiad. Mae gronynnau barlys yn cael eu malu a'u mwydo mewn dŵr poeth i echdynnu'r glwcos. Ychwanegir hopys i roi blas. Yna mae'r hylif yn cael ei hidlo, ac ychwanegir burum. Mae'r burum yn troi'r glwcos yn ethanol.

Gadewir i'r eplesiad barhau nes bod digon o ethanol wedi ffurfio. Yna mae'r cwrw'n cael ei wresogi'n ofalus i ladd y burum.

Eplesu cwrw. Carbon deuocsid yn dianc sy'n achosi'r ffroth. Mae eplesiad yn digwydd ar 18-20 °C. Ar dymereddau is mae'r adwaith yn rhy araf. Ar dymereddau uwch mae'n bosibl y caiff y burum ei ladd.

Pa mor alcoholig ydyw?

Y cwestiwn pwysig am ddiod alcoholig yw 'Faint o ethanol sydd ynddo?'. Mae peint o gwrw cryf yn cynnwys dwywaith cymaint o ethanol â pheint o gwrw cyffredin, er enghraifft. Fel cwrw, gwneir chwisgi o farlys hefyd. Ond mae chwisgi'n fwy 'alcoholig' oherwydd ei fod yn cael ei ddistyllu ar ôl ei eplesu, sy'n crynodi'r ethanol.

Mae'r diodydd isod i gyd yn cynnwys tua'r un faint o ethanol:

Hanner peint o gwrw cyffredin = Gwydraid bach o sieri = Chwisgi bach (neu jin neu fodca) = gwydraid o win

Cwestiynau

1 Rhestrwch dri defnydd ar gyfer ethanol.
2 Pam mae gwin yn suro wrth ei adael mewn aer?
3 Disgrifiwch beth sy'n digwydd yn ystod eplesiad.
4 Pam mae angen rheoli'r tymheredd yn ofalus yn ystod eplesiad?
5 Pam mae chwisgi yn fwy 'alcoholig' na chwrw?

13.9 Cemegion o olew

Fe welsoch ar dudalen 186 mai gweddillion planhigion ac anifeiliaid bach a oedd yn byw filiynau o flynyddoedd yn ôl yw olew. Mewn gwirionedd, mae olew yn gymysgedd o lawer o gyfansoddion. Hydrocarbonau ydynt yn bennaf, ac maent yn ddefnyddiol iawn:

Mae rhai cyfansoddion o olew yn cael eu defnyddio fel tanwyddau ar gyfer boeleri gwresogi, ceir, awyrennau a llongau.

Defnyddir rhai i wneud hylifau golchi llestri, powdrau golchi, cyffuriau a cholur.

Mae rhai'n cael eu troi'n neilon, polythen, PVC a phlastigion eraill. Olew oedd y cychod a'r hwyliau hyn i ddechrau.

Tynnu olew o'r ddaear

Fel arfer, mae olew i'w gael tua 3 neu 4 kilometr dan y ddaear. Mae'n gaeth mewn creigiau, fel dŵr mewn sbwng.
Ym Mhrydain, mae'r creigiau sy'n dal olew i'w cael dan Fôr y Gogledd. I gyrraedd yr olew, gwneir twll yng ngwely'r môr, gan ddefnyddio dril anferth. Mae'r dril yn cael ei grogi o **lwyfan tyllu**, fel hwn.
Yna, mae'r twll yn cael ei leinio â dur a'r olew'n cael ei bwmpio i fyny trwyddo. Caiff ei gludo i'r tir mawr i **burfa olew**, mewn pibellau ar hyd wely'r môr.

Llwyfan olew ym Môr y Gogledd.

Puro'r olew

Dim ond cadwynau carbon byr sydd gan rai o'r cyfansoddion mewn olew. Ond mae gan eraill gadwynau hir, gyda hyd at 100 atom carbon. I wneud y defnydd gorau o olew, mae'n cael ei wahanu'n grwpiau o gyfansoddion sy'n debyg o ran hyd y gadwyn. **Puro** yr olew yw'r enw ar hyn. A **distyllu ffracsiynol** yw'r broses.
Mae'r distyllu'n digwydd mewn tŵr tal o'r enw **tŵr ffracsiynu**. Yno mae'r olew'n cael ei wresogi. Y cyfansoddion â chadwynau byr sy'n berwi gyntaf, oherwydd mai ganddyn nhw y mae'r berwbwyntiau isaf. Maent yn codi i ben y tŵr. Mae gan y cyfansoddion â chadwynau hirach ferwbwyntiau uwch, a chânt eu casglu'n is i lawr. **Ffracsiynau** yw'r enw ar y gwahanol grwpiau o gyfansoddion.

Gosod pibellau ar gyfer cludo olew.

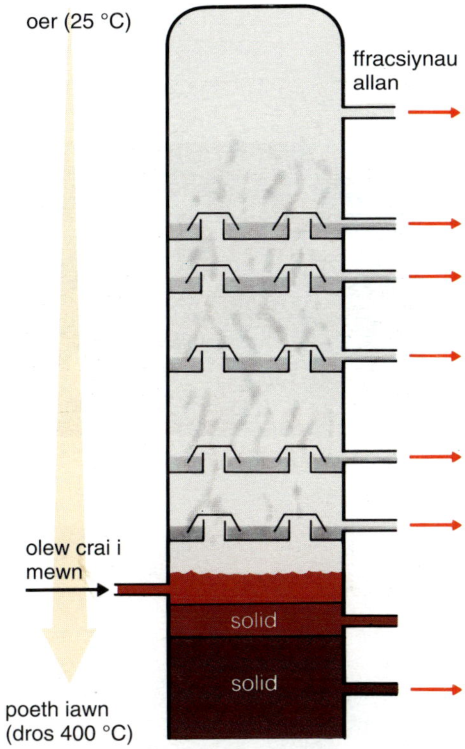

Enw'r ffracsiwn	Hyd cadwyn carbon	I beth y defnyddir y ffracsiwn
Nwy	C_1 i C_4	Ei wahanu'n fethan, ethan, propan a bwtan – tanwyddau i gyd. Defnyddir methan i wneud hydrogen (tudalen 150).
Petrol	C_4 i C_{10}	Tanwydd ceir.
Cerosin	C_{10} i C_{16}	Tanwydd jetiau. Glanedyddion
Olew disel	C_{16} i C_{20}	Tanwydd gwres canolog. Cracio peth ohono (gweler isod).
Olew iro	C_{20} i C_{30}	Olew i geir a pheiriannau eraill. Cracio peth ohono.
Olew tanwydd	C_{30} i C_{40}	Tanwydd i orsafoedd pŵer a llongau. Cracio peth ohono.
Cwyrau paraffin	C_{40} i C_{50}	Canhwyllau, llathrydd, papur cŵyr, atal dŵr, saim.
Bitwmen	C_{50} i fyny	Pyg ar gyfer ffyrdd a thoeau.

Cracio hydrocarbonau

Edrychwch ar yr hafaliad isod. Mae'n dangos sut y gellir torri molecwl alcan yn folecylau llai, gan ddefnyddio gwres a chatalydd:

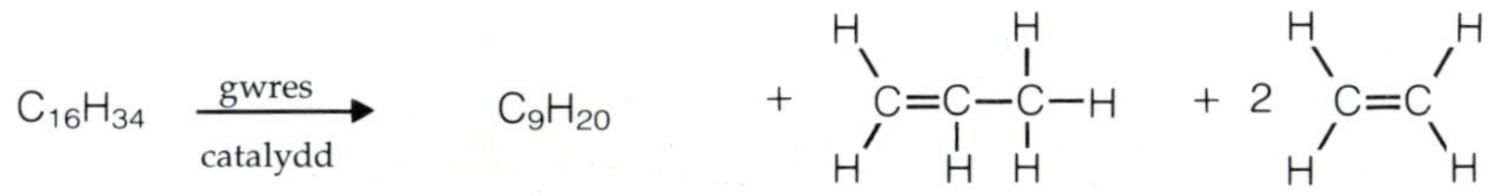

alcan mewn olew disel — alcan addas ar gyfer petrol — alcen (propen) — alcen (ethen)

Bitwmen - un o ffracsiynau olew.

Cracio yw enw'r math hwn o adwaith. Mae'n bwysig iawn yn y diwydiant olew, am ddau reswm:

1 Mae rhai o ffracsiynau olew yn fwy defnyddiol nag eraill. Er enghraifft, mae mwy o alw am betrol nag am olew disel neu olew iro. Felly defnyddir cracio i droi rhannau o'r ffracsiynau hyn yn betrol.
2 Mae cracio yn cynhyrchu **alcenau** cadwynau byr, fel ethen a phropen. Mae'r rhain yn adweithiol oherwydd eu bondiau dwbl, felly gellir eu defnyddio i wneud sylweddau eraill. Er enghraifft, mae ethen yn cael ei wneud yn bolythen ac ethanol.

Cwestiynau

1 Copïwch a chwblhewch: Gweddillion .... a ..... bychan o'r gorffennol yw olew. Mae'n .... o gyfansoddion. .... yw'r rhain yn bennaf, sy'n golygu eu bod yn cynnwys dim ond hydrogen a ....
2 Mae olew yn cael ei *buro* cyn ei ddefnyddio. Beth yw ystyr hynny?
3 Enwch y ffracsiwn olew sydd â chyfansoddion â'r:
   a cadwynau hiraf
   b berwbwyntiau isaf
   c berwbwyntiau uchaf
4 Pa ffracsiwn a ddefnyddir i wneud llathrydd?

13.10 Plastigion

Beth yw plastigion?

Mae'n debyg fod gennych lawer o bethau plastig. O blastig y gwneir recordiau a thapiau casét. A brwsys dannedd, cribau a sanau neilon! Mae yna wahanol fathau o blastig. Dyma rai ohonynt:

Enw	I wneud
Polythen	Bagiau plastig, biniau, dysglau plastig
Polyfinyl clorid (PVC)	Cotiau glaw, gorchuddio seddi, recordiau
Polystyren	Cwpanau plastig, deunyddiau pecynnu
Neilon	Rhaffau, brwsys, teits, dillad
Melamin	Llestri 'na ellir eu torri', blychau llwch
Ffenolig	Plygiau trydan, handlen sosban

Plastig yw'r rhain i gyd.

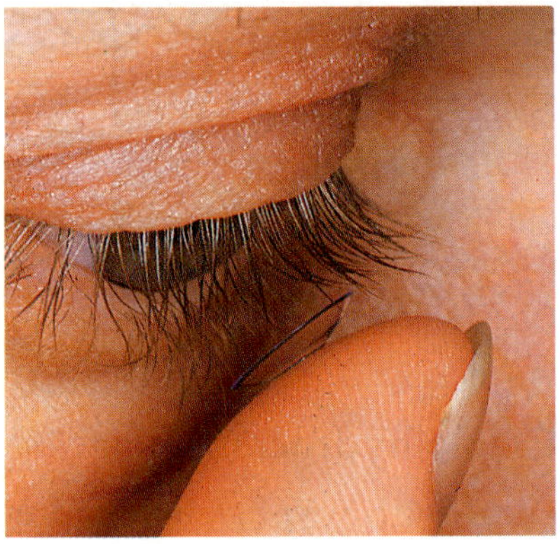

Lens plastig i'r llygad.

Maent i gyd yn rhannu'r priodweddau hyn:

1 Mae pob un yn gyfansoddyn carbon.
2 Gellir eu mowldio'n wahanol siapiau. Dyma pam y gelwir hwy yn blastigion. (Ystyr *plastig* yw *hawdd ei fowldio.*)
3 O olew y daw'r defnyddiau dechreuol i'w gwneud. Er enghraifft, mae polythen a PVC yn dechrau fel **ethen**. Gwneir hwn trwy gracio rhai o'r alcanau mewn olew (tudalen 197).
4 Mae pob un yn **bolymer**. Felly maent yn cynnwys molecylau hir iawn, a wneir trwy uno llawer o folecylau bach. (Ystyr *poly* yw *llawer.*) Enw'r molecylau bach yw **monomerau**.

Ar dudalen 193 fe welsoch sut mae molecylau ethen yn uno i wneud polythen. I wneud polyfinyl clorid, mae ethen yn adweithio yn gyntaf ag asid hydroclorig, gan roi'r monomer **finyl clorid**. Cymysgir hwn â dŵr cynnes, dan wasgedd, ac mae'r monomerau yn uno neu'n **polymeru**:

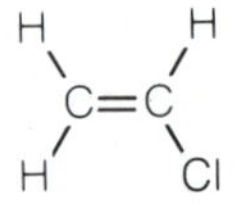

finyl clorid
(monomer)

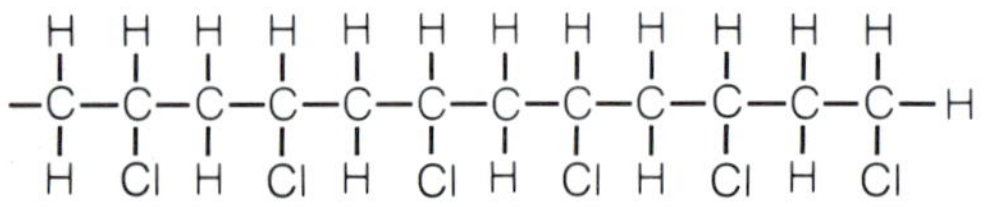

rhan o folecwl polyfinyl clorid
(polymer)

Gallai molecwl polyfinyl clorid cyflawn fod 4000 gwaith yn hirach!

Plastigion: da ynteu drwg?

Pethau da	Pethau drwg
1 Eithaf rhad a hawdd eu gwneud. 2 Ysgafnach na phren, carreg neu fetel. 3 Anadweithiol. Nid ydynt yn cyrydu mewn aer na dŵr. Nid yw asidau nac alcalïau yn effeithio ar lawer ohonynt 4 Nid ydynt yn dargludo gwres na thrydan, felly'n addas fel ynysyddion. 5 Gellir eu mowldio'n unrhyw siâp. 6 Gellir eu gwneud yn gryf iawn. 7 Gellir eu lliwio, trwy ychwanegu pigmentau.	1 Anodd cael gwared arnynt. Nid yw bagiau plastig a chartonau yn pydru wrth eu taflu, felly maent yn llygru cefn gwlad, ond mae plastigion **biodiraddadwy** yn pydru 2 Mae rhai plastigion yn llosgi'n hawdd. 3 Wrth losgi, maent yn aml yn cynhyrchu nwyon niweidiol: Er enghraifft, mae PVC yn rhyddhau mygdarth hydrogen clorid wrth losgi. Byddai hwn yn ffurfio asid hydroclorig yn eich llygaid a'ch gwddf. 4 Nid ydynt yn edrych cystal â phren neu garreg fel arfer.

Dau grŵp o blastig

Gellir rhannu'r holl blastigion yn ddau grŵp: **thermoplastigion**, a **phlastigion thermosodol**, neu **thermosetiau**. Gallwch ddweud i ba grŵp y mae plastig yn perthyn o'r ffordd y mae'n ymddwyn wrth gael ei wresogi.

Thermoplastigion Mae'r plastigion hyn yn mynd yn feddal a rhedegog wrth gael eu gwresogi, ac yn ailgaledu wrth oeri. Gellir eu gwneud yn feddal a chaled *dro ar ôl tro*. Mae hyn oherwydd eu hadeiledd:

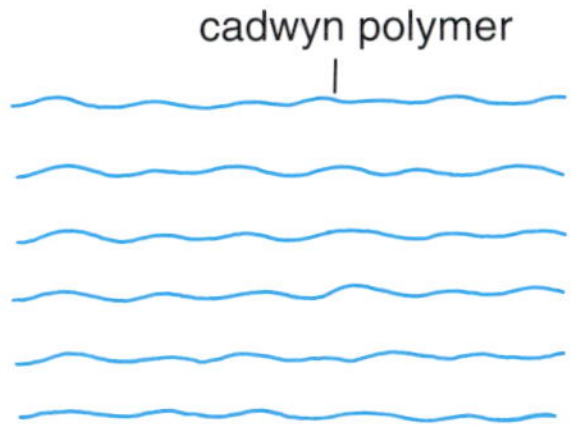

Mewn thermoplastig, mae'r cadwynau polymer yn gorwedd wrth ymyl ei gilydd fel hyn. Mae thermoplastig yn meddalu wrth gael ei wresogi...

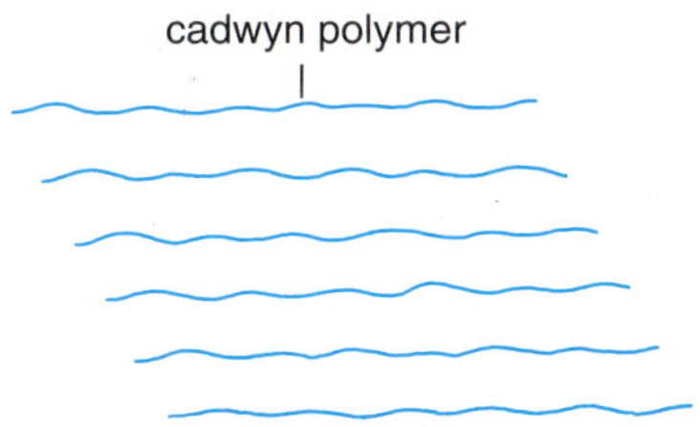

... oherwydd y gall y cadwynau lithro heibio i'w gilydd. Gellir mowldio'r plastig meddal yn unrhyw siâp, a gellir newid y siâp eto yn rhwydd.

Thermoplastig yw polythen. Rhoddwyd y botel bolythen hon mewn popty poeth am ychydig eiliadau'n unig.

Edrychwch eto ar y rhestr o blastigion ar y tudalen gyferbyn. Thermoplastigion yw'r pedwar cyntaf. Felly rhaid peidio â'u defnyddio ar gyfer pethau fydd yn mynd yn rhy boeth.

Thermosetiau Dim ond unwaith y bydd y rhain yn meddalu – y tro cyntaf iddynt gael eu gwresogi:

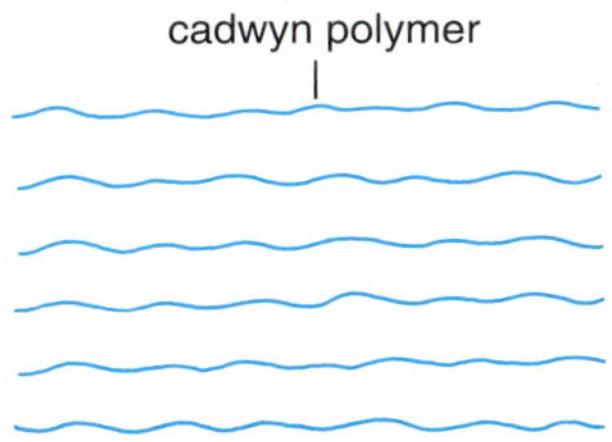

Ar y dechrau, mae'r cadwynau polymer mewn thermoset fel hyn. Y tro cyntaf i thermoset gael ei wresogi, mae'n meddalu. Mae hynny'n golygu y gellir ei fowldio'n unrhyw siâp.

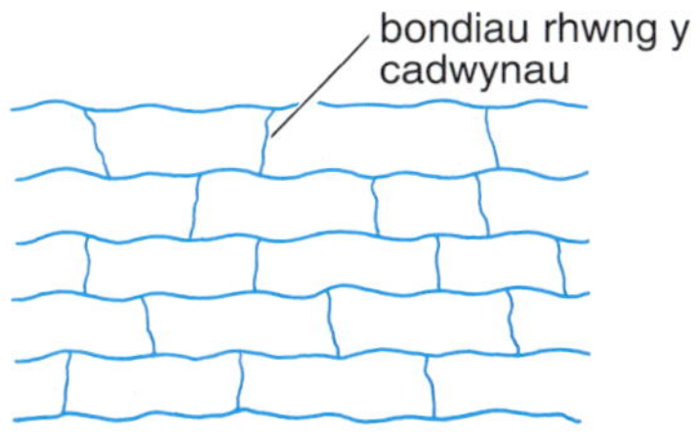

Ond mae'r gwres yn achosi i fondiau ffurfio rhwng y cadwynau. Mae'r plastig yn setio'n gadarn i'w siâp newydd. Mae'r bondiau'n ei gadw'n galed, hyd yn oed pan gaiff ei wresogi eto.

Mae ffenolig yn thermoset. Dyna pam y defnyddir ef i wneud handlen sosban. Mae melamin yn thermoset hefyd.

Cwestiynau

1. Enwch bedwar plastig gwahanol.
2. Pa monomer a ddefnyddir i wneud PVC?
3. Darluniwch res o folecylau finyl clorid. Yna dangoswch sut maent yn uno i wneud polyfinyl clorid. (Efallai y bydd y darlun o bolythen ar dudalen 193 yn eich helpu.)
4. Disgrifiwch dair problem ynglŷn â defnyddio plastigion.
5. Beth yw'r gwahaniaeth rhwng thermoplastig a thermoset?
6. Pam *na* ddefnyddir thermoplastigion ar gyfer gwneud handlen sosban?
7. Eglurwch pam mae thermosetiau yn cadw eu siâp ar ôl cael eu gwresogi y tro cyntaf.

Cwestiynau ar Bennod 13

1 **a** Copïwch y diagram hwn a'i gwblhau trwy ysgrifennu
i yr enwau cyffredin **ii** y fformwlâu cemegol

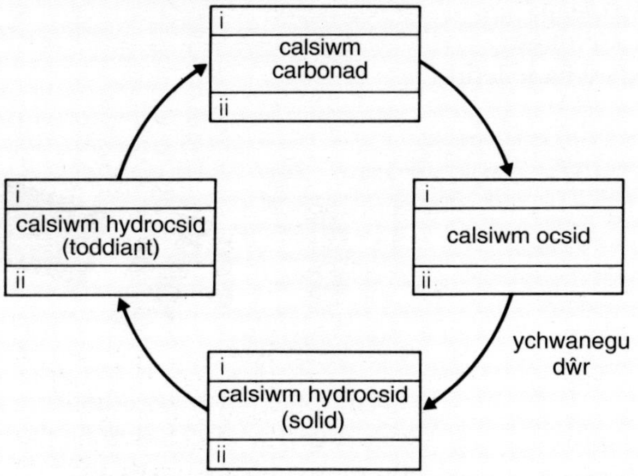

b wrth bob saeth, dywedwch sut y byddai'r newid yn digwydd. Dangosir un enghraifft.
c Rhowch dri rheswm pam mae calchfaen yn ddeunydd crai pwysig.

2 Gellir troi carbon deuocsid yn garbon monocsid trwy basio llif o garbon deuocsid dros garbon wedi'i wresogi.
a Enwch ddau gemegyn a allai adweithio i gynhyrchu llif cyson o garbon deuocsid.
b Gwnewch ddiagram o offer addas ar gyfer yr adwaith, gan ddangos:
i tiwb hylosgi yn cynnwys carbon.
ii fflasg i'r nwyon lifo ar ei hyd, sy'n cynnwys hylif a fydd yn amsugno carbon deuocsid sydd *heb adweithio*.
iii casglu'r carbon monocsid dros ddŵr.
c Disgrifiwch beth fyddech chi'n ei weld wrth i garbon monocsid lifo dros gopor(II) ocsid wedi'i wresogi. Ysgrifennwch hafaliad cytbwys ar gyfer yr adwaith.

3 Gelwir sodiwm hydrogen carbonad yn aml yn sodiwm bicarbonad neu bicarbonad soda. Mae'n cael ei ddefnyddio fel soda pobi, mewn powdr pobi, ac mewn tabledi camdreuliad.
a Ysgrifennwch ei fformwla cemegol.
b Beth sy'n digwydd wrth ei wresogi?
c Ysgrifennwch hafaliad ar gyfer yr adwaith hwn.
ch Esboniwch ei ddefnydd mewn pobi.
d Pam na ddefnyddir sodiwm *carbonad* wrth bobi?
dd Mae hydrogen carbonadau yn adweithio fel carbonadau ag asidau. Pa gynnyrch a fyddai'n cael ei ffurfio wrth i sodiwm hydrogen carbonad adweithio ag asid hydroclorig?
e Ysgrifennwch hafaliad ar gyfer yr adwaith hwn.
f Eglurwch pam y defnyddir sodiwm hydrogen carbonad i wella camdreuliad.

4 Isod mae deg datganiad am nwyon. Pa rai ohonynt sy'n disgrifio'r nwy carbon deuocsid?
a Di-liw
b Cael ei ryddhau yn ystod ffotosynthesis
c Yn troi dŵr calch yn llaethog
ch Yn llosgi mewn aer
d Yn anhydawdd mewn dŵr
dd Yn drymach nag aer
e Yn adweithio â basau i ffurfio halwynau
f Yn cael ei ddefnyddio wrth losgi cyfansoddion carbon
ff Yn rhydwytho ocsidau trwy dynnu ocsigen
g Nid yw'n cynnal hylosgiad

5 Pa rai o'r priodweddau yng nghwestiwn 4 sy'n briodweddau carbon monocsid ond *nid* yn briodweddau carbon deuocsid?

6 Rhowch y brawddegau hyn yn eu trefn gywir i ddisgrifio'r gylchred garbon.
a Yn yr adwaith, rhyddheir carbon deuocsid a dŵr.
b Mae'r carbon deuocsid a dŵr yn cyfuno i ffurfio siwgrau.
c Mae'r adwaith hefyd yn rhyddhau llawer o egni, sy'n helpu i gadw'r anifeiliaid yn gynnes.
ch Mae pob planhigyn gwyrdd yn cymryd carbon deuocsid a dŵr.
d Mae anifeiliaid yn bwyta planhigion yn fwyd.
dd Mae heulwen yn rhoi'r egni ar gyfer yr adwaith.
e Mae'r siwgr o'r bwyd yn adweithio ag ocsigen, yng nghelloedd yr anifeiliaid.

7 Defnyddiwch yr wybodaeth ar dudalennau 190 a 191 i ateb y cwestiynau hyn am yr alcanau:
a Pa ddwy elfen sydd mewn alcanau?
b Pa alcan yw'r prif gyfansoddyn mewn nwy naturiol?
c Ar ôl bwtan, y ddau alcan nesaf yn y gyfres yw *pentan* a *hecsan*. Sawl atom carbon y byddech yn disgwyl eu cael mewn molecwl o:
i pentan? **ii** hecsan?
ch Ysgrifennwch fformwlâu pentan a hecsan.
d Darluniwch folecwl o bob sylwedd.
dd A yw pentan yn solid, yn hylif ynteu'n nwy ar dymheredd ystafell?
e Awgrymwch werth ar gyfer berwbwynt pentan, ac esboniwch eich ateb.
f Darluniwch folecwl o gyfansoddyn sy'n isomer o bentan.
ff Mae alcanau'n llosgi mewn cyflenwad da o ocsigen. Enwch y nwyon sy'n ymffurfio wrth iddynt losgi.
g Ysgrifennwch hafaliad cytbwys ar gyfer llosgi pentan mewn ocsigen.
ng Mae gan fwtan, pentan a hecsan wahanol *hydoedd cadwynau*. Eglurwch ystyr hynny.
h Pa enw a roddir i deuluoedd o gyfansoddion organig fel yr alcanau?

8 Mae ethanol yn aelod o deulu o gyfansoddion o'r enw alcoholau.

a Ysgrifennwch fformwla cemegol ethanol.

b Sut mae molecwl ethanol yn wahanol i folecwl ethan?

c Ethanol yw un o gynhyrchion eplesu siwgr. Mae'r diagram yn dangos offer y gellid ei ddefnyddio i astudio'r eplesiad.

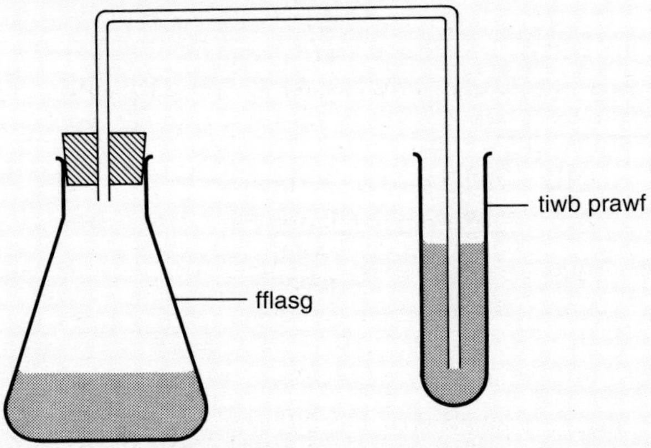

Beth ddylai fynd i'r fflasg?

ch Pa un o'r tymereddau hyn fyddai orau ar gyfer yr adwaith?

i 0 °C **ii** 10 °C **iii** 25 °C **iv** 55 °C

Eglurwch eich dewis.

d Mae'r tiwb prawf yn cynnwys dŵr, sy'n atal aer rhag cyrraedd y fflasg. Pam mae hyn yn bwysig?

dd Pa nwy sy'n cael ei ryddhau yn ystod yr eplesiad?

e Cwblhewch yr hafaliad ar gyfer yr adwaith:

$C_6H_{12}O_6 \rightarrow$

(siwgr)

f Faint o amser y byddech chi'n disgwyl i'r adwaith ei gymryd?

i 5 munud **ii** 5 awr **iii** 5 diwrnod **iv** 5 mis

ff Pa broses y byddech yn ei defnyddio i wahanu sampl gweddol bur o ethanol oddi wrth y cymysgedd?

9 Mae propan yn un o'r nifer o hydrocarbonau pwysig a wneir o olew. Fel *propan*, mae'n cynnwys molecylau â thri atom carbon. Fel *ethen*, mae ganddo fond dwbl.

a Darluniwch folecwl o bropen.

b Sut mae'n wahanol i folecwl propan?

c I ba grŵp o hydrocarbonau y mae

i propan **ii** propen yn perthyn?

ch Ysgrifennwch fformwlâu propan a phropen.

d Pa un o'r ddau sy'n hydrocarbon *dirlawn*?

dd i Pam mae propen yn adweithio'n syth â dŵr bromin, ond propan ddim yn gwneud hynny?

ii Beth fyddech chi'n ei *weld* yn yr adwaith?

e Enwch adweithydd arall a fyddai'n adweithio'n syth â phropen ond nid â phropan.

f Ceir propen trwy dorri hydrocarbonau cadwynau hirach. Beth yw enw'r broses hon?

ff Propen yw'r monomer ar gyfer gwneud plastig pwysig. Awgrymwch enw'r polymer y mae'n ei ffurfio.

10 Cymysgedd o hydrocarbonau yw olew crai, pob un â gwahanol ferwbwynt.

a Mae'n ddeunydd crai pwysig. Pam?

b Sut mae gwahanu'r cymysgedd?

c Gellir ei wahanu'n syml yn y labordy, gan ddefnyddio'r offer isod:

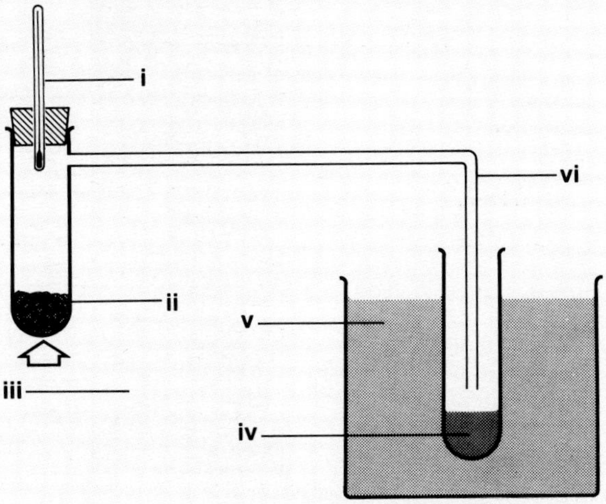

Copïwch y diagram a'i labelu gan ddefnyddio'r labeli hyn:

gwlân mwynol *tiwb dosbarthu* *thermomedr* *gwres* *dŵr* *ffracsiwn*

ch i Beth yw pwrpas y gwlân mwynol?

ii Beth yw pwrpas y dŵr?

iii Pam mae'r thermomedr yn y fan hon?

11 Yn yr arbrawf yng nghwestiwn 10, gwahanwyd sampl olew crai yn bedwar ffracsiwn. Cafodd y rhain eu casglu yn yr ystodau tymheredd a ddangosir isod:

Ffracsiwn	Ystod tymheredd/°C
A	25–70
B	70–115
C	115–200
Ch	200–380

Pa ffracsiwn:

a sydd â'r ystod isaf o ferwbwyntiau?

b yw'r tebycaf i betrol?

c sydd â molecylau â'r cadwynau hiraf?

12 a Pa rai o'r molecylau hyn y gellid eu defnyddio fel monomerau ar gyfer gwneud plastigion? Esboniwch eich dewis.

ethen, $CH_2 = CH_2$ ethanol, C_2H_5OH,
propan, C_3H_8 styren, $C_6H_5CH = CH_2$
cloropropen, $CH_3CH = CHCl$

b Awgrymwch enw am bob polymer a geir.

c Mae'r polymerau a geir i gyd yn thermoplastigion. Pa briodwedd arbennig sydd gan thermoplastigion?

ch Enwch un plastig thermosodol. Pa briodwedd arbennig sydd gan blastigion thermosodol?

d Pa broblemau y gall defnyddio plastigion eu hachosi?

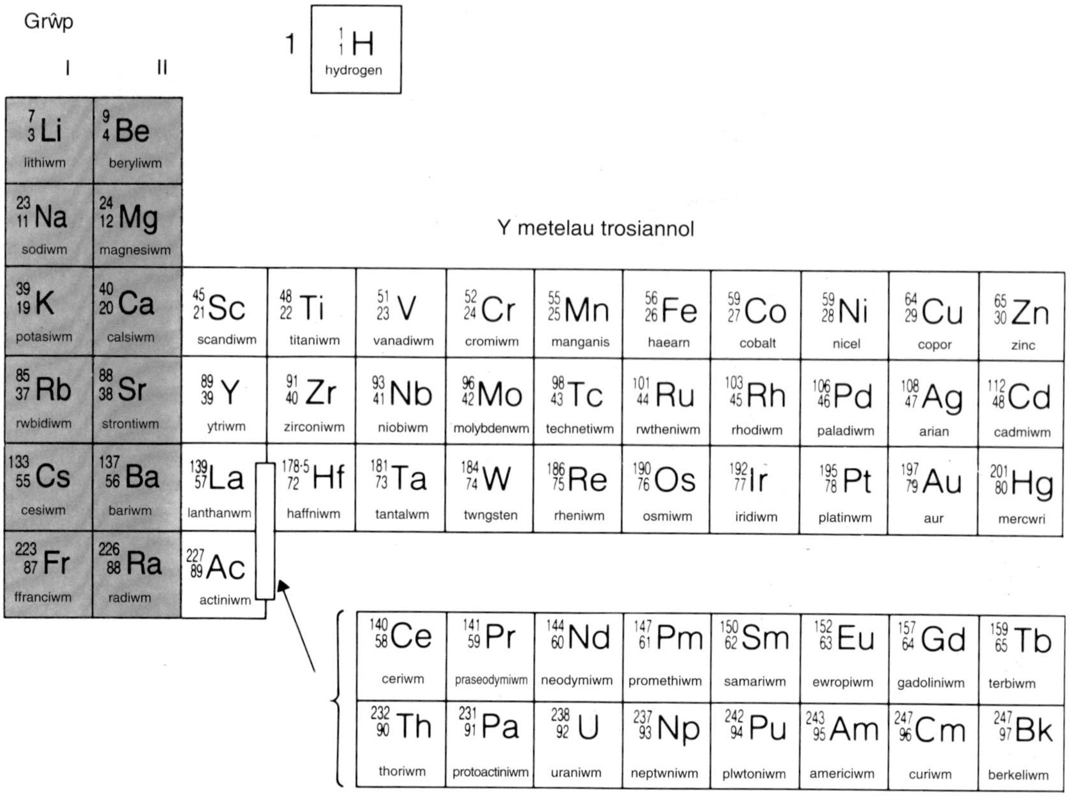

Masau atomig cymharol yn seiliedig ar ffigurau rhyngwladol y cytunwyd arnynt

Elfen	Symbol	Rhif atomig	Màs atomig cymharol
Actiniwm	Ac	89	
Alwminiwm	Al	13	26.9815
Americiwm	Am	95	
Antimoni	Sb	51	121.75
Argon	Ar	18	39.948
Arian	Ag	47	107.868
Arsenig	As	33	74.9216
Astatin	At	85	
Aur	Au	79	196.967
Bariwm	Ba	56	137.34
Berkeliwm	Bk	97	
Beryliwm	Be	4	9.0122
Bismwth	Bi	83	208.980
Boron	B	5	10.811
Bromin	Br	35	79.909
Cadmiwm	Cd	48	112.40
Califforniwm	Cf	98	
Calsiwm	Ca	20	40.08
Carbon	C	6	12.01115
Ceriwm	Ce	58	140.12
Cesiwm	Cs	55	132.905
Clorin	Cl	17	35.453
Cobalt	Co	27	58.9332
Copor	Cu	29	63.54
Cromiwm	Cr	24	51.996
Curiwm	Cm	96	
Dysprosiwm	Dy	66	162.50

Elfen	Symbol	Rhif atomig	Màs atomig cymharol
Einsteiniwm	Es	99	
Erbiwm	Er	68	167.26
Ewropiwm	Eu	63	151.96
Ffermiwm	Fm	100	
Fflworin	F	9	18.9984
Ffosfforws	P	15	30.9738
Ffranciwm	Fr	87	
Gadoliniwm	Gd	64	157.25
Galiwm	Ga	31	69.72
Germaniwm	Ge	32	72.59
Haearn	Fe	26	55.847
Haffniwm	Hf	72	178.49
Heliwm	He	2	4.0026
Holmiwm	Ho	67	164.930
Hydrogen	H	1	1.00797
Indiwm	In	49	114.82
Ïodin	I	53	126.9044
Iridiwm	Ir	77	192.2
Krypton	Kr	36	83.80
Lanthanwm	La	57	138.91
Lawrensiwm	Lw	103	
Lithiwm	Li	3	6.939
Lwtetiwm	Lu	71	174.97
Magnesiwm	Mg	12	24.312
Manganis	Mn	25	54.9380
Mendelefiwm	Md	101	

Grŵp

III	IV	V	VI	VII	O
					$^{4}_{2}$He heliwm
$^{11}_{5}$B boron	$^{12}_{6}$C carbon	$^{14}_{7}$N nitrogen	$^{16}_{8}$O ocsigen	$^{19}_{9}$F fflworin	$^{20}_{10}$Ne neon
$^{27}_{13}$Al alwminiwm	$^{28}_{14}$Si silicon	$^{31}_{15}$P ffosfforws	$^{32}_{16}$S sylffwr	$^{35.5}_{17}$Cl clorin	$^{40}_{18}$Ar argon
$^{70}_{31}$Ga galiwm	$^{73}_{32}$Ge germaniwm	$^{75}_{33}$As arsenig	$^{79}_{34}$Se seleniwm	$^{80}_{35}$Br bromin	$^{84}_{36}$Kr krypton
$^{115}_{49}$In indiwm	$^{119}_{50}$Sn tun	$^{122}_{51}$Sb antimoni	$^{128}_{52}$Te telwriwm	$^{127}_{53}$I ïodin	$^{131}_{54}$Xe xenon
$^{204}_{81}$Tl thaliwm	$^{207}_{82}$Pb plwm	$^{209}_{83}$Bi bismwth	$^{210}_{84}$Po poloniwm	$^{210}_{85}$At astatin	$^{222}_{86}$Rn radon

$^{162}_{66}$Dy dysprosiwm	$^{165}_{67}$Ho holmiwm	$^{167}_{68}$Er erbiwm	$^{169}_{69}$Tm thwliwm	$^{173}_{70}$Yb yterbiwm	$^{175}_{71}$Lu lwtetiwm
$^{251}_{98}$Cf califforniwm	$^{254}_{99}$Es einsteiniwm	$^{253}_{100}$Fm ffermiwm	$^{256}_{101}$Md mendelefiwm	$^{254}_{102}$No nobeliwm	$^{257}_{103}$Lr lawrensiwm

Masau atomig bras ar gyfer cyfrifiadau

Elfen	Symbol	Màs atomig ar gyfer cyfrifiadau
Alwminiwm	Al	27
Arian	Ag	108
Bromin	Br	80
Calsiwm	Ca	40
Carbon	C	12
Clorin	Cl	35.5
Copor	Cu	64
Ffosfforws	P	31
Haearn	Fe	56
Heliwm	He	4
Hydrogen	H	1
Ïodin	I	127
Lithiwm	Li	7
Magnesiwm	Mg	24
Manganis	Mn	55
Neon	Ne	20
Nitrogen	N	14
Ocsigen	O	16
Plwm	Pb	207
Potasiwm	K	39
Silicon	Si	28
Sodiwm	Na	23
Sylffwr	S	32
Zinc	Zn	65

Elfen	Symbol	Rhif atomig	Màs atomig cymharol
Mercwri	Hg	80	200.59
Molybdenwm	Mo	42	95.94
Neodymiwm	Nd	60	144.24
Neon	Ne	10	20.179
Neptwniwm	Np	93	
Nicel	Ni	28	58.71
Niobiwm	Nb	41	92.906
Nitrogen	N	7	14.0067
Nobeliwm	No	102	
Ocsigen	O	8	15.9994
Osmiwm	Os	76	190.2
Paladiwm	Pd	46	106.4
Platinwm	Pt	78	195.09
Plwm	Pb	82	207.19
Plwtoniwm	Pu	94	
Poloniwm	Po	84	
Potasiwm	K	19	39.102
Praesodymiwm	Pr	59	140.907
Promethiwm	Pm	61	
Protactiniwm	Pa	91	
Radiwm	Ra	88	
Radon	Rn	86	
Rheniwm	Re	75	186.2
Rhodiwm	Rh	45	102.905
Rwbidiwm	Rb	37	85.47
Rwtheniwm	Ru	44	101.07

Elfen	Symbol	Rhif atomig	Màs atomig cymharol
Samariwm	Sm	62	150.35
Scandiwm	Sc	21	44.956
Seleniwm	Se	34	78.96
Silicon	Si	14	28.086
Sodiwm	Na	11	22.9898
Strontiwm	Sr	38	87.62
Sylffwr	S	16	32.064
Tantalwm	Ta	73	180.948
Technetiwm	Tc	43	
Telwriwm	Te	52	127.60
Terbiwm	Tb	65	158.924
Thaliwm	Tl	81	204.37
Thoriwm	Th	90	232.038
Thwliwm	Tm	69	168.934
Titaniwm	Ti	22	47.90
Tun	Sn	50	118.69
Twngsten	W	74	183.85
Uraniwm	U	92	238.03
Vanadiwm	V	23	50.942
Xenon	Xe	54	131.30
Yterbiwm	Yb	70	173.04
Ytriwm	Y	39	88.905
Zinc	Zn	30	65.37
Zirconiwm	Zr	40	91.22

Atebion i gwestiynau rhifiadol

tudalen 17 **3** Hydoddedd X yw 16 g ar 60 °C Hydoddedd Y yw 42 g ar 60 °C. **4 a** 31.5 g/100 g, 45.5 g/100 g **b** 27 g, 23 g

tudalen 22 **7 a i** copor(II) sylffad 30 g, sodiwm clorid 36.5 g am bob 100 g o ddŵr **ii** copor(II) sylffad 40 g, sodiwm clorid 37 g am bob 100 g o ddŵr **b i** B **ii** A **c** 54 °C **ch** 68 °C **d** Na fyddai

tudalen 23 **8 a** 35 g **b** 2 g **9** 0.09 g am bob 100 g o ddŵr **10 a i** 31 g am bob 100 g o ddŵr **ii** 0.003 g am bob 100 g o ddŵr

tudalen 39 **10 a** Y gwerthoedd cywir i rwbidiwm yw: y.bt. 39 °C, b.bt. 688 °C; mae'n adweithiol iawn. **11 b i** 1 munud **iii** 50

tudalen 55 **5 a** 32 **b** 254 **c** 16 **ch** 46 **d** 132

tudalen 57 **4 a** 1 g **b** 127 g **c** 35.5 g **ch** 71 g **5 a** 32 g **b** 64 g **6** 138 g **7 a** 9 môl **b** 3 môl

tudalen 59 **1** sylffwr 50%, ocsigen 50% **2** hydrogen 5%, ocsigen 20% **3** hydrogen 11.1% **4** 0.1 môl am bob dm^3, neu 0.1 M **5 a** 40 g **b** 20 g

tudalen 61 **1 a** 1 **b** 4 g

tudalen 62 **1 a** 64 g **b** 48 g **c** 48 g **ch** 60 g **d** 355 g **dd** 1.4 g **e** 4 g **f** 0.6 g **ff** 24 g **2 a** 2 g **b** 4 g **c** 32 g **ch** 35.5 g **d** 248 g **dd** 1024 g **3 a** 1 môl **b** 2 fôl **c** 1 môl **ch** 2 fôl **d** 0.2 môl **dd** 0.1 môl **e** 0.4 môl **f** 0.2 môl **ff** 2 fôl **g** 0.05 môl **4 a** 80 g o sylffwr **b** 80 g o ocsigen **c** 8 môl o atomau clorin **ch** 1 môl o folecylau ocsigen **d** 4 môl o atomau sylffwr **5 a** 1 litr o sodiwm clorid 2 M **b** 1 litr o sodiwm clorid 1 M **c** 100 cm^3 o sodiwm clorid 2 M **ch** y ddau yr un peth **d** 40 cm^3 o sodiwm clorid 1 M **6 a** 18 g **b** 90 g **c** 160 g **ch** 250 g **d** 34 g **dd** 48 g **e** 30 g **f** 8 g **ff** 15.8 g **g** 325 g **8** Y rhifau coll yw: **a** 40, 16, 1, 56 **b** 1.6, 5.6 **c** 0.16 **ch** 6, 3 **d** 71.4%, 28.6% **9 b** Mae 80% o gopor ym mhob sampl.

tudalen 63 **10 a** 64 g **b** 4 môl **c** 2 fôl **ch** MnO_2 **11 a** 2.4 g **b** 0.1 môl **c** 1.6 g **ch** 0.1 môl **d** MgO **12 a** 106.5 g **b** 3 môl **c** 1 môl **ch** $AlCl_3$ **d** 1 M **dd** 0.1 M **13 c** NH_3, 17 g; CO_2, 44 g; H_2, 2 g; O_2, 32 g **ch** 2 fôl **d** 6 môl **dd** 22 g **14 c** Y ffigurau coll yw: grŵp 4, 0.19 g; grŵp 5, 0.20 g **d** 0.16 g **dd** 16 g **e** 2 fôl **f** 1 môl **ff** Cu_2O

tudalen 69 **2 b** 2 fôl **c i** 32 g **ii** 8 g **3 b** $CuCO_3$, 124 g; CuO, 80 g; CO_2, 44 g **c i** 11 g **ii** 0.25 **iii** 6 dm^3

tudalen 74 **5 b** NH_4Cl, −10°C; $CaCl_2$, +20°C **c** $CaCl_2$ **ch** NH_4Cl **6 a** 217 g **b** 20.1 g o fercwri, 1.6 g o ocsigen **7 a** 32 g **b** sylffwr **c** 11 g o haearn(II) sylffid a 6 g o sylffwr

tudalen 75 **8 a** 48 dm^3 48 000 cm^3 **b** 12 dm^3 12 000 cm^3 **c** 0.24 dm^3 240 cm^3 **ch** 7.2 dm 7200 cm^3 **9 b i** 2 fôl **ii** 168 g **c i** 1 môl **ii** 24 dm^3 **ch i** 12 dm^3 **ii** 1.2 dm^3 **10 b** 0.5 môl **c i** 28 g **ii** 22 g **11 ch** 24 dm^3 **d i** 3 **ii** 72 dm^3 **dd** 48 dm^3 **e** nitrogen 50 cm^3 hydrogen 150 cm^3 **12 c** 160 g **ch** 2000 môl **d** 2 fôl **dd** 4000 môl **e** 224 kg **14 a** 233 g **b** 0.1 môl **c** 0.1 môl o bob un **ch** 1 litr (neu 1 dm^3) **14 b** 0.1 môl **c** 0.1 môl **d** $Zn + CuSO_4(dyfr) \rightarrow ZnSO_4(dyfr) + Cu(s)$

tudalen 85 **12 f** 6 g

tudalen 89 **3 a i** 29 cm^3 **ii** 39 cm^3 **b i** 0.6 munud **ii** 1.5 munud **c i** 5 cm^3 o hydrogen y funud **ii** 2 cm^3 o hydrogen y funud

tudalen 91 **1 a i** 60 cm^3 **ii** 60 cm^3

tudalen 93 **1 a** arbrawf 1, 0.55 g; arbrawf 2, 0.95 g **b** arbrawf 1, 0.55 g; arbrawf 2, 0.95 g **c** arbrawf 1, ⅓ g y funud; arbrawf 2, ½ g y funud

tudalen 96 **2 c i** 14 cm^3 **ii** 9 cm^3 **iii** 8 cm^3 **iv** 7 cm^3 **v** 2 cm^3 **ch i** 14 cm^3 y funud **ii** 9 cm^3 y funud **iii** 8 cm^3 y funud **iv** 7 cm^3 y funud **v** 2 cm^3 y funud **d** 40 cm^3 **dd** 5 munud **e** 8 cm^3 y funud **f** cyflymach **ff** oeri'r asid

tudalen 97 **8 c i** 25.1 g **ii** 24.7 g **ch** 0.4 g **d** 3 munud **dd** 0-½ mun **9 d** 3 môl

tudalen 114 **2 ch** 33 cm^3 **d** ocsigen 33%, nitrogen 67% **dd** ocsigen 21%, nitrogen 78% **e** oherwydd bod gan y nwyon wahanol hydoddedd mewn dŵr **f** ocsigen

Mynegai

Os rhoddir mwy nag un rhif tudalen, dylech edrych ar y print **tywyll** yn gyntaf.